Der Crash des Kapitalismus

Ulrich Schäfer, geboren 1967, absolvierte nach dem Studium der Volkswirtschaft in Münster und des Journalismus in Washington D. C. eine Ausbildung an der Henri-Nannen-Journalistenschule in Hamburg. Im Anschluss arbeitete er zunächst als Wirtschaftsjournalist beim *Spiegel* und danach bei der *Süddeutschen Zeitung.* Seit Anfang 2007 ist er dort Ressortleiter der Wirtschaftsredaktion.

Ulrich Schäfer

Der Crash des Kapitalismus

Warum die entfesselte Marktwirtschaft
scheiterte und was jetzt zu tun ist

Campus Verlag
Frankfurt/New York

Bibliografische Information der Deutschen Nationalbibliothek:
Die Deutsche Nationalbibliothek verzeichnet diese Publikation in der
Deutschen Nationalbibliografie. Detaillierte bibliografische Daten
sind im Internet unter http://dnb.d-nb.de abrufbar.
ISBN 978-3-593-38854-0

Copyright © 2009 Campus Verlag GmbH, Frankfurt/Main
Umschlaggestaltung: Hißmann, Heilmann, Hamburg
Satz: Fotosatz L. Huhn, Linsengericht
Druck und Bindung: Freiburger Graphische Betriebe
Gedruckt auf säurefreiem und chlorfrei gebleichtem Papier.
Printed in Germany

Besuchen Sie uns im Internet: www.campus.de

Für Annette, Amelie und Annika.
Und für den kleinen Engel.

Inhalt

Vorwort

Die Idee für dieses Buch entstand im Frühjahr 2008, als die globale Krise in ihren Anfängen steckte. Zu diesem Zeitpunkt gab es noch kein weltumspannendes Börsenbeben, keinen Crash. Im Gegenteil: Viele Experten behaupteten, das Schlimmste sei ausgestanden – schon bald würden die Turbulenzen der Vergangenheit angehören. Diejenigen, die es anders sahen, waren in der Minderheit. Wer allerdings genau hinhörte, traf auf weitsichtige Aufseher, skeptische Ökonomen und einige wenige Banker, die vor dem Schlimmsten warnten. Wenn die Dinge sich schlecht entwickelten, prophezeiten sie, drohe eine Katastrophe von globalem Ausmaß.

Die Dinge haben sich schlecht entwickelt. Sehr schlecht sogar. Im Herbst 2008 erlebten die Finanzmärkte einen Crash, wie es ihn seit 1929 nicht mehr gegeben hat. Einen Absturz, dessen Folgen rund um den Globus zu spüren sind. Und die Zeit des Niedergangs ist noch nicht zu Ende. Die Weltwirtschaft bewegt sich in eine Abwärtsspirale hinein. Es droht eine lange, schmerzhafte Rezession. Eine zweite Weltwirtschaftskrise.

Das Buch zeichnet die dramatische Entwicklung nach. Wie fing alles an? Wie ging es weiter? Und warum hat niemand etwas dagegen getan? Die Krise des Kapitalismus zeichnete sich in den neunziger Jahren zunächst in den Schwellenländern ab. Kurz nach der Jahrtausendwende, als die New Economy zusammenbrach, erreichte sie die Industrieländer. Seit dem Frühjahr 2007 erschüttert die Finanzkrise die USA, im Jahr 2008 ist daraus eine globale Krise geworden. *Der*

Crash des Kapitalismus erklärt, wie es zu diesem Desaster kommen konnte. Das Buch zeigt auf, was wir gegen den Absturz tun können. Und es gibt einen Ausblick auf das, was uns möglicherweise noch bevorsteht.

Erleben wir ein Jahrzehnt der Depression? Stürzen erst die Banken in den Abgrund – und dann wir alle? Durchleidet die Welt ein ähnliches Drama wie in den 30er-Jahren? Werden Millionen von Menschen ihren Job verlieren? Wird die Zahl der Arbeitslosen so stark ansteigen wie in der ersten Weltwirtschaftskrise? Ja. So kann es kommen, wenn die Regierungen versagen. Wenn die Finanzmanager versagen. Und wenn die Panik weiter um sich greift. Dieses Szenario mögen manche für überzogen halten. Doch schon als dieses Buch in den vergangenen Monaten entstanden ist, klangen manche Prognosen, die es enthielt, ziemlich absurd – und wurden doch später durch die tatsächliche Entwicklung bestätigt.

Die Wirtschaft, wie wir sie kennen, ist im Herbst 2008 untergegangen. Die Welt wird künftig eine andere sein. Es wird etwas Neues entstehen. Eine andere Marktwirtschaft. Eine sozialere Marktwirtschaft. Das jedenfalls ist zu hoffen.

München, im November 2008
Ulrich Schäfer

Kapitel 1

Kapitalismus am Abgrund

>»Wir haben bereits in der Weltwirtschaftskrise gelernt, dass der Markt allein es nicht richtet. Aber das ist 80 Jahre her. Und irgendwann ist das Bewusstsein dafür verloren gegangen.«
>
> *Joseph Stiglitz*, Nobelpreisträger, 2008

Die Angst vor dem Absturz lässt sich in Zahlen messen, in langen Zeitreihen und düsteren Kennzahlen. Markus Grabka vom Deutschen Institut für Wirtschaftsforschung (DIW) muss nur auf seinem Computer nachschauen, in einem riesigen Datenpool, dann weiß er, wie sehr die entfesselte Marktwirtschaft die deutsche Gesellschaft durcheinandergewirbelt hat. In seinem Büro in Berlin-Mitte kann er auch erahnen, wie sehr die große Krise dieses Gefüge durchschütteln wird – und wer am meisten leiden wird. Grabka, einer der führenden Einkommens- und Vermögensforscher der Republik, beobachtet schon seit Jahren, wie Arm und Reich auseinanderdriften: Die oberen 10 Prozent der Bürger konnten ihre Einkommen immer schneller steigern, während die unteren 10 Prozent weniger zum Leben haben als Anfang der neunziger Jahre. Das obere Zehntel hat 60 Prozent des Volksvermögens angehäuft, Geld, Wertpapiere und Immobilien, während die untere Hälfte fast nichts hat. Die Entwicklung seit dem Jahr 2000 sei »erschreckend«, sagt Grabka. »Bis zur Jahrtausendwende hatte Deutschland eine eher moderate Einkommensungleichheit. In den letzten fünf Jahren haben wir aber viele Länder überholt, es gibt eine dramatische Zunahme der Ungleichheit.«

Und das war noch vor dem Crash. Vor dem großen Bankenkrach, vor dem Schock an den Finanzmärkten. Heißt das: Nun wird alles noch schlimmer? Werden diejenigen, die ohnehin viel haben, sich retten? Und werden diejenigen leiden, die schon in den letzten Jahren hinterhergehechelt sind? Eines ist jedenfalls sicher: Das Goldene Zeitalter, das die westlichen Industrieländer seit den späten neunziger Jahren erlebt haben, ist Geschichte. Aus. Vorbei. Beendet. Im Herbst 2008 ist diese Ära des Glücks abrupt zu Ende gegangen. Der Finanzmarkt ist zusammengebrochen, der Traum vom ewigen Wohlstand zerplatzt. Das Börsenbeben vom Herbst 2008 war schlimmer als alles, was die Finanzmärkte seit der Großen Depression und dem Zweiten Weltkrieg erlebt haben. Der Kapitalismus, der unser Leben geprägt hat, steht am Abgrund. Wir werden Zeugen einer spektakulären Zeitenwende. Eines historischen Umbruchs, der womöglich noch dramatischer ist als jener nach dem 11. September 2001. Der Staat stemmt sich gegen eine Krise, die außer Kontrolle gerät. Er rettet eine Bank nach der anderen und verstaatlicht Institute. Er pumpt unvorstellbare Geldsummen in die Wirtschaft. Und es bleibt doch ungewiss, ob dies den Absturz verhindern kann.

Doch was heißt das für unser Einkommen, unsere Jobs, unser Vermögen? Was können wir behalten? Was werden wir verlieren? Droht uns ein Zeitalter des Unglücks?

Vor allem die Mittelschicht wird die Folgen dieses gewaltigen Umbruchs zu spüren bekommen. Sie ist das Herz der Gesellschaft. Sie trägt die Wirtschaft. Sie trägt die Demokratie. Sie ist durch die Marktwirtschaft erst entstanden. Aber dieses Herz der Gesellschaft blutet seit Jahren aus. Im Jahr 2000 gehörten noch 49 Millionen Bundesbürger der Mittelschicht an, sieben Jahre später sind fünf Millionen Menschen aus ihr verschwunden – mehr als jeder Zehnte. Ein kleiner Teil hat es nach oben geschafft; der bei weitem größere ist dagegen abgerutscht ins untere Drittel. Die Absteiger haben den Job verloren. Oder sie mussten auf einen Teil ihres Lohns verzichten. Oder sie wurden an eine andere Firma verkauft, die mies bezahlt. Die Bürger der Mittelschicht haben vom Aufschwung vielfach nicht profitiert. Und sie werden nun leiden. Der Sturm an den Finanzmärkten und der Abschwung, der ihm folgen wird, könnten in Europa und den USA Millionen Jobs hinwegfegen. Einfache, aber auch anspruchsvollere. Schlecht bezahlte, aber auch besser und gut dotierte.

Diese Furcht vor dem Absturz macht sich in allen Industrieländern breit: in Frankreich, Großbritannien und Italien, in Österreich, der Schweiz und den Vereinigten Staaten. Und selbst in Schwellenländern wie China oder Russland. Sie hat sich von den Rändern der Gesellschaft ins Zentrum hineingefressen. Die Bürger verfolgen verunsichert, mit welcher Wucht sich der Kapitalismus entfaltet. Und wie er nun aus den Fugen gerät. Sie sehen, wie einst stolze Finanzkonzerne untergehen und an den Kapitalmärkten Billionen Euro vernichtet werden. Sie erleben, wie der Crash auf die Industrie überspringt, auf den Mittelstand. Auf ihr Unternehmen. Sie erleben, wie der Staat sich verzweifelt müht, den Absturz zu bremsen. Die Menschen aus der Mitte haben schon seit Jahren das Gefühl, den Anschluss zu verlieren. Sie bleiben zurück, während sich eine »globale Klasse« herausgebildet hat: bestens ausgebildet, bestens bezahlt, auf der ganzen Welt zu Hause. Nun könnte der Zusammenbruch der Finanzmärkte der Mitte den Boden unter den Füßen wegreißen. Die Bürger werden Opfer eines Absturzes, für den sie nichts können. Und dem sie nicht ausweichen können.

Die größte Wirtschaftskrise seit den dreißiger Jahren des 20. Jahrhunderts hat ihren Ursprung im Herzen des Kapitalismus – an den Finanzmärkten. Und sie erfasst die Menschen, die sich bislang sicher wähnten. »Wohlstand für alle«, hatte Ludwig Erhard, der Vater des Wirtschaftswunders, einst versprochen, und der amerikanische Präsident John F. Kennedy versicherte: »Die Flut treibt alle Boote nach oben.« Doch die Flut des ungezügelten Kapitalismus reißt immer mehr Boote auseinander, sie gehen unter im globalen Sturm. Daher glauben viele Bürger nicht mehr an die Glücksversprechen, mit denen Ökonomen und Politiker, Unternehmer und Lobbyisten seit jeher für die globale Marktwirtschaft werben. Sie vertrauen nicht mehr darauf, dass vom Wettbewerb auf den Weltmärkten und vom wilden Spiel der Börsen auch sie profitieren. Immer mehr Menschen wenden sich ab von der Marktwirtschaft. Und sie wenden sich ab von ihrem politischen Pendant, der Demokratie. Sie kehren den Parteien den Rücken, sie gehen nicht mehr wählen, sie verabschieden sich aus der Gesellschaft. Denn sie fühlen sich allein gelassen – vom Staat, der sich nur um die anderen kümmert, aber nicht um sie; von den Unternehmen, die auf der ganzen Welt zu Hause sind, aber nicht mehr vor ihrer Haustür; und vom Markt, der Wohlstand bringen soll, aber oftmals so brutal agiert.

Die Warnsignale sind unübersehbar. Bundesfinanzminister Peer Steinbrück warnt vor einer »Legitimationskrise« der westlichen Gesellschaft. Bundespräsident Horst Köhler beobachtet »die zunehmende Verunsicherung der Mittelschicht«. Frankreichs Präsident Nicolas Sarkozy erkennt eine »wachsende Furcht vor der Globalisierung«. Lawrence Summers, einer der angesehensten Wirtschaftswissenschaftler der USA, urteilt: »Wir erleben eine Angst vor der freien Marktwirtschaft, die es seit dem Fall der Mauer und wohl auch davor nie gegeben hat.«

Dabei erschien der Kapitalismus noch vor kurzem mächtiger denn je, er war der scheinbar unbestrittene Sieger im Kampf der Systeme, er hatte den Sozialismus niedergerungen und sich rund um den Globus ausgebreitet: von Amerika bis nach Asien, von Westeuropa bis in die letzten Zipfel des ehemaligen Ostblocks. Den Menschen in den Industriestaaten, und auch vielen Menschen in den Schwellenländern, hat er einen nie da gewesenen Wohlstand gebracht. Den meisten geht es besser als vor dreißig oder vierzig Jahren. In absoluten Zahlen haben sie mehr zum Leben als in der harten Zeit, die auf den Zweiten Weltkrieg oder den Mauerfall folgte. Das schnelle Internet, der USB-Stick und das billige Handy, der Pauschalurlaub auf den Kanaren und das Essen beim Italiener – all dies würde es in einer Welt nicht geben, in der sich jeder abschottet. Der Aufstieg von Google oder Microsoft, von Nike oder Adidas, von Ikea oder H&M – auch dies wäre ohne den globalen Kapitalismus nicht möglich gewesen. Wir leben heute deutlich länger als in den sechziger Jahren, weil wir uns besser ernähren und die Ärzte uns besser versorgen können. Wir reisen schneller um die Erde, nach Tunesien und Ägypten, nach Thailand, Indonesien oder in die Karibik. Die Welt ist zu einem Dorf geworden, und Europa zu seinem Dorfkern, in dem wir uns ohne Grenzkontrollen frei bewegen können.

Millionen von Menschen sind aufgestiegen: aus der Unterschicht in die Mittelschicht, aus der Mittelschicht nach oben. Unsere Gesellschaft erwies sich als durchlässig. Wer fleißig war und rackerte, der konnte seinen Weg machen. Wer aufgestiegen war, fiel meist auch nicht mehr zurück. Und wer es nicht schaffte, der konnte darauf vertrauen, dass der Staat ihn auffing und ihm beim neuerlichen Anlauf half. Es war ein nahezu perfektes Modell: Der Wohlfahrtsstaat gewährte soziale Sicherheit, und der Rechtsstaat bestimmte die Spielregeln der Wirtschaft. Dieses Modell erlebte nach dem Krieg einen Siegeszug: Das zerstörte Deutschland stieg zur drittgrößten Industrienation und zur größten Exportnation auf. Ludwig Erhard, der erste Bundeswirtschaftsminister, und sein Staatssekretär Alfred Müller-Armack, ein Professor aus Münster, prägten dafür den Begriff der »sozialen Marktwirtschaft«. Ähnlich erfolgreiche Spielarten eines gemäßigten Kapitalismus entwickelten sich in fast allen europäischen Ländern.

Doch an die Stelle der sozialen Marktwirtschaft ist ein neues Modell getreten, das brutaler und unwirtlicher ist und den Menschen mehr abverlangt: die entfesselte Marktwirtschaft. Ihre Spielregeln werden nicht mehr vom Staat bestimmt, sondern von den Konzernen und den Finanzmärkten. Der Staat und seine demokratisch gewählten Politiker haben sich in den letzten dreieinhalb Jahrzehnten zurückgezogen und das Feld den Marktkräften überlassen, den nicht gewählten Herrschern der Konzerne und Banken. Der Kapitalismus entfaltet seither seine ungestüme Kraft. Eine Kraft, die neuen Wohlstand hervorbringt. Eine Kraft, die bisweilen aber auch zerstörerisch wirkt. Diese Kraft verändert unser Leben rasant.

Die bedrohte Mittelschicht

Die neue Welt, in der wir leben, ist anders als die alte. Sie ist schwerer zu begreifen. Sie ist verwirrender. Denn alles hängt irgendwie mit allem zusammen: die Börse in Schanghai mit der in New York, die amerikanischen Immobilienkredite mit deutschen Spareinlagen, der Job in Vietnam mit dem in Berlin oder Bayern, der Yen mit dem Yuan. Die neue Welt ist zugleich schneller. Viel schneller. Ideen, Nachrichten und auch eine Börsenpanik verbreiten sich in Lichtgeschwindigkeit, Ereignisse am anderen Ende der Welt wirken sich beinahe in Echtzeit auch bei uns aus. Vor allem aber: Die neue Welt belohnt und bestraft nach anderen Regeln. Unsere Gesellschaft ist immer noch durchlässig, nun aber vor allem nach unten. Wer meint, er habe es geschafft, gehört mit einem Mal wieder zu den Gestrandeten – weil der globale Kapitalismus die Jobs hinwegfegt. Plötzlich treffen die hässlichen Aspekte der Marktwirtschaft nicht nur die Geringverdiener und die schlecht Ausgebildeten, sondern die breite Masse. Die Menschen der Mittelschicht haben viel erreicht und fürchten nun, dass sie alles wieder verlieren: ihr Haus, ihren Job, ihre Vermögen, ihren Status. Manche rutschen nur langsam ab, kaum spürbar, andere schnell, wie im freien Fall. Immer häufiger ist den Menschen aus der Mittelschicht zudem der Weg nach oben versperrt.

Denn inzwischen verschwinden nicht nur einfache Jobs, sondern auch hoch qualifizierte Stellen – ins Ausland oder ganz. Die Löhne steigen, aber die Preise im Supermarkt ziehen noch schneller an. Der Ton in den Betrieben wird rauer, und der Druck wächst, den Manager auf ihre Beschäftigten ausüben. So schließt der finnische Handyhersteller Nokia von heute auf morgen sein Werk in Bochum, obwohl das Unternehmen über 7 Milliarden Euro Gewinn macht. 2300 Mitarbeiter verlieren den Job, weil der Konzern nach Rumänien zieht, der billigen Löhne wegen. Der schwedische Electrolux-Konzern macht das traditionsreiche AEG-Werk in Nürnberg dicht und lässt Waschmaschinen und Geschirrspüler nun in Osteuropa fertigen. Auch die deutschen Industriekonzerne bauen Stellen ab. BMW kappt 3000 Stellen und wirft 5000 Leiharbeiter raus. Andere Autohersteller werden folgen; sie planen angesichts der Finanzkrise ebenfalls einen radikalen Stellenabbau. Und Siemens, der größte Industriekonzern der Republik, streicht 6400 Stellen vor allem in der Verwaltung. Siemens-Chef Peter Löscher spricht von einer »Lehmschicht«, die es abzutragen gelte.

Die Lehmschicht: Das sind jene Menschen in einem Unternehmen, die man gemeinhin nicht sieht, die normalen Angestellten in der Verwaltung, die Referenten und Sachbearbeiter, die untere und vielleicht auch mittlere Führungsebene. Sie sitzen in klimatisierten

Büros, nicht in stickigen Fabriken; sie wickeln den Papierkram ab, der inzwischen zum Computerkram geworden ist; sie buchen Reisen und weisen Rechnungen an; sie sitzen recht nahe an der Macht, aber oft weit weg von der Produktion, den Fabriken, den Märkten. Die Lehmschicht: Es gibt sie bei der Deutschen Bank. Bei Volkswagen. Bei der Telekom. Bei der Post. Bei der Bahn. Man könnte sie auch als Mittelschicht bezeichnen. Denn ihre Mitglieder bilden neben den Facharbeitern und Handwerkern einen bedeutenden Teil jenes Herzens der Gesellschaft. Sie spüren, dass die Globalisierung in den Fabrikhallen nicht haltmacht, sondern auch die Jobs an den Schreibtischen wegrationalisiert. Dass anderswo womöglich neue Jobs entstehen, in anderen Branchen, anderen Berufszweigen, und zwar auch in Deutschland und Europa – das nutzt jenen Menschen nichts, deren Wissen und Fähigkeiten überflüssig werden.

Doch nicht nur viele Arbeitsplätze verschwinden in der entfesselten Marktwirtschaft, manchmal stiehlt sich auch unsere Bank davon. Plötzlich steckt ein Brief von einem unbekannten, meist angelsächsischen Fonds im Postkasten. Dieser teilt mit, dass wir den Kredit für unser Haus nicht mehr bei unserer Hausbank abbezahlen müssen, sondern bei ihm. Denn in den vergangenen Jahren ist ein schwunghafter Handel mit Kreditverträgen entstanden. Banken verkaufen die Kredite weiter und schubsen ihre Kunden ungewollt auf die globalen Finanzmärkte. Millionen von Immobilienbesitzern mussten die Bank wechseln, viele haben ihr Haus verloren, obwohl sie ihre Schulden bedient haben. Die neuen Kreditgeber haben sie mit rabiaten Methoden vertrieben und ihre Immobilie zwangsversteigert, nicht nur in Amerika, sondern auch in Deutschland.

Klammheimlich rückt die entfesselte Marktwirtschaft auch als ungebetener Gast an unseren Küchentisch. Denn damit unsere Kinder schneller auf den globalen Markt entlassen werden, müssen sie in acht Jahren am Gymnasium pauken, was sie früher in neun Jahren gelernt haben. Die Jugendjahre verkommen zur reinen Lernzeit. Für den Klavierunterricht oder das Fußballtraining bleibt kaum Zeit, denn am Abend müssen unsere Kinder nachholen, was sie tagsüber nicht verstanden haben. Wirtschaftsverbände hatten seit den neunziger Jahren bemängelt, dass dem Schulsystem die Effizienz fehle. Von »lean production«, einer schlanken Produktion wie in den Fabriken, könne keine Rede sein. Die Folgen sind verheerend: Viele Schulen schaffen es kaum, den Ganztagsunterricht zu organisieren: Es fehlen Kantinen, Aufenthaltsräume und Pädagogen. Viele Eltern sind überfordert: Sie müssen als Hilfslehrer mit ihren Kindern büffeln. Und viele Kinder leiden unter dem Stress: Sie haben Angst, den Anschluss zu verlieren.

Zugleich zerreißt das Finanzsystem, das die Marktwirtschaft getragen und mit Geld versorgt hat. Banken und Börsen taumeln, weil sie sich mit waghalsigen Geschäften übernommen haben. Weite Teile der Kreditmärkte liegen danieder. Große und kleine Anleger packt die nackte Panik, sie versuchen zu retten, was oft nicht mehr zu retten ist: ihr Geld, ihr Vermögen, ihren Wohlstand. Die Finanzkrise, die im Frühjahr 2007 in den USA ihren Anfang nahm, hat sich zu einer Gefahr für die globale Wirtschaft entwickelt. Ein »Super-Bubble«, eine Super-Blase platzt, wie es der legendäre Spekulant George Soros bezeichnet hat. Die renommiertesten Finanzkonzerne der Welt kippen. Einer nach dem anderen. Die Börsen rauschen in den Keller. Die Investoren flüchten aus allem, was irgendwie riskant erscheint. Sie vertrauen nur noch Staatsanleihen oder Bargeld. Die Regierungen versuchen in ihrer Not zu erhalten, was längst morsch und marode ist: Sie pumpen riesige Summen in kollabierende Kreditinstitute. Sie treiben die Notenbanken zu immer neuen Rettungsaktionen. Und sie suchen verzweifelt nach neuen Regeln für ein Finanzsystem, das ihnen schon vor Jahren entglitten ist.

Der Punkt ist nahe, an dem die Finanzmärkte vollends zusammenbrechen könnten. Ein solcher Kollaps würde nicht nur die Börse treffen. Am Ende könnten Millionen von Menschen ihren Job verlieren und verarmen. Denn die Finanzindustrie hat mit ihren komplexen Börseninstrumenten gefährliche Bomben geschaffen, die in der Lage sind, riesigen Schaden anzurichten: »Es kann doch nicht sein«, sagt Warren Buffett, der erfolgreichste Spekulant der Welt,

»dass Hunderttausende Jobs vernichtet werden, dass ganze Industriezweige in der Realwirtschaft aufgrund solcher Finanzwetten zugrunde gehen, obwohl sie eigentlich kerngesund sind.«

Nicht zuletzt das Beben an den Finanzmärkten zeigt, wie sehr die entfesselte Marktwirtschaft in alle Ritzen unseres Lebens eindringt. Es sind große und kleine Veränderungen, unscheinbare und dramatische, sichtbare und unsichtbare. Sie machen unser Leben unheimlicher. Sie führen dazu, dass sich nicht nur in Deutschland, sondern in fast allen großen Industriestaaten die Bürger vor dem Kapitalismus ängstigen. Vor einigen Jahren war es nur ein unterschwelliges Gefühl, das viele nicht in Worte fassen konnten. Schließlich war der Kreis der Globalisierungsgewinner lange größer als der der Verlierer. Deutschland profitierte dabei wie kaum ein zweites Land von den geöffneten Märkten. Keine Volkswirtschaft exportiert mehr in alle Welt. Etwa 40 Prozent der jährlichen Wirtschaftsleistung, die die Deutschen erbringen, hängen an der Ausfuhr. Die 30 wichtigsten Konzerne des Landes – vom Autobau über die Chemie und den Maschinenbau bis zu den Banken – machen etwa drei Viertel ihres Geldes im Ausland. Dank der Erfolge im Export konnte sich Deutschland ein dichtes soziales Netz leisten, fast so dicht wie in Skandinavien. Wer in Not geriet, musste sich keine Sorgen machen: Der Wohlfahrtsstaat fing die Gestürzten auf.

Es ging den Deutschen also gut. Und daher fiel es Politikern, Ökonomen und Medien bislang nicht schwer, die Kritiker der herrschenden Wirtschaftsordnung als Spinner abzutun. Sie galten als Gutmenschen, die nicht begreifen wollten, welch segensreiche Folgen das Spiel von Angebot und Nachfrage hat. Und zum Teil war es ja auch so: Manche Kritiker der Marktwirtschaft wirkten wie weltfremde Idealisten, sie träumten vom Wiederaufleben einer kuscheligen, behüteten Welt, die es so nie gegeben hatte. Doch das Misstrauen in die Kräfte des Marktes hat inzwischen weite Teile der Gesellschaft erfasst. So untersuchte die Wirtschaftszeitung *Financial Times* im Mai 2007, was die Menschen in den Industieländern über den Kapitalismus denken. Das Ergebnis: In den USA, Deutschland, Frankreich, Großbritannien, Italien und Spanien empfindet die überwältigende

Mehrheit die Globalisierung als Bedrohung. Nur etwa jeder Fünfte glaubt, dass der weltweite Handel seinem Land Vorteile bringe. In Deutschland, Frankreich, Spanien und Italien wünschen sich neun von zehn Menschen einen stärkeren Schutz durch den Staat. Etwa zwei Drittel der Bürger kritisieren zudem, dass Manager zu viel Geld kassieren. Eine noch größere Zahl (in Deutschland 91 Prozent, in Frankreich 85 Prozent und in den USA 75 Prozent) beklagt, dass die Kluft zwischen Reich und Arm wächst. Die Mehrheit will, dass die Steuern für Reiche steigen und für Geringverdiener sinken. Immer mehr Menschen wünschen sich eine Alternative zur entfesselten Marktwirtschaft, ohne dass sie diese genauer beschreiben können. Sie träumen von einem dritten Weg zwischen Kapitalismus und Sozialismus, der ihnen ihre Freiheit belässt, zugleich aber für mehr Ausgleich sorgt, für mehr Sicherheit und für Stabilität.

Besonders tief sitzt die Furcht bei den Deutschen: Nur noch 24 Prozent der Bundesbürger meinen, dass »wir eine soziale Marktwirtschaft haben«. Acht Jahre zuvor sah dies eine Mehrheit noch anders. Nur 13 Prozent der Bundesbürger empfinden die Verteilung von Einkommen und Vermögen als gerecht – und dies, obwohl die Zahl der Arbeitslosen im Jahr 2008 so niedrig war wie seit 14 Jahren nicht mehr; 73 Prozent meinen dagegen, dass der Reichtum nicht gerecht verteilt sei. Noch 1995 lagen die beiden Gruppen nahezu gleichauf. Einen Grund für ihre Misere sehen viele in der Globalisierung. So wollte das Meinungsforschungsinstitut Allensbach wissen, was die Deutschen mit der Internationalisierung verbinden. 74 Prozent antworteten: Jobs werden ins Ausland verlagert. 64 Prozent erklärten: Arbeitsplätze gehen verloren. 54 Prozent sagten: Die Globalisierung gefährdet das soziale Netz. Denn die Menschen beobachten, dass der zusätzliche Wohlstand immer häufiger nicht bei ihnen ankommt, sondern anderswo: bei den Reichen, die sich in ihren Villen bequem eingerichtet haben; bei den Managern, die Millionen verdienen; bei den Begüterten, die ihr Vermögen in Steueroasen gebunkert haben; oder in den Schwellenländern Asiens, Osteuropas und Arabiens, den neuen Rivalen im weltweiten Wettbewerb um Wohlstand.

Die Schere öffnet sich

Täglich spüren wir so die Widersprüche der entfesselten Marktwirtschaft. Wir erleben, wie der ungezügelte Kapitalismus Sieger und Verlierer schafft, wie er im Übermaß belohnt und abstraft und die Kluft zwischen Arm und Reich vergrößert. Die Scheren öffnen sich.

Die Einkommensschere

Die Löhne und Gehälter der normalen Beschäftigten steigen nur noch langsam. Wenn man die Inflation berücksichtigt, hat die breite Masse in Deutschland im Jahr 2008 nicht mehr Geld in der Tasche als Anfang der neunziger Jahre, sondern weniger. Zugleich steigen die Einkünfte der Spitzengruppe rasant. Wer zum untersten Zehntel der Gesellschaft zählt, hatte 2006 im Durchschnitt 13 Prozent weniger in der Tasche als vierzehn Jahre zuvor. Wer zum reichsten Zehntel gehörte, dessen reales Nettoeinkommen ist dagegen im gleichen Zeitraum um 31 Prozent gestiegen, hat das Deutsche Institut für Wirtschaftsforschung (DIW) errechnet. Die 650 Deutschen mit dem höchsten Vermögen verdienen nach Berechnungen des DIW im Durchschnitt 15 Millionen Euro, die 65 Reichsten der Reichen kassieren gar 48 Millionen Euro pro Jahr. Doch wenn die Ungleichheit allzu groß wird, droht die Gesellschaft zu zerreißen: Der Unmut der Zurückgelassenen wächst. Der soziale Kitt zerbröselt.

Noch größer ist der Abstand zwischen Topverdienern und Niedrigverdienern in den USA. Anfang der achtziger Jahre erhielt ein amerikanischer Firmenchef 40-mal so viel wie ein durchschnittlicher Arbeiter, Ende der neunziger Jahre war es das 400fache, und mittlerweile gibt es einzelne Manager, die 4 000-mal so viel verdienen wie ein Angestellter. Die 13 000 reichsten Familien des Landes verdienen so viel wie die 20 Millionen ärmsten Familien zusammen. Und der Irrwitz dieser riesigen Gehälter wird noch deutlicher, wenn man über die Grenzen hinausschaut: 2,7 Milliarden Menschen auf der Erde müssen mit weniger als einem US-Dollar pro Tag auskommen.

Die Vermögensschere

Drastischer noch als die Einkommen bewegen sich die Vermögen auseinander. In Deutschland konzentriert sich der Reichtum in den Händen einer kleinen Oberschicht. Die Reichen wohnen in schicken Vororten, leisten sich großzügige Villen und fahren mit noblen Limousinen über die Boulevards. In den Randbezirken sind derweil die Habenichtse unterwegs: Arbeitslose, die kaum etwas besitzen außer Schulden; Menschen, die ohne staatliche Fürsorge hungern müssten. 13 Prozent der Deutschen gelten der Bundesregierung zufolge als arm. Ohne Sozialleistungen wären es doppelt so viele.

Wie sehr die Vermögen in Deutschland auseinanderklaffen, hat das DIW errechnet. Demnach besaßen die Deutschen im Jahr 2007 die unvorstellbare Summe von 5,4 Billionen Euro. Im Durchschnitt nennt jeder 81000 Euro sein Eigen. Doch was besagt schon der Durchschnitt? Denn fast 60 Prozent des Reichtums in Deutschland befinden sich in den Händen des obersten Zehntels der Gesellschaft. Währenddessen besitzt das unterste Zehntel praktisch keine Geld- und Sachwerte. Und es wird die Reichen niemals einholen können. Dies birgt sozialen Sprengstoff – auch wenn viele es nicht wahrhaben wollen.

In den USA sind die Unterschiede noch gravierender. Und in Schwellenländern wie China, Russland oder Indien entfernt sich die Oberschicht ebenfalls immer schneller vom Rest der Gesellschaft. Addiert man das Vermögen aller 1125 Milliardäre der Welt, die das Magazin *Forbes* 2008 in seiner Rangliste aufführt, kommt man auf 4,4 Billionen US-Dollar. Die 1125 Superreichen besitzen ungefähr so viel wie die gut drei Milliarden Einwohner von Indien, Pakistan, Bangladesch, Indonesien, Thailand, Malaysia, Vietnam, den Philippinen und Afrika zusammen in einem Jahr erwirtschaften.

Die Risikoschere

Ökonomen betonen gerne, dass zu den Chancen, die der Kapitalismus bietet, als Kehrseite das Risiko gehört. Wer viel gewinnen will, muss damit leben, dass er auch viel verlieren kann. Tatsächlich sind die Risiken in der entfesselten Marktwirtschaft höchst ungleich verteilt. Wenn Topmanager einen Fehler machen, müssen sie in aller Regel nicht den Absturz fürchten. Wer in die Chefetagen einzieht, hat sich vorher meist dicke Abfindungen und eine Haftpflichtversicherung für Manager im Vertrag garantieren lassen.

Für die Fehler der Konzernführer haften weit häufiger die Beschäftigten. Weil die Spitze von Siemens nicht so genau hinschaute, als sie die Handysparte des Konzerns an das taiwanesische Unternehmen BenQ verkaufte, standen ein Jahr später 3 000 Menschen auf der Straße. Und nun zahlen für die Fehler der Bankmanager sogar alle Bürger: Der Staat rettet mit Steuermilliarden, was die Finanzkonzerne zuvor mit privaten Milliarden verloren haben. Und Millionen Menschen, die mit der Zockerei der Spekulanten nichts zu tun hatten, werden durch die globale Krise ihren Job verlieren.

Die Bildungsschere

Wer flexibel ist und gut ausgebildet, bewegt sich mit Leichtigkeit durch die globale Wirtschaft; wer aber diese Fähigkeiten nicht besitzt, bleibt schnell zurück. Wer es sich leisten kann, schickt seine Kinder oft nicht mehr auf die staatliche Schule, in den staatlichen Kindergarten oder auf die staatliche Universität, sondern in private Bildungsstätten. Er kann wählen aus einem wachsenden Angebot. Leisten können sich dies meist nur diejenigen, die gut verdienen. Privatschulen verlangen schon mal 15 000 Euro Schulgeld pro Jahr. Und wer seine Kinder anschließend auf eine Eliteuniversität in Frankreich, Großbritannien oder den USA schickt, ist schnell 50 000 Euro los. Alle, die sich diese teure Ausbildung nicht leisten können, sind auf die staatlichen Schulen angewiesen, auf oft übervolle Klassen, heruntergekommene Gebäude und bisweilen demotivierte Lehrer. Denn der Staat steckt viel zu wenig Geld in die wichtigste Ressource der Zukunft: in die Bildung seiner Bürger.

Die Wachstumsschere

Die Industrieländer lagen über Jahrzehnte vorn, ihre Wirtschaftsleistung machte ein Vielfaches dessen aus, was die Schwellenländer produzierten. Doch mit dem Aufstieg von Ländern wie China, Indien oder Russland verschieben sich die Gewichte. Die Milliardenvölker aus den Aufsteigerstaaten wollen die Jobs der Industrieländer, sie wollen ihre Fabriken und ihre Unternehmen. Russen kaufen Werften in Ostdeutschland oder Baufirmen in Österreich, Chinesen erwerben Banken in London oder New York, Araber interessieren sich für europäische Flugzeugbauer und amerikanische Häfen, Inder kaufen Stahlkonzerne in Frankreich und Autohersteller in Großbritannien. Die Schwellenländer greifen nach allem, was der Stolz des Westens war. Sie pflegen dabei oft eine eigene Form des Kapitalismus: die autoritäre Spielart. Sie nutzen die Vorteile des globalen Wettbewerbs, schotten aber selbst ihre Volkswirtschaften ab. Staatliche Konzerne beherrschen in diesen Ländern die Schlüsselbranchen und sind mit der Regierung verwoben. Zugleich drängen die Staatskonzerne und Staatsfonds, die die Devisenreserven verwalten, auf den Weltmarkt. Die Schwellenländer präsentieren mit ihrem autoritären Kapitalismus einen Gegenentwurf zur liberalen Wirtschaftsordnung des Westens.

Die ratlose Politik

Als Erste haben linke und rechte Populisten die Sorgen der Bürger aufgegriffen. Wortgewandte Bauernfänger locken die Wähler mit dem Versprechen, alles anders und besser zu machen. Die simplen Lösungen, die sie anbieten, verfangen immer häufiger. Wer will schon wissen, woher die Milliarden kommen, die die Populisten für ihre Konjunktur- und Sozialprogramme benötigen? Wer hinterfragt, wie die Radikalen mit den privaten Konzernen umgehen würden, die sie verstaatlichen wollen? Und wer erkennt auf Anhieb, wie verheerend es wäre, wenn sich die Nationen voneinander abschotten würden und die Welt wieder in Handelsblöcke zerfiele?

Doch auch die klassischen Parteien reagieren inzwischen sensibel. Sie spüren die Ängste der Wähler. Bundeskanzlerin Angela Merkel, als Oppositionsführerin noch ganz dem Markt zugewandt, hat sich von ihren radikalen Reformideen längst verabschiedet. Aus der deutschen Margaret Thatcher ist eine weibliche Kopie von Willy Brandt geworden. Merkel setzt das um, was sie lange bekämpft hat: die Rückkehr des Staats. Sie verordnet, gedrängt von der SPD, einen Mindestlohn, um Postboten, Bauarbeiter oder Gebäudereiniger vor billiger Konkurrenz zu schützen. Sie billigt ein Gesetz, das deutsche Konzerne vor dem Zugriff ausländischer Investoren bewahren soll. Sie verstaatlicht die Bundesdruckerei. Und sie will auch die Finanzmärkte bändigen.»Lasst die Märkte machen, ist lange die Parole gewesen. Heute ist man zum Glück weiter«, erklärt Merkel. Ähnlich denken auch die anderen Staats- und Regierungschefs in Europa. Der französische Präsident Nicolas Sarkozy etwa sagt, die Globalisierung sei inzwischen»eher Bedrohung als ein Versprechen«. Die Welt brauche einen»geregelten Kapitalismus«. Auch Italiens Regierung unter Silvio Berlusconi, dem rechtsgerichteten Regierungschef, wendet sich gegen den»Marktfundamentalismus«. Gemeinsam wollen die EU-Staaten neue, strengere Regeln für die Weltfinanzmärkte entwickeln. Angespornt werden die Europäer durch die Amerikaner, die lange den enthemmten Kapitalismus vorangetrieben haben – und Ende 2008 in die entgegengesetzte Richtung marschieren, hin zum »big government«. Der neue Präsident Barack Obama hat eine Kehrtwende in der Wirtschaftspolitik angekündigt – und eine schärfere Regulierung der Finanzmärkte.»Wir stehen«, sagt Obama»vor der größten wirtschaftlichen Herausforderung unseres Lebens.«

Doch ein überzeugendes, umfassendes Programm gegen den Absturz hat niemand parat. Verzweifelt versuchen die Regierungen, die Kräfte des Marktes einzudämmen – durch eingreifende Gesetze und halsbrecherische Rettungsaktionen, und durch ein wenig Protektionismus. Sie wollen die Wucht der Veränderungen abmildern und sind doch ratlos. Sie suchen neue Regeln, nach einem Weg, der es ermöglicht, den Markt zu zähmen, ohne ihn außer Kraft zu setzen. Denn der Kapitalismus funktioniert nur so lange, wie er von einer

Mehrheit getragen wird und er nicht die Gesellschaft zerstört. Und auch die Demokratie kann nur überleben, wenn die Menschen die Ergebnisse dieser Demokratie und ihres ökonomischen Pendants, der Marktwirtschaft, als gerecht empfinden.

Doch wie könnte solch eine Alternative zur entfesselten Marktwirtschaft aussehen? Wie kann man den Kapitalismus zähmen und zugleich seine Kraft nutzen, um den Wohlstand aller zu mehren? Welcher Spielregeln bedarf es, damit Wirtschaft und Demokratie zugleich prosperieren? Darum wird sich die Debatte der nächsten Jahre drehen. Sie wird über unsere Zukunft entscheiden, über unsere Gesellschaft und unsere Staatsform. Und darum geht es auch in diesem Buch. Es erklärt, wie der Staat sich allmählich zurückgezogen und das Feld dem modernen Kapitalismus überlassen hat. Es beschreibt, wie die Marktwirtschaft ihre Blüte erlebte. Und es zeigt auf, wie es zur globalen Krise des Kapitalismus kam.

Das Buch sucht eine Antwort auf die entscheidende Frage, der sich Politiker, Bürger und Wirtschaftsführer in den nächsten Jahren stellen müssen: Was kann, was muss, was soll getan werden, damit die Marktwirtschaft sich nicht selbst zerstört? Wie muss sich der Kapitalismus wandeln, damit er überleben kann? Und wie kann eine wirklich soziale Marktwirtschaft aussehen?

Oder hat der Kapitalismus überhaupt keine Zukunft mehr?

Kapitel 2

Die Vordenker des modernen Kapitalismus

>»Ökonomen machen es sich zu leicht, wenn es sie uns in stürmischen Zeiten nur sagen können, dass das Meer wieder ruhiger sein wird, sobald der Sturm vorüber ist.«
>
> *John Maynard Keynes*, britischer Ökonom, 1923

Die entfesselte Marktwirtschaft ist nicht von selbst erwachsen. Sie fußt auch nicht auf einer geheimen Verabredung von Konzernen und Banken. Sie ist vor allem das Ergebnis von vielen politischen Entscheidungen – von Entscheidungen, die viele Bürger in ihrer Tragweite nicht verstanden haben. Parlamente und Regierungen haben die Wirtschaft in den letzten dreieinhalb Jahrzehnten von ihren Fesseln befreit, sie haben die Finanzmärkte geöffnet, sie haben die Gewerkschaften entmachtet, sie haben die Steuern gesenkt und Staatskonzerne privatisiert. Stück für Stück hat der Staat sich zurückgezogen und das Feld dem Markt überlassen.

Die Politiker folgten dabei dem Rat von Ökonomen, die versprachen: Wenn ihr den Markt entfesselt, dann werdet ihr euren Völkern mehr Wohlstand bringen. Wenn ihr den Kapitalismus mit voller Kraft wirken lasst, werdet ihr eure Volkswirtschaften schneller voranbringen, als ihr euch es jemals vorstellen könnt. Wenn ihr den Staat zurückdrängt, der in den sechziger und siebziger Jahren die Wirtschaft gelähmt hat, dann werdet ihr mehr Wachstum schaffen. Zwei konservative, strenge Ökonomen gaben dabei die Richtung vor. Der eine kam aus den Vereinigten Staaten, lehrte an der Universität Chicago und erhielt 1976 den Nobelpreis für Wirtschaftswissenschaften. Sein Name: Milton Friedman. Der andere kam aus Österreich, erhielt 1974 ebenfalls den Wirtschaftsnobelpreis und lehrte in London, Chicago und Freiburg. Sein Name: Friedrich August von Hayek. Sie sind die Vordenker jener entfesselten Marktwirtschaft, in der wir heute leben. Sie verdrängten mit ihrer Lehre einen Gegenspieler, der anders ist als sie, liberal und lebensfroh. Und dessen Lehre vom starken, steuernden Staat heute wieder hochaktuell ist. Sein Name: John Maynard Keynes.

Friedman und Hayek – die Väter der entfesselten Marktwirtschaft

Es ist der 15. August 2000. Milton Friedman steht am Fenster seiner Wohnung über den Dächern von San Francisco. Der 88-Jährige blickt hinab auf die Bucht, auf das vom Wind zerzauste Wasser, die Segelboote und die ehemalige Gefängnisinsel Alcatraz. Zur Linken erhebt sich die Golden Gate Bridge, das rostrote Tor zum Pazifik, zur Rechten erstreckt sich die Oakland Bay Bridge, eine blaugraue Stahlkonstruktion. Auf den Hügeln von San Francisco erstrahlen die weißen Holzhäuser im Sonnenlicht.

Nur etwa eineinhalb Meter misst der Mann, der wie kein anderer das marktradikale Denken im letzten Viertel des 20. Jahrhunderts geprägt hat. Mitte der achtziger Jahre ist Friedman von Chicago, wo er gelehrt und geforscht hat, hierhergezogen, hoch oben in dieses Hochhaus, das auf einer der höchsten Erhebungen von San Francisco steht. Etwa 200 Quadratmeter misst sein Refugium fürs Alter. An einer Wand im Wohnzimmer hängt die Urkunde, mit der ihm 1976 der Nobelpreis verliehen wurde. Daneben steht eine Büste, die ihn selbst zeigt. Sein Frau Rose, ebenfalls eine angesehene Wirtschaftswissenschaftlerin, hantiert in der Küche und bereitet das Abendessen vor. Sie taucht nur einmal kurz auf, um den Gästen Getränke zu bringen, und verschwindet wieder wortlos. Drüben im Silicon Valley, dem weiten Tal südlich der Stadt, kann an jenem sonnigen Augusttag sich noch niemand vorstellen, dass der scheinbar ewige Aufschwung der New Economy ein paar Monate später zu Ende gehen wird. Die Internetunternehmer setzen immer noch darauf, dass eine neue Ära des Wirtschaftens angebrochen ist, »ein Boom von nie gekannter Dimension«, wie ihn das Online-Magazin *Wired* nennt. Auch Friedman glaubt an diese goldene Zukunft. Nein, die entfesselte Marktwirtschaft werde nicht scheitern, versichert er seinen Besuchern. Nein, die Menschen würden sich nicht gegen den Kapitalismus auflehnen. Nein, das ungezügelte Spiel der Märkte werde ihnen nicht eines Tages zu weit gehen. Nein. Nein. Nein. Der wahre Feind, sagt Friedman, sei nicht der Markt, sondern der fürsorgliche Staat. Dieser lähme die Wirtschaft, er bremse das Wachstum, er enge die Menschen ein. Friedman fordert, dass der Staat sich so weit wie irgend möglich zurückzieht. Die Regierung soll von ihren Bürgern einen Steuersatz von 10 oder 15 Prozent verlangen, mehr nicht. Auch die Kirche habe von den Gläubigen einst nur den Zehnten gefordert. Damit ließen sich die Aufgaben des Staats finanzieren: das Militär, die Polizei, die Richter, eine schlanke Verwaltung. Viel mehr sei nicht notwendig, den Rest werde der Markt regeln. Selbst einer Notenbank bedürfe es nicht, meint Friedman, die Versorgung mit Geld könne ein Computer erledigen. Seine Marktgläubigkeit ist fast schon naiv, und wer ihm vorhält, solch ein entkernter Staat werde niemals funktionieren, dem entgegnet er:»Sie unterliegen der Tyrannei des Status quo.«Jeder müsse sich bloß einmal vorstellen,»was unter anderen Bedingungen möglich wäre«.

Für diese anderen Bedingungen hat Friedman immer gekämpft, auch bei seinen Besuchen in Deutschland, in seinen Diskussionen mit Ludwig Erhard. Das Deutschland des Jahres 2000 kennt Friedman nur aus der Zeitung. Er hat gelesen, wie der SPD-Kanzler Gerhard Schröder das Land verändert hat, wie er die Staatsausgaben gesenkt, den Sozialstaat gestutzt und eine mutige Steuerreform umgesetzt hat. Es erstaunt ihn, dass in Deutschland oder Schweden ausgerechnet linke Regierungen seine Ideen umsetzen und nicht konservative.»Vielleicht können die Linken sich solch schwierige Reformen eher leisten, weil ihre Wähler trotzdem bei der Stange bleiben«, mutmaßt Friedman.

Berühmt wurde Friedman durch ein Buch, das er 1963 gemeinsam mit Anna Schwartz veröffentlichte: *A Monetary History of the United States* – Die monetäre Geschichte der Vereinigten Staaten. Er untersucht darin, welche Fehler die Politiker in der Weltwirtschaftskrise gemacht haben. Und diese Fehler sind seiner Ansicht nach gravierend. Der Staat habe sich zu sehr eingemischt, die Geldpolitik sei völlig falsch gewesen. Die Geldpolitik: Für ihn ist sie der Schlüssel zum wirtschaftlichen Erfolg. Wenn die Notenbank Fehler mache und zu viel Geld verteile, führe das unweigerlich zur Inflation. Das Wachstum hingegen lasse sich durch die Politik nicht direkt steuern; dafür seien die Kräfte des Marktes gefragt.

Noch berühmter – und auch berüchtigter – wird Friedman als wirtschaftspolitischer Berater, vor allem durch seinen ersten großen Auftrag. 1975 reist er auf Einladung von General Auguste Pinochet nach Chile. Der Diktator sucht jemanden, der das daniederliegende Land zu sanieren weiß. Friedman empfiehlt zweierlei: Man könne dem Patienten eine Schocktherapie verordnen – oder ihn sterben lassen. Der Diktator entscheidet sich gegen das Sterben und für den Schock. Pinochet senkt die Steuern und Zölle. Er privatisiert Hunderte von Staatsbetrieben. Er schafft die Gewerkschaften sowie den Mindestlohn ab und öffnet den Finanzsektor. Chile erlebt einen kräftigen Aufschwung. Doch dieser Aufschwung hat eine Kehrseite: Die Kluft zwischen Arm und Reich wächst schnell.

Der Professor aus Chicago gilt seither als der radikalste Vertreter des Neoliberalismus, jener ökonomischen Schule, die die Blaupause für die entfesselte Marktwirtschaft geliefert hat. Neoliberal – das war einmal eine Antwort auf den Laissez-faire-Kapitalismus. Heute ist es ein Kampfbegriff der Globalisierungsgegner. Als neoliberal gelten alle, die sich daran machen, den Sozialstaat zu verändern – und sei es nur ein wenig; die sich dafür einsetzen, Staatsunternehmen zu privatisieren – und sei es ein maroder Betrieb. Als neoliberal sind auch alle verschrien, die die Steuern senken wollen – und sei es nur um ein paar Prozentpunkte. Neoliberal: Das ist zum Synonym für eine Politik geworden, die sich angeblich allein den Interessen des Marktes unterordnet.

Dabei hatten die Väter des Neoliberalismus etwas ganz anderes im Sinn, als sie sich im August 1938 erstmals in Paris trafen. Die Welt stand damals kurz vor einem Krieg, die Weltwirtschaftskrise wirkte immer noch nach, die Stimmung war düster. Mit ihrer verfehlten Politik hatten die Regierungen die Große Depression nur noch verschlimmert. Sie hatten die staatlichen Ausgaben gekürzt, anstatt sie zu erhöhen; sie hatten die Zölle heraufgesetzt, statt die Grenzen offen zu lassen; und die Notenbanken hatten die Zinsen hoch gehalten, statt sie kraftvoll zu senken. 26 Wirtschaftswissenschaftler und Industrielle trafen sich damals in Paris in der Rue Montpensier, um über die Lehren aus dem Debakel zu diskutieren. Bei dem Treffen, dem »Colloquium Walter Lippmann« zu Ehren des amerikanischen Publizisten, waren auch namhafte Ökonomen aus dem deutschsprachigen Raum zugegen: die Österreicher Friedrich August von Hayek und Ludwig von Mises sowie die Deutschen Alexander Rüstow und Wilhelm Röpke.

Die Teilnehmer des Kolloquiums hatten bis dahin an die Selbstheilungskräfte des Marktes geglaubt, an die »unsichtbare Hand«, die Angebot und Nachfrage zum Wohle aller ordnet. Doch das marktliberale Dogma hatte in den Jahrzehnten zuvor geradewegs in die Katastrophe geführt. Der schwache Staat hatte der Macht der Unternehmen nichts entgegenzusetzen, die Politik war zur Beute mächtiger Interessengruppen geworden, zum Spielball der Märkte. Die Lehre vom Laissez-faire, vom völligen Loslassen des Staats – sie hatte sich als Irrglaube erwiesen. Den Ökonomen in Paris war klar: Sie müssen die Idee des Liberalismus weiterentwickeln. Der Markt allein kann es nicht richten. Er braucht einen Rahmen, er braucht klare Regeln, innerhalb derer sich der Wettbewerb frei entfalten kann. Der Staat muss verhindern, dass einzelne Spieler der Wirtschaft zu mächtig werden, dass Monopole und Kartelle entstehen.

Der deutsche Ökonom Rüstow prägte den Namen für diese Weiterentwicklung des Liberalismus. Er nannte sie »Neoliberalismus«. Rüstow hatte bereits 1932 auf der Tagung des Vereins für Socialpolitik in Dresden für einen dritten Weg geworben, der sich zwischen dem Laissez-faire und den Eingriffen der zwanziger und dreißiger Jahre bewegte: »Der neue Liberalismus, der heute vertretbar ist und den ich mit meinen Freunden vertrete«, erklärte Rüstow damals, »fordert einen starken Staat, einen Staat oberhalb der Wirtschaft, oberhalb der Interessenten, da, wo er hingehört.«

Der Krieg führte dazu, dass die neoliberalen Denker in die halbe

Welt verstreut wurden. Der österreichische Ökonom Friedrich August von Hayek brachte sie wieder zusammen. Zwei Jahre nach Kriegsende lädt er 38 Ökonomen, Historiker, Philosophen und Politiker in die Schweiz ein, auf den Mont Pèlerin am Genfer See. Hayek ist ein radikaler Denker. Er hat während des Krieges ein Buch geschrieben, welches mit dem Sozialismus und dem Nationalsozialismus abrechnet: *Der Weg zur Knechtschaft*. In dem Buch behauptet Hayek, dass jede Form der Wirtschaftsplanung in einem totalitären Staat mündet. Als das amerikanische Magazin *Reader's Digest* einen Auszug druckt, wird Hayek über Nacht berühmt. Zum Feind der Linken macht er sich vor allem mit seiner Auffassung, dass es »soziale Gerechtigkeit« nicht geben könne. In einem seiner Werke listet er 160 Substantive auf, die den Zusatz »sozial« tragen; er verwirft sie alle.

Auf dem Berg am Genfer See wird Ostern 1947 jene Gesellschaft gegründet, die sich im Laufe der Jahre zu einem der mächtigsten Klubs der Welt entwickelt: die Mont-Pèlerin-Gesellschaft. Am ersten Treffen nehmen etliche Wissenschaftler teil, die 1938 schon das »Colloquium Walter Lippmann« in Paris besucht hatten. Zehn Tage diskutieren sie auf dem Mont Pèlerin. Auf Fotos ist auch Milton Friedman zu sehen, wie er neugierig in den Alpenhimmel blickt. Ludwig Erhard, der Vater des deutschen Wirtschaftswunders, gehört ebenfalls zu den Mitgliedern dieses Kreises. Er versteht sich als Neoliberaler, wenn auch mit etwas anderen Ansichten als Hayek und Friedman. Die Denkfabrik der Mont-Pèlerin-Gesellschaft verändert das Leben der Menschheit, wie es Henry Ford mit seiner Fließbandproduktion oder Bill Gates mit der Erfindung des Betriebssystems Windows getan haben. Acht Nobelpreisträger bringt der Ökonomenklub hervor, und doch blieb er bis heute der breiten Öffentlichkeit unbekannt. Die Mont-Pèlerin-Gesellschaft hat für Außenstehende etwas geradezu Verschwörerisches: Manche sehen in ihr eine informelle Weltregierung, andere vergleichen sie mit einer Loge – auch wenn es sich nur um einen Kreis begeisterter Wissenschaftler handelt.

So geschlossen, wie es anfangs erscheint, sind die neoliberalen Denker längst nicht mehr. Schon bald bilden sich drei Schulen heraus. Sie unterscheiden sich darin, welche Rolle sie dem Staat zuweisen. Und wie vehement sie an die Allmacht des Markts glauben. Die Vertreter der Freiburger Schule, gegründet unter anderem von Walter Eucken, billigen der öffentlichen Hand den größten Einfluss zu. Der Staat soll verhindern, dass Unternehmen zu viel Macht erlangen und Kartelle entstehen. Er soll zudem eine »marktkonforme« Sozialpolitik betreiben. »Die Verteilungspolitik«, schreibt Eucken, »ist ein eminent wichtiger Teil der Wirtschaftspolitik.« Das »Anliegen der sozialen Gerechtigkeit« könne »nicht ernst genug genommen werden«. Eucken hält den Begriff des Neoliberalismus später gar für »tendenziös und nicht zutreffend«, Röpke und Rüstow treten in den fünfziger Jahren sogar im Streit aus der Mont-Pèlerin-Gesellschaft aus. Die Freiburger Schule prägt stattdessen den Begriff des Ordoliberalismus, abgeleitet vom lateinischen *ordo* (Ordnung): Der Staat soll für eine stabile Ordnung sorgen, innerhalb derer sich der Wettbewerb entfaltet. Die Freiburger Schule liefert damit das Gerüst für die soziale Marktwirtschaft.

Die Vertreter der Chicago-Schule denken zunächst ähnlich wie die Freiburger. Frank Knight, ihr Begründer, wendet sich gegen einen zu radikalen Kapitalismus. Die Ökonomen, die ihm nachfolgen, allen voran Friedman, haben da weniger Skrupel: Sie verdammen den Staat und rücken den Markt in den Mittelpunkt ihrer Überlegungen. Auch die Vertreter der österreichischen Schule, gegründet von Hayek und dessen Lehrmeister Ludwig von Mises, treten für eine Marktwirtschaft pur ein. Jeder Eingriff des Staats hat demnach einen schädlichen Einfluss. Freiheit ist für Hayek die entscheidende Voraussetzung, damit es einem Land gut geht. Diese Freiheit müsse »unbeugsam, dogmatisch und doktrinär« verteidigt werden, fordert Hayek, und dabei dürfe man »keine Zugeständnisse an Zweckmäßigkeitserwägungen machen«.

Ab Mitte der siebziger Jahre verbreiteten sich die Lehren von Friedman und Hayek in vielen Ländern. Margaret Thatcher beherzigt ihre Theorien, als sie 1979 Premierministerin von Großbritannien wird. Auch Ronald Reagan macht sich die Ideen der sogenannten Chicago Boys zu eigen, als er 1981 als Präsident ins Weiße Haus einzieht. Zahllose Schwellenländer folgen ebenfalls den neoliberalen Vordenkern und ihrer Gegenrevolution. Die Vertreter der Chicago-Schule prägen damit in den achtziger und neunziger Jahren das Bild vom kalten, herzlosen Neoliberalen. Sie fordern nicht den starken, sondern den bedeutungslosen Staat. Sie wollen den Markt nicht einengen, sondern ihm so viel Freiheit wie möglich lassen. Die Ideen von Friedman, Hayek und ihren Jüngern haben nur noch wenig mit dem zu tun, was 1938 in Paris diskutiert wurde. Sie halten nichts von »einem Staat oberhalb der Wirtschaft«. Stattdessen wenden sie sich wieder dem klassischen Liberalismus zu, wie ihn einst der der Brite Adam Smith, der Vater der Nationalökonomie, im 18. Jahrhundert geprägt hat – und wie er im 19. Jahrhundert vorherrschte.

Seit Friedmans Tod im November 2006 wird die Kritik an dessen einseitiger Lehre lauter. Der amerikanische Ökonom und Wirtschaftsnobelpreisträger Paul Krugman schreibt im Jahr 2007 in einem Essay, Friedman sei »abgeglitten in die Behauptung, dass der Markt immer funktioniert und dass nur der Markt funktioniert«. Er habe damit schwere politische Fehler provoziert. So hätten sich viele Entwicklungsländer zu schnell dem Kapitalverkehr geöffnet, auch die Industrieländer hätten bei Deregulierung und Privatisierung überzogen. »Friedman«, klagt Krugman, »hat mit seinem Laissez-faire-Absolutismus zu einem geistigen Klima beigetragen, in dem der Glaube an den Markt und die Verachtung für Regierungen oft die Fakten übertrumpfen.« Man könnte auch sagen: Friedman und Hayek haben die neoliberale Grundidee vom »Staat oberhalb der Wirtschaft« verraten – eine Idee, die in mancherlei Hinsicht gar nicht so weit entfernt ist von den Ideen des John Maynard Keynes.

Keynes – der Gegenspieler

Es gibt wohl nur wenige Menschen, die derart schillernd sind wie der Brite John Maynard Keynes. Er schrieb eines der wichtigsten Bücher, das ein Wirtschaftswissenschaftler je verfasst hat – und baute zugleich ein Theater. Er stand als Mitarbeiter des Finanzministeriums im Dienste Ihrer Majestät – und hielt nichts von den Moralvorstellungen im Vereinigten Königreich. Er liebte die Frauen – aber auch die Männer. Er beklagte, dass Spekulanten der Wirtschaft schaden können – aber verdiente an der Börse selbst ein Vermögen. Spekulation sei »vor allem eine Sache tierischer Instinkte«. »Ich weiß, wovon ich rede, denn ich habe das Spiel in den letzten zehn Jahren selbst gespielt«, räumt er später vor einer britischen Regierungskommission ein, die die Weltwirtschaftskrise aufarbeitet.

Keynes glaubt, anders als Friedman und Hayek, an den starken, steuernden Staat. Er glaubt an den Staat, der sich in einer Rezession einmischt und die Wirtschaft in Gang bringt. Sein Denken wird durch die Massenarbeitslosigkeit der dreißiger Jahre geprägt. Keynes erlebte, wie Europäer und Amerikaner nach dem Börsencrash von 1929 ihre Jobs verloren und die Wirtschaft auch nach Jahren daniederlag. Das Desaster ließ sich mit der klassischen Wirtschaftslehre nicht erklären. Diese besagt, dass jeder Markt langfristig wieder ins Gleichgewicht findet, auch der Arbeitsmarkt. Doch was ist langfristig? »Langfristig sind wir alle tot«, spottet Keynes zu Recht.

Er schert sich nicht darum, was andere für richtig halten. Er stellt alles infrage, so auch in den Friedensverhandlungen nach dem Ersten Weltkrieg. Keynes vertritt das britische Schatzministerium, und er lernt während der langen und schwierigen Gespräche einen Mann kennen, der ihn fasziniert: Carl Melchior. Der jüdische Bankier aus Hamburg führt die deutsche Delegation an. Später verfasst Keynes ein Essay über *Dr. Melchior: Ein besiegter Feind*. Keynes warnt während der Verhandlungen in Paris, Trier und Spa eindringlich davor, den Deutschen zu hohe Reparationszahlungen aufzuerlegen. Er fürchtet, dass die deutsche Volkswirtschaft unter den hohen Forderungen zusammenbrechen und Europa in den Abgrund reißen könnte – eine These, die sich später auf fatale Weise bewahrheitet. Keynes springt den Verlierern des Weltkriegs bei und bringt die anderen Siegermächte gegen sich auf. Damit kann er sich nicht durchsetzen. Kurz vor Ende der Verhandlungen tritt Keynes zurück und schreibt ein Buch, das ihn weltbekannt macht: *Die wirtschaftlichen Folgen des Friedensvertrags*. Keynes beweist damit, was er auch bei anderer Gelegenheit immer wieder tut: dass er zu seinen Überzeugungen steht – egal was andere denken. Die Weltwirtschaftskrise bestätigt all das, was Keynes vorhergeahnt hat. Er erkennt, dass sich die Große Depression nicht mit den althergebrachten liberalen Theorien erklären lässt. Diese besagen, dass die Wirtschaft auf Dauer immer Vollbeschäftigung schafft, wenn die Löhne nur stark genug fallen. Doch in der Weltwirtschaftskrise geschieht das Gegenteil: Innerhalb von drei Jahren sinken die Löhne in Deutschland um 25 Prozent, in den USA um 25 Prozent und in Großbritannien um 7 Prozent – doch die Zahl der Arbeitslosen steigt dramatisch. Millionen von Menschen stehen auf der Straße. In Deutschland sind 30 Prozent ohne Job, in den USA 25 Prozent, in Großbritannien 22 Prozent. Wie konnte das sein? Keynes folgert, dass es auch ein »Gleichgewicht bei Unterbeschäftigung« geben kann.

In solch einer Situation halten die Betriebe ihr Geld zusammen. Sie wollen niemanden anheuern, weil ihnen die Zukunft zu unsicher erscheint. Die Unternehmer werden nur dann mehr Leute einstellen, wenn sie überzeugt sind, dass sie mehr absetzen können. Entscheidend ist also nicht, welche Löhne sie zahlen müssen – entscheidend ist die Nachfrage, mit der sie rechnen. Die Nachfrage wird bei Keynes damit zur entscheidenden Größe: Nur wenn sie hoch genug ist, finden alle Menschen einen Job. Wenn dagegen Bürger und Unternehmen aus Angst ihr Geld horten, muss der Staat einspringen, mehr Geld ausgeben und so die miese Stimmung vertreiben.

Keynes verwirft daraufhin das liberale Ideal vom Staat, der sich aus allem heraushalten soll. Mit einem Kreis junger Ökonomen, der den Namen »The Circus« trägt, entwickelt er sein Gegenmodell vom starken Staat. Er veröffentlicht es 1936 in seinem wichtigsten Werk, der *Allgemeinen Theorie der Beschäftigung, des Zinses und des Geldes*. Keynes' Rat ist ebenso simpel wie einleuchtend: Der Staat soll in schlechten Zeiten seine Ausgaben erhöhen und sie in guten senken. Die helfende Hand des Staats soll die unsichtbare Hand des Marktes unterstützen – wenn es sein muss. Kredite darf dieser helfende Staat aber nur vorübergehend aufnehmen, nicht auf Dauer. In guten Zeiten soll der Staat seine Schulden wieder zurückführen.

Sein Sinneswandel bringt Keynes manchen Spott ein. Von Winston Churchill, dem späteren britischen Premierminister, ist der Ausspruch überliefert:»Wenn Sie drei Ökonomen um ihre Meinung fragen, bekommen Sie vier verschiedene Antworten – zwei darunter von Professor Keynes.«Doch Keynes' Theorie vom helfenden Staat wird schon bald erfolgreich angewandt: Der amerikanische Präsident Franklin Delano Roosevelt setzt sie um, als er 1933 einen»New Deal«verspricht, um die Folgen der Weltwirtschaftskrise zu überwinden. Roosevelt lässt Straßen, Häuser, Brücken und Staudämme bauen, er führt eine staatliche Rente und eine Arbeitslosenversicherung ein, er senkt die Steuern für die Armen und erhöht sie für die Reichen.

Nach dem Zweiten Weltkrieg verbreiten sich Keynes' Ideen auch in Europa. In Deutschland setzt die Große Koalition ab 1966 auf seine Lehren. Wirtschaftsminister Karl Schiller (SPD) und Finanzminister Franz Josef Strauß (CSU), bekannt als»Plisch und Plum«, setzen auf das, was sie»Globalsteuerung«nennen: die Fähigkeit des Staats, die Wirtschaft auf den richtigen Kurs zu bringen. Schiller praktiziert dies auch in den ersten Jahren der sozialliberalen Koalition ab 1969. Der Glaube, dass der Staat die Konjunktur steuern kann, ist Anfang der siebziger Jahre fast in der gesamten westlichen Welt verbreitet. Im Jahr 1971 verkündet der amerikanische Präsident Richard Nixon sogar:»Wir sind nun alle Keynesianer.«Wir: Damit meinte Nixon die großen Industrienationen der Welt. Die Deutschen. Die Franzosen. Die Japaner. Und eben auch die Amerikaner. Sie alle versuchen, mit Konjunkturprogrammen die Wirtschaft anzukurbeln.

Die Idee vom helfenden Staat verfolgt Keynes bis zu seinem Tod. So arbeitet er 1944 erneut für das Schatzamt in London. Er leitet die britische Delegation während der Verhandlungen in Bretton Woods, einem Bergdorf im amerikanischen Nordosten, wo 730 Delegierte aus 44 Ländern eine neue Weltfinanzordnung entwerfen. Sie wissen: Benötigt wird ein stabiles System, das nicht in ein ähnliches Desaster führt wie das Laissez-faire des späten 19. und frühen 20. Jahrhunderts. Keynes ist einer der Stars des Treffens; der andere ist Harry Dexter White, Staatssekretär im US-Finanzministerium.

Beide haben schon in den Jahren zuvor darüber nachgesonnen, wie sich die Weltwirtschaft nach dem Krieg festigen lässt. White plädiert für einen Stabilisierungsfonds, Keynes für eine Clearing-Union, die die Kapitalströme steuert. Am Ende einigt man sich auf einen Kompromiss: Die Länder errichten ein System fester Wechselkurse. Künftig bestimmen also nicht mehr die Börsenhändler den Preis einer Währung, sondern Regierungen und Notenbanken. Keynes ist überzeugt,»dass die freie Bewegung von Kapital reguliert werden muss«. Auch White glaubt, dass dies»im Interesse der Völker« sei. Die Delegierten einigen sich zudem darauf, zwei Organisationen zu gründen, die über die neue Wirtschaftsordnung wachen sollen: Der Internationale Währungsfonds (IWF) hilft Ländern in Zahlungsnot, die Weltbank kümmert sich um die Armen und Hungernden. Keynes soll erster Präsident der Weltbank werden. Doch er kann das Amt nicht antreten. Im April 1946 stirbt er mit 62 Jahren an Herzversagen.

Mit seiner Idee vom helfenden Staat bestimmte Keynes die Wirtschaftspolitik in den beiden Jahrzehnten, die auf den Zweiten Weltkrieg folgen. Dann wenden sich die Politiker den neoliberalen Vordenkern zu. Sie schieben den Staat beiseite und entfesseln den Markt. Sie huldigen dem Prinzip, dass die Wirtschaft angeblich umso stärker prosperiert, je mehr die öffentliche Hand sich zurückzieht.

Kapitel 3

Der Weg zur entfesselten Marktwirtschaft

> »Die Regierung ist nicht die Lösung unseres Problems.
> Sie ist das Problem.«
>
> *Ronald Reagan*, US-amerikanischer Präsident, 1981

Es ist eine Revolution von oben. Die Revolution der entfesselten Marktwirtschaft. Sie beginnt Anfang der siebziger Jahre in den USA, springt von dort über nach Großbritannien, dann weiter auf den europäischen Kontinent, auf alle demokratischen Staaten und erreicht schließlich die Schwellenländer und damit Staaten, die mit der Demokratie nichts anfangen können. Diese Revolution verändert die Welt, sie verändert unser Leben, unsere Gesellschaft. Sie ist das Ergebnis unzähliger politischer Entscheidungen. Sie wurde verordnet von Staaten und Regierungen. Die Wähler begriffen oft erst sehr viel später, was da geschah. Anfangs treiben vor allem konservative Politiker die Entfesselung der Märkte voran, später folgen ihnen die Sozialdemokraten. In kraftvollen Schüben entwickelt sich so seit Anfang der siebziger Jahre der ungezügelte Kapitalismus.

Denn der Versuch, die Wirtschaft bis ins Detail zu steuern, ist kurz zuvor gescheitert. Der Machbarkeitswahn der fünfziger und sechziger Jahre hat nicht mehr Wachstum gebracht, sondern weniger; nicht mehr Jobs geschaffen, sondern weniger. Die Regierungen haben Keynes' überzeugende Idee vom helfenden Staat pervertiert: Sie haben in schlechten Zeiten mehr Geld ausgegeben, um die Konjunktur anzukurbeln, in guten aber nichts zurückgelegt, um für den nächsten Abschwung gewappnet zu sein. Mit ihrem falsch verstandenen Keynesianismus überfrachten sie den Wohlfahrtsstaat, lähmen das Wachstum und treiben die Preise nach oben.

Deshalb erlebt die Welt eine Gegenrevolution. Der Markt verdrängt den Staat. Der ungezügelte Kapitalismus entsteht. Stets sind es einzelne Regierungen und Politiker, die die Entwicklung vorantreiben. Sie werden zum Vorbild für viele: Richard Nixon wirft das Weltfinanzsystem um, Margaret Thatcher bricht die Macht der Gewerkschaften, Ronald Reagan senkt kraftvoll die Steuern, Helmut Kohl verkauft die Staatsunternehmen und öffnet den europäischen Binnenmarkt, und Gerhard Schröder bricht als Sozialdemokrat mit dem Versprechen, dass der Wohlfahrtsstaat für alles aufkommt.

Richard Nixon – der Umsturz an den Finanzmärkten

Die Geburtsstunde der entfesselten Marktwirtschaft lässt sich genau ausmachen: Es ist Sonntag, der 15. August 1971, um 20 Uhr in Washington D. C. Richard Milhous Nixon hockt in einem kleinen Zimmer des Weißen Hauses, hinter sich ein dunkelblauer Vorhang, vor sich ein Manuskript, dessen Inhalt die Welt verändern wird. Niemand außerhalb von Washington ahnt in diesem Augenblick, dass der 37. Präsident der Vereinigten Staaten in seiner Fernsehansprache eine Entscheidung von historischer Dimension verkünden wird. Drei Tage lang haben er und seine Berater auf dem Landsitz Camp David überlegt, wie sie den dramatischen Absturz der amerikanischen Wirtschaft stoppen sollen: Die Preise steigen, das Heer der Arbeitslosen wächst, die Börsen wackeln, und der US-Dollar, die stolze amerikanische Währung, spielt verrückt. Was kann man dagegen tun?

Die Fernsehzuschauer folgen Nixon gebannt: Er habe, ruft er ihnen zu, in den letzten Monaten immer wieder über den Krieg in Vietnam geredet, doch dieser Krieg gehe nun dem Ende entgegen. Amerika habe jetzt »die einmalige Möglichkeit«, einer ganzen Generation »neuen Wohlstand ohne Krieg« zu bringen. Doch dazu sei es notwendig, diese Krise zu überwinden. Der amerikanische Präsident verfügt daher, dass Löhne und Preise in den nächsten 90 Tagen nicht steigen dürfen – so will er verhindern, dass seine Landsleute durch die Inflation »ausgeraubt werden«. Er ordnet an, dass auf Importe ein Sonderzoll von 10 Prozent erhoben wird – so will Nixon die

Bürger dazu bringen, vor allem heimische Waren kaufen. Vor allem aber kündigt er das Versprechen auf, ausländische Währungen in US-Dollar jederzeit umzutauschen. Der mächtigste Mann der Welt zerstört damit das System der festen Wechselkurse, das die Weltwirtschaft ein Vierteljahrhundert stabilisiert und so einen kräftigen Aufschwung ermöglicht hat. Doch Nixon geht es in diesem Augenblick allein um Amerika: Er will die Macht der Spekulanten brechen, die den US-Dollar angreifen. »Diese Leute«, schimpft er, »leben von der Krise, und deswegen helfen sie dabei, dass solche Krisen entstehen.«

Das Paket des Präsidenten trifft die Welt ohne Vorwarnung. In den Geschichtsbüchern ist vom »Nixon-Schock« die Rede. Anfangs erregen sich Europäer und Japaner vor allem über die Importsteuer, die die USA verlangen: Sie fürchten eine neue Welle des Protektionismus. Als viel weitreichender erweist sich jedoch Nixons Entschluss, die starre Nachkriegsordnung an den Finanzmärkten zu zerstören. Bis dahin waren alle großen Währungen fest an den US-Dollar gekoppelt: die D-Mark, das britische Pfund, der französische Franc, die italienische Lira. Ein stetes Auf und Ab der Währungen, wie wir es heute zwischen Euro und US-Dollar, zwischen US-Dollar und Yen erleben, gab es nicht. Die Amerikaner hatten zudem bis dahin garantiert, dass jeder, der US-Dollar besitzt, seine Noten und Münzen jederzeit in Gold umtauschen kann. »Das Gold ist die Sonne, der Dollar der Mond. Diese Distanz ist unveränderlich«, hatte Finanzminister Henry Fowler versichert.

Zweieinhalb Jahrzehnte lang hatte das System der festen Wechselkurse bestens funktioniert, die Weltwirtschaft stabilisiert und die Finanzmärkte vor allzu großen Übertreibungen bewahrt. Es galten Umtauschkurse, die Jahre zuvor festgelegt worden waren: Für 1 US-Dollar mussten die Deutschen 4 D-Mark hinlegen. Für 35 US-Dollar wiederum rückte die amerikanische Zentralbank eine Unze Feingold heraus. Solch einen Goldstandard gab es früher auch in Deutschland, wo er 1871 eingeführt wurde, oder in Großbritannien, wo er bereits seit 1817 existierte. Die Notenbanken hinterlegten dabei, ebenso wie seit 1945 die amerikanische Notenbank, nur für einen Teil der umlaufenden Noten und Münzen Gold; doch dies genügte, um die Währungen stabil zu halten. Ende der sechziger Jahre allerdings gerät das System von Bretton Woods ins Wanken. Die Amerikaner drucken immer mehr US-Dollar, um den teuren Krieg in Vietnam zu finanzieren. Sie fluten die Welt mit ihrer eigenen Währung. Doch sie finden für ihr Geld nur noch mit Mühe Abnehmer. Viele Eigentümer der neuen Banknoten wollen das Geld am liebsten gleich in Gold umtauschen, weil es rapide an Wert verliert, während andere Währungen wie die D-Mark immer wertvoller wurden. Ab 1968 tauschen die Amerikaner daher nur noch die Geldscheine und Münzen um, die von Notenbanken stammen; doch auch das nützt nichts. So gehen die Goldbestände in den Tresoren von Fort Knox zur Neige. Und das Wechselkurssystem, das von Keynes geprägt worden war, geht langsam, aber sicher zugrunde. Nixon erklärt es am 15. August 1971 für tot.

Die anderen Industrieländer sind perplex, sie werden von der Nachricht am nächsten Morgen überrascht. Die Regierungen in Deutschland, Frankreich, Großbritannien und Japan schließen ihre Devisenbörsen und treffen sich zu Kabinettssitzungen. Bundeskanzler Willy Brandt eilt aus dem Urlaub zurück nach Bonn und berät sich mit Wirtschaftsminister Karl Schiller. Einige europäische Banken weigern sich in den nächsten Tagen, US-Dollar anzunehmen – denn sie wissen nicht mehr, was die Währung noch wert ist. Alle Versuche der Europäer, das System der festen Wechselkurse wiederzubeleben, scheitern. 1973 zerbricht das US-Dollar-Bündnis endgültig.

Das abrupte Ende von Bretton Woods markiert den Beginn der heutigen Globalisierung. Mit seinem einsamen Entschluss leitet Nixon, ohne es zu ahnen, eine Entwicklung ein, die die Weltwirtschaft in den nächsten dreieinhalb Jahrzehnten dramatisch verändert: Die Finanzmärkte werden entfesselt. Die Industrienationen schleifen die Schutzwälle, die sie nach der Weltwirtschaftskrise errichtet haben. Sie öffnen ihre Volkswirtschaften für fremde Banken, Investoren und Finanzdienstleister. Und die Schwellenländer folgen ihnen bald.

Der Rest der Welt eifert noch einem Beispiel der US-Amerikaner nach: Unter Nixon beginnen die USA damit, auch andere Wirtschaftszweige, die bislang einer straffen Regulierung unterlagen, in die Freiheit zu entlassen. Die Amerikaner erhoffen sich mehr Wachstum, mehr Jobs und mehr Innovationen. Sie setzen darauf, dass der flinke Markt vieles weitaus besser organisieren kann als der behäbige Staat – und dass die Macht der großen Monopolisten gebrochen wird, die schlechte Produkte zu hohen Preisen anbieten. So erzwingt das amerikanische Justizministerium vor Gericht, dass der Telefonriese AT&T sich aufspaltet. Washington öffnet den Wettbewerb ums Telefon und ermöglicht so, dass jedermann billig telefonieren kann und Mobilfunk und Internet später so schnell Verbreitung finden. Die Amerikaner öffnen zudem die Luftfahrtbranche, das Speditionsgewerbe und die Energieversorgung für den gnadenlosen Wettbewerb.

Eine Ära der Deregulierung und Privatisierung beginnt, so wie es sich Milton Friedman und die Chicago Boys gewünscht haben. Regierungen in aller Welt trennen sich von Unternehmen und Monopolen, die sie nicht mehr brauchen. Sie beschleunigen damit vielfach den Wettbewerb und schaffen neuen Wohlstand. Häufig allerdings verabschiedet sich der Staat zu hastig. Er hinterlässt den Markt sich selbst, ohne ihm angemessene Regeln und eine vernünftige Aufsicht zu verpassen. Die Politiker provozieren damit jenen Aufstand gegen die Privatisierungspolitik, der heute in vielen Ländern zu beobachten ist.

Nirgends sind die Veränderungen, die der Rückzug des Staats auslöst, derart dramatisch wie an den Kapitalmärkten. Bis Anfang der siebziger Jahre wird die Wirtschaft von den produzierenden Unternehmen beherrscht, die Banken haben nur eine dienende Funktion. Sie versorgen die Produktionsbetriebe mit Geld, das sie sich zuvor bei ihren Sparern beschafft haben. Sie sind – anders als heute – nicht die heimlichen Herrscher der Welt. Wer sich als Unternehmer Geld leihen will, muss sich an eine der traditionsreichen Banken wenden, und zwar im eigenen Land. Daimler-Benz kann sich bei der Deutschen Bank Millionen leihen, nicht aber bei der Chase Manhattan Bank. Daimler kann sich D-Mark borgen, nicht aber US-Dollar. Und der Autokonzern kann seine Aktien nur an der Frankfurter Börse anbieten, nicht aber an der New York Stock Exchange.

Der Staat gab bislang klar vor, was an den Finanzmärkten erlaubt ist – und was nicht. Die Banken unterlagen einer strengen Aufsicht. Regierungen und Notenbanken wollten möglichst exakt steuern, wie viel Geld in die Unternehmen floss. Sie wollten dafür sorgen, dass die Wirtschaft gleichmäßig wuchs und die Preise stabil blieben. Selbst die Zinshöhe durften die Banken nicht nach Belieben bestimmen. In Deutschland legte der Bundeswirtschaftsminister bis in die sechziger Jahre die allgemeinen Konditionen fest. In den USA schrieb die berüchtigte »Regulation Q« den Geldhäusern vor, welches Maß die Zinsen einzuhalten hatten. Für Girokonten durften amerikanische Banken ihren Kunden sogar überhaupt keine Zinsen zahlen.

Dies verändert sich nach dem Nixon-Schock. Nicht nur die Devisenmärkte verlieren ihren starren Rahmen, sondern die Finanzmärkte insgesamt. Die Staaten schaffen die Kontrollen für den Kapitalverkehr ab, ebenso die harten Regeln für die Börsen. Heute kann ein Konzern wählen, wo er seine Aktien listet. Frankfurt? New York? London? Amsterdam? Alles ist möglich. Banken, Unternehmen und Anleger können ohne Hindernisse mit US-Dollar, Euro, Pfund und Yen handeln. Die Wechselkurse, die sich bis 1971 in schmalen Bandbreiten bewegten, schlagen seither heftig aus. Die Devisenbörsen haben sich zu einem Spielplatz für Spekulanten entwickelt, auf dem jeden Tag über 3 Billionen US-Dollar umgesetzt werden – etwa 90-mal so viel, wie der Welthandel an Waren bewegt. Seit 1992 haben sich die Umsätze an den Devisenbörsen vervierfacht, allein zwischen 2004 und 2007 sind sie um zwei Drittel angewachsen. Dies sei »ein noch nie gesehener Anstieg«, notiert die Bank für Internationalen Zahlungsausgleich. Die Devisenbörsen und die reale Wirtschaft – sie haben heute kaum noch etwas miteinander zu tun.

Die Finanzmärkte entwickeln sich zu einer riesigen Geldmaschine, zu einem Ort der Gier und des schnellen Geschäfts. Banken werfen neue, riskante Finanzinstrumente auf den Markt, die nur noch wenige Menschen verstehen. In den siebziger Jahren tauchen immer häufiger sogenannte Derivate auf. Dies sind Finanzprodukte, deren Wert sich aus der Entwicklung anderer Wertpapiere ableitet. Die ersten Derivate sind noch recht simpel, es handelt sich um Termingeschäfte. Bei diesen vereinbaren zwei Geschäftspartner, eine Aktie, ein Fass Öl oder auch eine Tonne Weizen in ein paar Wochen zu einem festen Preis zu verkaufen. Unternehmen können sich auf diese Weise vor Preisschwankungen bei Rohstoffen schützen; Landwirte nutzen Termingeschäfte, um ihre Ernte zu einem sicheren Preis zu verkaufen. Ganz ähnlich funktionieren Optionen. Hier wird das Geschäft aber nicht fest vereinbart, sondern der Käufer erwirbt nur das Recht, ein Wertpapier oder eine bestimmte Rohstoffmenge später zu einem bestimmten Preis zu kaufen; er muss dies aber nicht tun.

Seit den achtziger Jahren kommen immer komplexere Produkte hinzu. Oftmals schauen die Aufsichtsbehörden nicht so genau hin, was da gerade entsteht. Oder sie begreifen nicht, was die smarten Kerle in London oder an der Wall Street sich ausgedacht haben. Die Banken verkaufen Swaps, mit denen Geschäftspartner die Risiken bei Zins- und Währungsgeschäften tauschen können. Oder sie verpacken zweitklassige Kredite in Wertpapiere und verkaufen diese als angeblich erstklassige Anlagen weiter. Auf diese Weise entstehen Produkte, die es vor dreißig Jahren nicht gab, Derivate mit seltsamen Kürzeln: Collateralized Debt Obligations (CDOs), Asset Backed Securities (ABS) und Mortgage-Backed-Securities (MBS). Dahinter verbergen sich Kreditpakete, die um den Globus wandern, von Investor zu Investor – und die sich in der globalen Finanzkrise als Zeitbomben auf Reisen entpuppen. Alles in allem vagabundieren Ende 2007 Derivate im Wert von 592 Billionen US-Dollar durch das Weltfinanzsystem. Dies ist zehnmal so viel, wie alle Menschen der Erde innerhalb eines Jahres erwirtschaften – und sechsmal soviel, wie sieben Jahre zuvor existierten.

Zugleich steigt das Tempo an den Finanzmärkten. Die Computer werden schneller und leistungsfähiger, die Technologien ausgefeilter. Geschäfte, die früher per Brief oder Telex abgewickelt wurde, lassen sich heute per Mausklick tätigen. Binnen weniger Sekunden können Händler Milliarden bewegen, Positionen aufbauen und auflösen. Dank Internet und Hochleistungsrechner wissen sie jederzeit, wie ihre Papiere stehen. Auf Knopfdruck können sie Kurs und Umsatz, Angebot und Nachfrage, Tages- und Fünf-Jahres-Chart ermitteln. Auch der private Anleger hat über sein Online-Konto Zugriff auf Börsendaten in Echtzeit, kann mitmischen im globalen Kasino. Diese Revolution bringt Zehntausende neuer Finanzunternehmen hervor. Dazu zählen Investment- und Pensionsfonds, Hedgefonds und Private-Equity-Fonds. Sie buhlen um Privatanleger und Unternehmen. Sie handeln mit Aktien, Krediten und komplizierten Wertpapieren. Und sie sind sehr mächtig. Der amerikanische Pensionsfonds Calpers etwa, der die Altersvorsorge von kalifornischen Lehrern und Polizisten managt, verwaltet 250 Milliarden US-Dollar. Calpers ist an Hunderten Unternehmen beteiligt und mischt sich in deren Geschäfte ein. Allein in den USA besitzen Pensionsfonds mehr als die Hälfte aller Anteile an den tausend größten Unternehmen des Landes. Ohne die Liberalisierung der Kapitalmärkte wären die Fonds niemals entstanden, die Pensionsfonds ebenso wenig wie die Hedgefonds.

Die Vereinigten Staaten sind die Vorreiter in der Entfesselung der Finanzbranche. Schon bald räumen auch andere Länder die Marktschranken beiseite. So erlebt Großbritannien 1986 den »big bang«, den großen Knall an den Finanzmärkten. Die Regierung von Margaret Thatcher schafft auf einen Schlag die überkommenen Regeln für den Börsenhandel ab und öffnet die City of London für ausländische Banken. Nach und nach schlucken die fremden Institute die feinen Handelshäuser, traditionsreiche Familienunternehmen wie Warburg, Flemings oder Kleinwort Benson. Innerhalb weniger Jahre entwickelt sich London so zum ebenbürtigen Rivalen für die Wall Street. Heute hat die City sogar New York überholt: In London werden mehr Aktien gehandelt, sind mehr ausländische Banken präsent, gehen mehr Unternehmen an die Börse als in Manhattan. Die Geldhäuser in der City schaffen Zehntausende von neuen, oftmals hoch bezahlten Jobs. Auch Restaurants, Shops und Dienstleister in London profitieren vom Boom. Großbritanniens Wiederaufstieg als Wirtschaftsmacht wäre ohne die Finanzkonzerne undenkbar, sie erbringen mehr als ein Zehntel der gesamten Wirtschaftsleistung. Auch deshalb sträubt sich Großbritannien gegen jeden Versuch, die Regulierung der Finanzmärkte zu verschärfen.

In Deutschland geht die Liberalisierung nicht so stürmisch voran. Vor allem die Bundesbank sträubt sich dagegen, den Finanzmarkt zu öffnen. Die Hüter der D-Mark befürchten, dass ihre Geldpolitik nicht mehr wirken könnte, wenn die Kreditinstitute sich anderen Geschäften zuwenden. Wie wollen die Banker die Zinsen steuern, wenn die Banken Anleihen mit variablen Zinsen verkaufen? Wie wollen sie die Geldmenge kontrollieren, wenn sie Doppelwährungsanleihen zulassen, mit denen sich ein Unternehmen sowohl D-Mark als auch US-Dollar oder Pfund beschafft? Zögerlich öffnet Deutschland in den achtziger Jahren den Markt für Anleihen. Auch eine Terminbörse, an der Anleger mit Terminkontrakten und Optionen handeln können, wird erst 1990 gegründet, acht Jahre später als in London. In den neunziger Jahren lässt auch Deutschland schließlich die Beschränkungen fallen; es will nicht vollends den Anschluss an London und New York verlieren. Die Regierung produziert ein Finanzmarktfördergesetz nach dem anderen. Weitgehend unbemerkt von der breiten Öffentlichkeit öffnet sie den Finanzplatz Deutschland und lässt am Ende sogar Hedgefonds zu, die riskantesten Fonds, die es gibt.

Die Finanzmärkte sind heute globaler als alle anderen Märkte. Allein zwischen 1990 und 2000 hat sich die Summe, die Banken, Fonds und private Anleger innerhalb eines Jahres rund um den Globus pumpen, vervierfacht. Die normalen Bankkunden stehen ebenfalls vor einem riesigen Angebot. Sie können nicht mehr bloß zwischen Sparbüchern, Girokonten und einem Schatzbrief wählen, sondern auch zwischen Futures und Zerobonds, zwischen mehreren Millionen Aktien von allen Weltbörsen und ähnlich vielen Zertifikaten, also künstlichen Wertpapieren, mit denen Anleger auf die zukünftige Preisentwicklung von Wertpapieren, Indizes, Rohstoffen oder Lebensmitteln wetten. Die Finanzalchemisten der Banken haben dafür Namen gefunden, die ähnlich bizarr sind wie die Derivate der Profis: Der Bankkunde kann wählen zwischen Twin-Win-Ikarus- oder Expander-Zertifikaten, zwischen Multi-Double-Express- oder Korridor-Bonus-Zertifikaten. Wer die Finanzmärkte bändigen will, muss wissen: Hunderte Millionen privater Anleger mischen in diesem Kasino mit. Und etlichen, die zum Beispiel ihr Geld in irgendeinem Fonds-Sparplan fürs Alter angelegt haben, ist dies gar nicht bewusst.

Die Finanzmärkte haben ihr Gutes. Sie haben dazu beigetragen, dass die Weltwirtschaft in den letzten Jahrzehnten so schnell wachsen konnte. Sie haben die Unternehmen mit Geld versorgt und Geschäfte finanziert. Doch es gibt eine Kehrseite: Das moderne Finanzsystem ist weitaus anfälliger für Exzesse und Abstürze als das starre System der Bretton-Woods-Ära. Studien zeigen, dass es heute doppelt so wahrscheinlich ist wie 1973, dass ein Land in eine Krise stürzt. Die Beben an den Finanzmärkten breiten sich zudem schneller aus, weil Banken, Fonds und Investoren dank moderner Computertechnologie sofort reagieren können. Und weil Panik innerhalb von Minuten den ganzen Globus erfassen kann.

Die Finanzmärkte sind damit zu einer Gefahr für die reale Wirtschaft geworden. Sie dominieren deren Entwicklung, im Guten – vor allem aber auch im Schlechten. Sie haben sich zu einer Spielbank entwickelt, dessen grelles Licht alle anlockt. Die Spieler in diesem Kasino können, wenn sie sich verspekulieren, auch Industriekonzerne und Mittelständler ins Wanken bringen. Ja, sie können sogar ganze Staaten erschüttern. Arthur F. Burns, der Notenbankchef von Richard Nixon, hat dies schon in den siebziger Jahren geahnt. Die Öffnung der Finanzmärkte, prophezeite er, werde »mit Sicherheit Elend über die Menschheit bringen«. Dreißig Jahre später kann sein Nachfolger Paul Volcker dies nur bestätigten: Im April 2008 rechnete Volcker, einer der wichtigsten wirtschaftspolitischen Berater von Barack Obama, vor dem Economic Club of New York mit der herrschenden Finanzordnung ab: »Es fällt schwer zu behaupten, dass diese neue System irgendwelche außergewöhnlichen Vorteile gebracht hat«, sagte er. Das Finanzsystem sei zu komplex, zu verworren und stecke voller Risiken. »Vereinfacht ausgedrückt, hat dieses glorreiche Finanzsystem mit all seinen talentierten Teilnehmern und reichhaltigen Gegenleistungen den Markttest nicht bestanden.«

Margaret Thatcher – die Entmachtung der Gewerkschaften

Die Welt der Margaret Thatcher ist klar sortiert. Es gibt Schwarz und Weiß, es gibt die Guten und die Bösen, es gibt den Sozialismus, den sie »ausradieren« will – und die »Gesellschaft aus lauter Kapitalisten«, die sie schaffen will.

Der Gute in Thatchers Welt – das ist Friedrich August von Hayek. Der österreichische Ökonom ist der wichtigste Vordenker der »Eisernen Lady«. Er erklärt den britischen Konservativen 1980 in einer Studie, wie sie das Land umkrempeln sollen. Er ermutigt Thatcher in Briefen, die er teils an sie selbst schickt, teils an die Londoner Tageszeitung *Times*, den Staat entschlossen zu sanieren, die Subventionen zu streichen, die Sozialausgaben zu kappen, die Zinsen zu erhöhen und die Inflationsrate auf 0 Prozent zu drücken. Sie dürfe sich, mahnt der gut 80-jährige Ökonom, den »wets«, den »Waschlappen«, nicht beugen. Sie solle »diese Pseudo-Sozialisten aus dem Kabinett entfernen«. Thatcher trägt Hayek nicht nur im Herzen, sondern auch in der Handtasche. Als auf einer Parteiveranstalung ein »wet« gegen ihre radikalen Reformen anredet, zieht sie Hayeks Buch *Die Verfassung der Freiheit* hervor und ruft: »Das ist, woran wir glauben.«

Der Böse in Thatchers Welt – das ist Arthur Scargill, der Chef der Bergarbeitergewerkschaft NUM, der National Union of Mineworkers. Scargill, ein Kommunist, führt die mächtigste Arbeitervereinigung des Landes. 1974 hat die NUM den letzten konservativen Premier Edward Heath aus dem Amt getrieben. Die Kumpel haben 25 Wochen gestreikt und Heath zu Neuwahlen gezwungen, die er verliert. Als Thatcher der Labour Party 1979 die Macht wieder entreißt, ist sie auf Rache aus. Sie will die Gewerkschaften demütigen, die mit ihren wilden Streiks das Land lähmen. Und sie bereitet dies gewissenhaft vor. Nach nur wenigen Wochen an der Macht verabschiedet ihre Regierung den »Employment Act«, der die Macht der Gewerkschaftsbarone brechen soll. Es folgen vier weitere Gesetze dieser Art. Die Regierung verbietet den Funktionären, zu wilden Streiks aufzurufen, ohne ihre Mitglieder vorher in einer Urabstimmung zu befragen. Auch die beliebten Sympathiestreiks, bei denen eine Gewerkschaft sich mit einer anderen solidarisiert, werden verboten, ebenso die Praxis des »closed shop«, die Unternehmen dazu zwingt, nur Gewerkschaftsmitglieder zu beschäftigen.

Diese Gesetze sind Teil der konservativen Revolution, die Thatcher dem Land verordnet. Sie sind Teil eines kapitalistischen Experiments, wie es noch kein Industriestaat erlebt hat. Als Thatcher 1979 in die Downing Street 10 einzieht, gilt Großbritannien als »kranker Mann Europas«. Die Industrie liegt brach, die Armut wächst, die Preise steigen. Das Land hat einen »winter of discontent« hinter sich, einen Winter des Missbehagens, in dem viele Briten gefroren und gehungert haben. Die streikenden Arbeiter bringen das Land beinahe zum Erliegen, die Städte versinken im Müll. Der Strom wird rationiert. Schulen schließen, die Busse und U-Bahnen fahren nicht mehr, in den Krankenhäusern reicht das Essen nicht für die Krebspatienten.

Thatcher ist überzeugt, dass hier die Folgen einer verfehlten Wirtschaftspolitik zu besichtigen sind, die zu sehr auf den Staat und zu wenig auf den Markt setzt. Und so war es zum Teil ja auch: Drei Jahrzehnte haben die Briten an ihrem veralteten Wohlfahrtsstaat festgehalten, Unternehmen verstaatlicht und mit Subventionen die Wirtschaft gelenkt. »Der Versuch, das kranke Großbritannien mithilfe des Sozialismus zu heilen, war, als wolle man Leukämie mit Blutegeln kurieren«, schreibt Thatcher in ihren Memoiren.

Die Premierministerin zwingt dem Königreich eine Schocktherapie auf. Sie verkauft binnen kurzer Zeit Dutzende von Staatsunternehmen: die Gaswerke, die Fluggesellschaft British Airways, den Autohersteller British Leyland, die Eisenbahngesellschaft British Rail oder auch die British National Oil Corporation. Sie privatisiert Millionen von Wohnungen. Sie verweigert Subventionen. Sie senkt den Spitzensteuersatz und bedient die Besserverdiener. Sie verdoppelt die Mehrwertsteuer und trifft damit die Normalverdiener. Und sie zwingt die Notenbank, die Zinsen auf 17 Prozent zu erhöhen, um den Anstieg der Preise zu stoppen. Diese knallharte, kompromisslose Wirtschaftspolitik geht als »Thatcherismus« in die Geschichtsbücher ein.

Am 6. März 1984 startet Thatcher schließlich ihren Angriff auf Scargill und die Grubenarbeiter. Die Kohlebehörde verkündet an diesem Tag, dass sie 20 der 176 staatlichen Zechen schließen will. 20 000 Jobs sind in Gefahr. Weiteren 50 Kohlegruben droht auf mittlere Sicht ebenfalls das Aus. Scargill ruft die Kumpel sofort zum Streik auf. Er schert sich nicht um die Arbeitskampfgesetze, die Thatcher erlassen hat. Und so beginnt ein Konflikt, wie ihn Großbritannien noch nie erlebt hat. Die Streikenden errichten Barrikaden und verhindern mit Gewalt, dass Streikbrecher in die Zechen hineinkommen, sie werfen Flaschen und Ziegelsteine, verwandeln Telefonmasten in Rammböcke und liefern sich mit der Polizei Schlägereien.

Thatcher will »die Herrschaft des Mobs« brechen, sie bezeichnet Scargill als »marxistischen Präsidenten« und die Streikenden als »Feinde im Innern«. Der Gewerkschaftsboss, klagen konservative Politiker, wolle Großbritannien »in eine schäbiges, klägliches Ebenbild der Ostblockstaaten zu verwandeln«. Um den Streik durchzustehen, hat die Regierung zuvor Kohlevorräte angelegt und die Energieversorgung teilweise auf Öl und Atomkraft umgestellt. Doch der Gewerkschaftsboss ist ähnlich hartnäckig wie Thatcher. Er weigert sich, auch nur eine Zeche zu opfern. Scargill beschreibt die britische Premierministerin als »Plutonium-Blondine«, die den Weltfrieden bedrohe. Sein erklärtes Ziel ist »die Vertreibung der Hexe Maggie Thatcher aus der Downing Street«.

51 Wochen währt der Streik, doch dann muss Scargill kapitulieren. Die Kumpel folgen ihm nur noch widerwillig. Tausende kehren in die Gruben zurück, weil sie müde sind und finanziell ruiniert. Weil es keinen Lohn gab, hat jeder Streikende durchschnittlich 9 000 Pfund verloren, etwa 16 000 Euro. Die meisten haben sich verschuldet, ihre Habe teilweise verkauft. Die Regierung dagegen bietet jedem Streikbrecher ein Weihnachtsgeld von bis zu 1400 Pfund, etwa 2 600 Euro, an – und zudem Steuerfreiheit für die nächsten drei Monate. Das bricht den Willen vieler Streikender. Am 3. März stimmt eine Delegiertenkonferenz der NUM dafür, den Streik ergebnislos zu beenden.

Die Bilanz des Konflikts: 9 000 Streikende wurden verhaftet, mehrere Tausend Kumpel und 1400 Polizisten verletzt, ein Teil davon schwer. Es gab fünf Tote, darunter zwei Bergarbeiter, die aus Verzweiflung Selbstmord begangen hatten. 3 Milliarden Pfund musste das Land für den Streik zahlen, umgerechnet 5,5 Milliarden Euro – dreimal so viel wie für den Krieg um die Falkland-Inseln, den Thatcher zwei Jahre zuvor gegen Argentinien geführt hat. »Jedes Pfund, das uns der Streik gekostet hat, war zum Wohl des Volkes angelegt«, sagt Thatcher. Die Premierministerin sieht sich am Ziel: Sie hat die Macht der über 500 Gewerkschaften im Land gebrochen. Die NUM verliert in den nächsten Jahren mehr als drei Viertel ihrer Mitglieder. Von einst 230 000 Beschäftigten in den Kohlegruben sind am Ende von Thatchers Amtszeit nur noch 38 000 übrig. Auch anderen Gewerkschaften in Großbritannien laufen die Mitglieder davon. Die Zahl der Streiktage sinkt in wichtigen Branchen auf ein Zehntel.

Der verlorene Streik der Bergarbeiter hat Folgen über Großbritannien hinaus. Er beschleunigt weltweit den Niedergang der Arbeitervertretungen. Thatcher hat den Regierungen und Unternehmen in anderen Ländern gezeigt, dass es möglich ist, den Einfluss der Arbeitnehmer zurückzudrängen – und die Wirtschaft aus den Fängen radikaler Gewerkschaftsführer zu befreien. Doch Thatcher schießt über das Ziel hinaus: Ihr brutales Vorgehen bricht den Gewerkschaften das Genick. Sie demütigt die Interessenvertreter der Arbeiterschaft. Sie gibt ihnen zu verstehen, dass sie im Grunde stören und auch dann nichts zählen, wenn sie berechtigte Einwände haben. Thatchers Sieg führt den Gewerkschaften vor Augen, dass im Kampf zwischen Arbeit und Kapital nun allein das Kapital die Siegerstraße beherrscht.

Trotz ihrer Reformen gelingt es Thatcher nicht, Großbritanniens Wirtschaft in Gang zu bringen. Gewiss, sie gleicht den Haushalt annähernd aus; sie drückt die Inflation, die zu Beginn ihrer Amtszeit 18 Prozent betrug, bis 1986 auf unter 4 Prozent; und die Wirtschaft wächst Mitte der achtziger Jahre mit etwa 4 Prozent. Doch als das Jahrzehnt zu Ende geht, erlahmt das Land und die Preise schnellen wieder um 8 bis 9 Prozent pro Jahr nach oben. Die Industrie, einst der Stolz der Briten, verkommt. Landstriche veröden, weil Stahlwerke schließen, Werften keine Aufträge erhalten, Metallverarbeiter pleitegehen und die Motorrad- und Autoindustrie mit einst so stolzen Marken wie Jaguar, Rolls-Royce, Triumph und Norton einen Ausverkauf erlebt. In den Städten verkommen ganze Viertel. In den Reihenhaussiedlungen mit ihren Backsteinfassaden breiten sich Arbeitslosigkeit und oft auch Armut aus. Kritiker werfen Thatcher vor, sie habe die Gesellschaft auseinandergetrieben – ein Vorwurf, mit dem sie nichts anfangen kann. »So etwas wie Gesellschaft gibt es nicht«, kontert sie, »es gibt Individuen, Frauen und Männer, und es gibt die Familie.«

Bis zum Schluss bleibt die »Eiserne Lady« hart im Ton und kompromisslos in ihrem Handeln. Denn Thatcher weiß: Sie ist nicht allein. Ihr konservativer Umsturz ist Teil einer Revolution, die sich fast zeitgleich in den Vereinigten Staaten entfaltet. In Washington übernimmt nur zwei Jahre nach dem Amtsantritt von Thatcher ein ebenso entschlossener Reformer die Macht: Ronald Reagan.

Ronald Reagan – die Steuerrevolution

Es ist eine simple, allzu simple Kurve. Sie sieht aus wie ein Hügel. Das erste Mal kritzelte der amerikanische Ökonom Arthur Laffer sie Ende der siebziger Jahre in einem Restaurant in Washington auf eine Papierserviette. Mit der Zeichnung erklärte er zwei Bekannten, warum der Staat mehr Geld einnimmt und nicht weniger, wenn er die Steuern senkt. Laffers Kurve beginnt unten links bei einem Steuersatz von null: Wenn der Staat den Bürger nichts abverlangt, nimmt er nichts ein. Die Kurve steigt von dort steil an, wird dann flacher und erreicht irgendwann den höchsten Punkt: Dieser Steuersatz bringt dem Staat das meiste Geld. Die meisten Länder, glaubt Laffer, befinden sich jedoch rechts davon – sie verlangen ihren Bürgern zu hohe Steuersätze ab. In diesem Bereich fällt die Kurve, zunächst langsam, später schneller: Je höher die Steuern, desto stärker lahmt die Wirtschaft und desto niedriger sind die Einnahmen des Staats. Bei einem Steuersatz von 100 Prozent erreicht Laffers Kurve wieder die Nulllinie.

Andere Ökonomen nehmen den jungen Wissenschaftler zunächst nicht ernst, er wird für seine Theorie belächelt. Nur ein Kolumnist des *Wall Street Journal* glaubt an Laffer. Auch er ist davon überzeugt, dass Steuersenkungen das Allheilmittel sind, um die Wirtschaft in Gang zu bringen und den Staatshaushalt zu sanieren. Er vermittelt ein Treffen mit den Beratern von Ronald Reagan, dem Gouverneur von Kalifornien, der Präsident werden will. Wenig später besucht Reagan den Ökonomen in seinem Haus in San Diego. Der Republikaner Reagan braucht ein Thema für seinen Wahlkampf. Erneut kritzelt Laffer seine Kurve. Reagan versteht das Prinzip sofort. Er ist begeistert von der einfachen Darstellung, die später als »Laffer-Kurve« Eingang in die volkswirtschaftlichen Lehrbücher findet.

So steigt Laffer mit nicht einmal 40 Jahren zum wichtigsten Ideengeber des künftigen Präsidenten auf. Der Ökonom der University of Southern California liefert zusammen mit den Vertretern der Chicago-Schule das ideologische Rüstzeug für eine Revolution, die später den Namen des 40. Präsidenten der Vereinigten Staaten trägt: Reagan-Revolution. Laffer gehört einer radikalen Linie des Neoliberalismus an, der Supply-Side-Economy, der Angebotspolitik. Die Supply-Side-Ökonomen folgen der allzu einfachen Logik, dass die Unternehmen umso mehr produzieren, je mehr der Staat sich zurückzieht. Die Wirtschaftspolitik müsse sich, anders als es die Keynesianer propagieren, nicht um die Nachfrage kümmern, sondern allein um die Angebotsseite. Getreu dieser Losung verspricht Reagan, er werde den ausufernden Staat zurückdrängen. Die Amerikaner folgen dem charismatischen Mann aus Kalifornien. Knapp zwei Jahre nach Thatchers Wahlsieg zieht Reagan im Januar 1981 ins Weiße Haus ein. Jetzt wird auch die größte Wirtschaftsnation von einem neoliberalen Reformer regiert.

Reagan ist nachgiebiger als Thatcher. Aber in ihrer Rhetorik unterscheiden sich die beiden konservativen Politiker kaum. Sowohl der amerikanische Präsident als auch die britische Premierministerin rechnen mit der Umverteilungspolitik ihrer Vorgänger ab. Sie setzen darauf, dass der Markt es besser richtet als die öffentliche Hand. Nur vier Wochen nach seinem Amtsantritt präsentiert Reagan dem

Kongress sein Reformpaket namens *America's New Beginning: A Program for Economic Recovery* – Amerikas neuer Anfang: Ein Programm für den wirtschaftlichen Wiederaufschwung. Reagan will alles zugleich – und damit zu viel: Er will die Steuerlast in drei Stufen um ein Viertel senken; er will den Bundeshaushalt ausgleichen und keine neuen Schulden aufnehmen. Er will die Wirtschaft von ihren Fesseln befreien und die Bürokratie zurückdrängen. Und er will den Anstieg der Preise stoppen. Die Geldentwertung ist eines der großen Übel in Amerika; sie hat in den siebziger Jahren die Wirtschaft gelähmt.

Der neue Präsident peitscht seine Steuerreform im Eiltempo durch den Kongress. Er baut zügig regulierende Gesetze ab und lockert die Vorschriften für Ferngespräche, Kabelfernsehen, den überregionalen Busverkehr oder die Hochseeschifffahrt. Mithilfe der Notenbank, die die Zinsen erhöht, hält Reagan zudem die Inflation in Schach. Doch um welchen Preis? Die Amerikaner müssen Anfang der achtziger Jahre für Kredite mehr zahlen als jemals zuvor seit Ende des Zweiten Weltkriegs. Wer ein Haus bauen will und dies mit einem dreißigjährigen Darlehen finanziert, muss fast 19 Prozent an die Bank entrichten. Die hohen Zinsen erdrücken die Investitionsfreude der Unternehmen und die Konsumlust der Verbraucher, die Wirtschaft bricht ein. Reagans Berater nehmen den Abschwung in Kauf, denn sie vertrauen blind den Ideen von Milton Friedman. Für den Professor aus Chicago ist stabiles Geld die entscheidende Voraussetzung, dass die Wirtschaft wachsen kann. Was scheren da ein paar Hunderttausend Arbeitslose mehr? Nach ein, zwei Jahren werde sich das Problem verflüchtigen, glauben Reagans Berater.

Doch zunächst verflüchtigt sich die Idee, dass die Steuersenkung Milliarden in die Staatskasse spült. Tatsächlich fließt weniger Geld, und so schwillt das Defizit im Haushalt an. Die dreistufige Steuerreform kostet den Fiskus über 700 Milliarden US-Dollar. Zugleich steigen die Ausgaben der Regierung rasant. Denn Reagan will nicht nur den amerikanischen Staat bekämpfen, sondern auch die Sowjets. Daher verdoppelt er binnen acht Jahren die Rüstungsausgaben. Er ordert Flugzeugträger, Panzer, Kampfflugzeuge. Im März 1983 verkündet er, dass die USA im Weltraum ein Abwehrsystem installieren wollen, das russische Raketen abfangen kann. Es geht als »Star Wars«, als Krieg der Sterne, in die Geschichtsbücher ein – und als Loch in die Haushaltspläne. Schon im dritten Regierungsjahr muss Reagan sich über 200 Milliarden US-Dollar leihen, fast viermal so viel, wie unter seinem Vorgänger Jimmy Carter üblich war. Eine Kreditaufnahme von 200 Milliarden US-Dollar – das entspricht mehr als 6 Prozent der Wirtschaftsleistung und wäre nach den Regeln der Europäischen Währungsunion eine strafbewehrte Sünde. Reagan wird zum Opfer seiner maßlosen Politik. Er verspricht weit mehr, als er bezahlen kann. Er treibt Amerika in eine gefährliche Schuldenpolitik hinein, wie es sie seit dem Zweiten Weltkrieg nicht mehr gegeben hat. Amerika beginnt, Kapital aus aller Welt anzusaugen, um seine Politik auf Pump zu finanzieren. Denn während er die Verteidigungsausgaben in die Höhe treibt, schreckt Reagan davor zurück, anderswo zu kürzen. Die Angebotstheoretiker, die ihm einen harten Sparkurs empfohlen haben, sind enttäuscht. Reagans Revolution bleibe »auf halbem Wege« stecken, kritisiert Laffer.

Ein anderer Angebotstheoretiker, David Stockman, sitzt in der Regierung. Mit 34 Jahren macht Reagan ihn zum Budgetdirektor. Stockman ist ein Anhänger von Friedrich August von Hayek, ein Neoliberaler durch und durch. Ehrgeizig, radikal, kompromisslos. »So wie ich die Reagan-Revolution verstand«, schreibt er später in einem Buch, »erforderte sie einen Frontalangriff auf den amerikanischen Wohlfahrtsstaat. Nur damit ließ sich eine massive Steuersenkung finanzieren. Eine echte wirtschaftspolitische Revolution hätte einen erbitterten Kampf mit den Heeren der Empfänger von Washingtons Wohltaten bedeutet – den Sozialhilfeempfängern, Veteranen, Farmern, Lehrern, Beamten, der Bauwirtschaft und vielen anderen.« Als Budgetdirektor habe er für eine harte Politik plädiert: »Mein Plan«, erklärt er, »setzte auf den kurzen, scharfen Schmerz zugunsten langfristiger Gesundung.« Nach viereinhalb Jahren wirft Stockman desillusioniert das Handtuch.

Reagan redet vom schlanken Staat, doch er verwirklicht ihn nicht. Stattdessen beschließt er nach seiner Wiederwahl 1984, die Steuern nochmals zu senken. Er drückt den Spitzensteuersatz weiter herunter und kommt jenen Amerikanern entgegen, die ihn gewählt haben: Anfang der achtziger Jahre mussten die Reichen noch 70 Prozent ihres Einkommens an den Fiskus abführen, nach Reagans erster Reform 50 Prozent, nun 28 Prozent. Im Gegenzug streicht Reagan allerlei Schlupflöcher und Vergünstigungen. Die Demokraten, die den Kongress beherrschen, setzen zudem durch, dass die Unternehmen in den nächsten fünf Jahren 120 Milliarden US-Dollar mehr zahlen sollen. Reagans Steuerreform fasziniert die Konservativen in aller Welt. In Deutschland, Indien oder Frankreich kappen die Regierungen in den nächsten Jahren die Steuersätze. Die Regierung von Helmut Kohl entlastet Ende der achtziger und Anfang der neunziger Jahre die Bürger und Unternehmen in Deutschland. Auch heute noch berufen sich viele Politiker direkt oder indirekt auf Laffer. Als die rotgrüne Regierung 2000 die Steuern in Deutschland herunterschleust, kalkuliert SPD-Finanzminister Hans Eichel wie selbstverständlich einen »Selbstfinanzierungseffekt« mit ein. Radikale Steuerreformer wie der Heidelberger Rechtsprofessor Paul Kirchhof machen dies ebenfalls. Niemand hinterfragt, wo die Laffer-Kurve genau verläuft; niemand kann sagen, wo der optimale Steuersatz liegt, der die höchsten Einnahmen beschert: Bei 45 Prozent? Bei 35 Prozent? Bei 25 Prozent? Der Glaube daran, dass niedrige Steuern immer nützen, macht alle kirre.

Als Reagan nach acht Jahren das Weiße Haus verlässt, ist die Zahl der Arbeitslosen spürbar gesunken, 17 Millionen neue Jobs sind entstanden, die Wirtschaft wächst mit gut 3 Prozent, die Inflation ist von 13,5 auf 4,1 Prozent zurückgegangen. Doch zugleich zieht sich ein Graben durch die Gesellschaft: Die Reichen sind aufgrund der Steuersenkungen weiter entrückt. Zudem steht der Staat vor dem Bankrott. Am Ende von Reagans zweiter Amtszeit 1989 türmen sich die Schulden doppelt so hoch wie zu seiner Amtseinführung 1981. Mit über 2 Billionen US-Dollar steht Washington in der Kreide. Kein amerikanischer Präsident vor ihm hat derart ungeniert auf Pump gelebt. Das geborgte Geld stammt zu einem beträchtlichen Teil aus dem Ausland. Erstmals seit dem Ende des Ersten Weltkriegs müssen die Amerikaner Kapital importieren, um ihre Wirtschaft in Gang zu halten. Die USA wandeln sich unter Reagan vom Kreditgeber zum Schuldner. Daran hat sich bis heute nichts geändert: Der staatliche Haushalt und die Leistungsbilanz sind derzeit tiefer im Minus denn je.

Dass diese Schuldenwirtschaft nicht auf Dauer gutgehen kann, ahnt Stockman bereits 1986: »Irgendwann werden die Investoren in aller Welt das Vertrauen in unser leichtes Geld und unseren Wohlstand auf Pump verlieren. Die Uhr tickt unbarmherzig.« Nur für kurze Zeit, in der Präsidentschaft von Bill Clinton, gelingt es den Amerikanern, die Schuldenuhr anzuhalten. Präsident George W. Bush verfällt in den gleichen Trott wie Reagan. Und so bewahrheitet sich 2007 schließlich die düstere Warnung von Stockman: Amerikas Schuldenblase platzt, das Land stürzt in die Rezession, die Weltwirtschaft trudelt.

Helmut Kohl – der große Ausverkauf

Er orientiert sich an Reagan, er orientiert sich an Thatcher – und er kennt sich aus in der Vergangenheit. Gern bemüht der Historiker Helmut Kohl die Geschichte. Es gehe, ruft der Kanzler den Bundestagsabgeordneten am 23. April 1998 zu, um »eine der wichtigsten Entscheidungen des ganzen Jahrhunderts«. Die D-Mark, das Symbol des Wirtschaftswunders, soll nach sechs Jahrzehnten verschwinden; eine neue Währung soll kommen, für die Finanzminister Theo Waigel den Namen »Euro« erfunden hat. Beinahe 16 Jahre ist Kohl an diesem Tag im Amt. 1982 ist er Kanzler geworden, als Ronald Reagan in den Vereinigten Staaten regierte und Margaret Thatcher in Großbritannien. Er hat ihnen nachgeeifert, und nun steht er kurz davor, eine neue Währung einzuführen. Ein wahrhaft einscheidendes Ereignis. »Von der heutigen Entscheidung«, sagt Kohl in seiner Regierungserklärung, »hängt es wesentlich ab, ob künftige Generationen in Deutschland und in Europa in Frieden und Freiheit, in sozialer Stabilität und auch in Wohlstand leben können.« Die meisten Abgeordneten sehen es genauso: 575 stimmen für den Euro, 35 dagegen, fünf enthalten sich.

Dreieinhalb Jahre später, am 1. Januar 2002, halten 300 Millionen Menschen in Europa die Scheine und Münzen erstmals in Händen. Franc und Lira, Schilling und D-Mark – sie sind verschwunden. An ihre Stelle tritt der Euro. Eine Währung, die umstritten ist: Medien und Politiker haben den Euro als »Esperanto-Geld« verdammt. Ökonomen haben vor dem Verfassungsgericht geklagt. Die *Bild*-Zeitung beweint »Unser schönes Geld«. Die *Frankfurter Allgemeine Zeitung* warnt, die Währungsunion sei »in hohem Maße riskant«. Und selbst die Notenbanker sträuben sich: Als die Staats- und Regierungschef im Frühjahr 1988 in Hannover erstmals über die Währung sprechen, ruft Bundesbankpräsident Karl-Otto Pöhl empört bei seinen niederländischen Kollegen Wim Duisenberg an: »Weißt du, was die Idioten gerade beschlossen haben?«

Der Beschluss der »Idioten« verändert Europas Wirtschaft. Er setzt sie stärker als jemals zuvor dem globalen Wettbewerb aus. Denn seit dem 1. Januar 2002 lassen sich Preise und Löhne auf dem ganzen Kontinent vergleichen, die Kunden können billiger einkaufen, die Unternehmen billiger produzieren. Zugleich ist ein gewaltiger Finanzmarkt entstanden, auf dem alle in einer Währung handeln: die Anleger, die Banken und die Unternehmen. Die teuren Geschäfte entfallen, mit denen sich die Unternehmen gegen Wechselkursrisiken absichern. Banken, die früher nur innerhalb eines Landes tätig waren, expandieren plötzlich über Staatsgrenzen hinweg, kaufen Konkurrenten auf, eröffnen neue Niederlassungen.

Der Euro ist das größte Wirtschaftsexperiment aller Zeiten. Die Regierungen verlieren dadurch einen Teil ihres Einflusses: Sie können ihre Währungen nicht mehr abwerten, um den Export anzukurbeln oder eine Rezession abzufedern. Der Euro deckt nun schonungslos alle Schwächen auf. Er zwingt die Länder der Währungsunion, Reformen schneller voranzutreiben. Um dem Wettbewerb standzuhalten, müssen sie ihre Arbeitsmärkte öffnen, die Steuern und Abgaben senken und den staatlichen Griff auf die Wirtschaft lockern. Sie müssen zudem ihre Schulden im Zaum halten. »Der Euro«, ruft

Kohl den Abgeordneten im Bundestag zu,»macht Defizite deutlicher und verstärkt den überfälligen Handlungszwang. Das heißt für viele Staaten, dass sie ihr Verhalten anpassen müssen.«

Mehr Wettbewerb, mehr Druck, mehr Markt: Das ist die Idee hinter dem Euro – und eine der Grundideen Europas. In den fünfziger und sechziger Jahren fand dieser Wettbewerb nur im Kleinen statt. Doch 1987 wird die Grundidee der Europäischen Union für jedermann sichtbar, als die Mitgliedsstaaten der Europäischen Gemeinschaft (EG), wie sie damals noch hieß, die Einheitliche Europäische Akte verabschieden. Hinter dem sperrigen Begriff verbirgt sich das kühne Vorhaben, die Grenzen Europas niederzureißen. Die Europäer verpflichten sich in der Einheitlichen Akte, dass alle Schlagbäume verschwinden: jene aus Holz, aber auch die Schlagbäume für die Wirtschaft. Die zwölf EG-Staaten wollen bis Ende 1992 einen Binnenmarkt schaffen,»in dem der freie Verkehr von Waren, Personen, Dienstleistungen und Kapital gewährleistet ist«. Sie errichten für Unternehmen und Banken, für Anleger und Arbeiter einen schrankenlosen Wirtschaftsraum, wie es ihn auf der Welt nicht gegeben hat: Im EG-Binnenmarkt leben mehr Menschen und es werden mehr Waren und Dienstleistungen produziert als in den USA. Insgesamt 282 Rechtsakte enthält die Einheitliche Europäische Akte. Der deutsche Vizepräsident der EG-Kommission, Karl-Heinz Narjes, spricht von der»größten Deregulierung der Wirtschaftsgeschichte«.

Seither funktioniert Europas Wirtschaft nach anderen Regeln. Lastwagen rollen schneller über den Kontinent und müssen an den Grenzen nicht mehr stundenlang warten, verschwunden sind zudem viele unterschiedliche Normen, die es in der EU gab. Banken und Versicherungen können ungehindert fusionieren und sich niederlassen, wo sie wollen. Staatliche Behörden müssen ihre Aufträge in ganz Europa ausschreiben, nicht nur im eigenen Land. Die Versicherungs-, Transport-, Energie und Telekommunikationsmärkte wurden liberalisiert. Und viele staatliche Monopole sind gefallen. Meist zum Nutzen der Bürger, nur selten zu ihrem Schaden.

Auch Deutschland definiert die Rolle des Staats neu. Kohl ordnet den Rückzug aus den Betrieben an:»Eine Wirtschaftsordnung ist umso erfolgreicher, je mehr sich der Staat zurückhält. Wir wollen mehr Staat, nicht weniger«, verkündet er in seiner Regierungserklärung nach der Bundestagswahl 1983. Was folgt, ist eine Welle von Privatisierungen: Der Bund verkauft seinen Anteile an Volkswagen und den Energiekonzernen VEBA und VIAG (die inzwischen fusioniert haben und als Eon firmieren). Die Regierung privatisiert den Stahlkonzern Salzgitter, die Hypothekenbank Depfa, die im Jahr 2008 in den Strudel der Finanzkrise gerät, und die Autobahn-Tankstellen. Sie zieht sich aus Unternehmen zurück, in denen der Staat nichts mehr zu suchen hat.

Nirgends ist der Wandel derart gewaltig wie bei der Bundespost, und nirgends bringt er den Verbrauchern derart große Vorteile. Vier Jahrzehnte lang bestimmte die Bundespost, zu welchen Bedingungen die Deutschen telefonieren und Briefe versenden dürfen. Die Behörde schrieb den Bürgern sogar die Art der Telefone vor, die sie zu Hause aufstellen durften, klobige Apparate mit einer Wählscheibe. Als Monopolist hatte die Bundespost keinen Wettbewerber, ein eigener Postminister wachte bis in die neunziger Jahre über den schwerfälligen Apparat. Andere Staaten hatten da längst den Telefonverkehr liberalisiert. Die USA zerschlugen Mitte der achtziger Jahre den AT&T-Konzern, der seit 1913 das Monopol im Fernmeldewesen innehatte. Anfang der neunziger Jahre konkurrieren 600 Firmen mit AT&T. 1984 wurde auch British Telecom privatisiert, die Regierung in London brachte die Aktien an die Börse. 1985 wandelten die Japaner ihren Fernmeldekonzern NTT ebenfalls in eine Aktiengesellschaft um. Schon bald buhlten mehrere Dutzend private Anbieter um den Markt und drückten die Tarife nach unten.

In Deutschland dauert alles länger, wird dann aber umso gründlicher umgesetzt. 1989 gliedert der Bund die Post in drei Bereiche: Postdienst, Postbank und Telekom. Doch die Post bleibt eine Behörde, in der die Regeln des öffentlichen Diensts gelten. Die sogenannte Postreform I sorgt allerdings dafür, dass der Mobilfunk für private Anbieter geöffnet wird. Den Durchbruch bringt die Postreform II. 1995 werden die drei Nachfolgefirmen der Post in Aktiengesellschaften umgewandelt, ein gutes Jahr später geht die Telekom an die Börse und entfacht eine Aktienhysterie. Neue Wettbewerber drängen auf den Markt, die Telefongebühren fallen: Heute zahlen die Deutschen für Orts- oder Ferngespräche nur noch ein Zehntel dessen, was ihnen die Bundespost in Rechnung gestellt hat.

Kohl kehrt mit seiner Privatisierungspolitik eine Entwicklung um, die in Deutschland bis in die zweite Hälfte des 19. Jahrhunderts zurückreicht: Der Staat verstand sich seither als Unternehmer. Schon Reichskanzler Otto von Bismarck sprach 1876 in einer Rede von der »Nothwendigkeit der Verstaatlichung der Eisenbahnen«. Von der Verstaatlichung jener Bahn, deren Privatisierung nun – über 130 Jahre später – vorerst gescheitert ist. Eisenbahnen, Kohlebergbau, Rüstungs- und Stahlindustrie – alle gerieten im Deutschen Reich unter staatliche Kontrolle, ebenso die Gas-, Strom- und Wasserversorgung. In der Weimarer Republik und im Dritten Reich wurden die staatlichen Unternehmen zu Konzernen gebündelt. Die IG Farben und die Volkswagen AG entstanden. Nach dem Krieg behielt der Staat vieles in seiner Obhut. Die CDU sagte 1947 in ihrem Ahlener Programm dem »kapitalistischen Gewinn- und Machtstreben« den Kampf an und verlangte die Verstaatlichung des Bergbaus, der Energiewirtschaft und anderer Schlüsselindustrien – eine Forderung, die die Partei bald zurücknahm. Auch die SPD verabschiedete sich von der Idee, die wichtigsten Industriezweige zu verstaatlichen, allerdings erst 1959: »Das private Eigentum an Produktionsmitteln hat Anspruch auf Schutz und Förderung, soweit es nicht den Aufbau einer gerechten Sozialordnung hindert«, heißt es im Godesberger Programm.

Gleichwohl trennte sich der deutsche Staat anfangs nur zögerlich von seinen Beteiligungen. 1959 stieß er die Preussag ab, die heute Tui heißt, 1961 verkaufte er einen Teil seiner VW-Aktien und 1965 schließlich gut die Hälfte der VEBA-Aktien. So richtig loslassen wollte selbst Ludwig Erhard nicht. Und auch nicht die sozialdemokratischen Kanzler Willy Brandt und Helmut Schmidt. Mehr noch: In den siebziger Jahren boomte der soziale Wohnungsbau, die Städte und Gemeinden errichteten Häuserblocks und Trabantenstädte, der Staat gefiel sich als Wohltäter, der nicht nur die großen Risiken des Lebens absichert, Arbeitslosigkeit und Krankheit, sondern den Menschen mit seinen Wohnungsbauunternehmen ein Zuhause gibt. Doch bald wurde klar, dass der Wohlfahrtsstaat sich übernommen hatte, nicht nur beim Wohnungsbau. Vieles, was er versprach, konnte er nur auf Pump finanzieren.

Inzwischen stehen viele dieser Wohnungen zum Verkauf. Weil Kommunen in Not sind, trennen sie sich von ihren Wohnungsgesellschaften. Nicht selten landen diese in den Fängen eines Finanzinvestors: So verkauft das Land Nordrhein-Westfalen dem amerikanischen Fonds Whitehall im Juni 2008 etwa 93 000 Wohnungen. Der Mieterbund beschwert sich, dass die Wohnungen »ausgerechnet an eine rein renditeorientierte Heuschrecke« gegangen seien. Noch größer war der Aufschrei, als die Stadt Dresden im Jahr 2006 ihre 47 600 Wohnungen komplett an das amerikanische Unternehmen Fortress abstieß. Dresden wurde dadurch alle Schulden los, und die Menschen im Osten waren um eine Erfahrung reicher. Sie hatten in den neunziger Jahren bereits erlebt, wie die Treuhand das Firmenerbe der DDR verschleuderte, insgesamt 8 500 volkseigene Betriebe. Hunderte von Firmen wurden ausgeplündert, Tausende abgewickelt, Hunderttausende von Mitarbeitern entlassen.

Auch manch andere Privatisierung misslingt. Die Autobahn-Tankstellen werden von einem Finanzinvestor zum nächsten durchgereicht. Der Verkauf der Deutschen Flugsicherung wird vom Bundespräsidenten gestoppt, weil der einen Verstoß gegen das Grundgesetz sieht. Die Bundesdruckerei, die Ausweise, Pässe und Banknoten druckt, wird wieder verstaatlicht. Und auch die Bahn geht vorerst nicht an die Börse. Die große Euphorie beim Verkauf von Staatsvermögen hat sich verflüchtigt. Es wächst die Erkenntnis, dass der Staat vieles veräußern kann, weil er es nicht mehr braucht, aber dass er eben auch manches besser macht. Stahl und Autos, Energie und Telekommunikation – das können private Unternehmen besser. Der Staat dagegen sollte behalten, was zu seinen ureigensten, oftmals hoheitlichen Aufgaben gehört: vom Betreiben von Gefängnissen und der Flugsicherung über den Grenzschutz bis hin zum Passwesen.

Kohls Nachfolger denkt hier ganz ähnlich: Auch Gerhard Schröder trennt sich in seiner Amtszeit von vielen Beteiligungen, von dicken Paketen mit Aktien der Post, der Telekom oder des Frankfurter Flughafens. Schröder bringt zudem eine Steuerreform auf den Weg, wie sie auch Kohl in seinem letzten Amtsjahr vergeblich angeschoben hat – ein Milliardengeschenk für die Bürger und vor allem für die Unternehmen.

Gerhard Schröder – der Genosse der Wirtschaft

Es ist eine dieser wilden Geschichten, wie man sie sich auf dem Börsenparkett oft erzählt, eine dieser Storys, bei denen man nicht weiß, ob sie wahr oder falsch sind. Am 21. Dezember 1999 raunen sich die Händler an der Wall Street zu, drüben in Deutschland plane die Regierung etwas Großes: ein milliardenschweres Steuergeschenk für Banken und Versicherungen. Gegen 16 Uhr ruft an diesem Tag ein New Yorker Börsenhändler bei Thomas Mayer an, dem europäischen Chefvolkswirt der Investmentbank Goldman Sachs. Er fragt, ob Mayer etwas wisse über das Steuergeschenk der Regierung. Doch in »Good Old Germany« ahnt man noch nichts.

Keine 30 Stunden zuvor haben Bundeskanzler Gerhard Schröder und Finanzminister Hans Eichel die größte Steuerreform in der Geschichte der Bundesrepublik Deutschland präsentiert. Um 70 Milliarden D-Mark wollen sie die Bürger entlasten: die Arbeiter und Angestellten, die Handwerker, Mittelständler und Konzerne. Der Steuersatz für Geringverdiener soll sinken, von 23,9 auf 15 Prozent, ebenso der Tarif für Spitzenverdiener, von 53 auf 45 Prozent. Schon das widerspricht allem, was die Sozialdemokraten im Wahlkampf verkündet hatten. Doch die eigentliche Revolution haben Schröder und Eichel im Kleingedruckten versteckt.

Dort steht ein Satz, der Deutschlands Wirtschaft umwälzen wird. Dieser Satz ist bedeutsamer als alle anderen Reformen der rot-grünen Regierung, bedeutsamer als Riester-Rente und Hartz IV: »Gewinne aus der Veräußerung von Anteilen, die eine Kapitalgesellschaft an einer anderen Kapitalgesellschaft hält, sind nicht steuerpflichtig.«

Gemeint ist: Wenn Unternehmen einen Teil ihres Konzerns verkaufen, müssen sie auf den Erlös keine Steuern mehr zahlen. Schröder und Eichel eröffnen den Konzernen damit die Möglichkeit, Firmen mit Zehntausenden von Jobs steuerfrei hin- und herzuschieben. Sie befördern ein gewaltiges Monopoly der Unternehmen.

Als der Aktienhändler aus New York aufgelegt hat, versucht Mayer, seinen Gewährsmann im Finanzministerium zu erreichen. Doch erst am nächsten Tag, Donnerstag früh, erwischt er ihn. Der Beamte versichert: Das Gerücht ist wahr. Das Börsenfeuerwerk kann beginnen. Binnen weniger Minuten schießen die Aktien von Deutsche Bank und Allianz, von Dresdner Bank und Münchener Rück nach oben. Um 10, 12, ja um 15 Prozent legen sie zu. Ein irrwitziger Kurssprung. Die Anleger feiern das Ende der Deutschland AG, sie berauschen sich an der blühenden Zukunft, die sie für die traditionsreichsten Unternehmen der Republik sehen.

Die Deutschland AG: Das ist jenes Gestrüpp aus Beteiligungen und wechselseitigen Abhängigkeiten, das die deutsche Wirtschaft seit Jahrzehnten prägt. Das ist ein dichtes Netz aus Aufsichtsräten und Vorständen, die sich kennen und schützen, die kungeln und ihre Unternehmen so vor eigentlich unvermeidlichen Veränderungen bewahren. Mitten in diesem Geflecht befinden sich die mächtigsten Banken und Versicherungen des Landes. Sie sind an vielen Unternehmen beteiligt, und zudem auch untereinander. Es ist ein Bollwerk, in das niemand eindringen kann.

Dieses Kartell der Macht möchte die SPD aufbrechen. Ein sinnvolles Anliegen. Doch der Weg, den Schröder und Eichel einschlagen, ist ungewöhnlich: Sie ordnen nichts an, sondern setzen auf die Kraft des Marktes. Mit ihrem Steuergeschenk wollen sie den Unternehmen einen Verkauf der Beteiligungen schmackhaft machen. Damit überraschen sie selbst ausgebuffte Konzernlenker. Diese haben allenfalls erwartet, die Regierung werde die Steuer für Firmenverkäufe auf 30 oder 20 Prozent senken. Aber 0 Prozent? Niemals. Solch ein niedriger Satz wäre nicht nötig gewesen, um die Konzerne zum Verkauf ihrer Beteiligungen zu bewegen. Die Regierung tut des Guten zu viel.

Erst zögerlich, dann immer schneller trennen sich die Unternehmen von ihren Beteiligungen. Sie schlagen los, was sie seit Jahrzehnten besessen haben. Sie huldigen dem Shareholder-Value, also dem Prinzip, den Firmenwert so kraftvoll wie möglich zu steigern. Der Steuersatz von null setzt das fatale Signal, dass Unternehmen nur noch sich selbst verpflichtet sind, nicht mehr den Beschäftigten oder dem Land. Wer heute die Schablone der alten Deutschland AG neben das Bild vom neuen Börsen-Deutschland legt, erkennt schnell, wie sehr sich die Wirtschaft verändert hat. Die Unternehmen sind schlanker denn je. Und niemand hält die schützende Hand über sie. Deutsche Bank, Dresdner Bank und Allianz haben den größten Teil ihrer Beteiligungen verkauft, andere Konzerne trennten sich ebenfalls von ihrem Firmenbesitz oder brachten Tochterfirmen an die Börse.

Schröder und Eichel verhelfen mit ihrem Steuergeschenk einem neuen Typus des Managers zum Durchbruch: dem Portfoliomanager. Dieser versteht oft nicht viel von den Waren, die er produziert; er weiß aber, wie man Unternehmen kauft und verkauft. Der Portfoliomanager ist das Gegenteil des alten Firmenpatriarchen, der sich für seine Mitarbeiter und deren Familie verantwortlich fühlt. Er ist kühl und nüchtern, denkt vor allem an den Aktienkurs. Der Portfoliomanager hält nicht viel von traditionsreichen Firmennamen. Lieber lässt er eine Werbeagentur einen Kunstnamen für sein entkerntes Unternehmen entwickeln.

Und noch etwas befördern Schröder und Eichel mit ihrem Steuergeschenk: Sie holen jene Investoren ins Land, die der SPD-Vorsitzende Franz Müntefering im Jahr 2005 als »Heuschrecken« bezeichnet. Für die Beteiligungsgesellschaften ist es plötzlich verlockend, ein deutsches Unternehmen zu kaufen, es zu sanieren und nach ein paar Jahren steuerfrei zu verkaufen. Die Heuschrecken nisten sich bei Mittelständlern wie dem Armaturenhersteller Grohe oder dem Modelleisenbahn-Produzenten Märklin ein. Sie erwerben Modefirmen wie Boss und greifen nach Unternehmen aus dem Dax. Der englische Hedgefonds TCI, ein Kürzel für: The Children's Investment Fund, kauft sich bei der Deutschen Börse ein und stürzt deren Vorstands- und Aufsichtsratschef. Die amerikanische Beteiligungsgesellschaft Blackstone kauft der Regierung ein milliardenschweres Paket mit Telekom-Aktien ab. Wenn es sein muss, streichen die Finanzinvestoren Tausende von Jobs. Das Arbeitsleben von Millionen Beschäftigten wird ruppiger. Denn auch die Heuschrecken sagen, dass sie nur sich selbst verpflichtet sind. Das Band zwischen der Wirtschaft und ihren Beschäftigten wird immer dünner.

Als Reformer ist Schröder alles andere als ein Überzeugungstäter. Er hält nichts von den großen Lehren – weder von Keynes' Idee vom helfenden Staat, die sein Gegenspieler Oskar Lafontaine verfolgt, noch von Friedmans Modell des minimalen Staats, das in der Union und der FDP viele Anhänger hatte. Der Kanzler blinkt mal links, mal rechts, ganz so, wie es die Macht- und Meinungsverhältnisse erfordern. Er ist ein Reformer ohne ideologisches Grundgerüst. Wohl keine andere Episode zeigt dies derart eindrücklich wie jener Abend im Dezember 1998, als der Europäische Rat in Wien tagt. Nach Ende des ersten Verhandlungstags sitzt Schröder nachts mit Finanzminister Oskar Lafontaine und dessen Staatssekretär Heiner Flassbeck in der Bar des Hotels Imperial. Da gesellen sich ein paar deutsche Mittelständler hinzu, die aus der Oper kommen. Schröder fordert sie mit Blick auf Lafontaine und Flassbeck auf: »Erklären Sie diesen Makroökonomen doch mal die Probleme des deutschen Mittelstands.« Makroökonomie, also das Denken in großen wirtschaftlichen Zusammenhängen – das ist nicht Schröders Sache. Er sieht, anders als Lafontaine, seine Aufgabe nicht darin, die Weltfinanzmärkte zu bändigen. Stattdessen kümmert er sich lieber um den Mittelstand und trifft sich mit Vorstandsvorsitzenden zu Zigarre und Rotwein. Deshalb ist Schröder froh, als Lafontaine im März 1999 verschwindet. Nun kann er ganz Genosse der Bosse sein. Ein Genosse, der spontan entscheidet. Mal so. Und mal so.

Schröder schwankt aus zwei Gründen. Der erste: Er kann sich nicht sicher sein, ob seine Partei ihm immer folgt. Je länger seine Doppelrolle als Kanzler und SPD-Chef währt, umso größer werden im linken Lager die Zweifel. Den Linken fehlt eine Identifikationsfigur, wie sie Lafontaine war; Schröder vermag diese Rolle nie zu übernehmen. So wächst der Unmut über seinen Kurs. Der zweite Grund:

Schröder muss sich mit der Union arrangieren, die den Bundesrat beherrscht; anfangs mit einer dünnen, später mit einer satten Mehrheit. Er muss in Kompromissen denken, denn ohne Kompromiss ist keines seiner Vorhaben zu realisieren.

Trotz der Widerstände entwickelt sich Schröder zu einem Reformer. Er tut es aus der Not heraus. So ringt er sich zu seiner Steuerreform nur deshalb durch, weil die SPD nach einer Serie von verlorenen Landtagswahlen ein Projekt braucht, um wieder Wähler für sich zu gewinnen. Die linken Genossen debattieren im Sommer 1999 deshalb, ob sie die Vermögensteuer wieder einführen sollten, die das Bundesverfassungsgericht gekippt hatte. Schröder denkt derweil nicht an den Klassenkampf, sondern an Steuergeschenke für alle.

Es folgt die Rentenreform. Für jedermann erkennbar steckt die gesetzliche Rentenkasse in Problemen. Das Versprechen von Kohls Arbeitsminister Norbert Blüm (»Die Rente ist sicher.«) hat sich als nicht mehr haltbar erwiesen. Zu viele Rentner stehen zu wenigen Beschäftigten gegenüber; das Missverhältnis wird sich vergrößern. Die rot-grüne Regierung wählt schließlich eine Lösung, wie sie schon die Schweden eingeschlagen haben: Sie kürzt die staatliche Rente und schafft zusätzlich eine private Altersvorsorge – die Riester-Rente, benannt nach Arbeitsminister Walter Riester. Ausgerechnet die SPD leitet einen Paradigmenwechsel ein, wie ihn die Bundesrepublik noch nicht erlebt hat: Der Staat kündigt sein Versprechen auf, dass er seine Bürger bis zum Lebensende rundum versorgen wird. Die Bürger müssen ein Stück weit selbst vorsorgen. Die Riester-Rente für Arbeiter und Angestellte, später ergänzt durch die Rürup-Rente für Selbstständige (benannt nach dem Wirtschaftsweisen Bert Rürup), gehört seither zum Standardrepertoire für Finanzverkäufer. Ausgerechnet die Sozialdemokraten zwingen die Deutschen, sich mit der privaten Kapitalanlage auseinanderzusetzen: Sollen sie Fonds kaufen? Oder Aktien? Oder eine Lebensversicherung? Oder sollen sie, gefördert durch staatliche Zuschüsse, riestern oder rürupen?

Die dritte Revolution schließlich, die die Regierung Schröder anstößt, trägt den Namen Hartz. Genauer gesagt: Hartz I bis Hartz IV. Auch die Reform des Arbeitsmarkts, und mit ihr die gesamte Agenda

2010, entstehen aus der Not heraus. Die Ideen dazu hat Peter Hartz mit einer Reformkommission entwickelt. Hartz ist Personalvorstand von Volkswagen. Die Genossen haben die Deutschen zuvor im Sommer 2002 mit einem Wahlkampf voller Halbwahrheiten überzogen. Sie haben verschwiegen, dass im Haushalt ein Loch von 20 Milliarden Euro klafft. Sie müssen sich im »Lügenausschuss« des Bundestags verantworten, der die Vertuschungsmanöver aufarbeitet. Schröder und Eichel müssen zugleich einen Weg finden, um das Loch zu stopfen. So entsteht die Agenda 2010. Sie ist anfangs, als sie noch nicht so heißt, nur ein Sparprogramm. Sie wird später, als sie ihren Namen hat, zur meistgehassten Reform der Schröder-Zeit.

Die Idee dafür entsteht im Spätherbst 2002 im Kanzleramt. Die Wirtschaft liegt danieder, die Börsen auch, die Stimmung in den Unternehmen sowieso. Der Kanzler sucht nach einem Ausweg. Und so lancieren seine Getreuen zum Jahreswechsel ein Papier an die Presse, das erstmals die Umrisse einer radikalen Reformpolitik erkennen lässt, die so gar nichts mit den Versprechen im Wahlkampf zu tun hat. Am 14. März 2003 präsentiert Schröder im Bundestag die Agenda 2010. Um neun Uhr tritt er ans Pult, ein Manuskript vor sich, an dem seine Redenschreiber und Kanzleramtsminister Frank-Walter Steinmeier bis in die Nacht gefeilt haben.

Schröder hat den Text wieder und wieder geändert, er hat ihn auf das Wesentliche reduziert: die Reformen, mit denen er das Land verändern will. Der gedankliche Überbau, die Erklärung, warum all das notwendig ist, wurde gestrichen. Hätte er die Passagen bloß beibehalten. Vielleicht hätte er die Deutschen mit seinen Plänen eher überzeugt.

Der Kanzler lässt stattdessen Fakten sprechen. Er kündigt an, dass er eine Gesundheitsreform vorlegen wird, die den Versicherten mehr abverlangt – ein Vorhaben, das scheitert. Er kündigt an, dass der Kündigungsschutz leicht gelockert und die Gewerbesteuer vereinfacht wird – beides wird trotz großer Widerstände umgesetzt. Er kündigt an, dass seine Regierung den Arbeitsmarkt umkrempeln will – ein Vorhaben, das ihn das Amt kosten wird. Er sagt: »Wir werden die Leistungen des Staates kürzen, Eigenverantwortung fördern und mehr Eigenleistung von den Einzelnen verlangen.« Jegliches Pathos fehlt.

Schröders Worte verfangen nicht. Die Rede und die Agenda 2010 werden von vielen als kalt empfunden. Die Gewerkschaften und die Linken in der SPD sperren sich dagegen. Nur mit Mühe gelingt es Schröder, den Aufruhr in der Partei zu ersticken. Doch er treibt die Unzufriedenen aus der SPD. Sie landen bei der Wahlalternative Soziale Gerechtigkeit, der WASG, die in der Linkspartei aufgeht. Im Sommer 2005 zwingt er das Land zu Neuwahlen und seine Partei zu einer Entscheidung: Will sie ihn und seine Reformen? Das Vorhaben missglückt. Angela Merkel übernimmt im Herbst 2005 die Macht und profitiert schon bald von den Vorarbeiten der rot-grünen Regierung. Die Zahl der Arbeitslosen, die im Februar 2005 bei über fünf Millionen lag, sinkt bis zum Oktober 2008 auf unter drei Millionen.

Schröder ergeht es wie so vielen radikalen Reformern. Sie sind überzeugt, das Richtige zu tun, doch sie können die Mehrheit der Wähler nicht gewinnen. Sie können sich nicht so lange halten, bis die Reformen wirken. Stattdessen erleben die Bürger zunächst die Kehrseite der Reformen. Sie sehen die schmerzhaften Einschnitte, nicht die Chancen. In den ersten beiden Jahren seiner Amtszeit kann Schröder dies verdrängen. Da erlebt Deutschland einen gewaltigen Boom: Hunderte von jungen Firmen drängen an die Börse, die Aktienkurse steigen, die Wirtschaft wächst, die Konzerne verdienen prächtig. Es ist die Zeit der New Economy. Der Kapitalismus erblüht.

Kapitel 4

Die Blütezeit des Kapitalismus

»Wir sind die unbestrittenen Anführer der Welt.«

Bill Clinton, amerikanischer Präsident, 1998

Es ist ein Goldenes Zeitalter, eine Ära des Aufschwungs und der grenzenlosen Euphorie, aber auch der Maßlosigkeit. Befeuert durch die Politik erlebt der Kapitalismus in den neunziger Jahren und zu Beginn des neuen Jahrtausends seine große Blüte. Ökonomen verkünden, dass eine neue Ära angebrochen sei: die New Economy, in der es nur noch den immerwährenden Boom gebe. Internet und Biotechnologie faszinieren die Menschen. Die Welt erlebt eine beispiellose Gründerzeit. Die Kurse zahlreicher Aktien vervielfachen sich. Winzige Internetfirmen sind plötzlich mehr wert als Industriekonzerne. Wie aus dem Nichts werden an den Finanzmärkten Milliarden geschaffen. Konzerne und Banken nutzen dies, um gewaltige Übernahmen zu finanzieren. Die Welt erlebt – befördert durch die Investmentbanken – ein Fusionsfieber wie seit Jahrzehnten nicht mehr. Das viele Geld bringt zudem neue, machtvolle Spieler an den Finanzmärkten hervor: Hedgefonds wetten mit komplexen Finanzinstrumenten auf die Zukunft. Und Heuschrecken jagen Firmen, um diese zu zerlegen und mit Gewinn weiterzuverkaufen. Es regiert die Gier, der Glaube an das schnelle Geld. Ein gefährlicher Glaube.

Der Traum vom ewigen Aufschwung

Als Marc Andreessen noch ein ganz normaler Student ist, eingeschrieben an der Universität von Illinois in Urbana-Champaign, im Niemandsland zwischen Chicago und Indianapolis, verdient er wenig mehr als den amerikanischen Mindestlohn: Für 6,85 Euro pro Stunde entwickeln er und seine Kommilitone Eric Bina am Zentrum für Supercomputer-Anwendungen eine neue, wissenschaftliche Software. Die beiden Studenten tüfteln bis tief in die Nacht, und am Ende kommt etwas völlig anderes heraus als vorgesehen: ein Programm, mit dem das schwarz-weiße Internet plötzlich ganz bunt wird. Andreessen und Bina haben den ersten Internetbrowser entwickelt, die erste grafische Oberfläche für das World Wide Web. Eine bahnbrechende Innovation, wie sie in jedem Jahrzehnt nur ein-, zweimal vorkommt.

Zwei Jahre später, am Morgen des 9. August 1995, ist Andreessen reich. Wie üblich hat er bis 3 Uhr früh am Computer gesessen. Morgens um 11 Uhr wird er wach und fährt seinen Rechner hoch. Er traut seinen Augen nicht, als er sich beim Internetbörsendienst Quote.com einloggt: Die Aktie von Netscape, seinem Unternehmen, notiert bei 71 US-Dollar. Netscape ist am Morgen an die Börse gegangen, erstmals überhaupt wagt ein Dotcom-Unternehmen dies. Für 14 US-Dollar hatten die Investmentbanken die Aktie in den Tagen zuvor angeboten. Doch am Tag des Börsendebüts zahlen die Anleger 30, 40, 50 US-Dollar. Netscape ist in dem Augenblick mehr als 2 Milliarden US-Dollar wert, und dem Ex-Studenten Andreessen gehören davon 58 Millionen US-Dollar.

Es ist verrückt. Absolut verrückt. Solch einen Irrwitz haben selbst erfahrene Börsenhändler noch nicht erlebt. Da kommt ein junges, freches Unternehmen daher, gerade sechzehn Monate alt, mit gut hundert Beschäftigten, und plötzlich ist es wertvoller als ein Konzern mit Tausenden von Mitarbeitern. Netscape vermag den Börsianern nicht sehr viel mehr anzubieten als die Zukunft. Andreessens Firma macht keinerlei Gewinn und setzt gerade 20 Millionen US-Dollar um, und doch liefert Netscape mit seinem Internetbrowser eine der heißesten Börsenstorys, die es je gab. Der Aktienkurs vervierfacht sich in den nächsten Monaten, Ende des Jahres hat sich das Vermögen von Andreessen auf 200 Millionen US-Dollar erhöht.

Der 9. August 1995 gilt seither als der Tag, an dem die New Economy geboren wurde, jene neue Form der Wirtschaft, in der die tradierten Regeln der Ökonomie angeblich nicht mehr gelten. Die Propheten dieser neuen Wirtschaft versichern, dass es sich um eine Zeitenwende handelt. Dass eine Ära des Glücks und der Hoffnung beginnt. So ist es in der New Economy. Und so ist es immer, wenn eine bahnbrechende Erfindung die Wirtschaft verändert. In den zwanziger Jahren waren es das Radio und das Flugzeug, die alle beflügelten, diesmal ist es das Internet. Und weil alle sich von dieser Euphorie anstecken lassen, hinterfragt niemand die Aussagen der Propheten. Niemand sieht die Risiken. Alle glauben, dass es nur nach oben gehen kann. Ein Irrglaube, der sich immer wieder als falsch erweist. Trotzdem geben die Menschen sich dieser Illusion hin. Auch in der New Economy.

In dieser wilden Ära setzen nicht alte Industriebetriebe die Trends, sondern junge Garagenfirmen. In der New Economy geben nicht Herren in dunklen Anzügen den Takt an, sondern Jungen, die gerade erst die Universität verlassen haben, Turnschuhe tragen und denen keine Idee zu kühn ist. Im gleichen Augenblick, in dem sie ihr Unternehmen gründen, ihr Start-up, wissen sie schon, dass sie in zwei, drei Jahren an die Börse gehen werden. Die New Economy entwickelt sich in atemberaubendem Tempo. Nur sechs Monate nach Netscape geht Yahoo an die Börse, ein damals noch unbedeutender Internetsuchdienst mit gerade 46 Mitarbeitern, den zwei Doktoranden der Universität Stanford gegründet haben. Vier Jahre später hat das Unternehmen 1200 Mitarbeiter und wird mit rund 97 Milliarden Euro bewertet – es ist auf dem Höhepunkt des Börsenbooms so viel wert wie Volkswagen, VEBA, BASF, Metro und die Lufthansa zusammen. Es folgen der Online-Buchhändler Amazon (Börsenwert vier Jahre später: 23,5 Milliarden Euro) und das Internetauktionshaus Ebay (Börsenwert vier Jahre später: rund 15 Milliarden Euro).

Hunderte von anderen Internetfirmen machen es ihnen nach, erst in den USA, später in Europa und Asien. Was sie zu bieten haben: eine irre Idee. Was sie nicht bieten: Sicherheiten oder Gewinne. Doch das interessiert in dieser Zeit niemanden. Die traditionellen Bewertungsregeln gelten als überholt; Bilanzen interessieren nicht. Was zählt, ist die Fantasie. Was verkauft wird, ist die Hoffnung. Alle sehen in diesen Monaten nur das Morgen, nicht das Heute oder das Gestern. Alle glauben, dass sich Geld beliebig vermehren lässt. »Es gab noch nie zuvor eine Ära, in der so schnell neuer Reichtum geschaffen wurde«, sagt Alan Brinkley, Professor für Geschichte an der Columbia University in New York. »Natürlich gab es auch am Beginn des 20. Jahrhunderts viele Menschen, die aus einem moderaten Vermögen während ihres Lebens ein ganz großes Vermögen gemacht haben, die Eisenbahnbarone oder die Stahl- und Ölmagnaten. Aber das ist nichts verglichen mit jenen Leuten, die an einem Tag ein paar Hunderttausend US-Dollar besitzen und am nächsten Tag ihr Unternehmen an die Börse bringen und Milliardäre sind.«

Auch die Deutschen verfallen diesem Wahnsinn. Wie besinnungslos stürzen sie sich auf Aktien, das Gold der Gegenwart. 1997 gehen gerade mal 36 Unternehmen in Deutschland an die Börse, 1999 sind es bereits 194. Auch Millionen von Bundesbürger glauben plötzlich, dass es möglich ist, ohne Arbeit reich zu werden. Und es gibt sie tatsächlich, die Millionäre, die ihr Geld am Neuen Markt gemacht haben, die smarten Aktionäre mit dem goldenen Händchen. Sie haben Brokat gekauft. Oder TV Loonland. Oder Pixelpark. Unternehmen, die ein paar Monate zuvor niemand kannte. Im Börsen-Deutschland der Jahrtausendwende werden – wie in den USA – Milliardäre aus dem Nichts geschaffen. Die Gebrüder Haffa etwa, deren Unternehmen EM.TV mit den Fernsehrechten für die Muppets und andere Kindersendungen handelt. Oder Gerhard Schmid aus Büdelsdorf in Schleswig-Holstein, der mit Mobilcom der Telekom Millionen von Kunden abluchst. Oder Stephan Schambach aus Jena, der eine Software namens Intershop entwickelt, mit der sich blitzschnell Kaufhäuser im Internet errichten lassen. Sie alle haben ihre Unternehmen an den Neuen Markt gebracht, ein Börsensegment, das Anfang 1997 in Frankfurt am Main eröffnet hat. Sie alle erleben, wie ihre Aktien zunächst um das Zehnfache steigen, später um das Hundertfache.

Millionen von Deutschen vervielfachen ihr Vermögen. Sie balgen sich an den Bankschaltern um die Aktien von Unternehmen, die an die Börse gehen. Sie ordern Aktien von Internetbuden oder Biotech-Firmen, über deren Geschäft sie so gut wie nichts wissen. Manche

Aktien legen an einem Tag um 30, 40 oder gar 50 Prozent zu. Der Kurs der Deutschen Telekom versiebenfacht sich in nicht einmal vier Jahren. Acht Millionen Bundesbürger besitzen Aktien, 2,5 Millionen davon erst seit kurzem. Sie zocken am Computer im Büro, sie reden auf Partys über das jüngste Gerücht. Selbst die *Bild*-Zeitung rät ihren Lesern, Geld in Aktien zu stecken. Es geht nur noch um eines: kaufen, kaufen, kaufen!

Beschleunigt wird der Börsenboom durch eine neue Art von Geldgebern, die die Unternehmen groß machen. Venture-Capital-Firmen statten die Gründer mit Millionenbeträgen aus. Sie stehen ihnen mit Rat und Tat zur Seite, denn sie wollen, dass die Unternehmen rasant wachsen und bald an die Börse gehen. Nicht jedes Unternehmen wird es schaffen. Aber diejenigen, die es schaffen, bringen das große Geld. Die besten Fonds machen Gewinne von 40 oder 50 Prozent im Jahr. »Solche Renditen gibt es sonst nur noch im Drogengeschäft«, sagt Falk Strascheg, der Gründer der Münchner Technologieholding.

Nirgends drängen sich diese Wagniskapitalanbieter derart dicht wie an der Sand Hill Road in Menlo Park im Silicon Valley. 400 Venture-Capital-Gesellschaften sitzen in der unscheinbaren Straße, darunter die großen Namen der Branche, und wer als Gründer hier entlangspaziert, kann seine Geschäftsideen meistbietend verkaufen. Oft geschieht dies in einem schrillen Restaurant namens »Buck's«. Die Dekoration des Restaurants passt zur eigentümlichen Atmosphäre des Tals südlich von San Francisco: Unter der Decke hängen zwei Astronautenpuppen, über der Theke prangt der Kopf eines Rinds, und hinter der Kasse steht eine Frauenpuppe, die mit einer Python bekleidet ist. Im »Buck's« sollen auch Marc Andreessen und Jim Clark, die Gründer von Netscape, ihr Unternehmen einer Wagniskapitalfirma angedient haben.

Meist beschäftigen die Venture-Capital-Unternehmen nur ein paar Berater, die den jungen Unternehmern beratend zur Seite stehen, und ein paar Vermögensverwalter, die das Geld verwalten. 1990 investieren sie gerade mal 3,5 Milliarden US-Dollar in junge Firmen, 1999 sind es 104 Milliarden US-Dollar. Die Wagniskapitalfirmen sind die Trüffelschweine der New Economy. Und kaum jemand hat so viele Trüffel gefunden wie Kleiner Perkins Caufield & Byers, kurz KPCB. Der Fonds, gegründet im Jahr 1972, entdeckte und förderte so namhafte Unternehmen wie Amazon, AOL, Compaq, Google, Lotus, Netscape und Sun Microsystems. Firmen wie KCPB gehen ähnlich vor wie beim Roulette. Sie setzen auf Dutzende von Unternehmen zugleich, wissend, dass am Ende ein, zwei Erfolgsstorys übrig bleiben, die den großen Erlös bringen müssen – und der lässt sich am ehesten durch einen IPO erzielen, ein Initial Public Offering, also einen Börsengang. Dadurch können Wagniskapitalfirmen ihren Einsatz vervielfachen. »Ohne die IPOs gäbe es keine Start-ups«, sagt Netscape-Mitgründer Jim Clark, »sie liefern den Treibstoff, um Träume wahrzumachen.«

Die Umwälzungen durch die New Economy gehen weit über die Internetfirmen hinaus: Die Internetrevolution löst auch in anderen Bereichen der Wirtschaft einen Produktivitätsschub aus. Die Unternehmen investieren in neue Rechner, neue Computerleitungen, neue Informationstechnologien. Denn je schneller die Computerprozessoren werden, je einfacher sich Waren über das World Wide Web verkaufen lassen und je stärker sich die Abläufe in Büros und Fabriken beschleunigen lassen – umso mehr können die Unternehmen produzieren. Dieser Produktivitätsschub bringt den USA einen beispiellosen Aufschwung: Im Jahr 1997 bewegt sich die Zahl der Arbeitslosen auf die 4-Prozent-Marke zu, den niedrigsten Stand seit Anfang der Siebziger. Zwei Jahre später vermelden die Statistiker das neunte Boomjahr in Folge. Einen so langen Aufschwung haben die Amerikaner seit der Weltwirtschaftskrise nicht mehr erlebt.

Zudem stellen die Ökonomen etwas Eigentümliches fest: Die Inflation ist verschwunden – ein Übel, das noch jeden Boom zunichtegemacht hat. Normalerweise steigen Löhne und Preise, wenn Arbeitskräfte knapp werden und Fabriken unter Volllast produzieren. Doch von solch einem Inflationsschub ist in der New Economy nicht zu spüren. Die Volkswirte erklären dies mit dem Produktivitätssprung, der es ermöglicht, immer mehr Waren zu produzieren. Sie erklären dies zudem mit dem weltweiten Wettbewerb. Wenn ein Unternehmen für seine Produkte zu viel verlangt, laufen sofort alle Kunden

zu einem billigeren Konkurrenten über. Die Ökonomen sind fasziniert: Sie erleben eine Zauberwirtschaft, die scheinbar ewig wächst –
und in der die Preise nicht steigen. »We have here the magic bullet«,
jubelt das amerikanische Wirtschaftsmagazin *Business Week* – wir
haben die magische Kugel gefunden.

Niemand zweifelt an dieser Theorie, niemand stellt die entscheidenden Fragen: Ist es wirklich möglich, dass ein Aufschwung für
immer währt? Ist es wirklich möglich, dass das Auf und Ab der Konjunktur der Vergangenheit angehört? Ja, sagen die Apologeten der
New Economy. Ja, behaupten auch Zeitungen und Magazine. Die
Ökonomen Jonathan Eaton und Samuel S. Kortum errechnen, das
die Weltwirtschaft jedes Jahr um 1 Prozent schneller wachsen kann
als früher, wenn sich Fortschritt und Innovation weiter so rasant
verbreiten. Und der amerikanische Zukunftsforscher Harry Dent
sagt in seinem gleichnamigen Buch *The Roaring 2000s* voraus.

Die Welt befindet sich in einem kollektiven Rausch. Manager,
Anleger und Bürger begreifen nicht, dass dieser Boom nur so lange
währt, wie er sich selber nährt: durch immer neue, faszinierende
Geschichten, die die Existenz einer New Economy scheinbar bestäti-
gen. Und durch eine grenzenlose Euphorie, die aus sich selbst heraus
wächst. Auch in Europa, dem alten Kontinent, der lange so erstarrt
gewirkt hatte, setzt die Vernunft aus. Die Zahlen, die die Statistiker
melden, scheinen die kollektive Ekstase zu rechtfertigen. Die deutsche Wirtschaft legt auf dem Höhepunkt der New Economy 3 Prozent zu; die Zahl der Arbeitslosen sinkt; die Preise steigen kaum.
Plötzlich glauben die Europäer, ihre Wirtschaft könnte ebenso dy-
namisch wachsen wie die amerikanische. Ja, einige glauben sogar,
die Europäische Union könne die USA als Wirtschaftsmacht schon
bald hinter sich lassen. Und der *Stern* titelt: »Jetzt kommen die fetten
Jahre.« Es ist ein typischer Titel für diese wilde Zeit.

Fix it, sell it or close it – die Lehre vom Shareholder-Value

Jack Welch, der erfolgreichste Manager der Welt, hat viele fette Jahre
erlebt. Als Chef von General Electric hat er mehr Geld verdient als die

meisten Unternehmenschefs. Er hat den Mischkonzern, der Kraftwerke, Lokomotiven, Turbinen und Flugzeugmotoren ebenso produziert wie die Fernsehanstalt NBC, zum wertvollsten Unternehmen
der Welt gemacht, mit einem Börsenwert von 400 Milliarden US-
Dollar. Das amerikanische Wirtschaftsmagazin *Fortune* kürte ihn
deshalb zum »Manager des Jahrhunderts«.

Wer Welch Ende der neunziger Jahre in New York besucht, muss
von der Fifth Avenue kommend zunächst die Rockefeller Plaza que-
ren, um dann auf einen goldenen Göttersohn zu treffen: auf eine
Skulptur, die Prometheus zeigt, wie er den Menschen das Feuer
bringt. Hinter der Götterstatue reckt sich seit 1940 das Hauptge-
bäude des Rockefeller Centers in den Himmel, ein schlanker Art-dé-
co-Bau. Ursprünglich sollte hier die Metropolitan Opera entstehen,
doch nach dem Börsenkrach 1929 zerschlugen sich die Pläne, stattdessen ließ John D. Rockefeller II., der Sohn des Ölmagnaten, eine
Kathedrale des Kapitalismus errichten. Im 51. Stock hat Welch sein
Büro, und wenn er sich in seinem Stuhl zurücklehnt, das Sakko
ausgezogen, die Hemdsärmel hochgekrempelt, wirkt er geradezu
sanftmütig. Seine kleinen Augen blitzen. Wenn seine Besucher ihn
mit harten Fragen traktieren, blüht er auf. »Hey guys, I love you.
You want to fight«, lacht er – Jungs, ich liebe euch, weil ihr kämpfen
wollt. Gern rechtfertigt er dann, dass er 30 Millionen US-Dollar im
Jahr verdient, 700- bis 800-mal so viel wie ein Fabrikarbeiter bei General Electric. So sei nun mal der Markt, erklärt er, jeder bekommt
das, was er verdient. »Wir gehen doch nicht auf die Straße«, meint
Welch, »und zwingen die Leute mit vorgehaltener Pistole in die Fa-
brikhalle.« Wortreich erläutert er auch sein berühmtes Motto: »Fix
it, sell it or close it« – bring das Geschäft auf Vordermann, verkauf
es oder mach es dicht. »Wenn Sie Ihren Laden nicht rechtzeitig in
Ordnung bringen«, sagt Welch, »wird er Ihnen um die Ohren fliegen.
Dann müssen Sie brutal werden und grausam.«

Welch hat General Electric umgekrempelt wie kein anderer. Er ist
der Typ Manager, der keine Rücksicht nimmt. Aus 350 Geschäftsbe-
reichen hat er zwölf gemacht. Seinen Managern hat er aufgetragen,
jedes Jahr 10 Prozent ihrer Leute zu feuern und durch neue Kräfte zu

ersetzen, damit am Ende nur die besten für General Electric arbeiten. Von gut 400 000 Mitarbeitern bei seinem Amtsantritt ist fast die Hälfte verschwunden. Seine Kritiker nennen ihn »Neutronen-Jack«: Er habe in den Fabriken wie eine Neutronenbombe gewütet und die Menschen hinweggefegt; nur die Mauern seien zurückgeblieben. Seine Anhänger dagegen feiern ihn als Helden. Sein Name stehe »für eine unvergleichliche Erfolgsgeschichte«, urteilt Ron Sommer, der frühere Chef der Deutschen Telekom. Und auch der langjährige Siemens-Chef Heinrich von Pierer gestand:»Jack Welch ist unsere Messlatte.«

Welch stand wie kein anderer für eine menschenverachtende Heilslehre, die sich in den neunziger Jahren verbreitete: für den Shareholder-Value. Diese Lehre ordnet das gesamte Handeln der Manager nur einem Ziel unter: Der Wert des Unternehmens soll steigen – und zwar schnell. Der Shareholder-Value-Manager schert sich nicht darum, ob er ein paar Tausend Leute entlassen muss. Im Gegenteil: Er richtet sein ganzes Tun danach aus, den Aktienkurs nach oben zu treiben. Und besonders gern sieht es die Börse, wenn Konzerne Leute feuern. Diese perverse Logik nützt vor allem den Managern. Denn sie werden zum größten Teil mit Aktienoptionen bezahlt.

Erfunden wurde diese gnadenlose Lehre von Alfred Rappaport, einem amerikanischen Professor für Wirtschaftswissenschaften. 1986 erklärt er sie in seinem Buch *Shareholder Value: Wertsteigerung als Maßstab für die Unternehmensführung.* Die Idee fasziniert Anfang der neunziger Jahre zunächst die Bosse in den Vereinigten Staaten. Später breitet sich auch in Europa der einfältige Glaube aus, der Erfolg an der Börse sei alles. Der Vorstandschef von DaimlerChrysler, Jürgen Schrempp, verkündet, sein Unternehmen müsse »Profit, Profit, Profit« erwirtschaften. Ulrich Hartmann, der Chef des Energiekonzerns VEBA, erklärt:»Unsere Kultur und Zielsetzung ist, dass jeder im Konzern kapitalmarktorientiert denkt.« Die meisten deutschen Manager übernehmen die Lehre, ohne sie zu hinterfragen. Sie begreifen schnell: Der Kurs an den Börsen schießt vor allem dann nach oben, wenn sie Personal entlassen und ihre Fabriken stattdessen mit mehr Robotern und Maschinen ausstatten. Die Konzernchefs beugen sich dem Diktat der Finanzmärkte. Den Analysten, die sie mit kritischen Fragen bombardieren. Und den großen Fonds, die Milliarden verwalten und sich massiv in die Geschäfte der Unternehmen einmischen.

Viele Unternehmenslenker agieren deswegen immer atemloser, andere werden brutal. Sie tun alles, um ihre Zahlen aufzuhübschen, sie kaufen und verkaufen Firmenteile im Monatstakt und verstehen sich als reine Portfoliomanager. Der Franzose Jean-Marie Messier ist einer dieser Glücksritter. Er baut den Mischkonzern Générale des Eaux zu einem schillernden Medienunternehmen um, dem zweitgrößten der Welt. Er kauft das Hollywood-Studio Universal und benennt den 150 Jahre alten Konzern um in Vivendi Universal. In seiner Autobiografie schwingt Messier sich zum »Meister der Welt« auf, zum »Maître du Monde«. Doch im Juli 2002 wird er geschasst, nachdem er 70 Milliarden Euro an Börsenwert vernichtet hat. Die Staatsanwälte ermitteln wegen Bilanzfälschung. Das Retortenimperium zerfällt so schnell, wie es Messier aufgebaut hat.

Noch rücksichtsloser geht Albert Dunlap vor. Als Sanierer wütet er in mehreren amerikanischen Unternehmen und feuert Mitarbeiter. »Eine Firma«, doziert er, »ist kein soziales Experiment. Es geht um Profit. Wer das nicht begreift, den müssen wir rauswerfen.« Die Amerikaner nennen den Brutalo-Manager »Kettensägen-Al«. Dunlap räumt bei der Haushaltspapierfirma Lily-Tulip auf, bei Scott Paper, einem Produzenten von Küchenrollen und Klebezetteln, und beim Hausgerätehersteller Sunbeam. Bei Scott Paper wirft Dunlap ein Drittel der Beschäftigten raus, insgesamt über 11000 Mitarbeiter, bei Sunbeam feuert er die Hälfte der 12000 Angestellten und schließt 12 der 18 Fabriken. »Bamm! Bamm! Bamm! Das ist meine Schocktherapie«, verkündet er. Doch später wird er selbst vor die Tür gesetzt. »Kettensägen-Al« hat die Zahlen manipuliert. Die Börsenaufsicht verbietet ihm, je wieder ein Unternehmen zu führen.

Es sind Unternehmer wie Messier oder Dunlap, die die Menschen vor dem Shareholder-Value-Kapitalismus zittern lassen. Die Exzesse dieser Manager zeigen: Wer alles daran setzt, allein der Börse zu gefallen, verkennt den Auftrag eines Unternehmens – gute Produkte zu liefern und Arbeitsplätze zu bieten. Wer allein auf Analysten und Hedgefondsmanager hört, verliert schnell das Ohr für jene Menschen, die entscheidend sind für den Erfolg eines Unternehmens: die Beschäftigten. Fredmund Malik, einer der renommiertesten Managementberater Europas, der an der Schweizer Universität Sankt Gallen lehrt, hält die Lehre vom Shareholder-Value deshalb für »genauso einfältig wie das Monopoly-Spiel«.

Denn am Ende geht es den Shareholder-Managern nur um zweierlei: Sie gieren nach Gewinnen – und sie gieren nach immer größeren Fusionen. Manche werden dabei größenwahnsinnig.

Aktion Größenwahn – das Zeitalter der Mega-Fusionen

Vier Monate hat Steve Case, der Vorstandsvorsitzende von Amerikas größtem Online-Dienst AOL, auf diesen Tag hingearbeitet. Immer wieder hat er sich heimlich mit Gerald Levin getroffen, dem Chef von Time Warner, einem der größten Medienimperien der Welt. Sie haben in Paris geredet, in Schanghai und in einem abgelegenen Landhaus im US-Bundesstaat Virginia. In aller Stille haben sie die größte Firmenfusion geschmiedet, die die Welt je gesehen hat, und als die beiden Manager den Deal am 10. Januar 2002 der Öffentlichkeit präsentieren, führt Case einen wilden Tanz auf: Er hüpft über die Bühne. Er knuddelt Levin. Er kann seine Freude gar nicht fassen. Das amerikanische Magazin *Business Week* hebt Case auf sein Titelblatt und kürt ihn zum »Manager des Jahrhunderts«.

Denn dem Boss von AOL ist etwas Außergewöhnliches gelungen: Noch nie zuvor hat ein Unternehmen der New Economy einen solch bedeutsamen Konzern der Old Economy übernommen. Noch nie zuvor hat eine Internetfirma derart eindrucksvoll demonstriert, wie sich die Machtverhältnisse in der Wirtschaft verschoben haben. Der Kleine frisst den Großen, der Aufsteiger schluckt das etablierte Unternehmen. Gerade mal 15 Jahre ist AOL alt, nur ein paar Tausend Beschäftigte hat das Unternehmen; Time Warner dagegen kann eine traditionsreiche Geschichte vorweisen, beschäftigt 82 000 Mitarbeiter und setzt 26,8 Milliarden US-Dollar um, fast sechsmal so viel.

Doch die Internetfirma hat einen entscheidenden Vorteil: Sie muss den Kaufpreis von 162 Milliarden US-Dollar nicht in bar zahlen, sie muss ihn sich auch nicht bei einer Bank leihen, sondern sie nutzt eine neue Währung, die sich beinahe beliebig vermehren lässt – Aktien. Diese neue Form des Papiergelds verschiebt das Machtgefüge: Wer seinen Aktienkurs schnell steigert, kann alles und jeden kaufen. Wer an der Börse hoch bewertet wird, ist nicht mehr angewiesen auf fremdes Kapital, auf einen Kredit der Bank. Er kann eigenes Kapital einsetzen. Aktienkapital. AOL hat daher keine Mühe, den Kauf von Time Warner zu stemmen: Der kleine Internetdienst ist an der Börse zweimal so viel wert wie der große Medienkonzern. Noch ein Jahrzehnt zuvor wäre Case für solch ein Ansinnen verlacht worden, es wäre ihm nicht möglich gewesen, sich eine derart gewaltige Summe auf Pump zu beschaffen. Doch dank des Börsenbooms können Aktiengesellschaften nun einen Konkurrenten übernehmen, ohne sich zu verschulden; sie können neue Märkte erobern, ohne sich vom Wohlwollen der Kreditinstitute abhängig zu machen.

Die Maßlosigkeit der Bosse kennt deshalb keine Grenzen mehr. Sie kaufen, was das Zeug hält. Sie erwerben, was schick erscheint. Nicht unbedingt das, was billig ist. Sie kaufen oft nur, um einen Rivalen, der gerade andernorts zugeschlagen hat, mit einer noch spektakuläreren Übernahme auszustechen. Allein im Jahr 1999 zählen die Statistiker insgesamt 476 sogenannte Mega-Deals, also Fusionen mit einem Volumen von mehr als einer Milliarde US-Dollar. Firmen im Wert von 3,8 Billionen US-Dollar wechseln dabei den Besitzer. Damit hat sich die Zahl der Mega-Deals innerhalb von nur drei Jahren mehr als verdoppelt. Die Unternehmenschefs wollen wachsen, wachsen, wachsen. Egal um welchen Preis. Sie wollen mächtig sein und mit ihren Konzernen alle Märkte zugleich besetzen. Sie wollen den Umsatz steigern, den Gewinn, den Aktienkurs – und damit auch ihr eigenes Gehalt. In den Vorstandsetagen regiert der Größenwahn.

Drei Wochen nach dem spektakulären AOL-/Time-Warner-Deal setzt ein anderer Mann des Jahrhunderts noch höhere Maßstäbe. Er heißt Chris Gent, trägt eine dicke Brille und Hosenträger und leitet den britischen Mobilfunkanbieter Vodafone Airtouch. In der Nacht vom 4. auf den 5. Februar 2000 verkündet Gent nach stundenlangen Verhandlungen in der Mannesmann-Zentrale in Düsseldorf, dass Vodafone den über 110 Jahre alten Konzern übernehmen wird – für sagenhafte 372 Milliarden D-Mark. Das sind damals umgerechnet 188 Milliarden US-Dollar. Ein neuer Rekord im globalen Fusionspoker. Ein Rekord, der seither nicht mehr gebrochen wurde. Auch Vodafone bezahlt die teuerste Übernahme der Geschichte mit Aktien. Es geht weiter Schlag auf Schlag: Am 7. Februar schluckt der amerikanische Pharmakonzern Pfizer den Rivalen Warner-Lambert für 89 Milliarden US-Dollar – die viertgrößte Übernahme aller Zeiten. Am 14. Februar 2000 verschmelzen die Energieversorger VEBA und VIAG zu Eon, dem drittgrößten deutschen Konzern. Am 7. März verkünden die Deutsche Bank und die Dresdner Bank, dass sie zusammen eine Mega-Bank mit einer Bilanzsumme von 2,5 Billionen D-Mark schaffen wollen – ein Vorhaben, das vier Wochen später scheitert. Am 27. März steigt der deutsch-amerikanische Autobauer DaimlerChrysler beim japanischen Rivalen Nissan ein. Das Fusionskarussell dreht sich rasend schnell. Bis allen schwindelig wird.

Natürlich spielt bei den Übernahmen nicht nur das Eigeninteresse der Manager eine Rolle. Es geht auch um Größe schlechthin. Wer viel produziert, kann sich die »economies of scale« zunutze machen. Er kann mehr Waren zu geringeren Kosten herstellen. Wer einen hohen Marktanteil hat, kann Konkurrenten verdrängen. Wer nicht nur in Europa oder in den USA Fabriken besitzt, sondern auch in Asien, kann sein Produkte schneller zu den Kunden schaffen, vor allem in die »Emerging Markets«, in die Schwellenländer mit ihren riesigen Märkten.

Fusionen funktionieren längst nicht immer so perfekt, wie es sich Vorstände, Berater und Investmentbanker in ihren kühnen Plänen vorstellen. Auf dem Papier können sie leicht errechnen, wie viel Geld sich durch einen Zusammenschluss sparen lässt. Doch in der Praxis fällt es oft schwer, die unterschiedlichen Firmenkulturen zu vereinen. Menschen lassen sich nicht so leicht verschieben wie Kapital. Die Lenker der neuen Mega-Konzerne sind nach der Fusion oft mit sich selbst beschäftigt, mit einer riesigen Verwaltung und Machtrangeleien. Größe allein, dies zeigt sich immer wieder, ist nicht alles. Im Gegenteil: Größe erweist sich oft als das eigentliche Problem. Studien belegen, dass die meisten Fusionen floppen: Zwei Drittel aller Deals seien nicht erfolgreich, berichtet im Jahr 2000 die Unternehmensberatung Bain & Company.

Ein besonders krasses Beispiel für einen Fehlschlag ist der Zusammenschluss der Autohersteller Daimler-Benz und Chrysler. Im September 1998 schwärmte Daimler-Chef Jürgen Schrempp, dies sei eine »Hochzeit im Himmel«. Es entstehe »das innovativste, profitabelste und das weltweit am besten aufgestellte Unternehmen« der Branche. Die Börsianer glaubten das nie: DaimlerChrysler hat in den fünf Jahren, die auf den Zusammenschluss folgten, etwa drei Viertel seines Werts verloren. Neun Jahre nach der Fusion sind die Partner geschieden. Daimler heißt wieder Daimler, Chrysler wurde an den Finanzinvestor Cerberus verkauft. Nicht sehr viel besser ergeht es AOL Time Warner. Der Medienriese verliert in den ersten 24 Monaten mehr als die Hälfte seines Börsenwerts. Die Manager von Time Warner verstehen sich nicht mit den Internetfreaks von AOL. Die Gewinne wachsen langsamer als in der Zeit, als AOL unabhängig war. Und so ändert das Unternehmen ein paar Jahre später seinen Namen – in Time Warner.

Auch bei der Übernahme von Mannesmann läuft manches anders als geplant. So wird nach einigen Wochen ruchbar, dass die alte Spitze von Mannesmann großzügig abgefunden wurde: Der bisherige Mannesmann-Chef Klaus Esser erhielt zum Abschied 30 Millionen D-Mark, drei weitere Vorstände und elf hochrangige Manager bekommen zusammen ebenfalls 30 Millionen D-Mark hinterhergeworfen – ein Fall, der später die Gerichte beschäftigt und zum Symbol für die Gier von Managern wird. Esser rechtfertigt den »goldenen Handschlag« damit, dass er das Vermögen der Mannesmann-Aktionäre in die Höhe getrieben habe. Vor allem seinem Abwehrkampf sei es zu verdanken, dass der Kurs der Aktie sich vervielfachte, behauptet er kaltschnäuzig. Als die ersten Gerüchte auftauchten, Vodafone wolle Mannesmann kaufen, war das Düsseldorfer Unternehmen 120 Milliarden D-Mark wert; dreieinhalb Monate später geht das

Unternehmen für die dreifache Summe weg. Dabei profitiert Esser auch vom Wahnsinn an den Börsen: Die Schlacht um Mannesmann tobt ausgerechnet in jener Zeit, als der Dax seinem Rekordstand entgegenstrebt und innerhalb von vier Monaten um mehr als 50 Prozent zulegt. Kurz nach der Übernahme stürzt nicht nur der Dax ab, auch der Kurs von Vodafone bricht ein; innerhalb von zwei Jahren um zwei Drittel.

Die Politiker erregen sich über die Millionen, die Esser und Co. hinterhergeworfen werden – doch gegen die Fusion selbst stemmen sie sich nicht. Als Ministerpräsident von Niedersachsen hatte Gerhard Schröder noch verhindert, dass der Reifenhersteller Continental in die Hände von Italienern fiel und Preussag Stahl von Österreichern übernommen wurde. Gegen die Attacke auf Mannesmann hat er als Kanzler wenig einzuwenden: Deutschland, sagt Schröder, sei »ein offenes Land und daher auch offen für die Übernahme deutscher Unternehmen durch ausländische Unternehmen«. Offen für Übernahmen, die allesamt von Investmentbanken eingefädelt wurden. Von Leuten wie dem Amerikaner Frank Quattrone.

Meister des Universums – der Aufstieg der Investmentbanken

Frank Quattrone ist ein moderner Söldner. Der Investmentbanker aus Palo Alto in Kalifornien arbeitet für denjenigen, der am besten bezahlt, und zum Dank bringt er seine eigene Fußtruppe mit. Als Quattrone im Jahr 1996 von Morgan Stanley zur Deutschen Bank wechselt, folgen ihm etwa zwei Dutzend Getreue. Nur zwei Jahre später zieht er weiter, mit etwa 100 Leuten im Schlepptau. Die Schweizer Großbank Credit Suisse First Boston soll ihm für die kommenden drei Jahre angeblich ein Gehalt von 435 Millionen D-Mark geboten haben. Dass Banker wie er so üppig bezahlt werden, sei gerechtfertigt, sagt Quattrone: »Wir sind die Leute, die große Dinge geschehen lassen, und nicht diese Jungs in den Vorstandsbüros.«

Investmentbanker wie er verstehen sich als »Masters of the Universe«, als Meister des Universums – ein Begriff, den Tom Wolfe in seinem berühmten Roman *Fegefeuer der Eitelkeiten* geprägt hat. Sie sind von sich und ihrem Geschäft überzeugt. Sie glauben, dass sie für alles eine Lösung haben. Auch für die Probleme dieser Welt. Sie sind oft arrogant oder selbstherrlich. Und sie verdienen gut. Sehr gut. Manch 30-jähriger Banker kassiert mehr Geld als ein altgedienter Vorstand.

Wie Sherman McCoy, die Romanfigur von Tom Wolfe, wickelt auch Quattrone die großen Deals ab: Er bringt Firmen an die Börse, die zuvor niemand kannte. Er macht aus einem unbekannten Start-up in kürzester Zeit einen Star. Und er arrangiert die großen Fusionen. An Quattrone kommt in der zweiten Hälfte der neunziger Jahre kaum jemand vorbei, jedenfalls nicht im Silicon Valley. Und so lässt die Deutsche Bank ihm sehr viele Freiheiten. Die Truppe in Palo Alto passt eigentlich nicht zur gediegenen Kultur des Frankfurter Geldinstituts, Quattrones Leute handeln blitzschnell – und in den Augen eines klassischen Bankers oftmals ohne Bedacht. Doch sie bringen der Bank satte Gewinne. Und sie öffnen die Tür zu einer Welt, die der Deutschen Bank lange fremd war: zum Investmentbanking.

Anders als Geschäftsbanken arbeiten Investmentbanken vor allem mit fremdem Kapital. Sie haben keine Kunden, die ihnen ihre Spareinlagen oder Girokonten überlassen. Die Investmentbanken besorgen sich ihr Geld auf den Finanzmärkten. Sie pumpen sich voll mit geliehenen Milliarden, damit sie ihren Einsatz im globalen Kasino vervielfachen können. Auf einen eigenen US-Dollar kommen bei manchen Banken 30 oder 40 geliehene US-Dollar. Die Investmentbanker arbeiten mit einem hohen *leverage*, wie sie sagen. Durch eine gigantische Verschuldung »hebeln« sie ihren Gewinn nach oben. Und sind zugleich extrem gefährdet, falls es an den Finanzmärkten abwärtsgeht.

Lange wurde dieses Geschäft von den angelsächsischen Investmentbanken beherrscht, von Goldman Sachs, Morgan Stanley, Merrill Lynch, J. P. Morgan, Salomon Smith Barney oder Bear Stearns. Ohne sie lief keine große Übernahme ab; ohne sie wären all die modernen Finanzinstrumente niemals entwickelt worden. Und ohne sie hätte sich der enthemmte Kapitalismus niemals derart stürmisch entwickelt.

Entstanden sind die Investmentbanken im Gefolge der Weltwirtschaftskrise. In der Großen Depression brachen Bankhäuser zuhauf zusammen. Der amerikanische Kongress verabschiedete deshalb den Glass-Steagall Act. Das Gesetz verlangte, dass die großen Universalbanken, die ihren Kunden alles boten, sich aufspalteten: Hier das normale Geschäfte mit Einlagen und Krediten – dort die riskanten Investments an den Kapitalmärkten. Auf diese Weise wollte Washington verhindern, dass die Banken das Geld ihrer Kunden verspielten. Ein gut gemeintes Gesetz, doch letztlich führte es dazu, dass die Institute noch höhere Risiken eingingen.

Denn seither müssen die Investmentbanken auf die Kleinsparer keine Rücksicht mehr nehmen und können ohne Hemmungen spekulieren. Sie unterliegen zudem, anders als die Geschäftsbanken, keiner scharfen Kontrolle. Die amerikanische Notenbank ist für sie nicht zuständig. Die Wall-Street-Häuser genießen also minimale Auflagen und können maximale Gewinne erwirtschaften. Daran ändert sich auch nichts, als Präsident Bill Clinton den Glass-Steagall Act 1999 wieder aufhebt. Im Zuge der großen Deregulierungswelle beseitigt er die Trennung zwischen Geschäfts- und Investmentbanken. Jetzt darf jede Bank im Investmentbanking mitmischen. Dies löst einen neuerlichen Schub aus. Schon bald greifen die großen Geschäftsbanken nach amerikanischen Investmenthäusern: Chase Manhattan übernimmt J. P. Morgan, die Deutsche Bank kauft Bankers Trust. Die etablierten Investmentbanken kontern dies mit einer noch riskanteren Strategie: Sie richten Abteilungen für den Eigenhandel ein und spekulieren nicht mehr nur mit dem Geld ihrer Kunden, sondern auch mit eigenem Geld. Sie agieren wie Hedgefonds: hoch profitabel und hoch riskant. Doch das schert niemanden.

Denn Washington ist den Goldjungen der Wall Street seit Jahrzehnten wohlgesinnt und fördert sie. Die Investmentbanken versorgen Amerikas Wirtschaft mit Geld. Mit sehr viel Geld. Sie befördern damit das Wirtschaftswachstum. Die Banken verfügen über allerbeste Drähte in die Politik, was auch daran liegt, dass sie reichlich an Politiker spenden. Kein Demokrat, kein Republikaner kann ohne die Hilfe der Wall Street ins Weiße Haus einziehen. Dort sitzen die großzügigsten Spender. Zum Dank achten Regierung und Kongress darauf, dass die Investmentbanken ungestört ihren Geschäften nachgehen können. Die Wall Street wiederum schickt bereitwillig ihre besten Manager nach Washington, wenn die Regierung ruft: Ronald Reagan holt seinen Finanzminister Donald Regan von Merrill Lynch; George Bush senior wirbt Nicolas Brady von Dillon Read ab; Bill Clinton befördert den ehemaligen Goldman-Sachs-Chef Robert Rubin zum Hüter der Finanzmärkte. Auch George Bush junior bedient sich bei Goldman Sachs, nachdem zwei Leute aus der Industrie nicht reüssieren: Er macht Henry Paulson, den Chef der wichtigsten Investmentbank der Welt, zum Finanzminister.

Die Goldmänner sind die Könige in diesem Geschäft. Ab Anfang der neunziger Jahre sind sie auch in der Bundesrepublik bei vielen Übernahmen dabei, im Kampf Vodafone gegen Mannesmann ebenso wie bei der Fusion von Daimler und Chrysler. Goldman Sachs, gegründet 1869 von dem Auswanderer Marcus Goldmann aus Trappstadt in Unterfranken, beherrscht perfekt das Spiel der Fusionen und Übernahmen. Allein 1999 verkuppelt die Bank Unternehmen im Wert von über 3 Billionen D-Mark – keine andere Investmentbank kann derart viele Mega-Deals vorweisen. In Frankfurt/Main sitzt die Bank ganz oben im Messeturm, dem zweithöchsten Haus der Stadt. Alexander Dibelius, der Deutschland-Chef, steuert von hier auch die Geschäfte in Russland und Österreich. Er ist ein Mann, der Tempo macht, als Banker, aber auch als Skifahrer. Beim Weltwirtschaftsforum in Davos gewinnt er seit Jahren das Rennen für Manager, das der Münchener Verleger Hubert Burda veranstaltet. Wohl kein Banker in Deutschland ist derart gut verdrahtet wie er, auch wenn Dibelius sich und Goldman Sachs keineswegs als aktiven *deal maker* sieht, als Kuppler zwischen Konzernen: Der Banker, der in München die wiederaufgebaute Villa des Schriftstellers Thomas Mann bewohnt, sagt:»Unser Aufgabe ist es, Angebot und Nachfrage zusammenzubringen.«

In den neunziger Jahren will auch die Deutsche Bank in dieses glamouröse Geschäft einsteigen. Das größte Kreditinstitut der Bundesrepublik mag nicht mehr nur der solide Geldgeber der Deutschland

AG sein, sondern möchte zum *global player* aufsteigen. Die Frankfurter Banker wollen mitmischen beim rasanten Handel mit Derivaten, Optionen und Währungen, und auch beim Fusionspoker. Die Deutsche Bank will die Vorherrschaft der Wall Street brechen und zur globalen Nummer eins unter den Investmentbanken aufsteigen. Noch unter Alfred Herrhausen, der wenig später von der RAF ermordet wird, kauft die Bank 1989 das britische Investmenthaus Morgan Grenfell. Doch erst Mitte der neunziger Jahre gelingt der Deutschen Bank der Durchbruch. Sie wirbt Hunderte von hochkarätigen Bankern bei der Konkurrenz ab. Die Deutschen verdoppeln die ohnehin schon üppigen Gehälter der jungen Banker. Ganze Teams wechseln die Fronten und bringen ihre Kunden mit. Einmal wirbt die Deutsche Bank dem Konkurrenten ING-Barings auf einen Schlag 44 Aktienmarktspezialisten ab. Sie treibe, beklagt sich der Rivale öffentlich, die Gehälter in der Branche in »Wahnsinnshöhen«. An der Wall Street, schätzen Personalberater der Agentur Russel Reynolds Associates, haben sich die Spitzengehälter der Banker zwischen 1990 und 1998 verdreifacht, in Deutschland gar versiebenfacht.

Die Investmentbanker nehmen die üppige Gage gerne mit. Sie verstehen sie als Entschädigung für einen Job, der sie mit 90 bis 100 Stunden pro Woche aufreibt und wenig Raum für ein Privatleben lässt. Sie müssen damit rechnen, dass ihr Chef sie mitten in der Nacht aus dem Bett klingelt. Sie müssen darauf vorbereitet sein, von heute auf morgen um die halbe Welt zu fliegen, immer dorthin, wo der Kunde sie gerade benötigt. Das Grundgehalt der Investmentbanker beträgt meist ein paar Hunderttausend US-Dollar, hinzu kommen die üppigen Boni, die die Banken jedes Jahr ausschütten. Allein die amerikanischen Banken verteilen im Jahr 2000 mehr als 13 Milliarden US-Dollar an ihre Spitzenkräfte. Die Branche produziert jedes Jahr neue Millionäre und Multimillionäre. An der Wall Street verdienen mehr als 100 Banker über 10 Millionen US-Dollar. Die Partys, die die Investmentbanker während der sogenannten Boni-Saison feiern, sind legendär. Manch einer schüttet sich in den Klubs von London oder New York eine Flasche vom richtig teuren Champagner über den Kopf.

Aber nicht nur die Deutsche Bank, auch andere Geldinstitute entdecken in den neunziger Jahren dieses schillernde Geschäft. So schluckt die Dresdner Bank die Geldhäuser Kleinwort Benson und Wasserstein Perella. Die schweizerische UBS greift sich das britische Traditionsinstitut S. G. Warburg, der amerikanische Bankenriese Citigroup übernimmt Smith Barney. Und selbst betuliche deutsche Landesbanken wie die WestLB heuern Hunderte von Investmentbankern an. Sie drängen in ein Geschäftsfeld, in dem sie eigentlich nichts zu suchen haben: Die Landesbanken sollen die regionalen Unternehmen in Bayern, Nordrhein-Westfalen oder Sachsen fördern und den Landesregierungen stetige Gewinne verschaffen; ihr öffentlicher Auftrag besteht nicht darin, mit obskuren Wertpapieren zu zocken.

Nicht zuletzt des Geldes wegen wechselt auch Edson Mitchell zur Deutschen Bank, ein drahtiger Amerikaner, der für Merrill Lynch gearbeitet hat. Er ist einer der Superstars der Branche und übernimmt in London den Bereich »Global Markets«. Mitchell bringt eine beinahe 50-köpfige Söldnertruppe mit, die von den Frankfurter Kollegen misstrauisch beäugt wird. »Die Loyalität dieser Mitarbeiter«, schreibt die *Frankfurter Allgemeine Zeitung*, »gilt nicht mehr dem Haus, sondern verhält sich proportional zur Höhe des Kurses der Deutsche-Bank-Aktie, aus der ihr Gehalt zu großen Teilen besteht.« Im Vorstand der Bank übernimmt fast zeitgleich Josef Ackermann, der von Credit Suisse kommt, die Leitung des Investmentbankings. Mitchell ist sein vielleicht ehrgeizigster Angestellter. Einem Händler, der ihn auf dem Börsenparkett nach dem Namen fragt, soll er erklärt haben: »Ich bin Gott.«

Doch Mitchell liefert, was er versprochen hat: Er bringt die Deutsche Bank beim Handeln mit Anleihen, Devisen, Derivaten und Edelmetallen an die Weltspitze. Die Deutsche Bank ist im Jahr 2008 der größte Devisenhändler der Welt, sie beherrscht über 20 Prozent des Markts. Auch in der Königsdisziplin, der Beratung bei Übernahmen und Fusionen, ist die Deutsche Bank inzwischen auf den vierten Platz vorgerückt. Die Investmentbanker sind die heimlichen Herrscher des Instituts, sie produzieren den größten Teil der Gewinne, und sie werden besser bezahlt als die Vorstandsherren. Die smarten

Jungen helfen auch jenen neuen Finanzunternehmen weiter, die von den Anhängern des entfesselten Kapitalismus als Segen angesehen werden – und von ihren Feinden als Schrecken: den Heuschrecken.

Der Angriff der Heuschrecken

Das Abgeordnetenbüro von Franz Müntefering in Berlin-Mitte, im Gebäude Unter den Linden 50, ist nicht sonderlich groß. Ein Schreibtisch passt hinein, ein kleiner Besprechungstisch und einige Regale. In einem der Fächer steht eine Urkunde, die an den Besuch einer Zeche der Deutschen Steinkohle AG im Ruhrgebiet erinnert, ein Foto zeigt Müntefering mit Bergarbeiterhelm. Eine Etage tiefer, ebenfalls mit Blick auf die russische Botschaft, hat Altkanzler Gerhard Schröder eine ganze Zimmerflucht bezogen. Doch der Genosse Müntefering hat noch nie Wert auf Luxus gelegt. Auch als er das erste Mal Vorsitzender der Sozialdemokratischen Partei Deutschlands war, von 2004 bis 2005, liebte er es einfach. Wenn Müntefering seine Gedanken niederschrieb, nutzte er keinen Computer, sondern seine alte Schreibmaschine Marke »Erika«.

Auf der »Erika« entsteht im November 2004 ein Satz, der später Karriere macht. In einer Rede zur SPD-Programmdebatte, gehalten bei der Friedrich-Ebert-Stiftung in Berlin, warnt Müntefering vor den »verantwortungslosen Heuschreckenschwärmen, die im Vierteljahrestakt Erfolg messen, Substanz absaugen und Unternehmen kaputtgehen lassen, wenn sie sie abgefressen haben«. Wie er auf das biblische Bild der Heuschrecken gekommen ist, weiß Müntefering nicht mehr. Nachdenklich schaut er seinen Gesprächspartner an, das Gesicht schmal, die Stirn in Falten. »Wahrscheinlich lässt sich das auf meine katholische Prägung zurückführen«, vermutet er.

Was ihn bis heute wundert, ist der seltsame Verlauf, den die Debatte nahm. Seine Rede vom November 2004 verpuffte wirkungslos. Es stutzte auch niemand, als das Manuskript in Broschüren der SPD nachgedruckt wurde. Ein halbes Jahr später, im April 2005, benutzt Müntefering in der *Bild am Sonntag* erneut die Metapher von den Heuschrecken. Diesmal ist das Echo gewaltig. Münteferings Gegner fallen über den SPD-Chef her. Arbeitergeberpräsident Dieter Hundt bezeichnet die Kapitalismusschelte als »bemerkenswert realitätsfern«. Industriepräsident Jürgen Thumann wirft Müntefering vor, er verschärfe das Misstrauen gegenüber der Marktwirtschaft.

In den Wochen danach wollen alle mit Müntefering reden: die Finanzinvestoren, die bedrängten Unternehmer und ihre Betriebsräte, die Banken und ihre Vorstände. Manche, erzählt Müntefering, hätten ihn damals öffentlich gescholten. Anschließend, im vertraulichen Gespräch, hätten die gleichen Leute gesagt: »Sie haben ja Recht.« Müntefering ist auch drei Jahre später überzeugt, dass es richtig war, diese Debatte anzuzetteln: »Die Menschen kommen zu uns und haben ein großes Missbehagen gegenüber den Exzessen des Kapitalismus. Unsere Aufgabe als Politiker ist es, dieses Missbehagen zum Ausdruck zu bringen und die Debatte zu führen – auch durch zugespitzte Formulierungen. Der Finanzmarkt braucht Regeln.« Die Politik dürfe sich von der Wirtschaft nicht einfach Dinge vor die Tür kehren lassen, um für diese dann die Aufräumarbeiten zu erledigen. Müntefering selbst hat in seiner Heimat in Nordrhein-Westfalen erlebt, wie Unternehmen zugrunde gingen, in denen sich eine Heuschrecke eingenistet hatte: »Das hat mich in Wallung gebracht«, erklärt er. Es mache doch »keinen Sinn, eines kurzfristigen Erfolgs wegen ein Unternehmen zu opfern«, sagt Müntefering.

Die Heuschrecken haben berechtigterweise einen zweifelhaften Ruf. Denn sie haben, anders als die Eigentümer eines Familienunternehmens, meist nur einen kurzen Atem. Finanzinvestoren wollen schnell Geld verdienen, nicht erst in ein paar Jahren. Sie wollen sofort Erfolge sehen, nicht irgendwann. In möglichst kurzer Zeit versuchen sie, den maximalen Ertrag herauszupressen. Notfalls auf Kosten der Beschäftigten. Die Heuschrecken interessiert vor allem der *return on investment*, die Rendite ihres Deals, aber sie schert meist nicht, was aus der Belegschaft wird. Das scheint ihnen zu nützen, denn sie werden durch ihr Geschäft oft reich. Manche sogar unvorstellbar reich. Private-Equity-Manager wie Stephen Schwarzman (Blackstone) oder Henry Kravis (KKR) verdienen mehrere Hundert Millionen US-Dollar im Jahr und haben Vermögen in Milliardenhöhe angehäuft.

Das Prinzip, nach dem die Finanzinvestoren vorgehen, ist meist gleich: Sie fahnden nach Unternehmen, die unterbewertet sind oder, wenn es sich um einen Familienbetrieb handelt, keinen Nachfolger für den Chefsessel haben. Die Beteiligungsfirma finanziert den Kauf zu zwei Dritteln bis drei Vierteln auf Pump. Die Schulden lädt sie dem Unternehmen auf, das die Last abtragen muss. Nach drei bis sechs Jahren verabschiedet sich die Heuschrecke: Sie sucht den »Exit«, den Ausgang, und verkauft die Firma. Oder bringt sie an die Börse. Wenn alles gutgeht. Aber manchmal grasen sie eben auch alles ab.

Deshalb legen der SPD-Chef und seine Genossen im Frühjahr 2005 nach. Die Planungsgruppe der SPD-Bundestagsfraktion erstellt eine Liste, die zeigen soll, wo die Heuschreckenschwärme überall eingefallen sind und Unheil angerichtet haben. Einige Tausend Mal haben die Beteiligungsgesellschaften zugeschlagen, meist bei Mittelständlern, in 32 Fällen auch bei großen Unternehmen. Zu den Zielen der Aufkäufer gehören der Brillenhersteller Rodenstock, die Ersatzteil- und Reparaturkette Autoteile Unger, der Fernsehsender ProSieben-Sat1 oder das Chemieunternehmen Celanese. Die Finanzinvestoren selbst tragen so schillernde Namen wie Cerberus (»Höllenhund«), Blackstone, Permira oder Carlyle. Die Beteiligungsgesellschaften haben etwa 400 000 Beschäftigte im ganzen Land. Sie seien damit »mittlerweile zu den größten deutschen Arbeitgebern aufgerückt«, schreiben Müntefings Zuarbeiter.

Manche gehen rüde und brutal vor, doch längst nicht jeder Fall, der in der SPD-Liste aufgeführt wird, taugt als abschreckendes Beispiel. So erwähnen die Genossen den Computerhersteller Wincor Nixdorf. Dort sind 1999 die amerikanische Beteiligungsgesellschaft KKR und die Investmentbank Goldman Sachs eingestiegen. Fünf Jahre später ist das Unternehmen saniert. Unter der Obhut der neuen Eigner schuf Wincor Nixdorf 1600 zusätzliche Arbeitsplätze, erwirtschaftete hohe Renditen und reüssierte nach dem Ausstieg der Investoren an der Börse.

Noch aus einem anderen Grund steckt die Heuschreckenkritik der SPD voller Widersprüche: So haben die Sozialdemokraten etliche der Unternehmen selbst ins Land gelockt. Müntefering verkaufte nur zwei Tage, nachdem er im Oktober 1998 als Bundesverkehrsminister vereidigt wurde, die Autobahn-Gaststättenkette Tank&Rast an drei Finanzinvestoren. Die Bundesversicherungsanstalt für Angestellte, die Gesundheitsministerin Ulla Schmidt untersteht, verhökerte Ende 2004 etwa 80 000 Wohnungen an Fortress und frischte mit dem Erlös die staatliche Rentenkasse auf. Und selbst die rot-rote Landesregierung in Berlin, ein Bündnis aus SPD und Linkspartei (die damals noch PDS hieß), reichte den Finanzinvestoren die Hand: Sie verkaufte im Sommer 2000 die 60 000 Wohnungen der kommunalen GSW (Gemeinnützige Siedlungs- und Wohnungsbaugesellschaft) an ein Konsortium aus Cerberus und Goldman Sachs.

Auch SPD-Finanzminister Hans Eichel öffnete den Heuschrecken Tür und Tor. Im November 2000 verscherbelt er die Bundesdruckerei, die Pässe, Ausweise und Banknoten herstellt, an den britischen Fonds Apax. Als Kaufpreis wird 1 Milliarde Euro vereinbart, doch den größten Teil davon stellt der Staat dem Käufer netterweise als Kredit bereit: 500 Millionen Euro steuert die Hessische Landesbank bei, 225 Millionen Euro der Bund. Apax bürdet diese Schulden umgehend der Bundesdruckerei auf. Das verkaufte Unternehmen bezahlt seinen Verkauf also letztlich selbst. Doch im Sommer 2002, nicht einmal zwei Jahre nach der Privatisierung, bricht die Bundesdruckerei unter der Last der Schulden zusammen. Eilig verkauft Apax die Geld- und Passschmiede für einen Euro an eine Anwaltskanzlei. Von 4 000 Beschäftigten ist noch etwa ein Drittel übrig. Die Bundesdruckerei gilt seither als Sinnbild einer verfehlten Privatisierung; sie wird im September 2008 wieder verstaatlicht.

Nicht gerade behutsam gehen auch die Finanzinvestoren Permira und KKR mit dem Fernsehsender ProSiebenSat1 um. Sie streichen die Redaktion zusammen und pressen dem Unternehmen eine völlig überzogene Dividende ab. Ebenso werden Dutzende von Mittelständlern von ihren neuen Eigentümern ausgeweidet. Das sei nicht die Regel, komme aber vor, sagt Michael Keller, Geschäftsführer von Klein & Coll., dem größten deutschen Berater für Firmenübernahmen:»95 Prozent aller Finanzinvestoren arbeiten seriös. 5 Prozent allerdings nicht. Und das sind dann die Heuschrecken.« Keller berichtet von Fällen, in denen die Invasoren ihre Opfer erpressen. Wenn der Betrieb in Not sei, werde schon mal mit dem Anruf bei der Staatsanwaltschaft gedroht – wegen Insolvenzverschleppung. Hätten die Beteiligungsgesellschaften erst die Macht, würden sie rabiat vorgehen und Beschäftigte herauswerfen. Meist allerdings, erklärt Keller, sei der Einstieg eines Investors segensreich. Er verschaffe den Unternehmen neues Geld, neue Aufträge – und neue Aufgaben.

In der Bundesrepublik tauchen die Heuschrecken erstmals in großer Zahl auf, als die rot-grüne Regierung im Jahr 2001 die Steuern senkt. Seither können die Beteiligungsgesellschaften deutsche Firmen kaufen und verkaufen, ohne dass der Fiskus etwas vom Erlös sehen will. In den USA und Großbritannien haben sich die Aufkäufer schon länger etabliert. Auch dort profitieren sie von besonders niedrigen Steuern. Im Vereinigten Königreich müssen die Finanzinvestoren vom Gewinn lediglich 10 Prozent an den Fiskus abführen – ein lächerlicher Betrag. Jeder sechste Brite schuftet für ein Unternehmen, das einer Private-Equity-Gesellschaft gehört. Auch anderswo haben die Heuschrecken viele Mitarbeiter. So beschäftigt CVC im Jahr 2007 weltweit 310 000 Menschen. Der amerikanische Investor Blackstone hat 400 000 Mitarbeiter unter seiner Obhut, mehr als Siemens.

Trotz etlicher Exzesse gelten die Beteiligungsfirmen inzwischen vielerorts als hoffähig. So holt sich im Juni 2008 auch Ex-Bundeswirtschaftsminister Werner Müller die Heuschrecken ins Haus. Und setzt damit ein Unternehmen dem Druck der Finanzmärkte aus, das mit seinen milliardenschweren Subventionen einst als Inbegriff der Staatswirtschaft galt. Müller leitet den Mischkonzern Evonik, der früher RAG hieß und davor Ruhrkohle. Dem Unternehmen gehörten einst Dutzende von Zechen, es beschäftigte Hunderttausende von Bergarbeitern. Müller hat das Unternehmen neu geordnet. Er hat Dutzende von Beteiligungen ver- und gekauft. Er hat die Deutsche Steinkohle AG abgespalten und das Ende des Bergbaus eingeleitet. Helfen beim Neuanfang soll ein Finanzinvestor: Die britische Beteiligungsgesellschaft CVC Capital zahlt 2,4 Milliarden Euro für ein Viertel des Unternehmens. Am Tag darauf schaltet Müller in den Zeitungen ganzseitige Anzeigen, um den Miteigentümer zu begrüßen. Den Leser lächelt ein grünes Insekt an, eine Heuschrecke. Müller, einst Kabinettskollege von Müntefering, nennt sie augenzwinkernd »Freuschrecke«. Neolateinisch: Hopperus investorus.

Das vorläufige Ende der Geschichte

Die Blütezeit des Kapitalismus währt mehr als eineinhalb Jahrzehnte. Finanzinvestoren und Investmentbanken, Börsen und Kapitalmärkte verändern die Funktionsweise der Wirtschaft. Und sie verändern die Gesellschaft. Dieser Wandel geht einher mit einem historischen Umbruch – dem Ende des Sozialismus. Der Ostblock implodiert, die Sowjetunion zerfällt, die Planwirtschaft ist bankrott. Jenes Wirtschaftsmodell, das auf die Ideen von Karl Marx zurückging, hat sich selbst entwertet. Die Anhänger der freien Marktwirtschaft fühlen sich als Sieger. Und so führen sich manche auch auf: Sie triumphieren. Sie tun so, als sei der Kapitalismus perfekt. Sie wähnen sich in dem Glauben, dass seine Regeln nicht der neuen Zeit angepasst werden müssen.

Und tatsächlich erscheint der Sieg des Kapitalismus ja auch allumfassend. Gut zwei Jahre nach dem Fall der Mauer ruft der amerikanische Politikwissenschaftler Francis Fukuyama deshalb in einem aufsehenerregenden Buch *Das Ende der Geschichte* aus. Sieben Jahrzehnte haben der real existierende Sozialismus und der real existierende Kapitalismus miteinander im Wettstreit gelegen – doch am Ende haben sich die Marktwirtschaft und ihr politischer Kompagnon, die Demokratie, als flinker und anpassungsfähiger erwiesen. Sie haben im Krieg der Systeme gewonnen. Die liberale Demokratie habe sich dauerhaft durchgesetzt, meint Fukuyama. Sie sei der logische Schlusspunkt eines langen Prozesses und markiere das Ende der Geschichte. Fukuyama prophezeit etwas gestelzt den »Endpunkt der ideologischen Evolution der Menschheit und die Universalisierung der liberalen Demokratie westlicher Prägung als finale Regierungsform«.

Der Zusammenbruch des Sozialismus hat gezeigt, dass eine zentral gelenkte Wirtschaft nicht funktioniert. Jedenfalls nicht auf Dauer. Der Sozialismus versucht, die Krisen, die im Kapitalismus üblich sind, zu unterdrücken. Doch er kann sie allenfalls hinausschieben, nicht ausschließen. Der Preis, den er Bürgern und Unternehmen dafür abverlangt, ist immens. Denn die Planwirtschaft wächst längst nicht so schnell wie die Marktwirtschaft, sie schafft bei weitem nicht so viel Wohlstand, ihre Betriebe sind marode – und ihr fehlt vor allem die breite Mittelschicht, die im Westen die Gesellschaft trägt. Deshalb erlebt die Welt in den Neunzigern die Abkehr von diesem Modell. Die sozialistischen Staaten konvertieren zum Kapitalismus und folgen dem Rat neoliberaler Ökonomen.

Zu Tausenden fallen die Berater in die Schwellenländer ein und predigen den Politikern: Sie sollen die Märkte öffnen und den Staatsapparat stutzen. Die Berater haben westliche Lehrbücher unter dem Arm, die einfache Rezepte enthalten. In Lateinamerika und Osteuropa können sie in Reinform umsetzen, was in den meisten westlichen Ländern nicht möglich ist – Kapitalismus pur. Die Missionare der entfesselten Marktwirtschaft sind Wissenschaftler, die für internationale Organisationen arbeiten; es sind junge Banker und Unternehmensberater, die sonst westliche Aktiengesellschaften umkrempeln; und es sind Ökonomen wie Jeffrey Sachs.

Der Wissenschaftler aus Chicago ist, wie er selbst sagt, der »klinische Ökonom«, der ans Bett kranker Volkswirtschaften gerufen wird, ein Krankheitsbild erstellt und dem Patient eine Schocktherapie verordnet, die auf schnelle Heilung setzt, aber auch große Schmerzen in Kauf nimmt. Ab Mitte der achtziger Jahre reist Sachs um die Welt. Er ist einer der Bannerträger des Neoliberalismus. Den Regierungen, die ihn rufen, empfiehlt er: Sie sollen ausländisches Kapital und fremde Unternehmens ins Land lassen, sie sollen die Preise freigeben, die Steuern senken, die Staatsfinanzen ordnen und sich heraushalten aus der Wirtschaft. Sachs' Mission beginnt 1985, als eine Delegation aus Bolivien die Universität Chicago besucht. Im Brustton der Überzeugung erklärt er, was zu tun sei, um die Inflation von 60 000 Prozent zu stoppen. Die Bolivianer laden ihn ein und vermitteln den Kontakt zur Regierung. Sachs rät den Machthabern, den Preis für Öl zu erhöhen. Dadurch fließe mehr Geld in die Staatskasse, und die Regierung müsse nicht mehr so viel Geld drucken, um ihre Schulden zu bezahlen, argumentiert er. Und siehe da: Wie von Geisterhand verschwindet die Inflation.

Sachs ist danach ein gefragter Mann. Er reist nach Argentinien, Brasilien, Venezuela, Peru und Indien. Im Frühjahr 1989 besucht er Polen und trifft die Spitze der einst verbotenen Gewerkschaft Solidarność. Auf einem Computer der Gewerkschaftszeitung *Gazeta Wyborcza* schreibt er in einer Nacht einen Plan, wie das Land in eine Marktwirtschaft verwandelt werden kann. Das Papier wird als »Sachs-Plan« berühmt. Der Wissenschaftler rät, die Preise frei fließen zu lassen und die Währung zu stabilisieren. Als Startpolster sammelt er im Westen 1 Milliarde US-Dollar an Devisenreserven ein. Am 1. Januar 1990 wird der Sachs-Plan umgesetzt: Die Preise verfünffachen sich in wenigen Wochen, doch die Schwarzmärkte verschwinden. Rabiater als alle anderen Staaten Osteuropas öffnet sich Polen dem Kapitalismus.

Schon bald zieht Sachs weiter nach Russland. Auch dort entwirft er mit Kollegen von der Harvard University einen Plan, um Russland über Nacht in die Marktwirtschaft zu führen. Der neue Präsident Boris Jelzin hört auf ihn und macht den Amerikaner zu seinem Berater. Doch in Russland kann sich Sachs nicht mit allem durchsetzen. So misslingt der Versuch, das volkseigene Vermögen dem Volk zurückzugeben: Jeder Russe erhält im Jahr 1992 einen Gutschein, mit dem er für 10 000 Rubel Anteile an staatlichen Betrieben erwerben kann. Doch die meisten Russen wissen mit den Zetteln nichts anzufangen, sie tauschen sie gegen Nahrungsmittel oder übertragen sie ihren Vorgesetzten. Einer Handvoll Oligarchen gelingt es, die Voucher zusammenzuraffen und die staatlichen Betriebe zu Spottpreisen an sich zu reißen. So entwickelt sich in Russland eine wilder Mix aus Resten der Planwirtschaft und Rudimenten einer völlig ungezügelten Marktwirtschaft.

Nicht nur Professoren wie Sachs ziehen von Land zu Land, um den Kapitalismus zu verbreiten. Auch die Ökonomen des Internationalen Währungsfonds (IWF) sind als Missionare unterwegs, im ehemaligen

Ostblock ebenso wie in Asien, Afrika und Lateinamerika. Der IWF, der einst als Beschützer der Finanzmärkte geschaffen wurde, entwickelt sich in den siebziger und achtziger Jahren zu einem Apologeten der entfesselten Marktwirtschaft. Der IWF lockt die Länder mit Geld, mit günstigen Krediten, die ihnen helfen sollen. Im Gegenzug fordert er Gefolgschaft: Die Schuldnerländer bekommen die Milliarden nur, wenn sie sich rigiden Auflagen unterwerfen. Sie müssen ihre Haushalte sanieren, ihre Unternehmen privatisieren, Handelsschranken abbauen und die Steuern senken. Ähnlich gehen die Ökonomen der Weltbank vor, deren Zentrale sich in Washington vis-à-vis vom IWF-Hauptquartier befindet. Kritiker der beiden Behörden sprechen vom »Washington-Konsens«, von einer Politik, die ohne Rücksicht auf die Befindlichkeiten des Landes radikale Reformen verlangt.

Dank der Missionare aus dem Westen springt die Lehre vom entfesselten Markt von Westeuropa nach Osteuropa, von Nordamerika nach Südamerika, von den USA nach Asien. Die Tigerstaaten Südostasiens, Thailand, Malaysia, Singapur, Indonesien und Hongkong, aber auch lateinamerikanische Länder wie Mexiko öffnen sich dem Wettbewerb. Sie frohlocken, denn ausländisches Kapital strömt ins Land und beschleunigt das Wachstum. Sie ahnen nicht, dass ihnen schon bald der Zusammenbruch droht.

Kapitel 5

Die Krise, erster Akt:
Die Schwellenländer wanken

»Wir haben dreißig, vierzig Jahre hart gearbeitet, um unsere Länder nach oben zu bringen, und dann kommt jemand mit ein paar Milliarden US-Dollar daher und zerstört innerhalb von zwei Wochen unser Werk.«

Mahathir Mohamad, Premierminister von Malaysia, 1997

Mitte der neunziger Jahre taumelt der Kapitalismus erstmals. Es ist eine Krise, die fernab der westlichen Industriestaaten beginnt. Zunächst stürzen die Schwellenländer ab, die sich allzu ungestüm der Marktwirtschaft geöffnet haben. 1994 bricht Mexiko zusammen, nur drei Jahre später wanken die Tigerstaaten in Südostasien. Allen Warnungen zum Trotz haben die Anleger viel Geld in die Wachstumsstaaten gepumpt. Als die Blase an den asiatischen Aktien- und Immobilienmärkten platzt, ziehen sie ihre Milliarden panisch ab und beschleunigen den Absturz. Manche der gefallenen Volkswirtschaften rufen erneut die Berater des Internationalen Währungsfonds zur Hilfe. Andere suchen einen eigenen Weg: Sie widersetzen sich der neoliberalen Lehre und schotten ihre Kapitalmärkte ab. Auch der Westen erhält einen Warnschuss: Im Spätsommer 1998 kollabiert der größte Hedgefonds der Welt, LTCM. In einer dramatischen Rettungsaktion gelingt es der amerikanischen Notenbank, den Zusammenbruch des Weltfinanzsystems zu verhindern. Wenig später gehen Banker, Börsianer und Politiker zur Tagesordnung über: Niemand will wahrhaben, dass sie die Vorboten einer schweren Krise erlebt haben. Der Krise des Kapitalismus.

Erst stürzt Mexiko – und dann?

Der Radiomoderator Rush Limbaugh ist das, was man einen Kotzbrocken nennt. Seine wöchentliche Rundfunksendung hat in den Vereinigten Staaten Kultstatus, jede Woche schalten zwanzig Millionen Hörer ihren Mittelwellensender ein, um zu verfolgen, wie der erzkonservative Radiomann sich über die »whimps« in Washington aufregt, über die Weicheier im Weißen Haus, die Schlappschwänze auf dem Kapitol. Seine Zuhörer lauschen gebannt, wenn Limbaugh mit Hausfrauen aus dem Mittleren Westen plaudert, mit Industriearbeitern aus Michigan oder Rentnern aus Florida. Er erklärt ihnen in der *Rush Limbaugh Show* die Welt. Und Limbaughs Welt ist klar unterteilt in Gut und Schlecht, in Feind und Freund.

Doch im Januar 1995 ist nicht irgendein Durchschnittsamerikaner in der Leitung, sondern der zweitmächtigste Mann Washingtons: Alan Greenspan, Chef der Notenbank. Zehn Minuten lang müht Greenspan sich, dem Radiomoderator den Sinn eines gewaltigen Rettungspakets zu erklären, das die Regierung geschnürt hat. 40 Milliarden US-Dollar will Washington gemeinsam mit dem Internationalen Währungsfonds der Regierung in Mexiko zukommen lassen, um das Land vor dem Bankrott zu bewahren. Der Kongress müsse alles tun, mahnt Greenspan, »um die Erosion von Mexikos Finanzkraft zu stoppen, bevor dies noch dramatischere Folgen für die gesamte Welt hat«. Doch Limbaugh lässt sich nicht überzeugen. Wen interessiert Mexiko? Wen interessiert der taumelnde Peso? »Präsident Bill Clinton«, ruft Limbaugh seinen Zuhörern später über den Äther zu, »ist fest entschlossen, euer Geld und eure Rechte zu verschleudern.« Auch die meisten Kongressabgeordneten halten nichts davon, die Milliarden für Mexiko freizugeben. Die Volksvertreter argwöhnen, dass die Nothilfe vor allem den Banken an der Wall Street und ihren Kunden nützt. Es gehe darum, »Milliardäre herauszukaufen«, schimpft der demokratische Senator Ernest Hollings.

Tatsächlich geht es um mehr. Clinton und Greenspan wollen eilig einen Damm errichten, um einen Tsunami zu stoppen, der auf die Schwellenländer zurollt – und auf die Industrieländer. Die Flutwelle würde die Wall Street treffen. Aber noch stärker würde sie die Menschen auf der Main Street erfassen, deren Jobs und Ersparnisse bedroht wären. Doch die Kongressabgeordneten wollen dies nicht wahrhaben. Sie wollen kein Geld verschenken, das sie in Schulen, Universitäten oder Fabriken stecken könnten – zum Wohle ihrer

Wähler. Sie wollen nicht wahrhaben, dass sie eine neue außenpolitische Herausforderung erleben. Es geht nicht darum, Bodentruppen zu entsenden oder Schurkenstaaten zu bekämpfen, sondern den Zusammenbruch des Weltfinanzsystems zu verhindern.

Ausgelöst hat dies ein Land, dessen Wirtschaft lange als vorbildlich galt: Die Organisation für wirtschaftliche Zusammenarbeit und Entwicklung (OECD) hat Mexiko noch im Herbst 1994 »eine merkliche Beschleunigung des Wachstums« bescheinigt. Sieben Monate zuvor haben die Industrieländer Mexiko als 25. Mitglied in den OECD-Klub aufgenommen. Nur zwölf Monate zuvor ist Mexiko der Nordamerikanischen Freihandelszone NAFTA (North American Free Trade Area) beigetreten, einem grenzenlosen Wirtschaftsraum, der von Mittelamerika bis nach Alaska reicht. Präsident Clinton lässt keine Gelegenheit aus, den Aufschwung des Nachbarlandes zu preisen. Es verwundert daher nicht, dass die Amerikaner mehr Geld denn je nach Mexiko pumpen. Sie stecken es in Aktien ehemaliger Staatsunternehmen und in jene Anleihen, mit denen Mexiko seine Schulden finanziert, die »tesobonos«. Zwischen 15 und 50 Prozent bekommen sie dafür an Zinsen, weit mehr als die läppischen 3 bis 4 Prozent daheim. Die mexikanische Regierung nutzt geschickt die Möglichkeiten, die die liberalisierten Finanzmärkte bieten. Früher mussten die Schwellenländer bei westlichen Banken um Kredite betteln, nun können sie ihre Schulden in Hunderttausende Wertpapiere zerlegen und die Milliarden über die Börse einsammeln.

Vier Tage vor Weihnachten ist der Traum vom mexikanischen Wirtschaftswunder vorbei: Präsident Ernesto Zedillo Ponce de León muss nach gerade zwanzig Tagen im Amt die Währung abwerten. Denn während ausländische Politiker, Ökonomen und Medien dem Land eine rosige Zukunft prophezeien, haben die Anleger Mexiko das Misstrauen ausgesprochen und einen Teil ihres Geldes abgezogen. Sie haben erkannt, dass der Aufschwung auf Pump finanziert ist und es der Regierung schwerfallen wird, ihre Schulden langfristig zu bedienen. Zwischen Februar und November 1994 halbieren sich die Devisenreserven der Notenbank auf nicht einmal mehr 15 Milliarden US-Dollar. Durch die Abwertung verlieren die ausländischen

Anleger auf einen Schlag 15 Prozent ihres Vermögens. Das versetzt sie in Panik. Sie ziehen noch mehr Geld ab. Mexiko stürzt ins Chaos, die Börse bricht ein, der Peso verliert noch mehr an Wert. In Mexiko-Stadt protestieren Zehntausende, weil die Preise steigen und der Verfall des Peso Tausende von Unternehmen in den Ruin treibt.

Mexikos Absturz führt der Welt erstmals vor Augen, wie fragil die gefeierten Schwellenländer sind. Die Staaten aus Asien, Osteuropa und Lateinamerika haben sich dem Weltmarkt geöffnet, sie haben ihre Zollgrenzen niedergerissen und ausländischen Investoren die Tore geöffnet. Und wo sie dies nicht freiwillig getan haben, hat der Internationale Währungsfonds oder der Westen sie dazu gedrängt. Doch diese Länder sind vielfach nicht reif für die entfesselte Marktwirtschaft. Sie hätten einen sanfteren Übergang benötigt. Auch Mexiko setzen die freien Märkte zu. Die internationalen Anleger mit ihrem »hot money«, ihrem schnellen Geld, bringen die Wirtschaft durcheinander. Erst pumpen sie Milliarden hinein, dann ziehen sie diese unvermittelt ab. Das Land schlingert. Offenkundig kann Mexiko den Kampf gegen den Absturz nicht allein bewältigen.

Die amerikanische Regierung präsentiert deshalb am 2. Januar gemeinsam mit anderen Staaten ein erstes Rettungspaket. 18 Milliarden US-Dollar soll Mexiko erhalten, damit das Land seine Schulden bedienen kann – doch das beruhigt die Märkte nicht. Am 12. Januar erhöht Präsident Clinton sein Hilfsangebot auf 40 Milliarden US-Dollar – doch der Kongress will das Paket nicht freigeben. Denn 80 Prozent der Amerikaner sind dagegen, und Umfragen zählen viel in der amerikanischen Politik. Während die Abgeordneten das Weiße Haus zappeln lassen, schwappt die Krise in andere Länder. In Buenos Aires und São Paulo stürzen die Börsen ab. In Indien erfasst die Anleger ebenfalls Panik. Selbst Spanien, Italien und Schweden spüren die Ausläufer des Bebens: Ihre Währungen geraten unter Druck. Banker sprechen vom »Tequila-Effekt«.

Am 31. Januar, einem Montag, steht Mexiko unmittelbar vor dem Bankrott. Wenn das Land nicht in wenigen Tagen frisches Geld erhält, muss es Insolvenz anmelden. Die Regierung in Mexiko-Stadt sendet am Abend einen letzten Hilferuf nach Washington. Clintons

Stabschef Leon Panetta und Finanzminister Robert Rubin wissen in diesem Augenblick, dass sie auf den Kongress nicht mehr warten können. Sie müssen handeln, um eine Katastrophe zu verhindern. Gegen 23.30 Uhr ziehen sich beide in Panettas Büro im Weißen Haus zurück. Sie ordern bei einem Lieferdienst eine große Pizza mit Pilzen und Peperoni und beraten, was sie tun können. Nur ein paar Wochen zuvor hatte Rubin, der ehemalige Chef der Investmentbank Goldman Sachs, noch gedacht, der Markt werde die Sache regeln. Doch die Märkte haben nichts geregelt; sie haben alles nur noch schlimmer gemacht.

Wenig später stößt Clinton hinzu. Der Präsident kommt vom Essen der National Governors Association und trägt Frack. Während die drei die Pizza vertilgen, reift ein Plan: Clinton soll sich 20 Milliarden US-Dollar aus einem Etat beschaffen, über den er allein verfügen kann – ohne den Kongress. Weitere 10 Milliarden US-Dollar soll die Bank für Internationalen Zahlungsausgleich bereitstellen, die weltweite Vereinigung der Notenbanken. Doch das genügt nicht. Deshalb entsenden die drei Männer Finanzstaatssekretär Lawrence Summers in die Zentrale des Internationalen Währungsfonds, die sich nur drei Straßenblocks entfernt befindet. Summers ist ein ebenso begnadeter wie selbstbewusster Ökonom. Er verhandelt mit IWF-Chef Michel Camdessus, einem zurückhaltenden Franzosen. Um 5 Uhr früh hat Summers das Geld beisammen: 17,8 Milliarden US-Dollar. Camdessus sagt die Summe zu, ohne sich die Genehmigung seiner Direktoren einzuholen – ein einmaliger Schritt in der Geschichte des IWF.

Innerhalb von sechs Stunden schnüren Clinton, Rubin, Panetta, Summers und Camdessus ein Paket von fast 50 Milliarden US-Dollar. Noch nie hat die Weltgemeinschaft einem Land auf einen Schlag so viel Geld geliehen. Noch nie war allerdings die Lage an den liberalisierten Finanzmärkten auch derart ernst wie in den Wochen der Mexiko-Krise. Es sei darum gegangen, eine »wahre Weltkatastrophe« abzuwehren, sagt Camdessus: »Dies war die erste große Krise unserer neuen Welt der globalisierten Märkte.«

Doch schon zwei Jahre später erlebt die Welt eine noch größere

Erschütterung. Sie beginnt am anderen Ende der Erde, in der thailändischen Hauptstadt Bangkok. Sie frisst sich von dort aus durch die Schwellenländer. Und erreicht schließlich Europa und Amerika. Auch sie hat das Zeug zu einer Weltkatastrophe.

Das Ende der Tigerstaaten

Die Angreifer schleichen sich heran, als es in Bangkok gerade dunkel wird. Sie sind unsichtbar für die Menschen in den Garküchen, den Lebensmittelläden, den Taxis. Sie pirschen sich an diesem 13. Mai 1997 über die Datenleitungen heran, die die globalen Finanzzentren verbinden. Ihre Waffen sind die Computer, die in den Handelssälen von traditionsreichen Banken in London, New York und Frankfurt stehen. Ihre Munition sind schnöde Zahlenkolonnen. In dieser Nacht attackieren die globalen Devisenhändler den thailändischen Baht. Ihr Feind ist ein Mann, der bis dahin an das Gute geglaubt hat: Rerngchai Marakanond, der Gouverneur der Bank of Thailand. »Jetzt werden sie uns umbringen«, denkt er, als seine Mitarbeiter ihm berichten, was sie auf ihren Computerbildschirmen beobachten: 50 Millionen Baht, 100 Millionen Baht, 200 Millionen Baht – die Spekulanten verhökern die thailändische Währung, als handele es sich um Ramschware. Sie wollen die Währung nach unten drücken, sie wollen die feste Bindung des Baht an den US-Dollar sprengen, diesen Anker, der Thailand so lange Sicherheit und Stabilität verliehen hat.

36 Milliarden US-Dollar Devisenreserven haben die thailändischen Währungshüter in ihren Tresoren, doch die Angreifer aus dem Westen, die Hedgefonds und Banken, besitzen weit mehr Munition. Allein in dieser Nacht verpulvern die thailändischen Notenbanker 6,3 Milliarden US-Dollar, ohne dass sie die Angreifer in die Flucht schlagen können. Am nächsten Morgen, nach kurzem Schlaf, sitzen Rerngchai und seine Mitarbeiter wieder beisammen. Ihre Stimmung schwankt zwischen Wut und Entsetzen, Panik und Angst. Einige weinen, wie Rerngchai später einer Untersuchungskommission des Parlaments berichtet. Auch an diesem Tag lassen die Angreifer nicht locker. Die Banken und die Hedgefonds kennen keine Gnade.

Sie werfen noch mehr Baht auf den Markt, sie sind zum Äußersten bereit.

Sie wollen die Bank von Thailand sprengen, so wie es George Soros, dem berühmten Spekulanten, 1992 bei der Bank of England gelungen ist, als er das britische Pfund aus dem Europäischen Währungssystem herauskatapultierte. 10 Milliarden US-Dollar setzen Rerngchais Devisenhändler an diesem Tag ein, um die Attacken abzuwehren. Wieder vergebens.

Der Notenbankchef ahnt, dass er diesen Kampf nicht gewinnen kann. Jedenfalls nicht allein. Deshalb wendet er sich in seiner Not an Alan Greenspan, den Chef der amerikanischen Notenbank. Er fordert ihn auf, die Hedgefonds und Banken zu stoppen. Er warnt, dass ein Kollaps der thailändischen Währung weitreichende Folgen haben könnte. Nicht nur für Thailand. Nicht nur für Asien. Sondern für die globalen Finanzmärkte. Einen Brief mit ähnlichem Inhalt schickt er an Bundesbankchef Hans Tietmeyer, versehen mit dem Hinweis, dass auch eine deutsche Bank zu den Angreifern zähle. Tietmeyer antwortet prompt und fragt: Welche Bank? Für einen Augenblick hoffen die Thailänder, dass ihnen jemand beistehen werde. Doch die Antwort aus Washington belehrt sie eines Besseren. Nicht Greenspan meldet sich, sondern ein Mitarbeiter, und der verweist kühl darauf, dass man die Lösung des Problems bitte den Märkten überlassen solle. In dem Augenblick weiß Rerngchai: Er ist allein.

Sechs Wochen lang versuchen er und seine Leute ihr Bestes. Sie schränken den Handel mit der Währung des Landes ein. Sie verbieten den heimischen Banken, thailändische Banknoten und Münzen an Ausländer auszugeben. Sie fügen den Hedgefonds an einem Tag herbe Verluste zu. Wenigstens an einem Tag. Doch sie können nicht verhindern, dass ihre Landsleute nervös werden. Die Thailänder flüchten aus ihrer Währung in den US-Dollar. Unternehmen und Anleger wollen verhindern, dass ihr Vermögen sich in Luft auflöst. Sie merken nicht, dass sie sich damit am Ende selbst schaden und Rerngchai und seine Mannen in die Verzweiflung treiben.

Am 2. Juli hat die thailändische Notenbank ihren Abwehrkampf verloren. Der Notenbankchef und seine Händler haben beinahe die gesamten Devisenreserven eingesetzt und nichts erreicht. Morgens um drei Uhr bestellt Rerngchai die wichtigsten Banker ein. Er teilt ihnen mit, dass die Notenbank bankrott ist – und das Land auch. Er gibt den Wechselkurs frei. Thailand wird zum Spielball der Märkte. Der Baht stürzt binnen weniger Stunden um 20 Prozent ab. Die Angreifer in London, New York und Frankfurt feiern. Sie haben wieder einmal bewiesen, dass sie mächtiger sind als die meisten Regierungen. Sie haben den Traum vom Aufstieg der Tigerstaaten fürs Erste zerstört. Und sie wenden sich, gierig geworden, den nächsten Opfern zu: In den folgenden Wochen attackieren sie die Philippinen und Indonesien, Malaysia und Hongkong. Überall versuchen sie, die Währung in die Knie zu zwingen. Sie wenden stets die gleichen Tricks an. Sie streuen Analystenberichte, in denen steht, dass diese Länder ernste Probleme haben. Sie verbreiten Gerüchte, dass eine Abwertung der Währung bevorstehe. Sie locken damit weitere Spekulanten an, die beim Schlussverkauf dabei sein wollen.

Es ist der Beginn der Asienkrise. Das Virus, das Thailand infiziert hat, springt von Land zu Land. Es steckt eine Volkswirtschaft nach der anderen an. Und kein Mittel scheint gegen diese Epidemie zu helfen. Die Asienkrise produziert große und kleine Dramen. Sie treibt Hunderte von Banken und Zehntausende von Unternehmen in den Bankrott. Sie fegt Minister aus dem Amt und bringt Regierungen zu Fall. Sie kostet Millionen von Menschen den Job. Sie bringt Armut dorthin, wo gerade Wohlstand entstanden war. Die Ereignisse der Jahre 1997 und 1998 zeigen, wie verwoben das globale Finanzsystem inzwischen ist. Und wie schnell eine Krise ein Land nach dem anderen infizieren kann. Und wie schnell das Virus von den Schwellenländern auf die Industriestaaten überspringen kann. Denn die großen Anleger, die Banken, Versicherungen und Fonds, kennen längst keine Grenzen mehr. Sie sind auf der ganzen Welt zu Hause. Sie hantieren mit Finanzinstrumenten, die überaus komplex sind – zum eigenen Wohle, aber nicht immer zum Wohle der betroffenen Länder.

Die Tigerstaaten bekommen dies schmerzhaft zu spüren. Der Schuldige für ihren Absturz, so scheint es, ist schnell gefunden. Er heißt George Soros. »Verantwortungslose Spekulanten« wie er, schimpft Malaysias Premierminister Mahathir Mohamad im Juli 2007, brächten ganze Volkswirtschaften zu Fall. Leute wie Soros hätten kein Gewissen, nur viel Geld. Der Devisenhandel, wettert Mahathir, sei »unnötig, unproduktiv und unmoralisch. Er sollte gestoppt und illegal gemacht werden.« Soros kontert prompt. Er sei es nicht gewesen. Im Juni und Juli 2007 habe sein Hedgefonds überhaupt nicht mit thailändischen Baht gehandelt, abgesehen von einem winzigen Geschäft. Und so spielt Soros den Ball zurück: Nicht er sei schuld am Absturz, sondern die Tigerstaaten hätten über ihre Verhältnisse gelebt. Und dies wiederum hätte die Spekulanten angelockt.

Am Ende ist beides richtig. Die Spekulanten haben brutalstmöglich die Schwächen der Schwellenländer bloßgelegt. Sie haben eine Wunde vergrößert, die schwärte; doch sie haben dies ohne Rücksicht auf die sozialen Folgen getan, ohne Verständnis dafür, welche Konsequenzen ihre Attacken für ein Land, eine Volkswirtschaft, eine Gesellschaft haben können. Die Tigerstaaten wiederum haben die Angreifer eingeladen. Sie hatten gehofft, in wenigen Jahren nachzuholen, wofür der Westen Jahrzehnte benötigt hatte, und deshalb ihre Volkswirtschaften für den ungezügelten Kapitalismus geöffnet. Sie hatten darauf vertraut, dass ihr Reichtum von Dauer sein würde und dass sie dazu nur den Ratschlägen aus dem Westen folgen müssten.

Der Aufstieg der asiatischen Boomländer beginnt Mitte der achtziger Jahre, als Japan seine Währung aufwertet. Der starke Yen erlaubt es den Japanern, mehr Waren als bisher von ihren Nachbarn zu kaufen. Diese spüren schnell den Aufschwung und wachsen mit 8, 9 oder gar 10 Prozent. Sie erleben ein Wirtschaftswunder. Die »Emerging Markets«, die aufstrebenden Märkte, gelten plötzlich als hip. Pensionsfonds und Banken, Hedgefonds und Aktienfonds pumpen immer mehr Geld in die Region. Sie investieren es in Ländern, die auf die Milliarden des Westens nicht vorbereitet sind. Die Banken sind schwach, ihre Aufsichtsbehörden unterbesetzt, die Gesetze taugen nicht für den ungezügelten Kapitalismus. Gleichwohl heben die Tigerstaaten die Devisenkontrollen auf, mit denen sie sich bislang vor Währungsspekulanten schützten. Auf Drängen des Internationalen Währungsfonds, der Amerikaner, Japaner und Europäer öffnen sie ihre Finanzmärkte. Die Tigerstaaten locken dadurch vor allem Anleger an, die das schnelle Geld kassieren wollen. Diese Spekulanten machen sich davon, sobald Ungemach droht. Sie schielen auf die zweistelligen Renditen, mit denen die Länder locken – ein sicheres Geschäft, solange die Währungen an den US-Dollar gebunden sind. So verfünffacht sich binnen fünf Jahren die Summe, die private Anleger in die Schwellen- und Entwicklungsländer pumpen: Sie steigt von 42 Milliarden US-Dollar im Jahr 1990 auf 256 Milliarden US-Dollar im Jahr 1997. Nahezu zwei Drittel davon saugen die Tigerstaaten auf.

Auch die Schwellenländer selbst nutzen den grenzenlosen Kapitalverkehr: Sie können sich billiges Geld im Ausland leihen, um es daheim in Fabriken oder in Immobilien zu stecken. In den Industriestaaten zahlen sie deutlich niedrigere Zinsen. Die Discount-Kredite verstärken den Boom, doch sie lassen eine Blase entstehen: In den Metropolen wachsen Bürohochhäuser, Hotels und Appartementanlagen, die niemand braucht. Die Firmenkonglomerate kaufen Unternehmen, die nichts verdienen. Und die Regierungen bürden sich Schulden auf, die sie sich nicht leisten können. Währenddessen eilen die Börsen von Rekord zu Rekord. Die Politiker versprechen ihren Völkern eine goldene Zukunft, sie schwärmen vom asiatischen Modell – und davon, den Westen bald zu überholen. »Südostasien«, schreibt das *Eastern Economic Journal*, »erlebt die moderne Version des kalifornischen Goldrauschs.«

Im Sommer 1997 ist der Goldrausch vorbei. Die Anleger beschleichen Zweifel, ob die Tigerstaaten wirklich ewig wachsen können. Sie ziehen einen Teil ihrer Milliarden ab und bringen die Währungen zu Fall. Erst erwischt es Thailand. Sechs Wochen später verliert Indonesien die Kontrolle über seine Währung. Weitere drei Wochen später stürzt der philippinische Peso. Im Oktober 2007 verliert die Hongkonger Börse in fünf Tagen nahezu ein Viertel ihres Werts. Im November scheint es so, als könne die Asienkrise auf China und Japan überspringen. In Tokio brechen mehrere Banken zusammen, darunter das zehntgrößte Institut des Landes. Im Dezember 1997 zwingen die Spekulanten einen weiteren Tiger in die Knie: Südkorea. Der Wechselkurs des Won bricht unter den Attacken zusammen. Die Regierung in Seoul muss um ausländische Hilfe betteln. Der Internationale Währungsfonds schnürt mit der Weltbank und mehreren Industrieländern ein gewaltiges Hilfspaket. Doch es nützt alles nichts. Die Währungen in Asien trudeln, die Aktienkurse fallen weiter, die Konjunktur bricht ein. In Thailand geht die Wirtschaftsleistung innerhalb eines Jahres um 10 Prozent zurück, in Indonesien um 14 Prozent. Die Asienkrise wütet zwei Jahre und hinterlässt eine Spur der Verwüstung, wie sie die Menschen im Fernen Osten, aber auch die Manager des IWF nicht für möglich gehalten haben. Das Desaster treibt die Menschen auf die Straßen, sie demonstrieren gegen ihre eigenen Politiker und das Treiben der ausländischen Banken und Fonds. Manche sehen in ihnen die Kolonialherren der Neuzeit, eine Truppe von Ausbeutern, die auf das schnelle Geld aus ist und die besetzten Länder brutal auspresst.

»Das ist keine Asienkrise«, sagt im Januar 1998 Eisuke Sakakibara, der Staatssekretär im japanischen Finanzministerium, »das ist eine Krise des globalen Kapitalismus.« Und es ist erst der Anfang. Ein halbes Jahr später erreichen die Schockwellen die Wall Street. Der größte Hedgefonds der Welt wackelt und droht die Finanzwelt in den Abgrund zu reißen.

LTCM – eine Hedgefonds schockiert die Welt

Mit dem Zug fährt man von der New Yorker Grand Central Station 37 Minuten, dann steht man auf dem Bahnhof von Greenwich in Connecticut. Die Stadt am Long Island Sound hat sich seit Ende der achtziger Jahre zu einem beliebten Refugium der Wall-Street-Banker entwickelt. Niemand ahnt Mitte der neunziger Jahre, dass in dieser Stadt, in der Steamboat Road Nummer 600, ein kleines Unternehmen sitzt, welches die Weltfinanzmärkte an den Rand des Kollapses bringen wird. Dieses Unternehmen steht wie kaum ein anderes für den schnellen Aufstieg und ebenso schnellen Fall in der Finanzindustrie. Es steht für die Gefahren des globalen Kapitalismus. Es ist zu einem Symbol der Selbstüberschätzung und der Gier geworden: Long-Term Capital Management, kurz LTCM. Sein Gründer: John Meriwether.

LTCM ist ein Hedgefonds, ein privater Zockerklub, der sein Geld bei vermögenden Privatleuten einsammelt, aber auch bei Banken und Versicherungen, die auf eine Extra-Rendite spekulieren. Hedgefonds haben, anders als normale Investmentfonds, in der Regel nur einige Dutzend Anteilseigner. Sie verlangen meist eine Mindesteinlage von mehreren Millionen US-Dollar. Und sie haben ihren juristischen Sitz oft in einer Steueroase, in der sich keinerlei Aufsichtsbehörde für ihr Treiben interessiert, LTCM etwa auf den Cayman Islands in der Karibik.

Diese hochriskanten Fonds wollen sehr schnell sehr viel Gewinn machen. Deshalb leihen sie sich bei den Banken ein Mehrfaches dessen, was sie bei ihren Investoren eingesammelt haben. Dadurch können sie ihren Einsatz im globalen Finanzkasino verzehnfachen oder verzwanzigfachen. Ende der sechziger Jahre gibt es gerade 140 private Zockerklubs, Ende der neunziger Jahre sind es nach Schätzungen der amerikanischen Börsenaufsicht bereits rund 3 000, und im Jahr 2008 werden schon 10 000 Hedgefonds gezählt.

Niemand geht dabei derart aggressiv vor wie Meriwether. Im Jahr 1998 verfügt sein Fonds über Einlagen von 4,7 Milliarden US-Dollar, hinzu kommen Schulden von 120 Milliarden US-Dollar. Diese gewaltige Summe steckt Meriwether in hochkomplexe Finanzinstrumente, an denen wiederum Wertpapiere im Wert von bis zu 1,5 Billionen US-Dollar hängen. Der Hedgefonds aus der Steamboat Road bewegt mehr Geld, als Österreich oder Spanien in einem Jahr erwirtschaften; es ist der mit Abstand größte Hedgefonds der Erde.

LTCM arbeitet anfangs überaus erfolgreich. Das Wirtschaftsmagazin *Forbes* bezeichnet Meriwether als »Archimedes«, *Business Week* nennt ihn einen »Super-Händler«. Ein amerikanischer Investmentbanker sagt über ihn: »Er ist nicht Gott. Aber er ist auf dem Weg dorthin.« Meriwether, ein gläubiger Katholik, der nach Lourdes und Fatima gepilgert ist, gilt als wagemutig. Bei der Investmentbank Salomon schafft er es mit riskanten Geschäften fast bis an die Spitze.

Doch 1991 fliegt ein Skandal in seiner Abteilung auf; ein Händler hat Geschäfte mit Staatsanleihen manipuliert. Er muss gehen – und Meriwether auch. Als der Mann aus Greenwich ins Geschäft zurückkehrt, will er es allen zeigen. Meriwether gründet seinen eigenen Hedgefonds, der kühner sein soll als alle anderen.

Er schart die besten Investmentbanker um sich, die er finden kann, darunter zahlreiche Kollegen von Salomon Brothers. Er heuert die besten Professoren der Finanzwissenschaft an, darunter Myrton Scholes und Robert Merton. Die beiden haben 1973 die Gleichung entwickelt, mit der Banken und Anleger den Preis von Optionen berechnen. Sie erhalten dafür 1997 den Nobelpreis der Wirtschaftswissenschaften, zwei Jahre, nachdem sie bei LTCM angeheuert haben. Die Akademiker liefern die Computerformeln für ein scheinbar todsicheres Geschäft. Denn Meriwether wettet darauf, wie sich die Kurse von zwei Wertpapieren zueinander entwickeln. Entdecken die Computer, dass sich zwei Anleihen, deren Kurse in der Vergangenheit immer einen bestimmten Abstand hatten, auseinanderbewegen, schlägt LTCM zu. Der Fonds spekuliert darauf, dass der übliche Abstand sich wieder einstellen wird. Wenn man die richtigen Computerprogramme hat, lässt sich dieses Geschäft auf jede Anlageart übertragen: Anleihen, Swaps, verbriefte Kredite, Aktien. Überall driften Papiere um ein paar Zehntel auseinander. Überall lässt sich, wenn man dies entdeckt, Geld verdienen. »Raketenwissenschaft« nennen Hedgefonds diese Kunst, scheinbar ohne Risiko reich zu werden.

Die Raketenwissenschaftler gaukeln den Fondsmanagern eine heile Welt vor. Sie erwecken mit ihren Computermodellen den Eindruck, als könne man die Entwicklung an den Börsen exakt vorhersagen – und als seien alle, wirklich alle Risiken beherrschbar. Diese Botschaft hören Hedgefondsmanager nur zu gerne. Denn sie wollen das große Geld machen. Das ganz große Geld. Und verlieren dabei bisweilen das Maß: Sie gehen Risiken ein, die sie nicht mehr kontrollieren können. Diese Geschäfte können nicht nur für ihren eigenen Fonds gefährlich sein, sondern für ganze Länder, für Banken, und im schlimmsten Fall – wie bei LTCM – sogar für das Weltfinanzsystem.

LTCM hat sein Kapital bei vermögenden Amerikanern eingesammelt, bei Bankern und Unternehmern, aber auch bei Fonds und bei Notenbanken. Wer LTCM sein Geld anvertraut, bekommt dafür nur das Versprechen, dass daraus sehr viel mehr wird. Meriwether und seine Spezialisten verraten nicht, wie sie investieren; sie wollen so verhindern, dass andere ihre Strategie nachahmen. Die Banken stört dies kaum. Sie fragen auch nicht, ob Meriwether sich noch an anderer Stelle Geld geliehen hat. Sie vertrauen darauf, dass er weiß, was er tut. Er war ja einer von ihnen. Eine Spekulationsgenie.

Vier Jahre lang geht das gewagte Spiel gut. Meriwether und seine Partner sitzen in Chinos und Polohemden in ihrer Büroetage, zwischendurch fahren sie mit der Yacht zum Angeln auf den Long Island Sound hinaus. Die Akademiker aus der Steamboat Road erwirtschaften eine Rendite von 43 Prozent im Jahr 1995 und von 41 Prozent im Jahr 1996. Doch dann passiert etwas, was die Finanzwissenschaftler in ihren Formeln nicht vorgesehen haben: Im Sommer 1998 gerät Russland in den Strudel der Asienkrise. Moskau kann seine Schulden nicht mehr bedienen. Rund um den Globus spielen deshalb die Börsen verrückt: Die Anleger flüchten aus riskanten Papieren in sichere. Es passiert an den Märkten das Gegenteil von dem, was die Computer errechnet haben. Die Folgen sind fürchterlich: Bis Mitte August verliert LTCM 1 Milliarde US-Dollar. Meriwether versucht, frisches Geld aufzutreiben. Doch als am 31. August die Börsen erneut abstürzen, zerschlägt sich die Hoffnung. In den nächsten vier Wochen verliert Meriwether nochmals über 2 Milliarden US-Dollar. Das Vermögen von LTCM schwindet noch schneller dahin, als es entstanden ist.

Die Federal Reserve Bank of New York, der örtliche Ableger der amerikanischen Notenbank, verfolgt mit Sorge, wie der Hedgefonds taumelt. Die Aufseher ahnen, dass die Risiken für die Weltfinanzmärkte gewaltig sein können. Mitte September wollen sie es genauer wissen: Wie viel schuldet Meriwether den einzelnen Banken? »Niemand konnte dies quantifizieren. Genau deshalb war das Ganze so furchterregend«, berichtet später ein führender Banker. Am 22. September 1998 trommelt die Federal Reserve Bank um 7.30 Uhr fünf

hochrangige Banker zusammen, darunter die Vorstandschef von
J. P. Morgan und Merrill Lynch. Die Banker haben zugleich Teams
nach Greenwich entsandt, um die Bücher von LTCM zu durchleuchten. Am Abend werden sechs weitere Banken hinzugebeten. Nun ist
klar: Selbst wenn der Hedgefonds sämtliche Wertpapiere verkaufen
würde, könnte er seine Verpflichtungen nicht mehr erfüllen. Die Zeit
drängt. Als am nächsten Morgen gegen 10.40 Uhr William J. McDo-
nough, der Chef der New Yorker Federal Reserve Bank, zur dritten
Runde bittet, sieht es zunächst so aus, als stünde ein Retter bereit:
Warren Buffett, der große Investor, bietet an, LTCM zu kaufen. Doch
zweieinhalb Stunden später platzt das Geschäft; die Gründe sind bis
heute unklar. Liegt es daran, dass Buffett Meriwether und seine Partner aus ihrer Firma drängen will? Möchte der LTCM-Gründer dies
verhindern?

Nun müssen die Topbanker der Wall Street, getrieben von der
Notenbank, selbst eine Lösung finden. Sie streiten sich. Die Anspannung ist groß. Am Ende aber legt jeder zwischen 100 und 350 Millionen US-Dollar auf den Tisch; auch drei europäische Institute, darunter die Deutsche Bank, beteiligen sich. Nur die Investmentbank
Bear Stearns lehnt es brüsk ab, LTCM zu helfen. Er wolle keine weiteren Risiken eingehen, lässt Bankchef James Cayne seine Kollegen
wissen und bringt sie damit gegen sich auf. Einer der Investmentbanker, David Komansky von Merrill Lynch, soll Cayne deswegen
sogar beinahe an den Kragen gegangen sein, schreibt Jahre später,
im Juni 2007, die *Financial Times*. Ausgerechnet Bear Stearns bleibt
der größten Hilfsaktion fern, die es bis dahin gab – und wird knapp
zehn Jahre später selbst zum Rettungsfall.

Insgesamt 3,6 Milliarden US-Dollar stellen die zehn Banken bereit, um LTCM und das Weltfinanzsystem vor dem Kollaps zu bewahren. Sie beauftragen Meriwether zugleich, die Reste seiner Firma
abzuwickeln. Der gescheiterte Hedgefondsmanager kann es jedoch
nicht lassen. Nur ein Jahr später gründet er einen neuen Fonds namens JWM Partners. Das Geschäftsmodell ist dasselbe wie bei LTCM:
Mit seinen Computern spürt Meriwether untypische Kursdifferen-
zen auf und wettet viel Geld darauf, dass sich die Kurse auf ihr nor-

males Niveau zurückbewegen. Im Frühjahr 2008 gerät er erneut in Not. JWM verliert in den ersten drei Monaten des Jahres 31 Prozent. Der Fonds hat sich mit japanischen Staatsanleihen verzockt. Und so muss Meriwether in einem Brief an seine Anleger kleinlaut einräumen:»Wir haben das Risikoprofil des Portfolios stark zurückgefahren.«

Die Chiffre LTCM hat sich seit jenem 23. September 1998 in das Bewusstsein der Finanzindustrie eingebrannt. Die einen sagen, der Crash sei allen eine Warnung gewesen: Der Zusammenbruch des Hedgefonds habe gezeigt, wie gefährlich es ist, in hohem Maß auf Pump zu spekulieren. Die anderen dagegen sind überzeugt, die Rettungsaktion habe das Gegenteil bewirkt: Banken und Fonds könnten sich in der Sicherheit wähnen, dass sie am Ende vom Staat herausgekauft werden. Eigentlich wäre es nach dieser Rettungsaktion an der Zeit gewesen innezuhalten. Eigentlich wäre es dringend geboten gewesen, die Regeln des Weltfinanzsystems zu überdenken. Doch niemand konnte sich dazu durchringen. Auch nicht der amerikanische Präsident.

Die Lehren der einen, die Lehren der anderen

Es ist der 6. Oktober 1998, als William Jefferson Clinton die Jahrestagung von IWF und Weltbank in Washington eröffnet. Zwei Wochen sind vergangen, seit LTCM gerettet wurde. Zwei Wochen, in denen die Angst vor einer Rezession wächst. Zwei Wochen, in denen die Anleger voll Panik sind. Selbst der Internationale Währungsfonds, sonst ein Hort des Optimismus, schürt die Angst: Die Weltwirtschaft werde nach der Asienkrise nur halb so schnell wachsen wie ursprünglich erwartet, prophezeit der IWF.

Der 42. Präsident der Vereinigten Staaten von Amerika redet an diesem Tag so wie immer: voller Pathos. Er lobt, wie segensreich der Kapitalismus gewirkt habe.»Eine wirkliche globale Marktwirtschaft hat das Leben von Milliarden Menschen besser gemacht«, sagt er. Ökonomische und politische Freiheit hätten sich rund um den Globus ausgebreitet. Doch nun sei die Freiheit in Gefahr. Ganze Volkswirtschaften seien ins Schlingern geraten, und Millionen von Menschen in Asien fielen in die Armut zurück. Es sei daher an der Zeit, das Finanzsystem zu modernisieren, ruft Clinton den Bankern, Finanzministern und Notenbankchefs entgegen:»Wir brauchen eine entschlossene Antwort auf die derzeitige Krise und einen klugen Fahrplan für die Zukunft.«

Dreieinhalb Monate später, beim Weltwirtschaftsforum in Davos, klingen die Reden ähnlich. Das Treffen in den Schweizer Bergen ist ein Stelldichein der Mächtigen aus Wirtschaft und Politik. Bundespräsident Roman Herzog ermahnt die Manager, sie müssten mehr Verantwortung übernehmen. Die Wirtschaft benötige neue »Leitplanken«, um wieder »Vertrauen in die Verlässlichkeit von Märkten zu schaffen«. Bundeskanzler Gerhard Schröder sagt, es seien »ordnende Faktoren der Gerechtigkeit nötig«, damit nicht ganze Nationen in den Ruin stürzten. Und der kanadische Premierminister Jean Chrétien erklärt:»Wir müssen eine globale Architektur bauen, die solche Desaster künftig verhindert. Wir brauchen eine Reform, die internationale Standards für das Bankensystem setzt.«

Die Politiker erwecken den Eindruck, als wollten sie dem Kapitalismus tatsächlich andere Regeln verpassen. Konservative Politiker sagen, man müsse eine neue Weltwirtschaftsordnung entwerfen. Sozialdemokratische Politiker wie Gerhard Schröder und Tony Blair reden über einen dritten Weg, der irgendwo zwischen Kapitalismus und Sozialismus liegen soll. Das klingt gut. Am Ende jedoch folgen den hehren Worten nur wenige Taten. Die Antreiber der entfesselten Marktwirtschaft wollen nichts ändern. Ein paar kosmetische Korrekturen? Dagegen hat niemand etwas. Aber eine Generalüberholung des Kapitalismus? Dagegen sperren sich die Industrienationen. Dagegen sperren sich auch der Internationale Währungsfonds und die Weltbank, die Vertreter des »Washington-Konsens«. Sie wollen nicht wahrhaben, dass der Kapitalismus der neunziger ein anderer ist als jener der siebziger und achtziger Jahre. Dass er schneller und brutaler geworden ist. Dass die Finanzmärkte verflochtener und verworrener sind. Und dass sich dem auch die Spielregeln des globalen Kapitalismus anpassen müssen.

Stattdessen verabschieden die G7-Staaten lange Kommuniqués, in denen sie in ihren guten Willen bekunden, aber nichts versprechen. Die Finanzminister verfassen Berichte wie den zur »Stärkung der internationalen Finanzarchitektur«, in denen steht, was man tun *kann*. Aber nirgends steht, dass man etwas tun *muss*. Der Text, verabschiedet am 20. Juni 1999 in Köln, steckt voller Allgemeinplätze: »Ein gut funktionierendes internationales Finanzsystem ist entscheidend, um eine effiziente Allokation von globalen Ersparnissen und Investitionen zu ermöglichen.« Aha. Unter Punkt 10 folgt die bahnbrechende Erkenntnis: »Die Entwicklung der globalen Rahmenbedingungen des Wirtschafts- und Finanzsystems als Ausdruck der sich wandelnden Weltwirtschaft ist ein fortlaufender Prozess.« Geradezu revolutionär mutet auch ein Satz an, der sich in Punkt 22 des Kommuniqués findet: »Die letzten beiden Jahre haben uns vor Augen geführt, dass Anleger und Kreditgeber bei ihrem Streben nach höheren Renditen oftmals dazu neigen, die Risiken zu unterschätzen.« Ach was.

Offenbar unterschätzen die Finanzminister der G7 die Risiken, die in der entfesselten Marktwirtschaft stecken. Sie erwecken den Eindruck, als ließen sich Abstürze wie in Asien durch ein paar kleinere Eingriffe vermeiden. Sie reden von einer »neuen globalen Finanzarchitektur«, aber belassen die Pläne beim Bauzeichner. Vor allem die Amerikaner und die Briten ersticken jeden Versuch, den Kapitalismus stärker zu regulieren. Denn sie wollen die Wall Street und die City of London schützen, ihre Kapitalen des Kapitalismus. Geradezu lustvoll lassen sie die rot-grüne Bundesregierung und ihre Finanzminister Oskar Lafontaine und Hans Eichel auflaufen. Lafontaine will, unterstützt durch seinen Staatssekretär Heiner Flassbeck, das gesamte Währungssystem umstürzen und Euro, US-Dollar und Yen in Wechselkursbänder zwängen, doch das wird von Amerikanern und Briten torpediert. Eichel will nicht ganz so harsche Korrekturen, hat aber ebenfalls keine Chance.

Die Banker der Wall Street und der City of London sperren sich gegen jeglichen Eingriff. Und ihnen fällt es nicht schwer, die Regierungen in Washington und London auf ihre Seite zu ziehen. Geradezu beispielhaft zeigt sich dies daran, welche Lehren aus dem Zusammenbruch von LTCM gezogen werden – keine. So setzt Präsident Clinton im Herbst 1998 zwar mit großem Buhei eine Arbeitsgruppe ein, die den Kollaps des Hedgefonds untersuchen soll. Der Runde gehören Finanzminister Robert Rubin und Notenbankchef Alan Greenspan an, außerdem der Chef der Börsenaufsicht, Arthur Levitt. Und als die »President's Working Group on Financial Markets« ein halbes Jahr später ihren 140-Seiten-Bericht vorlegt, beschreibt sie auch klar, was bei LTCM schiefgelaufen ist: Die Banken hätten dem Fonds blind vertraut. Sie hätten ihn über die Maßen mit Krediten versorgt, obwohl sie »das Risikoprofil von LTCM nicht voll verstanden haben«. Hedgefonds könnten »den Markt als Ganzes« bedrohen. An mehreren Stellen weisen Rubin, Greenspan und Levitt zudem darauf hin, dass Hedgefonds, anders als Banken und Investmentfonds, nicht der staatlichen Aufsicht unterliegen. Doch was folgt daraus? Nichts.

Schlimmer noch: Die Arbeitsgruppe warnt sogar davor, die Fonds an die Kandare zu legen, denn »die direkte Regulierung dieser Institutionen könnte einige von ihnen ins Ausland treiben«. Stattdessen müssten die Banken genauer darauf achten, wie viel Geld sie Leuten wie Meriwether leihen. Zudem sollten »regelmäßig aussagekräftige Informationen über Hedgefonds publiziert werden«. Doch was wird davon umgesetzt? Nichts. Die Politiker halten ihre Hand über die Wall Street. Der ehemalige Bundeskanzler Helmut Schmidt kann es auch zehn Jahre später nicht fassen: »Jede kleine Sparkasse im Landkreis Pinneberg ist von Staats wegen überwacht. Die größten Hedgefonds der Welt, tausendfach so groß wie die Sparkasse in Pinneberg, werden von niemandem überwacht.«

Der Internationale Währungsfonds macht Ende der neunziger Jahre ebenfalls wie gehabt weiter. Während der Asienkrise zwingen IWF-Chef Michel Camdessus und seine Ökonomen den Ländern dieselben Schocktherapien auf, die sie immer verordnet haben. Der Crash in Fernost zeige, dass man die Öffnung der Märkte »noch intensiver« vorantreiben müsse, behauptet Camdessus. Die Tigerstaaten seien keineswegs »einer zu schnellen Liberalisierung zum Opfer gefallen«, sondern eine zu enge Verbindung von Staat und Wirtschaft,

Vetternwirtschaft und Korruption hätte den Absturz ausgelöst. Tatsächlich stimmt beides: Die Vetternwirtschaft ist ein Problem, die überstürzte Öffnung der Kapitalmärkte ebenfalls. Die Fondsmanager aus Washington sehen aber nur die Fehler der anderen, nicht die eigenen. Unverdrossen verlangt der IWF von den dahinsiechenden Ländern, dass sie die Staatsausgaben zusammenstreichen, die Steuern anheben, noch mehr Unternehmen privatisieren und die Zinsen erhöhen, um die Inflation zu stoppen. Dass all dies die Konjunktur abwürgt? Egal. Dass dadurch noch mehr Menschen ihre Jobs verlieren? Nicht zu ändern. Dass Hunderttausende gegen die »neuen Kolonialherren aus Washington« demonstrieren? Bedauerlich.

Letztlich haben die gestürzten Staaten keine Wahl: Sie müssen sich dem IWF beugen. Ohne die Milliarden des Fonds wären die Länder bankrott; ohne die Notfallhilfe wären sie nicht in der Lage, ihre Schulden zu bedienen. Denn die privaten Geldgeber haben sich davongemacht. Als erstes Land erhält Thailand einen Notkredit: 17,2 Milliarden US-Dollar stellen der IWF, die Weltbank und andere internationale Organisationen im August 1997 bereit, sieben Wochen nach dem Absturz des Baht. Im November 1997 wendet sich Indonesien, regiert vom greisen Herrscher Suharto, an den IWF und bekommt insgesamt 14,9 Milliarden. Am 4. Dezember 1997 stimmt der IWF schließlich dem größten Hilfspaket zu: 55 Milliarden US-Dollar für Südkorea. Auch dieser Kredit ist mit harten Auflagen verbunden.

Ein Land allerdings lehnt es ab, sich dem Diktat des IWF zu unterwerfen: Malaysia. Premierminister Mahathir zieht seine eigenen Lehren aus dem Beben an den Finanzmärkten. Am 1. September 1998 kappt er die finanzielle Verbindung zum Rest der Welt: Er zwingt die ausländischen Investoren, ihr Kapital mindestens ein Jahr im Land zu halten. Die Kapitalkontrollen erlauben es Mahathir, die Zinsen niedrig und den Wechselkurs stabil zu halten. Malaysia bleibt ein steiler Anstieg der Arbeitslosenzahlen erspart. Ein halbes Jahr später lockert Mahathir die Kapitalkontrollen wieder, weitere sechs Monate später hebt er sie auf. Selbst der IWF räumt drei Jahre später ein, dass Kapitalkontrollen sinnvoll sein können, um sich vor Spekulanten zu schützen. »Jedes Land«, sagt der damalige IWF-Chef Horst Köhler, »muss für sich selbst entscheiden, wie rasch und mit welchen Schritten es sich gegenüber den internationalen Finanzmärkten öffnet.« Doch diese Erkenntnis kommt spät. Sehr spät. Und sie verhallt ohne größere Konsequenzen. Niemand bemüht sich ernsthaft, den ungezügelten Kapitalismus zu bändigen; niemand wagt es, die herrschenden Prinzipien infrage zu stellen. Die Sorglosigkeit der Politiker und Wirtschaftsführer in den großen Industrieländern ist fatal. Sie geben sich – beinahe zehn Jahre nach dem Niedergang des Sozialismus – immer noch dem Triumphgefühl hin, im Kampf der Systeme gesiegt zu haben. Und so treibt die Welt zur Jahrtausendwende auf die nächste Krise zu. Befördert wird diese auch durch den Zusammenbruch der Tigerstaaten. Denn das Geld aus den Schwellenländern strömt zurück nach Amerika, zurück nach Europa. Es befeuert dort den irrwitzigen Boom der New Economy. Ein Boom, der schließlich mit lautem Knall zu Ende geht.

Kapitel 6

Die Krise, zweiter Akt:
Das Ende der New Economy

»Der Drang zur Reform des Weltfinanzsystems hat sich auch diesmal wieder ganz schnell verflüchtigt. Die Regierungen und die internationalen Organisationen haben nichts unternommen, um die Grundregeln entscheidend zu ändern. Deshalb ist die Möglichkeit, dass wir weitere Krisen erleben werden, sehr groß.«

Paul Krugman, Nobelpreisträger, 1999

Ein Jahr lang herrscht Ruhe in der entfesselten Marktwirtschaft, ein Jahr lang wähnen sich alle sicher: Die Aktienkurse steigen wieder, die Selbstgewissheit auch. Zwölf Monate sind eine Ewigkeit in einer Welt, in der Euphorie ebenso schnell entsteht wie Angst, in der Glücksgefühle sich ebenso schnell verbreiten wie Panik. Doch dann bricht im Jahr 2000 die New Economy zusammen. Die Aktien stürzen in den Keller, Tausende von Unternehmen, die den Anlegern viel Geld entlockt haben, brechen zusammen. Binnen weniger Monate werden an den Börsen Hunderte von Milliarden US-Dollar vernichtet. Glücksritter haben die Gier der Anleger für ihre kriminellen Machenschaften ausgenutzt, sie haben Bilanzen gefälscht und Zahlen frisiert. Die Politik reagiert darauf mit schärferen Gesetzen. Doch diese bewirken wenig. Es sind die falschen Gesetze. Erstmals ist in Teilen der Gesellschaft ein breites Unbehagen über die Exzesse des Kapitalismus zu spüren. Der Protest der Globalisierungskritiker entlädt sich bereits 1999 beim WTO-Gipfel in Seattle. Doch Regierungen und Unternehmen nehmen das Aufbegehren nicht ernst. Die Wegbereiter der entfesselten Marktwirtschaft machen weiter wie bisher – und hoffen auf den nächsten Aufschwung, den nächsten Börsenboom.

Der große Knall – die Internetblase platzt

Der Mann, der am 13. März 2000 vor der Frankfurter Börse aus einem silbernen Porsche steigt, wirkt wie aus einer anderen Welt: Ulrich Schumacher trägt eine Montur, die sich sonst nur Autorennfahrer überstreifen: silbern beschichtet, bedeckt mit Werbelogos. Schumacher lacht. Es ist sein großer Auftritt. Infineon geht an diesem Tag an die Börse. Der Chef des Münchner Chipherstellers, den man im Unternehmen »the maniac« nennt, den Verrückten, wählt dafür die ganz große Show. Schumacher hat den Deutschen die Infineon-Aktie angepriesen, als handele es sich um das beste Wertpapier aller Zeiten. Er hat aus der maroden Halbleitersparte von Siemens ein schillerndes Unternehmen der New Economy gemacht. Er hat eine Börsenstory erdacht, die das große Geld verspricht. Schumacher macht die Deutschen damit kirre. Millionen Kunden stürmen die Bankfilialen und die Call-Center der Direktbanken. Sie wollen dabei sein, wenn »Schumi« und sein Unternehmen an die Börse gehen. Denn sie wissen: Die Aktie wird gleich am ersten Handelstag einen gewaltigen Sprung machen, so wie jede Aktie bei jedem Börsengang in dieser wilden Zeit. Am Ende ist die Aktie von Infineon 33fach überzeichnet, weshalb die meisten Interessenten leer ausgehen. Ihnen entgeht ein Kurssprung von 115 Prozent am ersten Tag.

Tatsächlich können alle, die beim großen Lotto um die Infineon-Aktien kein Glück hatten, im Nachhinein froh sein. Denn als der Halbleiterproduzent an die Börse geht, ist die Party auf dem Parkett schon vorbei. Der gewaltigste Aktienboom der letzten Jahrzehnte – er ist sechs Tage zuvor, am 7. März 2000, still und leise zu Ende gegangen. Ausgerechnet am Aschermittwoch ist der Wahnsinn vorbei. Doch keiner merkt es. Auf 8136 Punkte steigt an diesem Tag der Deutsche Aktienindex Dax. Alle denken: Wieder ein Rekord – und am nächsten Tag kommt bestimmt der nächste. Aber am nächsten Tag beginnen die Kurse zu bröckeln. Aus der großen Börsenblase entweicht die Luft. Die New Economy, dieses Gespinst aus kühnen Ideen, falschen Versprechungen und übergroßer Euphorie, bricht zusammen. Der Nemax, der Leitindex für die High-Tech-Werte des

Neuen Markts, stürzt binnen eines Jahres von 8 559 auf 1 652 Punkte, die amerikanische Technologiebörse Nasdaq kracht von 5 049 auf 1 650 Punkte. Auch die Aktie von Infineon verliert innerhalb von zwei Jahren mehr als drei Viertel ihres Werts.

Der Crash: Er musste kommen. Denn die Anleger haben in den Jahren der New Economy jegliches Maß verloren. Sie haben Firmen gekauft, die keine Zukunft besaßen. Sie haben Börsenhelden gefeiert, die keine waren. Sie haben Aktiengurus vertraut, die sich als Scharlatane entpuppten. Sie haben sich am Ende nur von der Gier leiten lassen. Diese Gier sorgte dafür, dass winzige Firmen an der Börse mehr wert waren als stattliche Konzerne mit mehreren Hunderttausend Beschäftigten. Diese Gier ließ die Aktienkurse weit schneller steigen als das Bruttosozialprodukt. Und diese Gier erfasste die gesamte Gesellschaft: die Begüterten in ihren Villen, die Beamten und Angestellten in ihren Büros, die Studenten in ihren Wohngemeinschaften. Am Ende empfiehlt selbst die *Bild*-Zeitung ihren Lesern, endlich Aktien zu kaufen:»Kann ich auch reich werden?«, titelt das Boulevardblatt – für die Experten ein untrügliches Zeichen, dass die Hausse, der stete Anstieg der Kurse, dem Ende zustrebt. Immer dann, wenn Menschen Aktien kaufen, die davon nichts verstehen, ist dies für die Profis ein Warnsignal. Sie sprechen dann abfällig von einer Dienstmädchen-Hausse.

Es gibt auch andere Alarmzeichen, die auf einen Crash hinweisen. Denn mit normalen Bewertungsregeln lassen sich die Kurse nicht mehr erklären. Wie, bitte schön, will man begründen, dass der Wert eines Unternehmens wie AOL innerhalb von acht Jahren um 55 000 Prozent wächst? Wie, bitte schön, lässt sich erklären, dass ein kleines süddeutsches Unternehmen wie Brokat 4 Milliarden D-Mark wert ist? Und wie soll man, bitte schön, das Kurs-Gewinn-Verhältnis für ein Internetunternehmen errechnen, das noch nie einen Gewinn eingefahren hat, sondern bloß horrende Verluste?

Die Experten machen ein weiteres Indiz dafür aus, das für einen baldigen Kursrutsch spricht: Immer mehr Menschen spekulieren auf Pump. Sie leihen sich Geld, um weitere Aktien kaufen zu können, und verpfänden dazu einen Teil ihres Depots. Gemessen an der

Wirtschaftsleistung borgen sich amerikanische Privatanleger fast so viel wie vor dem Crash 1929. Auch in Deutschland nutzen immer mehr Bankkunden ihr Depot als Kreditkarte. Im *Spiegel* erscheint Ende Januar 2000 ein kluger Artikel, der vor diesem »gefährlichen Leichtsinn« warnt: Die Blase werde platzen, »in zwei Wochen, zwei Monaten oder zwei Jahren«, prophezeit Autor Gabor Steingart. Es dauert nicht zwei Wochen, sondern fünf: Im März sackt die amerikanische Technologiebörse Nasdaq, an der die meisten Internetaktien notieren, innerhalb von sieben Tagen um 15 Prozent ab. Der Neue Markt in Frankfurt bricht im gleichen Zeitraum um 20 Prozent ein. Der Abschwung, den niemand für möglich gehalten hat – er ist da. Für die Hoffnungswerte von gestern gibt es keine Hoffnung mehr. Die New Economy zerfällt, ehe sie richtig in Schwung kommt.

Anfangs verdrängen dies alle. Die Unternehmen, die im Frühjahr 2000 an die Börse streben, preisen unverdrossen ihre Aktien an. Ron Sommer, wortgewandter Chef der Telekom, schwärmt von »T hoch drei«, von drei Börsengängen innerhalb eines Jahres: Er will erst 10 Prozent von T-Online verkaufen, »eine fast sichere Anlage«, wie seine Leute versprechen. Dann will er einen Batzen T-Aktien unters Volk bringen. Und zum Jahresende möchte er die Papiere von T-Mobile losschlagen. Auch die Wirtschaftsblätter empfehlen ungerührt, in Aktien zu investieren. »Die Angst vor dem großen Crash sollte sich bald legen«, schreibt *Capital* im April 2000. »Kluge Anleger peppen jetzt ihr Depot mit Qualitätstiteln aus Old und New Economy auf.«

Im Spätsommer und Herbst begreifen allerdings auch kluge Anleger: Dies ist nicht der Zeitpunkt, um günstig einzusteigen, sondern die letzte Gelegenheit, um ohne größere Verluste auszusteigen. Denn was im Boom der New Economy funktioniert hat, funktioniert auch, als die Kurse nach unten rauschen – nur umgekehrt. Einzelne Aktien fallen binnen weniger Stunden um 30 oder 40 Prozent. Firmen, die gefeiert wurden, obwohl sie Verluste anhäufen, werden aussortiert. Viele Aktionäre, die sich für kurze Zeit reich wähnten, sind wieder arm: Ihr Vermögen hat sich verflüchtigt.

Auch die Grundidee der New Economy, dass es keinen Abschwung mehr gibt, sondern nur einen immer während Aufschwung, hat sich erledigt. Die Menschen, die Aktien besitzen, verteilen ihr Geld nicht mehr mit vollen Händen. Sie schränken ihren Konsum ein. Das bremst die Wirtschaft. Internetfirmen entlassen Zehntausende von Mitarbeitern, ebenso schicken Konzerne Mitarbeiter aufs Arbeitsamt; ihre Fabriken fahren nicht mehr unter Volllast. Die amerikanische Notenbank schleust die Zinsen herunter, um einen Abschwung zu verhindern. Doch die Fed schiebt damit den Absturz lediglich hinaus.

Und noch etwas tritt zutage, als die New Economy zusammenbricht: dass viele der angeblichen Erfolgsgeschichten auf Lug und Trug basierten. Dass die Menschen an Unternehmer geglaubt haben, die in Wahrheit Betrüger sind. Und nirgends ist dieser Betrug derart groß wie bei einem Unternehmen aus Texas, das über beste Beziehungen zum amerikanischen Präsidenten verfügt. Bei Enron.

Betrüger und Bankrotteure – das Watergate des Kapitalismus

Wie schön es doch ist, wenn man gute Freunde hat. Freunde wie George W. Bush. Als Kenneth Lay 55 Jahre alt wird, schreibt ihm sein Freund einen netten Brief:»Das Traurige an alten Freunden ist, dass sie immer älter werden«, frotzelt Bush.»So wie du. 55 Jahre, wow! Das ist wirklich alt. Gott sei Dank hast du eine so junge, hübsche Frau.« Im Übrigen, fügt Bush hinzu, schätzten er und Laura, seine Frau, die Freundschaft mit dem Ehepaar Lay.

Kenneth Lay, der Gründer des Energiekonzerns Enron aus Houston, revanchiert sich für solche Freundlichkeiten mit viel Geld: Über 550 000 US-Dollar spenden er und sein Unternehmen, damit Bush erst Gouverneur von Texas und später Präsident in Washington werden kann. Niemand gibt mehr Geld, damit der Republikaner ins Weiße Haus einziehen kann. Vierzehnmal überlässt Enron Bushs Familie und seinen Mitarbeitern im Wahlkampf einen Firmenjet. Und natürlich sind die Großspender Lay und Enron-Chef Jeffrey Skilling mit dabei, als Bush am 20. Januar 2001 in Washington mit viel Pomp in sein Amt eingeführt wird. Sie unterstützen die Feierlichkeiten mit jeweils 100 000 US-Dollar.

Nur zehn Monate später, am 2. Dezember 2001, ist Enron pleite. Die Vereinigten Staaten erleben den gewaltigsten Bankrott ihrer Geschichte. Das siebtgrößte Unternehmen des Landes hat sich mit waghalsigen Finanzgeschäften verzockt und seine Zahlen gefälscht. Enron hat Gewinne ausgewiesen, die keine waren, Geschäfte verbucht, die es nie gegeben hat, und Schulden in ein Schattenreich verlagert, das in der offiziellen Bilanz nicht auftaucht. Aufstieg und Fall von Enron sind ein Symbol für die Maßlosigkeit, die Ende der neunziger Jahre weite Teile der Wirtschaft erfasst. Überall glauben Unternehmenslenker, dass das Wachstum keine Grenzen mehr kennt. Überall versuchen sie, das Letzte aus ihren Firmen herauszuholen – manchmal mit illegalen Methoden. Die Manager von Enron lösen den größten Skandal der amerikanischen Wirtschaftsgeschichte aus. Staatsanwälte, Gerichte, Börsenaufseher und Ausschüsse des amerikanischen Kongresses beschäftigten sich mit der Affäre. Haupttäter müssen ins Gefängnis. Die Pleite von Enron sei das »Watergate des Kapitalismus«, schreiben amerikanische Zeitungen.

Bis zu seinem Zusammenbruch ist Enron eines der schillerndsten Unternehmen des Landes. Ein Liebling der Börse. Ein glitzerndes Imperium. Die gewieften Händler von Enron spekulieren nicht bloß mit Öl, Gas und Strom, sie zocken auch mit Derivaten aller Art. Und machen damit den Konzern reich. Sie handeln mit virtuellen Strom- oder Ölmengen, die erst ein Jahr später geliefert werden – oder erst in 29 Jahren. Sie erfinden ständig neue Wege, wie sich mit komplizierten Finanzinstrumenten viel Geld verdienen lässt.

Enron war früher ein biederer Transporteur für Strom und Gas, Konzernchef Lay aber verwandelt das Unternehmen in eine Geldmaschine, die sich immer schnell dreht. Er will Enron zum größten Konzern der Welt machen. Zum Vorbild einer ganzen Ära. »Wir waren schon New Economy, bevor das cool wurde«, sagt er. Lay weiß die Freiheiten zu nutzen, die der liberalisierte Energiemarkt bietet. Er heuert Tausende zumeist junge Beschäftigte an und lässt ihnen freie Hand, solange sie die Aktie des Unternehmens nach oben pushen. Lay vermittelt seiner Truppe das Gefühl, dass sie für ein hippes Start-up arbeitet. Die Händler sitzen in einem ovalen Wolkenkratzer in Houston. Man trifft sich morgens im eigenen Fitnessklub, mittags im eigenen Starbucks-Cafe, und es gibt im Enron-Hochhaus auch eine Wäscherei, eine Arztpraxis und einen Autowaschservice.

Im Herbst 2001 bricht das Scheinreich zusammen. In den Wochen vor der Pleite lösen die Konzernoberen noch schnell Zehntausende Aktienoptionen ein und machen ein letztes Mal Kasse. Sie ahnen offenbar, dass ihr Imperium bald zusammenbricht. Die normalen Angestellten ahnen nichts und stehen mit einem Mal vor dem Ruin. Ihre Altersvorsorge steckt in Aktien von Enron. Der Kurs ist von 90 US-Dollar auf wenige Cents gestürzt. Manche verlieren durch die Pleite Zehntausende US-Dollar, andere Hunderttausende. Die Geschichten der betrogenen Mitarbeiter beschäftigen das ganze Land.

Und noch etwas erschüttert die Amerikaner: wie eng Enron und der Washingtoner Regierungsapparat verflochten sind. Die Beziehungen des Unternehmens könnten kaum fester sein. Fast 6 Millionen US-Dollar spendete der Energiekonzern seit 1990 an Politiker in Washington. Jeder zweite Abgeordnete im Repräsentantenhaus und drei Viertel aller Senatoren erhielt Geld aus Houston. Wohl auch deshalb lockert der Kongress in den neunziger Jahren die Regeln für den Stromhandel. Nach Bushs Wahl rücken republikanische Politiker, die lange für Enron gearbeitet haben, auf wichtige Posten in der Regierung: Enron-Verwaltungsrat Lawrence Lindsey wird ökonomischer Chefberater des Präsidenten, Enron-Berater Robert Zoelick wird Handelsbeauftragter und Enron-Vorstand Thomas White wird Verteidigungsminister. Selten war eine amerikanische Regierung derart verfilzt mit einem einzigen Unternehmen. Lay darf den neuen Chef der Energieaufsichtsbehörde mit auswählen, der sein Unternehmen kontrollieren soll. Sechsmal hocken die Spitzenmanager von Enron nach der Wahl mit Vizepräsident Dick Cheney zusammen, um über die künftige Energiepolitik zu beraten.

Ebenso verworren wie die politischen Beziehungen ist das geheime Firmenimperium, das Enron geschaffen hat. Die Finanzartisten aus Texas haben über 4000 »Partnerschaften« gegründet, die in der offiziellen Bilanz nicht auftauchen. Ein Schattenreich, das dazu dient, die Zahlen des Unternehmens zu schönen. Die meisten

»Partnerschaften« sitzen auf den Cayman Islands, dem Steuerparadies in der Karibik, und tragen schillernde Namen, die zum Teil an Charaktere aus den *Star-Wars*-Filmen erinnern: Jedi, Chewco oder Raptor. Im Jargon der Finanzbranche heißen solche Firmen »Special Purpose Entities« – Gesellschaften für einen besonderen Zweck. Sie dienen dazu, die wahre Lage des Unternehmens gegenüber Banken, Aktionären und Steuerbehörden zu verschleiern. Strohleute sorgen dafür, dass sich eine direkte Verbindung zu Enron nicht nachweisen lässt, jedenfalls nicht auf den ersten Blick. Tatsächlich jedoch sind die meisten Strohleute Angestellte aus dem Konzern, manchmal auch Verwandte oder Ehefrauen.

Geformt hat dieses Schattenreich vor allem Andrew Fastow, der Finanzchef von Enron. Fastow wirkt nicht wie ein Wirtschaftskrimineller. Seine Frau stammt aus einer der besten Familien von Houston; er gibt den schwer arbeitenden Familienvater. Doch Fastow weiß, wie man die Aufsichtsbehörden austrickst. Als Enron die Schulden über den Kopf wachsen, gründet er im Jahr 1999 zwei weitere Zweckgesellschaften. LJM Cayman nennt er die erste, LJM2 Co-Investment die zweite. LJM – das sind die Anfangsbuchstaben seiner Frau Lena sowie seiner Söhne Jeffrey und Michael. Mit den beiden Gesellschaften will er die Schuldenprobleme von Enron elegant lösen: Sie übernehmen die Schulden, die eigentlich Enron gehören, und investieren das Geld in riskante Geschäfte. Die Gewinne schustern die Schattenfirmen dem Mutterkonzern zu.

Tatsächlich jedoch erweisen sich die Unternehmenskreaturen als Gefahr für Enron. Versteckte Klauseln in den Verträgen sorgen dafür, dass der Konzern am Ende doch für den Firmenpark haftet. Sherron Watkins, eine Enron-Mitarbeiterin, ahnt das Desaster im Voraus. Im August 2001 warnt sie Lay in einer E-Mail, Enron werde eines Tages »in einer Welle von Buchhaltungsskandalen implodieren«. Doch Lay reagiert nicht. Als in einer Runde mit Finanzanalysten einer der Teilnehmer nachbohrt, blafft der Konzernchef: »Arschloch.« Einige Monate später ist das Unternehmen bankrott.

Der Skandal um Enron ist kein Einzelfall. Illegale Geschäfte und Bilanztricks sind in der New Economy weit verbreitet. Im Jahr 2002 räumen mehrere Hundert amerikanische Unternehmen ein, dass sie ihre Zahlen frisiert haben, einige Dutzend gehen bankrott. So gesteht der zweitgrößte Telefonkonzern des Landes, MCI Worldcom, ein, dass er sich um 3,8 Milliarden US-Dollar verrechnet hat. Firmenchef Bernie Ebbers galt als Held des Kommunikationszeitalters, nun bricht der von ihm zusammengefügte Konzern zusammen. Wenige Tage später werden der Selfmade-Unternehmer John Rigas und seine Söhne verhaftet, weil sie Adelphia ausgeplündert haben, die sechstgrößte Kabelfernsehgesellschaft des Landes. Auf Firmenkosten kaufte Rigas Villen und Appartements, baute seinen Golfplatz für 13 Millionen US-Dollar aus und ließ seine Familie zur Safari nach Afrika fliegen. Auch Dennis Kozlowski, Chef des Mischkonzerns Tyco, hat die Anleger um mehrere Hundert Millionen US-Dollar betrogen; allein 13 Millionen US-Dollar aus der Firmenkasse gab er für Gemälde von Renoir und Monet aus. Selbst Martha Stewart, das Idol der amerikanischen Hausfrauen, gerät in den Strudel der Skandale: Die Fernsehmoderatorin, die mit TV-Sendungen, Zeitschriften und Produkten den Stil in Amerikas Vororten prägt, fliegt mit Insidergeschäften auf.

Die Amerikaner sind über die kriminellen Machenschaften entsetzt. In den neunziger Jahren haben sie ihre Manager wie Popstars gefeiert. Umso enttäuschter sind sie nun über den Betrug. Nur noch 38 Prozent der Menschen vertrauen 2002 der Marktwirtschaft – der niedrigste Stand aller Zeiten. »Dies ist eine Krise der moralischen Grundfesten des amerikanischen Kapitalismus«, warnt Mark Cooper von der Verbraucherschutzorganisation Amerikas. Der Ökonom Paul Krugman spricht von einem »Wendepunkt in der amerikanischen Selbstwahrnehmung«.

Doch nicht nur amerikanische Manager haben Probleme mit der Moral. Auch in Europa basieren viele Börsengeschichten auf Lug und Trug. Mit windigen Geschäften erschleichen sich Unternehmer ein Vermögen. Als Helfer stehen Investmentbanker, Analysten und zwielichtige Journalisten bereit, die die Börsenstory verkaufen. So gilt Comroad, ein Unternehmen für Navigationstechnik, lange als ganz große Hoffnung am Neuen Markt. Tatsächlich sind die meisten

Geschäfte getürkt, mit denen Firmenchef Bodo Schnabel protzt; er erfindet einen Kunden in Hongkong, der Comroad zeitweise 97 Prozent seiner Waren abgenommen haben soll. Niemand stutzt, nicht einmal die Wirtschaftsprüfer. Als »Luftnummern und Lumpereien«, wie es der Richter nennt, erweisen sich auch zahlreiche Geschäfte von Infomatec. Das Softwareunternehmen veröffentlicht falsche Zahlen und treibt den Aktienkurs damit auf 290 Euro. Als der Bluff auffliegt, stürzt die Aktie auf 4 Cent, die Anleger werden um 250 Millionen Euro beraubt. Alexander Häfele, einer der Gründer, wird zu einer Freiheitsstrafe von zwei Jahre und neun Monaten verurteilt. Sein Kompagnon Gerhard Harlos erhält zwei Jahre auf Bewährung.

Glimpflicher kommen die Gründer der Film- und Fernsehfirma EM.TV davon: die Brüder Thomas und Florian Haffa. Wohl kein anderes deutsches Unternehmen hat den Wahn der New Economy derart ausgelebt. Die Haffas feiern rauschende Feste und laden während der Filmfestspiele in Cannes auf ihre Yacht im Hafen, wo sie sich mit den Prominenten aus dem Filmgeschäft umgeben. Ihr Aufstieg ist märchenhaft: Im Oktober 1997 gehen die Brüder aus Unterföhring bei München an die Börse, zweieinhalb Jahre später ist ihr Unternehmen fast 14 Milliarden Euro wert – mehr als die Lufthansa mit ihren Flugzeugen. EM.TV kauft, was es zu kaufen gibt: die Fernsehrechte für die *Biene Maja*, das Cartoon-Archiv des Filmmoguls Leo Kirch, die Jim Henson Company, die die *Muppets* produziert, und die Hälfte der Vermarktungsrechte an der Formel 1. »Ich möchte ein Medienbaron sein, ich möchte groß sein«, sagt Firmenchef Thomas Haffa. Die Aufnahme in den Deutschen Aktienindex Dax, den Olymp der Aktiengesellschaften, ist greifbar nahe.

Doch nur wenige Monate später geht EM.TV das Geld aus. Niemand weiß, wohin es verschwunden ist. Im Dezember 2000 räumen die Haffas ein, dass sie nur einen Gewinn von 25 Millionen Euro machen werden und nicht, wie angekündigt, von 300 Millionen Euro. Einige Monate später stellt sich auch diese Prognose als falsch heraus: Im Frühjahr gibt EM.TV einen Verlust von 1,4 Milliarden Euro bekannt. Der Traum der Haffas hat sich in Luft aufgelöst, das Vermögen Zehntausender Kleinanleger auch. Die Staatsanwaltschaft klagt die Brüder wegen Kursbetrugs und »unrichtiger Darstellung« der Unternehmensverhältnisse an, das Landgericht München verurteilt sie: Thomas Haffa bekommt eine Strafe von 1,2 Millionen Euro aufgebrummt, sein Bruder Florian von 240 000 Euro. Die Brüder bestreiten bis heute, dass sie die Zahlen geschönt haben.

Amerikas Gerichte gehen mit den gescheiterten Helden weitaus härter um: Dennis Kozlowski, einst Chef von Tyco, wird wegen Betrugs zu 25 Jahren Gefängnis verurteilt. Bernie Ebbers, früher Vorstandsvorsitzender von MCI Worldcom, muss für 25 Jahre hinter Gitter. John Rigas, der Gründer des Kabelnetzbetreibers Adelphia, für 15 Jahre. Auch Enron-Gründer Kenneth Lay wird von den Geschworenen schuldig gesprochen. Die Urteilsverkündung einige Monate später erlebt er nicht mehr: Er stirbt im Juli 2006 an einer Herzattacke. Der Richter hebt den Schuldspruch gegen ihn auf, weil Lay keine Berufung mehr einlegen könne. Mit seinem Kompagnon Jeffrey Skilling aber kennt der Richter keine Gnade: Sein Vorgehen, sagt er, »hat Hunderte, wenn nicht sogar Tausende zu einem Leben in Armut verurteilt«. Er muss für 24 Jahre in den Knast.

Die Schlacht von Seattle – eine Gegenbewegung entsteht

Sie haben ihren Angriff neun Monate lang geplant. Sie haben Kirchen angemietet, Schulen, Jugendheime, große Säle und selbst das Football-Stadion. Sie haben sich über das Internet verabredet, über die einschlägigen Web-Seiten, über Mailing-Listen und über das Handy. Sie nutzen die Produkte der Globalisierung, um die Globalisierung zu bekämpfen. Und nun hocken sie in den Straßen von Seattle – und es gibt kein Durchkommen mehr. Niemand gelangt in das Kongresszentrum hinein, niemand heraus. Dienstag, der 30. November 1999, 9 Uhr morgens: Die Schlacht hat begonnen. Die Schlacht von Seattle. Die Schlacht um die Globalisierung.

Zu Zehntausenden sind die Demonstranten in die Millionenstadt im amerikanischen Nordwesten gekommen. Wie kaum eine andere Metropole der Vereinigten Staaten steht Seattle für weltweiten Handel, für Offenheit und einen lässigen Lebensstil. Der Software-

Konzern Microsoft und der Flugzeugbauer Boeing haben hier ihre Heimat. Von Seattle aus hat die Kaffeehauskette Starbucks ihren Siegeszug angetreten. In der Stadt mit ihrem sanften Hügeln, dem großen Hafen und der weiten, glitzernden Bucht wollen die Minister aus 137 Staaten die Verhandlungen über ein neues, umfassendes Handelsabkommen starten. Die World Trade Organization will die Regeln für den globalen Warenverkehr neu schreiben. Sie will die letzten Handelsschranken einreißen, den Export von Gemüse und Getreide erleichtern, den Handel mit Patenten, den Kauf von Firmen und Fabriken. Doch an diesem regnerischen Morgen müssen die Handelsbeauftragen erkennen, dass es eine Macht gibt, die stärker ist als sie: die Demonstranten.

Es ist ein buntes Volk, das rund um das Kongresszentrum aufmarschiert und alle Zufahrten blockiert. 50 000 mögen es sein, vielleicht auch 70 000. So genau weiß das niemand. Manche haben sich als Schildkröten kostümiert, andere als Schmetterlinge. Indianer aus dem Hochland Perus demonstrieren ebenso wie Gewerkschafter aus dem amerikanischen Mittelwesten, Delfinschützer aus Deutschland, Landwirte aus Frankreich und Hunderte von College-Kids. Sie hocken auf den Kreuzungen und Bürgersteigen und blicken in die Augen einer martialisch auftretenden Staatsmacht: Polizisten in dunklen Kampfuniformen, mit schweren Helmen und Schlagstöcken, schirmen das Kongresszentrum ab. Die Cops sehen aus, als ob sie dem Filmepos *Star Wars* entstiegen wären. Sie schützen eine Veranstaltung, die es nicht mehr gibt. Die Eröffnungsfeier: abgesagt. Die Verhandlungen: verschoben. Der Zeitplan: gekippt.

Einige Stunden stehen sich Polizisten und Demonstranten gegenüber. Die Protestler skandieren: »Hey, hey, ho, WTO has to go!« Weg mit der Welthandelsorganisation! Schweigend schauen die Polizisten dem Spektakel zu. Dann schlagen sie plötzlich zu. Irgendjemand erteilt den Befehl, einen Weg für die Delegierten freizuräumen. Die Polizisten beschießen die Demonstranten mit Pfeffergas und Gummigeschossen. Sie knüppeln sie weg. Sie rücken mit ihren gepanzerten Fahrzeugen vor. Die Ängstlichen unter den Kundgebungsteilnehmern fliehen, doch es gibt in der Masse der friedlichen

Globalisierungsgegner ein paar Dutzend junge Männer in Schwarz: Die Vermummten tragen Kapuzen und dunkle Sonnenbrillen und stammen aus dem Bundesstaat Oregon. Als die Staatsmacht zuschlägt, schlagen sie zurück. Die Anarchisten zertrümmern Schaufenster und Telefonhäuschen, sie stürmen ein McDonald's-Restaurant und plündern ein Nike-Geschäft. An den Wänden der Hochhäuser hinterlassen sie ihr gesprühtes Anarcho-A. Auch etliche College-Kids befällt der Übermut, sie plündern ein Café von Starbucks und mischen mit in einer Straßenschlacht, die sich über Stunden erstreckt. Abends verhängt der Bürgermeister von Seattle den Ausnahmezustand. Block für Block lässt er die Innenstadt räumen, ruft die Nationalgarde zu Hilfe und verhängt für die Nacht eine Ausgangssperre. Am nächsten Tag gehen die Proteste weiter, am übernächsten auch. Die Fernsehsender berichten rund um die Uhr. Präsident Bill Clinton kommt nach Seattle. Er verurteilt jene Demonstranten, die Gewalt anwenden, und stellt sich hinter die Mehrheit, die friedlich protestiert. Die Demonstranten stünden »stellvertretend für Millionen Menschen, die Fragen stellen«.

Als die WTO-Konferenz ohne greifbares Ergebnis endet, wissen die Globalisierungsgegner: Sie haben es geschafft. Sie sind mit ihren Protesten erstmals ins Bewusstsein einer breiten Öffentlichkeit vorgedrungen. Ihnen ist es gelungen, die weitere Liberalisierung der Weltwirtschaft ein klein wenig zu verzögern. Seattle gilt seither als die Geburtsstunde einer Bewegung, die sich gegen die Macht der Konzerne und Banken stemmt. Gegen die Auswüchse der Finanzmärkte. Und gegen eine Spaltung der Gesellschaft. Diese Gegenbewegung hat kein geschlossenes Konzept, wie eine bessere Welt aussehen soll. Sie glaubt aber: Solch eine andere Welt ist möglich. Die Gegenbewegung fordert: Entwaffnet die Märkte – doch ihre Mitglieder sind sich uneins, wie dies geschehen soll.

Die Demonstranten zerfallen in Lager. Unter ihnen gibt es Realisten und Fantasten, Kommunisten und Utopisten, Spinner und schlaue Köpfe. Manche glauben an den Protektionismus – sie verstehen sich als echte Globalisierungsgegner. Andere, und das ist die Mehrheit, sehen sich als Globalisierungskritiker. Sie sind pragmatischer. Sie vertrauen Joseph Stiglitz, dem Nobelpreisträger und Buchautor (*Die Schatten der Globalisierung*), und anderen Ökonomen, die sagen: Globalisierung und Marktwirtschaft sind im Kern gut, aber ihre Regeln müssen sich ändern, damit alle profitieren.

Die Ursprünge der Gegenbewegung reichen bis in die Mitte der neunziger Jahre zurück, als in Paris die Mitgliedsnationen der OECD, der Dachorganisation der großen Industriestaaten, über ein internationales Investitionsschutzabkommen verhandeln, das MAI. Niemand ahnt, dass die Unterhändler der OECD an einem Vertrag arbeiten, der den westlichen Konzernen freien Zugriff auf Fabriken und Firmen in aller Welt einräumen würde. Die Gastländer sollen jedem Konzern, egal aus welchem Land, die gleichen Steuervorteile und Subventionen einräumen. Die Multis sollen sogar das Recht erhalten, ihre Gastländer zu verklagen, wenn sie wegen Krieg oder Unruhen ihr Vermögen verlieren. Doch dann zerren einige Nichtregierungsorganisationen die Geheimverhandlungen ans Licht der Öffentlichkeit, sie publizieren im Internet die Entwürfe für das Abkommen. Hier entstehe, warnen sie, eine »Bill of Rights für die Multis«.

In wenigen Monaten formiert sich eine Front des Protests. Hunderte von Nichtregierungsorganisationen aus Nordamerika, Frankreich und Neuseeland stemmen sich gegen das »neue, internationale kapitalistische Manifest«, wie es die französische Tageszeitung *Le Monde diplomatique* nennt. Den Gegnern des MAI gelingt es schließlich, im Frühjahr 1998 die Verhandlungen zu stoppen. Sie haben die Unterhändler, die hinter den Gitterzäunen der OECD-Zentrale tagen, gegeneinander aufgebracht. Nebenan auf einer Wiese feiern 500 Demonstranten ihren Erfolg.

Nur einen Monat später gründen die Journalisten von *Le Monde diplomatique* mit anderen linken Blättern und Gewerkschaften eine Organisation, die einen sperrigen Namen erhält: »Association pour la Taxation des Transactions financières pour l'Aide aux Citoyennes et citoyens«, auf Deutsch: eine »Vereinigung für eine Besteuerung der Finanztransaktionen zum Wohle der Bürger«. ATTAC stellt sich für die Tobin-Steuer ein, eine Steuer auf Devisengeschäfte, benannt nach ihrem Erfinder, dem amerikanischen Ökonomen James Tobin. Sie soll dabei helfen, die Finanzmärkte zu bändigen. Für diese Steuer hat sich *Le Monde diplomatique* in einem fulminanten Artikel ausgesprochen, der die zerstörerische Kraft der Finanzmärkte anprangert. Die Zeitung warnt vor dem »Gesetz des Dschungels« und erhält daraufhin über 4000 Leserbriefe. Und so entscheiden sich die Redakteure: Wir müssen etwas tun – sie schaffen Attac.

Attac – das klingt nach Angriff, nach einer Attacke auf die Mächtigen. So ist es auch gemeint. Wo immer sich die Staats- und Regierungschefs der Welt beraten, wie es weitergeht mit der Globalisierung, ist Attac vor Ort. Attac organisiert den Protest. Attac karrt Demonstranten mit Bussen, Zügen und Flugzeugen heran, verbreitet Fahnen und Erklärungen. WTO-Gipfel, Weltwirtschaftstreffen, EU-Gipfel – überall bedrängen die Attacies Politik und Konzerne. Wie keine andere Organisation versteht es Attac, das Unbehagen zu artikulieren, das viele Menschen angesichts der Globalisierung empfinden.

Mittlerweile haben sich über 90000 Menschen in 50 Ländern dem Netzwerk angeschlossen. Ihre Positionen sind so unterschiedlich wie ihre Herkunft: Die Franzosen sind meist radikaler als die Deutschen, die Belgier wollen etwas anderes als die Brasilianer, und diese haben andere Schwerpunkte als die Mexikaner. »Wir sind«, sagt der französische Journalist Bernard Cassen, einer der Gründungsväter von Attac, »gegen alle Aspekte der neoliberalen Vorherrschaft. Wir wollen ein echtes Rollback, eine De-Globalisierung.« Deutsche Attac-Mitglieder wie der Berliner Finanzmarktexperte Philip Hersel dagegen sagen: »Wir wollen den Kapitalismus nicht abschaffen, wir wollen ihn aber anders gestalten.« Der Mann allerdings, auf den sich Attac beruft, der Nobelpreisträger James Tobin, sagt, er sei nicht sehr glücklich darüber. »Die missbrauchen meinen Namen«, erklärt der 83-Jährige im Jahr 2001 in einem Interview mit dem *Spiegel*, »ich habe nicht das Geringste gemein mit diesen Antiglobalisierungs-Revoluzzern.« Er befürworte den Freihandel, den Internationalen Währungsfonds, die Weltbank – alles das, wogegen die Globalisierungsgegner seien.

Die Schlacht von Seattle wurde vor allem in den USA wahrgenommen. In Europa rückt die Bewegung der Globalisierungskritiker eineinhalb Jahre später ins Bewusstsein der Öffentlichkeit, beim Weltwirtschaftsgipfel in Genua 2001. Auch dort versuchen Demonstranten, das Treffen zu blockieren. Auch dort kommt es zu einer Straßenschlacht. Und diesmal stirbt ein Mensch: Der 23-jährige Carlo Giuliani wird von einem 20-jährigen Carabiniere durch einen Kopfschuss getötet. Giuliani soll zuvor die Heckscheibe eines Polizeifahrzeuges mit einem Feuerlöscher angegriffen haben. Der Polizist beruft sich auf Notwehr. Doch für die Globalisierungskritiker wird Giuliani zum Märtyrer.

Seither haben sich nicht nur die Weltwirtschaftsgipfel verändert. Die Staats- und Regierungschefs tagen nun in abgeschiedenen Hotels in den Bergen oder auf einer Insel. Zugleich aber haben sie ihre Türen für die Globalisierungskritiker ein wenig geöffnet. Der irische Rockstar Bono gehört zu den Stammgästen und fordert, die Entwicklungshilfe zu erhöhen. Auch während des Weltwirtschaftsforums in Davos müssen die Abgesandten der Nichtregierungsorganisationen nicht mehr draußen vor dem Zaun warten, sondern haben Zugang zu den Diskussionen. Sogar die Themen der Globalisierungskritiker haben Einlass gefunden. In Davos machen langjährige Gäste wie der Münchener Verleger Hubert Burda eine »neue Nachdenklichkeit« aus.

Mehr als Nachdenklichkeit ist bei den meisten Mächtigen der Wirtschaft allerdings kurz nach der Jahrtausendwende nicht zu erkennen. Und bei den Politikern ebenfalls nicht. Sie erregen sich über die Betrüger und Bankrotteure der New Economy. Sie sind entsetzt über die falschen Bilanzen, mit denen Anleger ins Unglück gelockt wurden. Doch niemand will die richtigen Lehren ziehen. Und wenn überhaupt Lehren gezogen werden, dann sind es oftmals die falschen.

Lehren? Welche Lehren?

Die Männer, die sich am 30. Juni 2002 im »East Room« des Weißen Hauses versammelt haben, glauben, sie hätten Großes vollbracht.

Der Präsident der Vereinigten Staaten, George W. Bush, hat die mächtigsten Politiker aus Washington um sich geschart, als er den »Public Company Accounting Reform an Investor Protection Act of 2002« unterzeichnet. Er hat John Ashcroft geladen, den Generalstaatsanwalt; Harvey Pitt, den Chef der Börsenaufsicht; und Thomas Daschle, den Führer der Demokraten im Senat. Etwas abseits stehen die beiden Abgeordneten, die dieses Gesetz geprägt haben und deren Namen es später trägt: der demokratische Senator Paul S. Sarbanes und das republikanische Repräsentantenhausmitglied Michael G. Oxley.

Gerade zwei Wochen sind vergangen, seit die zweitgrößte Telefongesellschaft des Landes, MCI Worldcom, seine Betrügereien eingestanden hat: Das Unternehmen hat seine Bilanz um mehrere Milliarden US-Dollar geschönt. Nach dem Zusammenbruch von Enron erlebt Amerika damit den zweiten großen Unternehmensskandal innerhalb von wenigen Monaten. Das Gesetz, das Bush an diesem Tag unterzeichnet, der Sarbanes-Oxley-Act, soll solche Betrügereien verhindern. »Die Ära der niedrigen Standards und der falschen Profite ist vorbei«, verkündet Bush, »kein Konzernvorstand kann sich außerhalb oder jenseits des Rechts bewegen.«

Die Regeln, die das Gesetz festlegt, sind in der Tat hart: Amerikas Konzernchefs müssen künftig selbst für die Richtigkeit von Jahresabschlüssen haften; sie können dies nicht mehr auf Mitarbeiter oder Wirtschaftsprüfer abwälzen. Wer trotzdem betrügt, muss mit härteren Strafen rechnen. Die Unternehmen müssen zudem ihre internen Kontrollen verbessern und regelmäßig den Wirtschaftsprüfer wechseln. Und die Wirtschaftsprüfer dürfen die Unternehmen, deren Zahlen sie kontrollieren, nicht mehr beraten – wie es bei Enron geschehen ist. Zudem soll die amerikanische Börsenaufsicht SEC mehr Geld erhalten.

Amerika demonstriert mit dem Gesetz Stärke. Die Politiker in Washington wollen gegen kriminelle Manager entschieden vorgehen. Sie wollen die Wirtschaft säubern und all jene Unternehmen und Manager beseitigen, die das Bild vom heilen Kapitalismus stören. Deshalb ist dieses Gesetz so gewichtig – wie immer, wenn es Amerikas Werte und Normen zu bewahren gilt. In diesem Fall die Werte des freien Markts. Der ökonomischen Moral. Und des wirtschaftlichen Anstands.

Noch drei Wochen zuvor hatte Bush sich gegen das Gesetz gesträubt. Der Präsident folgte den Einflüsterern aus der Wirtschaft, die vor einer zu scharfen Regulierung warnten. Er verließ sich auf seine konservative Ideologie, die besagt, dass der Staat sich nicht zu sehr in die Wirtschaft einmischen soll. Vielleicht waren es auch Bushs enge Verflechtungen mit Enron, die ihn zurückschrecken ließen, ein Anti-Enron-Gesetz zu unterzeichnen. Nach dem Bankrott von MCI Worldcom bricht sein Widerstand jedoch zusammen: Denn nun ist die Glaubwürdigkeit der gesamten amerikanischen Wirtschaft in Gefahr. Eilig peitschen die Abgeordneten das Gesetz durch den Kongress. Anschließend spricht Bush von »der weitreichendsten Reform der amerikanischen Unternehmenspraktiken seit Franklin Delano Roosevelt«.

Tatsächlich jedoch geht der Sarbanes-Oxley-Act an den eigentlichen Problemen der entfesselten Marktwirtschaft vorbei. Ähnlich wie jene Gesetze und freiwilligen Regeln, die in anderen Staaten verabschiedet werden. So verständigen sich die großen Aktiengesellschaften in Deutschland auf den sogenannten Corporate-Governance-Kodex, eine Leitlinie für gute Unternehmensführung. Der Bundestag verabschiedet zudem eine Reihe von Gesetzen, die es Anlegern erleichtern, gegen betrügerische Manager und deren Unternehmen vorzugehen, und die Unternehmen dazu bringen sollen, ihre Bilanzen sorgfältiger zu erstellen. Alle diese Reformen zielen allein auf Unternehmen, die an der Börse gelistet werden. Sie sparen aber jenen Bereich der Wirtschaft aus, der zur eigentlichen Gefahr geworden ist: das Finanzsystem mit seinen teils obskuren Produkten; die Welt der Investmentbanken, Zweckgesellschaften und Derivate.

Bush und seinen Mitstreitern geht es um die Main Street. Sie machen aber einen Bogen um die Wall Street. Wie schon nach dem Zusammenbruch von LTCM interessiert sich niemand dafür, ob Hedgefonds stärker reguliert werden müssen. Und niemand stellt jenes Prinzip infrage, das Enron in den Bankrott getrieben hat: Dass immer mehr Unternehmen (und auch Banken) Hunderte oder gar Tausende von Zweckgesellschaften gründen, in die sie ihre Schulden auslagern. Bei Hedgefonds wie bei Zweckgesellschaften geht es um das gleiche Prinzip: Gewiefte Geldingenieure transferieren einen wachsenden Teil des globalen Finanzsystems in Regionen, in denen es keine staatliche Kontrollen gibt, in abgelegene Steueroasen wie die Cayman Islands. Dort gibt es keine Börsenaufsicht und kein Finanzamt. Dafür haben sich dort etwa 8 000 der weltweit 10 000 Hedgefonds angesiedelt: nicht mit Büros, sondern mit Briefkästen. »Hedgefonds«, sagt der Chef der deutschen Finanzaufsicht BaFin, Jochen Sanio, »sind die schwarzen Löcher des Finanzsystems.« Zweckgesellschaften sind es auch: Denn diese »Special Purpose Vehicles« dienen vor allem dem Zweck, Geld aus dem offiziellen Finanzsystem in ein kaum durchschaubares Unternehmensdickicht abzuziehen. Was in keiner Bilanz auftaucht, kann niemand kontrollieren – und es kann von niemandem als Risiko wahrgenommen werden.

Auch für den rasant wachsenden Handel mit Derivaten interessieren sich die Regierungen und Aufsichtsbehörden nur beiläufig. Es fehlen Regeln für diesen Markt, der zum größten Teil außerhalb der Börsen liegt: Im sogenannten Over-the-Counter-Geschäft handeln die Banken direkt untereinander. So wächst der Handel mit klassischen Derivaten, also Wetten auf Zinsen, Wechselkursen und Börsenindizes, zwischen 1986 und 2004 um beinahe das 80fache – von 614 Milliarden US-Dollar auf 46,6 Billionen US-Dollar. Die Finanzmärkte haben sich von der realen Wirtschaft entfernt: Früher halfen sie der Industrie mit Geld weiter; heute dominieren sie die Weltwirtschaft und treiben die Veränderungen in den anderen Unternehmen voran.

Garry Schinasi, einen Ökonomen in der Kapitalmarktabteilung des Internationalen Währungsfonds, beschleicht angesichts dieser Zahlen das Gefühl, dass etwas schiefläuft im globalen Finanzsystem. Im Jahr 2005 veröffentlicht Schinasi ein Buch, herausgegeben vom IWF: *Der Schutz der Finanzstabilität*. In dem Buch beschreibt er die Entwicklung der letzten Jahrzehnte und zieht eine zwiespältige

Bilanz: Das heutige Finanzsystem biete »dem Einzelnen und der Gesellschaft einen enormen Nutzen«. Zugleich leide es aber »unter seiner Zerbrechlichkeit und Instabilität«, es sei bedroht von »systemischen Krisen und negativen wirtschaftlichen Folgen«. Für Schinasi ist daher klar, dass das Weltfinanzsystem »einen neuen Sicherheitsrahmen braucht«.

Einen Sicherheitsrahmen, den die Regierungen der Industriestaaten bereitstellen müssten – den sie aber nicht liefern. Die nächste Krise der entfesselten Marktwirtschaft ist damit unausweichlich. Und sie wird noch größere Verwerfungen auslösen.

Kapitel 7

Die Krise, dritter Akt:
Die Blase des billigen Geldes platzt

> »Die Krise kann unsere Wirtschaft und unser soziales Miteinander – die Art wie wir leben, das Vertrauen und den Optimismus, den die Menschen einander und unseren gemeinsamen Institutionen entgegenbringen – auf Jahrzehnte beschädigen.«
>
> *Robert Shiller,* amerikanischer Ökonom, 2008

Der dritte Teil der Krise erschüttert bis heute die Welt. Am Anfang steht ein Ereignis, das zunächst nur als terroristischer Akt verstanden wird: die Anschläge vom 11. September 2001. Doch die al-Qaida-Terroristen bringen nicht nur die Türme des World Trade Centers zum Einsturz. Sie bringen die westliche Marktwirtschaft ins Wanken. Die Industrieländer reagieren mit Stärke – die sich als Schwäche entpuppt. Um die Konjunktur in Gang zu halten, senken die Notenbanken die Zinsen. Die Banken kommen günstiger an Geld und können es billiger weiterverleihen. Die Kreditmilliarden lassen ein undurchschaubares Schattenreich der Finanzindustrie wachsen. Im Bestreben, mehr Geld zu verleihen, lagern die Banken ihre Darlehen in Zweckgesellschaften in Steuerparadiesen aus und verkaufen sie wieder und wieder weiter. Am Ende weiß niemand, wo die Risiken gelandet sind. Auch Millionen amerikanischer Familien profitieren von der Geldflut: Obwohl sie nichts gespart haben, können sie sich plötzlich ein Haus leisten. So entsteht die Blase am Immobilienmarkt. Sechs Jahre später platzt diese: Hausbesitzer können ihre Schulden nicht mehr bedienen, Hunderte von Banken geraten in Not, die komplizierten Produkte, die die Finanzindustrie geschaffen hat, sind nichts mehr wert. Die Krise springt von Amerika nach Europa über. Nach Asien. Nach Lateinamerika. Verzweifelt versuchen Regierungen und Notenbanken, den Zusammenbruch des Finanzsystems zu verhindern.

Der Angriff auf Amerika – ein Angriff auf den Kapitalismus

Das erste Flugzeug rast um 8.46 Uhr in den nördlichen Turm des World Trade Centers. Die Boeing 767 der American Airlines mit 96 Passagieren an Bord rammt sich in das obere Drittel des silberglänzenden Gebäudes. Die zweite Maschine, eine Boeing 757 der United Airlines, kracht um 9.03 Uhr in den südlichen Turm. Ein halbe Stunde später soll die Wall Street eröffnen, wie jeden Morgen mit Glockengeläut und hoffnungsfrohen Mienen. Doch die Börse bleibt geschlossen. Mehrere Tausend Händler stehen auf dem Parkett und verfolgen auf den Bildschirmen das Inferno nebenan.

Die Terroristen haben Amerika ins Herz getroffen. Sie haben das Wahrzeichen des Kapitalismus zerstört: das World Trade Center. Um 9.59 Uhr bricht der südliche der 411 Meter hohen Türme zusammen, um 10.28 Uhr versinkt auch der nördliche Turm in einer Wolke aus Schutt, Staub und Asche. Allein die Investmentbank Morgan Stanley hat in den »Twin Towers« 3500 Beschäftigte untergebracht, die Bank of America 400 und die Deutsche Bank 350. Im World Financial Center nebenan, auf das die Trümmer stürzen, sind die Investmentbanken Merrill Lynch und Lehman Brothers zu Hause, die Kreditkartenfirma American Express, das *Wall Street Journal* und die Finanznachrichtenagentur *Dow Jones*. Über 3000 Menschen sterben.

Der Angriff auf Amerika versetzt die Börsen, die wichtigsten Seismografen des Kapitalismus, in Panik: In Europa und Lateinamerika fallen die Aktienkurse ins Bodenlose. In Frankfurt rauscht der Deutsche Aktienindex Dax binnen einer halben Stunde um 10 Prozent nach unten. Rund um den Globus regiert die Angst. Südamerikas Börsen brechen den Handel ab. Die Londoner Börse erhält eine Bombendrohung und muss ebenfalls schließen. Einige Beamte in Europas Finanzministerien bewahren jedoch die Nerven. Ohne lange zu reden, verständigen sie sich mit den Banken auf eine Rettungsaktion für das globale Finanzsystem, deren wahres Ausmaß bis heute unbekannt ist. Die Aufseher entscheiden, dass sie die Börsen so lange wie möglich offen halten – auch wenn manche das an diesem Tag für verwerflich halten. »Muss das sein?«, fragt Bundesfinanzminister Hans Eichel seine Beamten. Doch die Experten überzeugen ihn, dass Frankfurt, London und Tokio für die Wall Street einspringen müssen. Andernfalls würden Millionen von offenen Geschäften platzen. Die Banken verlagern den Handel von New York kurzerhand nach Europa – und einige Stunden später weiter nach Asien. »Das Grauen der terroristischen Attacken«, sagt später Henry Paulson, der Chef der amerikanischen Investmentbank Goldman Sachs, »hat die zivilisierte Welt bis ins Mark erschüttert.« Durch das entschlossene Handeln seien jedoch »in der gesamten Finanz-Community größere Probleme vermieden worden«.

Die Attentäter der al-Qaida haben ihre Ziele mit Bedacht gewählt. Schon acht Jahre zuvor haben die Handlanger von Osama bin Laden versucht, das World Trade Center in die Luft zu sprengen. Doch die Türme blieben praktisch unversehrt. Im Jahr 2004 decken amerikanische Fahnder auf, dass weitere Attacken aufs Herz des Kapitalismus geplant sind: auf die Zentrale der Finanzfirma Prudential in Newark unweit von New York, das Gebäude der Citigroup in Manhattan, die New Yorker Börse und die Hauptquartiere von Internationalem Währungsfonds und Weltbank in Washington.

Die Terroristen wollen das Selbstbewusstsein der USA zerstören – aber auch ihren Reichtum. Sie wollen die größte Wirtschaftsnation der Welt in ein politisches und ökonomisches Desaster stürzen. Die USA sind für sie der Inbegriff des westlichen Imperialismus – und der Vorreiter des Kapitalismus. Und auch wenn Amerika und seine Verbündeten sich mit aller Kraft gegen diesen Angriff stemmen: Die Attentäter bringen Amerikas Wirtschaft ins Wanken. Und mit ihr auch die Weltwirtschaft. Sie verändern den globalen Kapitalismus.

Auf die Ära der offenen Märkte folgt seit dem 11. September 2001 eine Zeit, in der die Nationen sich wieder auf ihre eigene Identität besinnen, in der sie sich abschotten und der Staat an Einfluss gewinnt. Er mischt sich ein, er kontrolliert seine Bürger – und er kontrolliert wieder stärker die Wirtschaft. Das Zeitalter der Freiheit, das mit dem Fall der Mauer 1989 begann, wird nach zwölf Jahren durch ein Zeitalter der Kontrolle abgelöst. Eine Woche nach den Terrorattacken prophezeit das Magazin *Business Week*: »Wir müssen die Wirtschaft neu denken.« Das Verhältnis von Staat und Privatwirtschaft werde sich dramatisch verschieben – zugunsten des Staats. Schon am 11. September wird dies sichtbar. An diesem Tag ist fast alles, was den amerikanischen Kapitalismus symbolisiert, von den Anschlägen betroffen: Die Filmstudios in Hollywood stellen die Dreharbeiten ein, die Vergnügungsparks des Disney-Konzerns ins Los Angeles und Florida schicken ihre Besucher nach Hause, die Mall of America in Minneapolis, das größte Einkaufszentrum des Landes, sperrt seine Läden zu. In den folgenden Monaten sind die Folgen der Gewaltakte noch deutlicher zu spüren: Die Fluggesellschaften verschärfen ihre Sicherheitskontrollen, die Freiheit des Reisens schwindet. An den Börsen macht sich die Furcht vor einer Rezession bereit. Als die Wall Street am 17. September, nach vier Tagen Pause, ihren Handel wieder aufnimmt, ruft der amerikanische Vizepräsident Dick Cheney den Händlern entgegen:»Wir werden es nicht zulassen, dass die Ereignisse die ökonomischen Aktivitäten aus der Bahn werfen.« Doch stattdessen erlebt die Börse einen Ausverkauf. Binnen weniger Wochen wird ein Aktienvermögen von 2 Billionen US-Dollar vernichtet. Tausende von Firmen in aller Welt warnen, dass sie weniger Gewinne machen werden. Mehrere Airlines gehen bankrott. Der Preis für Öl schnellt nach oben.

Der Westen reagiert auf den Schock mit Stärke und zeigt dabei zugleich Schwäche. Die Amerikaner geben sehr viel Geld aus, um den Absturz der Wirtschaft zu verhindern – Geld, das sie nicht haben. Die US-Regierung peitscht eine gewaltige Steuersenkung durch den Kongress. Dabei hat Präsident George W. Bush erst wenige Monate zuvor die Steuern so kräftig reduziert wie keiner seiner Vorgänger: Er entlastete die Amerikaner bis 2010 um 1,35 Billionen US-Dollar. Nun folgt binnen weniger Monate das zweite Steuerpaket. Der Präsident und seine Strategen folgen der fatalen Ideologie, die schon unter Ronald Reagan gegolten hat: dass es der Wirtschaft hilft, wenn man den Begüterten Geld in die Hand drückt. Bush befördert damit in der Mittelschicht das Gefühl, dass vom Kapitalismus vor allem jene profitieren, die ohnehin viel haben – ein Unbehagen erwächst daraus, das sich auch in Europa ausbreitet.

Mit seiner verfehlten Politik treibt Bush die Staatsschulden ins Unermessliche: In seinen acht Amtsjahren steigt der Kreditberg der USA um etwa 3 Billionen US-Dollar auf über 6,2 Billionen US-Dollar. Der 43. Präsident häuft damit so viele neue Schulden an wie die ersten 41 Präsidenten von George Washington bis George Bush sr. zusammen. Doch der Widerstand gegen diese hemmungslose Politik ist gering. Selbst die Demokraten halten sich zurück. Denn Bush begründet die hohen Kredite mit dem Kampf gegen den Terror, mit den beiden Kriegen, die Amerika unter seinem Kommando führt: erst gegen Afghanistan, dann gegen den Irak. Das Verteidigungsministerium erhöht deswegen seine Ausgaben drastisch. Fast die Hälfte der neuen Schulden, die Bush bis zum Sommer 2008 macht, lässt sich auf den Anstieg des Militärbudgets zurückführen.

Blitzschnell verschwindet so der Überschuss, den sein Vorgänger Bill Clinton in den letzten Jahren seiner Amtszeit gemacht hat. Auf dem Höhepunkt der New Economy im Jahr 2000 verbuchten die USA ein Etatplus von 236 Milliarden US-Dollar, für die nächsten zehn Jahre sagten die Finanzschätzer des Kongresses einen Überschuss von 5,6 Billionen Dollar voraus. Auch im ersten Amtsjahr von Präsident George W. Bush, 2001, beträgt das Plus im Etat noch 128 Milliarden US-Dollar. Doch bis 2004 rutscht der Haushalt mit 412 Milliarden US-Dollar ins Minus. Würden für die USA die Regeln der Europäischen Währungsunion gelten, hätte Bush jetzt ein Strafverfahren am Hals: Die Neuverschuldung entspricht 3,6 Prozent der amerikanischen Wirtschaftsleistung, weit mehr, als die 3 Prozent, die der Vertrag von Maastricht erlaubt.

Das gewaltige Loch könnte dem Rest der Welt egal sein, wenn die USA in der Lage wären, es selbst zu finanzieren. Doch das sind sie nicht. Denn auch privat geben die Amerikaner weit mehr Geld aus, als sie verdienen. Sie haben nichts übrig, was sie den Schuldenmachern in Washington überlassen könnten. Die Sparquote, die in den neunziger Jahren noch bei 4 Prozent des Volkseinkommens lag, rutscht ins Minus, auf den niedrigsten Stand seit der Großen Depression. Um ihre Staatsschulden zu finanzieren, müssen sich die Amerikaner Geld im Ausland leihen.

Mehrere Hundert Milliarden US-Dollar pumpt der Rest der Welt jedes Jahr in die USA. Fremde Notenbanken, Fonds, Banken und Versicherungen rund um den Globus erwerben die Staatsanleihen, die die Regierung in Washington ausgibt. Ausländische Anleger kaufen amerikanische Aktien und halten die Illusion vom Aufschwung aufrecht. Sie finanzieren das gigantische Defizit im amerikanischen Haushalt und in der Leistungsbilanz, sie treiben – solange alle an Amerikas Stärke glauben – den US-Dollar nach oben. Allein die chinesische Notenbank bunkert 1,8 Billionen US-Dollar in ihren Tresoren, die gewaltigsten Devisenreserven, die es jemals gab. Auch Russland oder die arabischen Staaten horten amerikanische Staatsanleihen im Wert von mehreren Hundert Milliarden US-Dollar. Der Wohlstand der Amerikaner liegt damit vor allem in den Händen der Schwellenländer.

Um nach den Anschlägen die Konjunktur in Gang zu halten, drücken die Notenbanken in Amerika und Europa zudem die Zinsen weiter nach unten, in den USA sogar hinunter bis auf 1 Prozent. Die Banken kommen so noch günstiger an Geld und können es billiger weiterverleihen. Auch die Europäische Zentralbank (EZB) senkt die Zinsen, wenn auch nicht so kraftvoll wie die amerikanische Notenbank: Die Fed schleust ihren Leitzins nach den Anschlägen von 4,25 auf 3,25 Prozent herunter – und bis 2003 auf 1,0 Prozent. Die billigen Kredite sorgen dafür, dass die Wirtschaft in Amerika und in Europa nicht zusammenbricht. Doch das viele Geld lässt, gepaart mit der Gier der Anleger, eine Blase entstehen, die sechs Jahre nach dem Angriff auf Amerika implodiert: die Blase am Kredit- und Immobilienmarkt.

Billiges Geld – die Fehler des Alan Greenspan

Alan Greenspan ist ein schrulliger Held. Seinen Kopf reckt er wie eine Schildkröte vor, seine Augen verbergen sich hinter einer dicken Brille, und sein Blick geht meist nach unten – eine Marotte, die aus seiner Jugend stammt. Mit seinem Cousin ist er damals über die Strände in der Nähe von New York gelaufen, um Münzen zu suchen. Auch sonst ist Greenspan ein seltsamer Mann. Seit einem Hexenschuss 1971 verbringt er jeden Morgen eine Stunde in der Badewanne. Im warmen Wasser liest er, macht sich Notizen und sinniert darüber, ob die Notenbank die Zinsen ändern soll. Wenn Greenspan nach dem Bad sein Haus in Washington verlässt, achten die Börsengurus darauf, wie dick seine Aktentasche ist. Eine dicke Mappe deute darauf hin, dass es der Wirtschaft schlecht gehe und die Fed die Zinsen senken werde, glauben sie. Denn dann müsse Greenspan viele Papiere lesen. Eine dünne Tasche sei dagegen ein Indiz, dass es der Wirtschaft gut gehe und die Fed die Zinsen erhöhen werde. Alles Quatsch, erzählt Greenspan später: Entscheidend für das Volumen seiner Tasche sei gewesen, ob er »eine Stulle mitgenommen« habe.

Die Finanzmärkte lieben diesen eigenwilligen Mann. Sie hängen an seinen Lippen. Sie lauschen gebannt dem, was sie »Green-Speak« nennen: den vernuschelten Wortgirlanden, den nebulösen Vorträgen. Er hat die Börsianer damit besoffen gemacht. »Wenn meine Aussagen Ihnen ungewöhnlich klar und verständlich erscheinen, dann haben Sie mich zweifellos missverstanden«, sagt er einmal. Und als ihn jemand auf einem Empfang fragt, wie es ihm gehe, antwortet Greenspan nur: »Darüber darf ich Ihnen leider keine Auskunft geben.« Denn selbst Gerüchte über eine Erkrankung könnten die Börsianer verunsichern.

Mehr als 17 Jahre lang steuert Greenspan das amerikanische Federal Reserve System und den US-Dollar, die Leitwährung der Welt. Als Ronald Reagan ihn 1987 beruft, ist er 61 Jahre alt, im Jahr 2006 tritt er 79-jährig ab. Greenspan ist in Washington Heights aufgewachsen, einem Viertel im Norden Manhattans. Die Familie des Vaters stammt aus Rumänien, die der Mutter aus Ungarn. Ursprünglich will Greenspan Musiker werden. Er lernt Klarinette und verdient später als Saxofonspieler im Henry Jerome Orchestra sein Geld. Mit 18 beginnt er ein Studium der Wirtschaftswissenschaften und gründet später eine Beratungsfirma an der Wall Street. Präsident Richard Nixon holt ihn in die Politik. Greenspan wird dessen oberster Wirtschaftsberater und arbeitet in unterschiedlichen Funktionen für alle folgenden Präsidenten.

Seine Bewunderer sagen, Greenspan sei ein Genie. Ein Magier. Ein Zauberer. Sie glauben, dass Amerika den Boom der neunziger Jahre, den längsten Aufschwung seiner Geschichte, vor allem ihm zu verdanken haben. Greenspan habe die Zinsen immer im rechten Augenblick gesenkt, er habe die Finanzmärkte sicher durch den Börsenkrach im Oktober 1987 geführt, durch die Mexiko-Krise und die Asien-Krise. Er habe den Dotcom-Crash abgefedert, indem er die Wirtschaft mit billigem Geld versorgt habe. Auch nach dem 11. September senkt er die Zinsen. Der amerikanische Ökonom John Taylor hält Greenspan deshalb für den besten Notenbanker aller Zeiten. Auch Martin Baily, einst Wirtschaftsberater von Clinton, sagt: »Er hat fast alles richtig gemacht.« Das Magazin The New Republic berichtet sogar von einer Investmentfirma, die einen Altar mit Greenspans Foto aufgestellt haben soll, vor dem die Händler dem Notenbanker danken oder ihn um Hilfe bitten. Die Geschichte ist frei erfunden, doch sie erscheint allen an der Wall Street glaubhaft. Alan Greenspan: Das ist weniger ein Notenbanker, sondern eher ein Gott.

Mit seinem billigen Geld kurbelt der Gott der Börsianer nicht nur die Konjunktur an, er befördert zugleich die Blase am amerikanischen Immobilien- und Kreditmarkt. In atemberaubendem Tempo senkt Greenspan nach dem Zusammenbruch der New Economy den Leitzins. Allein siebenmal setzt er ihn in den ersten acht Monaten des Jahres 2001 herab, und als die Türme des World Trade Center zusammenstürzen, reduziert die Fed bis Ende 2001 noch viermal den Preis, den die Banken zahlen, wenn sie sich bei ihr Geld leihen. Binnen eines Jahres purzelt der Leitzins in den USA so von 6,0 auf 1,75 Prozent. Eineinhalb Jahre später drücken die Notenbanker den Zins sogar auf 1,0 Prozent herunter; sie belassen ihn dort bis zum Sommer des Jahres 2004. Solch eine lange Phase niedrigster Zinsen hat es in den USA seit dem Zweiten Weltkrieg nicht gegeben.

Die günstigen Zinsen erlauben es den Banken, Kredite im Übermaß zu vergeben. Sie wissen nicht, wohin mit ihren US-Dollars und überschwemmen die Wirtschaft mit ihren Milliarden. Unternehmen und Finanzinvestoren, Hausbesitzer und Konsumenten – sie alle gieren nach den billigen Krediten. Und Greenspan unterlässt es, den Hahn rechtzeitig zuzudrehen. Er befördert genau jenen »irrationalen Überschwang«, den er einst selbst bemängelt hatte, in einer berühmten Rede vor dem American Enterprise Institute am 5. Dezember 1996. Dieser Überschwang, warnte 2000 der Yale-Professor Robert Shiller, werde die Welt noch in ernsthafte Probleme stürzen.

Drei große Fehler begeht Greenspan. Der erste: Er befördert mit den niedrigen Zinsen die Exzesse am Immobilienmarkt, am Kreditmarkt und an den Aktienbörsen. Er verleitet die Banken dazu, mehr Geld als nötig zu auszuleihen. »Greenspans Politik des leichten Geldes hat die Spekulationsblase entstehen lassen, seine Reden haben den Leuten das Gefühl gegeben, dass nichts passieren kann«, urteilt der Hedgefondsmanager William Fleckenstein, der in einem Buch mit dem Zeitalter der Ignoranz bei der Fed abrechnet. Wie die *New York Times* bezeichnet Fleckenstein Greenspan als *Mr. Bubble*, als Herr der Blasen. Und auch im Internet fallen die Kritiker über ihn her. *The Mess that Greenspan Made* – das Chaos, das Greenspan angerichtet hat, heißt ein Blog über den ehemaligen Notenbankchef.

Greenspans zweiter Fehler: Er glaubt, dass die Finanzmärkte ohne strenge Regeln auskommen. Ja, er glaubt sogar, dass eine Zügelung der Märkte schädlich sei. Wer die Finanzmärkte zu sehr reguliere, lautet seine These, enge die Wirtschaft ein und bremse das Wachstum. Greenspan vertraut stattdessen darauf, dass die Wall Street sich selbst kontrolliert. Seine Kritiker halten dies für naiv. Greenspan habe »alle Warnungen ignoriert, wohin ein unreguliertes Finanzsystem führen kann«, sagt der amerikanische Ökonom Paul Krugman. Die laxe Regulierung erleichtert den Spekulanten das Geschäft, sie können ihr Spiel ungehindert betreiben. Auch den Markt für Derivate, einen Markt, den es vor dreißig Jahren praktisch nicht gab und der mittlerweile auf 592 Billionen US-Dollar angeschwollen ist, will Greenspan nicht regulieren. Er stellt sich Abgeordneten in Washington in den Weg, die genau dies wollen – und alle folgen ihm. Ein fataler Fehler, wie sich nun herausstellt: Das irrwitzige Geschäft mit Kreditderivaten steht am Anfang des Absturzes. Stephen Roach, der Chefökonom der amerikanischen Investmentbank Morgan Stanley, urteilt daher: »Greenspans Fingerabdrücke sind überall zu finden auf der schlimmsten Finanzkrise seit der Großen Depression.« Greenspans dritter Fehler: Nur wenige Monate nach der Wahl von George W. Bush unterstützt er die Republikaner bei ihrem Vorhaben, die Steuern zu senken. Der neue Präsident entlastet die Reichen stärker als jemals zuvor in der amerikanischen Geschichte. Greenspans Begründung dafür klingt seltsam: Es sei schlecht, wenn die Regierung auf Dauer so große Überschüsse erwirtschafte wie im letzten Amtsjahr von Bill Clinton. Wenn der amerikanische Staat sein Defizit vollständige abtrage (was man damals für möglich hält), dann – argumentiert Greenspan sinngemäß – könne die Notenbank auf Dauer keine Geldpolitik betreiben. Denn ein Staat, der keine Schulden macht, gibt auch keine Staatsanleihen aus. Diese Anleihen reichen die Geschäftsbanken als Sicherheiten ein, wenn sie sich bei der Federal Reserve Geld leihen. Gene Sperling, einst wirtschaftspolitischer Chefberater von Clinton, hält dies für eine ziemlich abenteuerliche Argumentation:»Das ist ungefähr so, als ob ein 180-Kilo-Mann in einer Woche Diät 5 Kilo verliert und dann befürchtet, auf dem Weg zur Ausmergelung zu sein.« Doch Bush folgt Greenspan. In nur zwei Jahren verwandelt er das Plus im Haushalt in ein ebenso gewaltiges Minus – es ist der Startschuss für eine Ära des Schuldenmachens.

Es verwundert kaum, dass Greenspan diese Kritik zurückweist. Er bereue keine Entscheidung, die er getroffen habe, sagt er. Er habe alles getan, damit keine Blase entsteht. So habe die Notenbank ab 2004 die Zinsen erhöht, um spekulative Exzesse unter Kontrolle zu bringen. Sie sei damit allerdings gescheitert.»Selbst die Macht einer großen Zentralbank«, rechtfertigt sich Greenspan,»konnte die globalen Kräfte nicht beeinflussen. Niemand konnte etwas tun, weder wir noch die Europäische Zentralbank. Wir waren machtlos, weil die Märkte auf die Entscheidungen der Zentralbank nicht mehr reagierten. Die globalen Finanzmärkte sind für die Überwachungs- und Regulierungsbehörden des 20. Jahrhunderts zu groß, zu komplex und zu schnell geworden.« Es ist die Bankrotterklärung des mächtigsten Notenbankers der Welt.

Und die Finanzmärkte sind erst recht zu komplex und schnell für

Millionen Amerikaner, die sich, ermuntert durch das billige Geld der Notenbank, den Traum vom eigenen Haus erfüllen wollen: Sie begreifen nicht, auf was sie sich einlassen – und wer alles an ihren Krediten verdient.

Der amerikanische Traum wird zwangsversteigert

Der Stadtplan des Zusammenbruchs findet sich im Internet, unter www.foreclosureradar.com. Wer wissen will, wie es um Stockton bestellt ist, eine Stadt im Herzen Kaliforniens, wer ermessen will, wie sehr die 289 000 Einwohner unter der Immobilienkrise leiden, findet dort eine interaktive Karte des Bankrotts. Stean O'Toole, ein Immobilieninvestor, listet alle Häuser auf, die in Kalifornien zwangsversteigert werden oder sich im Besitz der Banken befinden. Nirgends in den USA gehen derart viele Hausbesitzer pleite wie in der Stadt 140 Kilometer östlich von San Francisco. Allein zwischen März und Juni 2008 verlassen über 9 000 Familien ihr Haus; jedes 25. Haus wird in den drei Monaten zwangsversteigert. Halbe Stadtviertel sind entvölkert, die Türen und Fenster mit Brettern vernagelt, in jedem zweiten oder dritten Vorgarten stehen »For Sale«-Schilder.

Wer eines der Häuser kaufen will, findet unter www.foreclosureradar.com alles, was er wissen will: Marktwert, Grundstücksnummer, Baujahr, Fläche, Zimmerzahl, Eigentümer und Kreditgeschichte. Doch wer zieht schon in ein Viertel, das zu einer Geistersiedlung verkommt? Wer investiert 359 000 US-Dollar in ein Haus mit vier Schlafzimmern und zwei Bädern im 3304 Riverton Way, wenn er weiß, dass dieses seit Jahren an Wert verliert? Wer zahlt 79 900 US-Dollar für ein Haus von 1928, angepriesen als »Single Family Residence« in der 1424 South Sutter Street, das vor zwei Jahren noch für 305 000 US-Dollar wegging, wenn im Umkreis von einem Kilometer mehrere Hundert Häuser zwangsversteigert werden?

Stockton ist überall. So wie dort sieht es in vielen amerikanischen Städten aus. Mehrere Millionen Familien mussten ihre Häuser verlassen, weil sie ihre Kredite nicht mehr bedienen können. Andere werden aus ihren Heimen regelrecht vertrieben, weil die Banken endlich Geld sehen wollen. Allein von April bis Juni 2008 werden 739 714 Häuser in den USA zwangsversteigert, vor allem in Nevada, Kalifornien, Florida, Ohio, Arizona und Michigan, den Staaten, die am schwersten leiden. Die Zahl der Insolvenzen hat sich innerhalb eines Jahres mehr als doppelt und innerhalb von drei Jahren vervierfacht. So kommt in Kalifornien zwischen April und Juni jedes 65. Haus unter den Hammer, in Nevada mit der Glücksspielerstadt Las Vegas sogar jedes 43. Haus. Solch einen Exodus hat es selbst während der Großen Depression in den dreißiger Jahren nicht gegeben. »The American Dream Foreclosed«, titelt die New York Times – der amerikanische Traum wird zwangsversteigert.

Die Zeitungen zwischen Riverside in Kalifornien und Hartford in Connecticut, zwischen Farmington Hills in Michigan und Fort Lauderdale in Florida sind voll von Dramen. Da berichten Familien, wie sie ihre Habe in eines der 51000 Warenlager schaffen, die sich auf gestrandete Hausbesitzer spezialisiert haben. Und es ist von Wachdiensten zu lesen, die im Auftrag der Banken durch die Straßen patrouillieren, um die Häuser vor Vandalen zu schützen. Plünderer weiden die Gebäude aus, Gauner reißen Kupferleitungen heraus, ehemalige Besitzer zertrümmern Toiletten, demolieren den Swimmingpool oder besprühen Wände. Die Wut der Vertriebenen ist gewaltig – die der Zurückgelassenen auch, denn ihre Häuser verlieren ebenfalls an Wert, wenn die Nachbarschaft verwahrlost.

Anfangs waren es vor allem Familien aus ärmeren Gegenden, die sich ihr Haus nicht mehr leisten konnten, sogenannte »Subprime«-Schuldner. Sie gelten als Kreditnehmer minderer Qualität. Banken und Hypothekenmakler haben sie dennoch mit Darlehen versorgt. Die Geldverleiher drängten den Menschen ihre US-Dollars regelrecht auf. Sie zogen mit Drückerkolonnen durch die Viertel, um den Menschen vermeintlich günstige Kredite aufzuschwatzen. Millionen von Hausbesitzern schuldeten ihre Darlehen um. In den USA ist dies, anders als in Deutschland, problemlos möglich. Dass sie bisweilen Betrügern auf den Leim gingen, merkten die meisten nicht. Dass der neue Kredit mit seinem variablen Zins viel schlechter war als der alte mit seinen festen Konditionen, merkten sie ebenfalls nicht.

Die Drückerkolonnen verfolgten auch Millionen von Menschen, die erstmals eine Immobilie kaufen wollten, sich diese aber eigentlich nicht leisten konnten. Sie boten an, 100 Prozent des Kaufpreises zu finanzieren – oder gern mehr, damit noch etwas für Anschaffungen übrig bliebe. Die Kunden schauten meist nicht in das Kleingedruckte ihrer Verträge. Sie ließen sich blenden von den günstigen Raten, mit denen die Banken in den ersten zwei, drei Jahren lockten, und übersahen, dass die Zinsen danach steil anstiegen: von 7 auf 12 Prozent, von 6 auf 13 Prozent, von 2 000 US-Dollar im Monat auf 3 400 US-Dollar. Die Hauseigentümer freuten sich, dass eine Bank ihnen den kompletten Kaufpreis vorstreckte und keine Sicherheiten verlangte. Die unerfahrenen Neueigentümer konnten sich nicht vorstellen, dass der Preis ihres Hauses irgendwann fallen könnte, anstatt weiter zu steigen. Aber nur drei, vier Jahre später erleben sie, dass ihre Immobilie mit einem Mal weniger wert ist als die Hypothek, die darauf lastet.

Doch noch jede Notsituation in Amerika hat clevere Geschäftemacher angelockt, die die Bedrängnis ausnutzen. So haben sich Anwälte wie Chad Ruyle aus San Diego darauf spezialisiert, bankrotten Amerikanern den Abschied von ihrer Bank zu erleichtern. Der 30-Jährige hat eine Firma namens »You Walk Away« (Du gehst weg) gegründet. Er rät Hausbesitzern, die ihren Kredit nicht mehr bedienen können, ihr Haus zu verlassen und den Schlüssel der Bank zu schicken. Sie sollen Schulden und Immobilie dort abladen. Denn in den meisten Bundesstaaten ist das Haus die einzige Sicherheit, die die Institute haben; anders als in Deutschland können sie sich bei einer Zwangsvollstreckung nicht aus dem Vermögen ihrer Kunden bedienen. Ruyle bietet seinen Kunden dazu ein Rundum-sorglos-Paket an, ein »Walk Away Kit« für 995 US-Dollar. Darin sind die Beratung durch einen Anwalt und einen Steuerberater sowie vorformulierte Briefe an die Bank gebündelt.

Im Jahr 2008 hat die Immobilienkrise die Randbezirke verlassen, in denen vor allem die Geringverdiener wohnen, und die Mittelschicht erreicht. Deren Mitglieder haben höhere Einkommen, ihre Häuser sind geräumiger und liegen in besseren Vierteln. Doch

Millionen von Amerikanern haben ihr Haus als Kreditkarte missbraucht. Sie haben es mit immer höheren Schulden beladen und mit dem geliehenen Geld ein Auto gekauft, eine Küchenzeile, eine Couch. Jedes Mal, wenn der Marktwert ihres Hauses wieder gestiegen war, erhöhten sie die Hypothek, gaben das Geld aus und befeuerten so den Aufschwung. Das Leben auf Pump entsprach dem »american way of life«. Und wer daran zweifelte, musste bloß nach Washington schauen, wo die Regierung vorlebte, wie man mit geliehenem Geld prasst.

Noch nie haben die Amerikaner sich derart ungeniert verschuldet wie nach dem 11. September. Es schien fast so, als wollten sie den Terroristen beweisen: Wir lassen uns nicht unterkriegen! Jetzt leben wir erst recht unsere Freiheit aus! Die Notenbank beförderte diesen Irrsinn mit niedrigen Zinsen – und die Investmentbanker mit einer neuen Form der Verpackungskunst: mit Kreditderivaten. Sie bündeln Hunderte oder Tausende von Hypothekenkrediten, die die Banken vergeben haben, zu einem Paket. Anschließend verarbeiten sie dieses Kreditpaket zu Wertpapieren mit hohen Zinsen weiter. Diese Mortgage Backed Securities (MBS), also mit Hypotheken unterlegte Wertpapiere, verkaufen die Investmentbanken an Versicherungen, Fonds oder andere Banken. Auf diese Weise werden die Hypothekenbanken die Ramschkredite, die sie vergeben haben, sofort los. Sie können prompt wieder ihre Drückerkolonnen rausschicken, um neue Darlehen unter das Volk zu bringen. Die Ratingagenturen versehen die komplizierten Wertpapiere zudem mit guten und besten Noten, und so hat es den Anschein, als seien sie überaus sicher. Aus zweitklassigen Krediten werden auf wundersame erstklassige Wertpapiere, aus Blei wird Gold, aus Subprime wird Prime.

»Slicing and Dicing« nennen die Banker dieses seltsame Geschäft: Trennen und Ausknobeln. Die Kreditrisiken wandern dabei rund um den Globus: Der Fabrikarbeiter aus Cleveland, der sich 200 000 US-Dollar für sein Haus leiht, zahlt Zins und Tilgung oft weiter an seine örtliche Hypothekenbank zurück, doch diese hat den Kredit still und leise aus ihrer Bilanz gekehrt. Sie schiebt ihn von Ohio vielleicht auf die Cayman Islands. Von dort wandert er weiter nach

London zu einem Fonds und weiter in die Bücher einer deutschen Landesbank oder einer italienischen Versicherung. Die Investmentbanken sind die Boten in diesem Spiel. Sie erhalten für die Kreditpakete, die sie schnüren, für das »Slicing and Dicing«, eine Provision. Allein im Jahr 2006 verdienen die großen Wall-Street-Häuser damit 2,6 Milliarden US-Dollar. Deshalb sind sie daran interessiert, dass es einen steten Nachschub an Krediten gibt. Die Verpackungskünstler der Wall Street sind kreativ und erfinden ständig neue Paketformen. So kommen sie auf die Idee, kleinere MBS-Päckchen zu einem großen Paket zusammen. Dieses nennt sich Collateralized Debt Obligation, kurz CDO.

Letztlich handelt es sich beim Schachern mit den Ramschkrediten um ein zynisches Geschäft: Arme Amerikaner liefern, ohne es zu ahnen, den Rohstoff für die Wall Street. Die Banken veredeln diesen, damit reiche Amerikaner noch reicher werden können. Mithilfe von skrupellosen Hypothekenbanken und gewieften Investmentbankern wird der Wohlstand umverteilt: von unbedarften Hausbesitzern zu cleveren Anlegern, von der Main Street zur Wall Street. Das Spiel geht gut, solange die Immobilienpreise steigen. Je mehr die Häuser in den Vororten wert sind, umso mehr Geld können die Hypothekenbanken ihren Kunden leihen, und umso mehr Kreditpakete können sie an Investoren weiterreichen.

Weil die Banken die Ramschhypotheken, die sie vergeben, sofort wieder loswerden, müssen sie die Bonität der Kreditnehmer auch nicht mehr genau prüfen. Entsprechend rasant entwickelt sich ihr Geschäft. Im Jahr 2001 vergeben sie bereits Subprime-Kredite im Wert von 120 Milliarden US-Dollar, vier Jahre später verteilen die Hypothekenbanken Darlehen mit dem insgesamt fünffachen Volumen an Kunden mit minderer Bonität, insgesamt 625 Milliarden US-Dollar. Die Investoren nehmen die Kreditbündel begierig auf, verdrängen die Risiken und starren allein auf die zweistelligen Zinsen, die die Hausbesitzer zahlen. Am Ende hängen weltweit mehr als ein Fünftel aller festverzinslichen Wertpapiere direkt oder indirekt am amerikanischen Immobilienmarkt.

Fast hat es den Eindruck, als sei hier ein Perpetuum mobile der

Finanzindustrie entstanden. Doch solch eine perfekte Geldmaschine gibt es natürlich nicht. Im Spätherbst 2006 platzt schließlich
die Blase. Die Immobilienpreise beginnen zu fallen. Millionen von
Hausbesitzern geraten in Verzug; ihre Häuser sind mit einem Mal
weniger wert als die Schulden, die darauf lasten. Vorbei sind die Zeiten, in denen sie ihre Schulden mühelos bedienen konnten.
Anfangs will kaum jemand wahrhaben, dass das gigantische
Schuldengebäude nun zusammenstürzt.»Wir sind ein wenig überrascht, wie schnell sich das entwickelt hat«, sagt Thomas Zimmer-
man, ein führender Kreditverpacker bei der Schweizer Großbank
UBS, im Dezember 2006 dem *Wall Street Journal*. Doch dann entweicht die Luft immer schneller aus der Blase. Im Februar 2007 muss
die drittgrößte Bank der Welt, HSBC mit Sitz in London, mehrere Milliarden US-Dollar als Risikopolster zurücklegen, weil Zehntausende
von Immobilienbesitzern ihre Kredite nicht mehr zurückzahlen, die
HSBC aufgekauft hat.

Im März 2007 bricht dann New Century Financial zusammen, der
zweitgrößte Anbieter von Ramschdarlehen. Die Hypothekenbank aus
Irvine in Kalifornien zeigt exemplarisch, wie die gesamte Wall Street
sich an den Subprime-Krediten berauscht. Die großen Investmentbanken leihen New Century viel Geld, damit das Unternehmen Hundert-
tausenden von Hausbesitzern Darlehen gewähren kann. Die Banken
stehen anschließend als Helfer bereit, um die Hypothekenkredite zu
verpacken und an Hedgefonds und andere Investoren zu verkaufen.
Ein mächtiger Hedgefonds wiederum, Greenlight Capital, zählt zu den
größten Aktionären von New Century. Und nur eine Woche vor dem
Zusammenbruch von New Century stuft eine der großen Wall-Street-
Banken, Bear Stearns, die Aktie hoch und empfiehlt sie zum Kauf.

In den nächsten Monaten erleiden Dutzende von Banken dasselbe Schicksal. Die Zahl der Hausbesitzer, die von ihren Schulden
erdrückt werden, wächst rasant. Die Regierung stemmt sich mit
Macht gegen die Krise. Im Dezember 2007 zwingt das Finanzministerium die Banken, die Zinsen für alle Hausbesitzer, die noch nicht
in Verzug sind, für fünf Jahre einzufrieren. Nur einen Monat später bringt Präsident George Bush ein Konjunkturprogramm von 150

Milliarden US-Dollar auf den Weg, um zu verhindern, dass Amerikas Wirtschaft in die Rezession abgleitet. Im Juli 2008 verabschiedet der Kongress den »Housing Bill«: Washington legt einen Fonds für notleidende Hausbesitzer auf, dotiert mit 300 Milliarden US-Dollar.

Kurz zuvor haben die Amerikaner die bis dahin größte Bankenpleite ihrer Geschichte erlebt: Indymac bricht zusammen, ein kalifornisches Institut, das viele Hypothekenkredite ausgegeben hat. Wie in der Weltwirtschaftskrise bilden sich Schlangen vor den Bankfilialen, doch die Türen bleiben geschlossen.

Im September 2008 taumeln auch die beiden größten Hypothekenfinanzierer, Fannie Mae und Freddie Mac. Für Fannie und Freddie gibt es mit ihrem Geschäftsmodell in Europa keinen Vergleich. Die beiden privaten Institute kaufen im Auftrag des Staats den Hypothekenbanken ihre Darlehen ab und versichern diese. Sie verhelfen Immobilienkäufern damit zu niedrigeren Zinsen. Fannie und Freddie kaufen zudem einen Teil der Kreditpakete auf, die von den Investmentbanken geschnürt werden. Doch viele dieser Kredite sind nichts mehr wert, die Verluste von Fannie und Freddie steigen – im Sommer 2008 geht ihnen das Geld aus. Sollten Fannie und Freddie fallen, würde dies das Weltfinanzsystem in den Abgrund reißen: Die Hypothekenfinanzierer haben sich in der ganzen Welt Billionen US-Dollar geliehen, um ihr Geschäft zu finanzieren, bei Fonds, Versicherungen und Zentralbanken. Ausländische Notenbanken halten Anleihen im Wert von fast einer Billion US-Dollar, darunter die Russische und die Europäische Zentralbank. Die Währungshüter waren überzeugt, dass die Papiere von Fannie und Freddie absolut sicher seien; andernfalls hätten sie diese nicht als Garantie akzeptiert. Doch auch Notenbanker können sich gewaltig irren.

Diskret lässt Finanzminister Henry Paulson deshalb ein 40-köpfiges Team der Investmentbank Morgan Stanley prüfen, wie Fannie und Freddie zu retten sind. Über Wochen hinweg berät er sich immer wieder mit den Bankern. Der Druck wächst, als ausländische Regierungen und Notenbanken drohen, keine Anleihen von Fannie und Freddie mehr zu kaufen und die beiden Institute fallen zu lassen. Die Banker von Morgan Stanley raten Paulson schließlich, hart durchzugreifen. Am 5. September bittet der Finanzminister die Chefs der beiden Hypothekenfinanzierer nach Washington. Er teilt ihnen mit, dass sie keine Wahl haben: Sie müssen gehen, Fannie wie auch Freddie werden verstaatlicht, die Regierung übernimmt Kredite im Wert von 5,2 Billionen US-Dollar. Damit erreicht das Drama am Immobilienmarkt seinen vorläufigen Höhepunkt.

Hätte man diesen Absturz nicht voraussehen könnten? Hätten nicht alle wissen können, dass sich aus zweitklassigen Krediten nicht erstklassige Wertpapiere zaubern lassen? Diejenigen, die an der Blase verdienten, haben alle Warnungen in den Wind geschlagen. Auch die Notrufe von Michael G. Ciaravino, dem Bürgermeister von Maple Heights, einem Vorort der Industriestadt Cleveland. 27000 Menschen lebten dort, doch Tausende sind weggezogen, nachdem sie ihr Haus verloren haben. Nun gehen der Gemeinde die Einnahmen aus der Grundstücksteuer aus. Der Bürgermeister hat die Schwimmbäder der Stadt geschlossen, Polizisten entlassen, die Abfallgebühren erhöht. Und die Feuerwehr kann es sich nicht mehr leisten, für ältere Mitbürger den Schnee vor ihren Häusern zu räumen. Die Immobilienkrise habe »kaskadenartige Folgen«, sagt Ciaravino.

Vieles, glaubt der Bürgermeister von Maple Heights, hätte sich vermeiden lassen. Auch in seiner Stadt waren die Drückerkolonnen der Hypothekenbanken unterwegs, auch dort haben sie ihre Kredite verramscht. Meist waren es windige Typen, die nach einer schnellen Provision trachteten. Sie rieten ihren Kunden häufig dazu, in den Kreditanträgen ein höheres Einkommen anzugeben, als sie tatsächlich hatten. Wenn der Kunde sich sträubte, fälschte der Makler den Antrag auch mal selbst. Die Lokalpolitiker in Ohio bemerkten schnell, was sich da ab der Jahrtausendwende in ihren Städten abspielte. Sie empörten sich über die »räuberische Kreditvergabe«. Doch weder Washington noch der Bundesstaat Ohio wollten etwas tun. Denn dass die Leute in den armen Vierteln, die Geringverdiener, sich endlich ein Haus leisten können – das war auch politisch gewollt. Sowohl die Regierung von Bill Clinton als auch die von George W. Bush hat es sich um Ziel gesetzt, Menschen mit »low and middle income« zu einer Immobilie zu verhelfen. Auch die halbstaatlichen

Immobilienfinanzierer Fannie und Freddie förderten die Subprime-Kredite. Deshalb erließen die Städte Cleveland, Toledo und Dayton 2001 und 2002 schließlich eigene Gesetze, um die Krediträuber zu stoppen. Doch die Lobbyisten der Hypothekenindustrie bedrängten das Parlament in Columbus, der Hauptstadt von Ohio. Sie erzwangen ein Gesetz, das es den Städten verbietet, gegen die Krediträuber vorzugehen.

»Unser Katrina« nennen die Lokalpolitiker in Ohio die Immobilienkrise, in Anlehnung an den Wirbelsturm, der New Orleans verwüstet hat. Doch anders als in New Orleans rückten nicht die Nationalgarde oder die Armee an, um die schlimmsten Schäden zu beseitigen. Das müssen die Gemeinden selbst erledigen. »Wir haben seit Jahren vor den Problemen gewarnt«, erklärt Ciaravino, »aber ich bin halt nur der Bürgermeister einer kleinen Stadt.« Es frustriert ihn, dass die Öffentlichkeit die Probleme jahrelang ignoriert hat.

Niemand will wahrhaben, welches Drama sich in den Vorstädten abspielt. Niemand will allerdings auch eingestehen, dass sich in den abgeschotteten Wohnbezirken der Reichen ebenfalls Dramatisches ereignet: Viele Reiche wohnen zwar dort noch und genießen die Annehmlichkeiten des Lebens in den USA oder Europa – aber sie haben ihr Vermögen außer Landes geschafft: in ein Steuerparadies, das ihnen ökonomische Sicherheit gibt und zugleich die wirtschaftliche Ordnung ihres Heimatstaats gefährdet.

Die Schurken in der Karibik

Charles und Sam Wyly sind Helden – so kann man es sehen. Oder: Die beiden Brüder sind Schurken – so kann man es auch sehen.

Die Helden: Charles und Sam Wyly verkörpern den amerikanischen Traum. Sie stammen aus einem Dorf im Bundesstaat Louisiana, haben gemeinsam American Football gespielt, studiert und in 40 Jahren ein beeindruckendes Firmenimperium aufgebaut. Die Wylys besitzen Software-Unternehmen, Handelsbetriebe und mehrere Hedgefonds. Sie gehören zu den reichsten Amerikanern mit einem Vermögen von jeweils über einer Milliarde US-Dollar.

Die Wohltätigkeitsveranstaltungen von Charles und seiner Frau Dee sind legendär; auf ihrem 7,9 Millionen US-Dollar teuren Anwesen in Dallas veranstalten sie regelmäßig Charity-Dinner. Mehr als 100 Millionen US-Dollar haben die Brüder in den vergangenen Jahrzehnten gespendet. Das Geld floss in Museen, Theater und in die Politik: Die Wylys unterstützten im Jahr 2000 den Präsidentschaftswahlkampf von George W. Bush mit mehreren Millionen US-Dollar.

Die Schurken: Charles und Sam Wyly haben einen beträchtlichen Teil ihres Vermögens außer Landes geschafft, unerreichbar für den Fiskus. Bis zu 190 Millionen US-Dollar lagern in einem Netz aus Stiftungen, die in Steueroasen wie der britischen Kanalinsel Isle of Man sitzen. Die Briefkastenfirmen wiederum stecken das Geld in die Hedgefonds der Brüder, in Immobilien oder ein Gestüt. Die Firmen erwerben Bilder, Schmuck und Antiquitäten, die sie anschließend an die Wylys ausleihen. So verfügt Sam Wyly über eine Uhr im Wert von 41 125 US-Dollar, die heute einer Briefkastenfirma namens Audubon Limited gehört und einst Präsident Franklin Delano Roosevelt. Ähnlich verhält es sich mit einem Porträt von Benjamin Franklin für 937 500 US-Dollar und Dokumenten von Abraham Lincoln für 721 000 US-Dollar. Nachlesen kann man die Steuertricks in einem Bericht, den ein Unterausschuss des Senats im Jahr 2006 herausgegeben hat. Einer seiner Verfasser war der Senator aus Illinois: Barack Obama. »Wir müssen«, erklärt Obama, »diesen Leuten das Handwerk legen.«

Die Wylys sind sich keiner Schuld bewusst. Sie hätten sich auf den Rat von Anwälten, Wirtschaftsprüfern und Steuerexperten verlassen, sagen sie. Die Berater hätten ihnen versichert, dass alles legal sei. Doch nicht nur die Mitglieder des Unterausschusses sehen das anders. Auch die Börsenaufsicht SEC, die Steuerbehörde IRS und die Staatsanwaltschaft hegten den Verdacht, dass die Brüder aus Texas amerikanisches Recht gebeugt oder gebrochen haben. Die Ermittler zweifelten am Wahrheitsgehalt der Story, die die Wylys zu ihrer Verteidigung auftischen: dass all die Briefkastenfirmen ihnen gar nicht gehörten. Und dass die Einkünfte dieser 58 Trusts mithin nicht ihrem »Welteinkommen« zuzurechnen seien, dass jeder Amerikaner in den USA versteuern muss. In der Tat mag das, was die Wylys machen, halbwegs legal sein. Moralisch verwerflich ist es in jedem Fall. Wenn Zehntausende von Reichen ihr Vermögen ins Ausland schaffen, wenn sie alles tun, um mit komplizierten Firmengeflechten den Fiskus auszutricksen und sich dabei des Rats der renommiertesten Anwälte, Steuerkanzleien und Banken ihres Landes bedienen – dann untergräbt dies die Fundamente der Demokratie. Dann wird dem Staat, in dem sie leben, die Grundlage entzogen. Wenn die Reichen sich verflüchtigen, zahlt am Ende nur noch die Mittelschicht Steuern. Jene Menschen also, die ihr Geld mit Arbeit verdienen, nicht mit der Verwaltung ihres eigenen Vermögens, und die sich keine Berater leisten können, die Stundensätze von ein paar Tausend US-Dollar in Rechnung stellen.

Unter den Reichen ist die Steuerflucht zu einem Massenphänomen geworden. Wohlhabende Deutsche haben 500 Milliarden Euro ins Ausland geschafft, schätzt die Steuergewerkschaft. Ein Zehntel des gesamten Volksvermögens befindet sich damit außer Landes. In der Schweiz und in Liechtenstein arbeiten diskrete Treuhänder und renommierte Banken Hand in Hand, um die Kunden beim millionenschweren Steuerbetrug zu unterstützen. Die Helfer lassen Schwarzgeld und Schmiergeld, aber auch Geld aus kriminellen Machenschaften diskret verschwinden. Sie schleusen es in Stiftungen und Offshore-Gesellschaften und auf anonyme Bankkonten. Die meisten Kunden wollen dem Fiskus ein Schnippchen schlagen, andere auch der geschiedenen Frau, die nicht an die Millionen kommen soll.

Vermögende Amerikaner sollen gar mehrere Billionen US-Dollar ins Ausland geschafft haben. Die Abtrünnigen bunkern ihr Geld in Steueroasen wie den Cayman oder Virgin Islands, auf den Bahamas oder Bermudas, aber auch in Belize. Dem Fiskus entziehen sie jedes Jahr Einnahmen von 100 Milliarden US-Dollar, schätzt der Untersuchungsausschuss des Senats. Das Tax Justice Network, eine Nichtregierungsorganisation, die sich auf Steuerflucht spezialisiert hat, errechnet, dass die Reichen der Welt im Jahr 2005 insgesamt etwa 11,5 Billionen US-Dollar in Steueroasen versteckt hielten.

Doch das süße Leben der Steuerflüchtlinge wird ungemütlicher. Ein ehemaliger Angestellter der liechtensteinischen Bank LGT, der Bank des Fürstenhauses, hat eine Computer-Disk mit Daten von mehreren Tausend Kunden entwendet und sie Behörden in den USA und Europa verkauft. Seither können sich viele Reiche nicht mehr sicher wähnen. Die Steuerfahnder haben einen Hebel in der Hand, um wenigstens einen Teil der verschwundenen Milliarden aufzuspüren. Die Bochumer Staatsanwaltschaft geht unter dem Aktenzeichen 35 Js 220/07 gegen mehr als 700 Deutsche vor, darunter der ehemalige Postchef Klaus Zumwinkel. Manche haben ein paar Hunderttausend Euro beiseitegebracht, andere viele Millionen.

Die Liechtenstein-Affäre hat eine internationale Jagd auf die Steuerbetrüger eingeleitet. Denn Steueroasen sind die Schurkenstaaten der Globalisierung: Sie gefährden die Sicherheit des Westens ebenso wie zwielichtige Atomstaaten. Sie bilden eine ökonomische Achse des Bösen. Ihr Staatswesen profitiert davon, dass sie Geld aus aller Welt anlocken und dafür – wenn überhaupt – nur eine sehr geringe Steuer verlangen. Zugleich entziehen sie den Industriestaaten einen beträchtlichen Teil ihres Geldes und gefährden deren Existenz.

Die europäischen Finanzminister erhöhen seit den Enthüllungen um die LGT-Bank den Druck auf die Paradiese: Diese sollen endlich ihr Bankgeheimnis kippen und die Einkünfte der Steuerflüchtlinge preisgeben. Staatsanwälte und Finanzbehörden in Europa, aber auch in Australien gehen massiv gegen Steuerbetrüger und ihre Berater vor, vor allem gegen die großen Banken. Die Justizbehörden in den USA attackieren neben der LGT vor allem die schweizerische Bank UBS, den größten Vermögensverwalter der Welt. Sie vermuten, dass UBS im Namen von 20 000 amerikanischen Bürgern mindestens 20 Milliarden US-Dollar verwaltet; von den Erträgen darauf sah die Steuerbehörde IRS meist nichts. Doch das könnte sich bald ändern.

Denn in einem Prozess, der vor einem Gericht in Fort Lauderdale im Bundesstaat Florida stattfand, packte im Juni 2008 ein hochrangiger Banker der UBS aus: Bradley Birkenfeld gestand, dass er reichen Amerikanern bei der Steuerflucht geholfen hat – und zwar angeblich mit Wissen und Billigung, ja im Auftrag seiner Vorgesetzten.

Birkenfeld, ein 43-jähriger Amerikaner, arbeitete früher für die britische Investmentbank Barclays und brachte von dort einen wohlhabenden Kunden mit, den Immobilientycoon Igor Olenicoff, einen gebürtigen Russen, der in Florida lebt. Birkenfeld trug dazu bei, dass Olenicoff 200 Millionen US-Dollar vor dem Fiskus verbergen konnte. Formell gehörte das Vermögen einer Gesellschaft auf den Bahamas, tatsächlich jedoch hatte der Russe vollen Zugriff darauf. Das Schweizer Bankgeheimnis schützte ihn davor, dass jemand davon erfuhr. Doch Olenicoff war zu dreist. Irgendwann wollte das Finanzamt seinen Steuererklärungen nicht mehr glauben, weil die ihn als einen armen Schlucker erschienen ließen.

Detailliert berichtete Birkenfeld in dem Prozess, wie Berater der UBS arbeiteten: Um keine Spuren zu hinterlassen, durften sie mit ihren Kunden möglichst keine E-Mails austauschen, keine Telefonate aus dem Büro führen oder Briefe schicken. Im Auftrag eines Kunden schmuggelte Birkenfeld sogar einmal Diamanten in einer Tube Zahnpasta durch den Zoll. Auf die Frage, ob Olenicoffs Konten dem Fiskus verschwiegen wurden, antwortete er: »Ja, jede Einzelheit.« Der Prozess zeigt, wie dreist etliche Banker und ihre Kunden vorgehen. Sie scheren sich offenbar nicht um die Gesetze, schon gar nicht um die Steuergesetze – sondern interessieren sich allein dafür, wo sie für die Millionen und Milliarden einen sicheren, diskreten Hafen finden.

Dank dieser Geheimniskrämerei sind die Cayman Islands zum fünftgrößten Finanzplatz der Welt aufgestiegen. Die Inselgruppe südlich von Kuba ist britisches Überseegebiet, entscheidet über seine Steuern aber selbst. Die Caymans kennen keine Einkommensteuer, keine Körperschaftsteuer, keine Kapitalertragsteuer, keine Erbschaftsteuer und keine Grundsteuer – und für Finanzströme gibt es praktisch keinerlei Beschränkungen. Deshalb sind auf den drei Inseln mit ihren nicht einmal 50 000 Einwohner 280 Banken registriert, von den 50 größten Banken der Welt sind über 40 mit einer Filiale vertreten. Auch fünf deutsche Landesbanken, darunter die BayernLB, die WestLB und die Landesbank Baden-Württemberg, nutzen die Steueroase für ihre Geschäfte. Die öffentlich-rechtlichen

Institute sollen den Bundesländern eigentlich Geld einbringen, doch mit ihren Ablegern in der Karibik helfen sie ihren Kunden zugleich dabei, dem deutschen Fiskus Geld zu entziehen.

Die Banker und ihre Kunden wissen: Auf das Bankgeheimnis der Caymans können sie sich verlassen – und darauf, dass sie keine Steuern zahlen müssen, ebenfalls.

Diesen Vorteil nutzen auch immer mehr Hedgefonds: Rund 8000 der 10000 Zockerfonds weltweit haben die Caymans als juristisches Domizil gewählt, während die Fondsmanager selbst in London oder New York wohnen. Auch der Hedgefonds LTCM, der das Weltfinanzsystem 1998 an den Rand des Kollapses brachte, war formal auf den Caymans beheimatet. Zudem sind auf der Insel etwa 70000 Offshore-Unternehmen gemeldet, was eine elegante Umschreibung für Briefkastenfirmen ist.

So dient ein einziges Bürogebäude in der Hauptstadt George Town, das Ugland House, als Postadresse für nahezu 19000 Unternehmen, wie der amerikanische Rechnungshof im Auftrag des Kongresses herausfand. Der Mieter des fünfstöckigen Gebäudes in der 301 South Church Street ist eine internationale Kanzlei namens Maples & Calder, die lautlos und diskret die Geschäfte ihrer Kunden vor allem aus den USA abwickelt. Die Rechtsanwälte liefern das juristische Gerüst für Hedgefonds und Private-Equity-Gesellschaften, sie helfen aber auch Banken mit Zweckgesellschaften aus, die dazu dienen, Kredite zu verpacken und an Investoren zu verhökern. Auch der Energieriese Enron ließ einst einen Teil seines Schattenreiches aus dubiosen Zweckgesellschaften von Maples & Calder errichten. Die Kanzlei beriet dem Untersuchungsbericht des amerikanischen Kongresses zufolge auch die Wyly-Brüder.

Ähnliche Tricks wenden europäische Steuerflüchtlinge an: Ihnen hilft ebenfalls eine Schar von Beratern, auch in Deutschland bieten Firmen im Internet ihr Dienste an. So wirbt etwa www.anonyme-limited.de damit, mühelos eine »anonyme Firmengründung« in der Karibik zu erledigen, die dem Eigentümer einen Steuersatz von null verschafft. Das Bankgeheimnis in der Karibik sei umfassend, heißt es auf der Internetseite:»Die Offshore-Finanzplätze, an denen Sie auch online Ihr Offshore-Konto eröffnen können, leben von der Diskretion und von ihrem legendären Ruf – niemals würden die Banken diesen Ruf und damit ihre Geschäftsgrundlage riskieren und die Daten ihrer Kunden offenlegen.« Gern informiert der Online-Anbieter auch über die Vorteile einer englischen Limited-Firma, einer spanischen SL-Unternehmung oder einer Firmengründung auf den Seychellen.

Die Steueroasen allerdings sperren sich seit eh und je dagegen, ihre Regeln zu ändern oder das Bankgeheimnis aufzuheben. Die Schweiz hat mit der EU einen Vertrag ausgehandelt, der sie mindestens bis zum Jahr 2013 davor schützt. Andere Länder lehnen sogar jegliche Vereinbarung ab. Stattdessen zeigen sie mit dem Finger auf die Industriestaaten, von denen etliche selbst Steueroasen auf ihrem Gebiet dulden. Die Dublin Docks in Irland gelten wegen ihrer niedrigen Firmensteuer als idealer Standort für die Holdings von Konzernen, ebenso die Niederlande. Auch der amerikanische Bundesstaat Delaware kennt nur ein Minimum an Steuerregeln. In einem einzigen Gebäude der Hauptstadt Wilmington seien etwa 200 000 Firmen gemeldet, bringt die Kanzlei Maples & Calder von den Caymans zu ihrer Verteidigung vor. Die Steuersätze in Delaware sind äußerst niedrig, weil die Unternehmen nur die Bundessteuer, nicht aber die Landessteuer zahlen müssen. Etwa die Hälfte aller amerikanischen Aktiengesellschaften haben deshalb ihren Sitz in dem Bundesstaat – vom Autobauer General Motors (dessen eigentliche Heimat Detroit ist) bis zum Chemieriesen DuPont.

Auch eine unscheinbare Bank aus Düsseldorf siedelte in Delaware einen Fonds an, von dem niemand etwas wissen soll. Die Bank heißt IKB, der Fonds »Rhineland Funding«. So wie andere Banken auch nutzt die IKB die Steueroase, um ihre Gewinne zu mehren: Sie erwirtschaftet das Geld in einem Schattenreich außerhalb der Bilanz – und außerhalb der staatlichen Kontrolle.

Jenseits der Bilanz – das Schattenreich der Banken

Zwei Wochen lang hatte Bundesbankpräsident Axel Weber seine Ruhe. Urlaub in den USA. Ausspannen in der Wildnis, gemeinsam mit seiner Familie. Doch als Weber am 28. Juli 2007 wieder in Deutschland landet, ereilt ihn ein Anruf seiner Mitarbeiter:»Wir haben da ein Problem. Kommen Sie sofort in die Bank.« Vom Frankfurter Flughafen fährt er zur Hauptverwaltung der Bundesbank. Es ist Samstag. Die meisten Büros in dem Gebäude sind leer. Doch in den obersten Stockwerken wird an einem Notfallplan gearbeitet.

Etwa zur selben Zeit erfährt auch Bundesfinanzminister Peer Steinbrück, dass die amerikanische Immobilienkrise Deutschland erreicht hat. Staatssekretär Thomas Mirow und Abteilungsleiter Jörg Asmussen berichten dem Minister, dass eine kleine, weithin unbekannte Bank vor dem Bankrott stünde: die IKB Deutsche Industriebank in Düsseldorf. Sie hat sich mit komplizierten Wertpapieren verzockt, die direkt oder indirekt am amerikanischen Immobilienmarkt hängen. Diese hochriskanten Geschäfte hat die biedere Mittelstandsbank in einer Tochtergesellschaft im US-Bundesstaat Delaware versteckt, die den unverfänglichen Namen Rhineland Funding trägt.

Na und, fragt Steinbrück: Warum lassen wir die IKB nicht einfach pleitegehen? Der Staatssekretär und der Abteilungsleiter haben sich zuvor mit Bundesbankpräsident Axel Weber und Jochen Sanio beraten, dem Chef der BaFin, der Bundesanstalt für Finanzdienstleistungsaufsicht. Die Beamten entgegnen Steinbrück: Wir wissen nicht, welche Dominoeffekte eintreten werden; der Schaden für denn Finanzplatz Deutschland könnte verheerend sein.»Wieso das denn?«, will der Finanzminister wissen. Bei so einer kleinen Bank? Mirow und Asmussen warnen vor einer Kettenreaktion. Sie rechnen Steinbrück vor, dass die IKB doch nicht so klein sei. Einlagen von immerhin 24 Milliarden Euro stünden in den Büchern des Instituts. 17 Milliarden davon stammen von anderen Banken, darunter zahlreichen Sparkassen und Volksbanken; 7 Milliarden gehören privaten Kunden. Doch im Einlagensicherungsfonds der privaten Banken, der die Einlagen der Kunden garantieren soll, lägen nur 4,6 Milliarden Euro bereit. Zu wenig. Der größte Teil der Kundengelder wäre also futsch, wenn die IKB zusammenbräche. Zu den Kunden der Bank zählen nicht nur Tausende Mittelständler, sondern einige der größ-

ten Krankenkassen der Republik; sie wären ebenfalls vom Konkurs
bedroht. Steinbrück sieht ein: Er muss handeln.

Bereits am Tag zuvor, es ist Freitag, hat IKB-Chef Stephan Ortseifen zum Telefon gegriffen. Er ruft Ingrid Matthäus-Maier an, die
Chefin der staatlichen KfW-Bank. Das Förderinstitut ist der wichtigste Eigentümer der IKB, vor ein paar Jahren hat die KfW ein gutes
Drittel der Anteile übernommen, weil niemand sie haben wollte.
Matthäus-Maier reist gerade durch die russische Republik Tatarstan,
als ihr Ortseifen berichtet, dass die Deutsche Bank den Geldhahn zu-
gedreht habe. Matthäus-Maier ruft sofort Josef Ackermann an, den
Chef der Deutschen Bank. Sie weiß: Hier braut sich etwas zusammen.
Nicht nur für die IKB. Nicht nur für die KfW. Sondern für alle Banken
in Deutschland. Auch Ackermann sieht dies so. Er gibt zu verstehen,
dass die Deutsche Bank keine andere Wahl gehabt habe. Zu schlecht
seien die Zahlen der IKB. Deswegen alarmiert er Bankenaufseher
Sanio.

Es folgt ein dramatisches Wochenende. Der Finanzminister, der
Bundesbankpräsident und die wichtigsten Banker und Finanzpoli-
tiker des Landes beraten in mehreren Telefonkonferenzen, welchen
Ausweg es gibt. Insgesamt sieben Stunden lang überlegen sie, wie
sie die IKB retten können. Sanio warnt: Wenn die IKB zusammenbricht, drohe Deutschland der größte Bankenkrach seit 1931. Die
Teilnehmer der Runde wissen, was das bedeutet. Im Juli 1931 brach
das zweitgrößte Kreditinstitut Deutschlands, die Darmstädter und
Nationalbank, kurz: Danat-Bank, zusammen, nachdem einer ihrer
wichtigsten Kunden Konkurs angemeldet hatte. Alle Versuche von
Reichsregierung und Reichsbank, das Institut zu retten, schlugen
fehl, weil die privaten Kreditinstitute nicht mitzogen. Der Bankrott
der Danat-Bank erschütterte das gesamte Bankensystem. Die Kunden
stürmten die Geldhäuser, weitere Institute gerieten in Not. Zudem
zogen ausländische Geldgeber ihr Kapital ab, weil sie eine Insolvenz
des Deutschen Reichs befürchteten. Reichspräsident Paul von Hin-
denburg erließ daraufhin eine Notverordnung und schloss alle Banken für zwei Tage. Um die Finanzinstitute zu stabilisieren, schränkte
die Reichsregierung für mehrere Wochen den Zahlungsverkehr

ein; die Geldhäuser durften nur noch Löhne, Sozialleistungen und Steuern auszahlen. In den nächsten Monaten wurden fast alle großen Banken ganz oder teilweise verstaatlicht. Auch der Verbund aus Deutscher Bank und Disconto-Gesellschaft, die Commerz- und Privatbank sowie die Dresdner Bank gelangten unter den Einfluss der Reichsregierung; ab 1933 wurden die Geldinstitute nach und nach wieder privatisiert. Der Bankenkrach der dreißiger Jahre: Er brachte die Weltwirtschaftskrise, die eineinhalb Jahre zuvor mit dem Crash an der Wall Street begonnen hatte, endgültig nach Deutschland.

Niemand weiß, ob Sanio überzogen hat. Niemand weiß, was im Falle einer IKB-Pleite tatsächlich passiert wäre. Hat er zu Recht den Untergang beschworen? Würden Deutschlands Bürger tatsächlich die Bankfilialen stürmen, wenn ein Institut bankrottgeht, von dem sie noch nie gehört haben? Mit der düsteren Erinnerung im Hinterkopf entscheiden sich Regierung, Bundesbank, Finanzaufsicht und Kreditinstitute schließlich für das größte Rettungspaket, das einer bundesdeutschen Bank bis dahin jemals gewährt wurde: Die KfW steht mit einer Bürgschaft von bis zu 8,1 Milliarden Euro für die IKB und ihre Gesellschaft Rhineland Funding ein. Die Staatsbank und die privaten Banken stellen zudem 3,5 Milliarden Euro als Kredit bereit. Vier Vorstände der Skandalbank müssen gehen, darunter Institutschef Ortseifen. Auch die Staatsanwaltschaft schaltet sich ein. Insgesamt fließen über 10 Milliarden Euro an staatlichen Mitteln in die IKB; ein Jahr später wird die Bank an den amerikanischen Finanzinvestor Lonestar verramscht – für gerade einmal gut 100 Millionen Euro.

Die Krise der IKB zeigt, welch gefährliches Spiel viele Kreditinstitute seit Ende der neunziger Jahre betrieben haben. Die Bankmanager haben neben der eigentlichen Bank eine zweite Bank aufgebaut, ein Schattenreich, das in der Bilanz der IKB nicht auftaucht. Nur vage Andeutungen im Geschäftsbericht weisen darauf hin, dass es da draußen eine zweite IKB gibt, die bloß anders heißt: Rhineland Funding. Die IKB-Manager haben diesen Fonds und die dazu gehörigen Gesellschaften Loreley Financing und Drachenfels Financing im Jahr 2002 in zwei Orten angesiedelt, in denen sich niemand um die Aufsicht schert: in Delaware und auf der britischen Kanalinsel Jersey. Die bis dahin grundsoliden Mittelstandsbanker vom Rhein wollen mitmischen bei jenem dunklen Spiel, das – weil die Aufseher wegsehen – an den Finanzmärkten entstehen konnte: erst in den USA, dann in Großbritannien, später auf dem europäischen Kontinent. Sie wollen dabei sein beim Spiel der geheimen Gesellschaften in Steueroasen, die sich raffinierte Banker ausgedacht haben. Bill Gross, der Chef von Pimco, einem der größten Vermögensverwalter der USA, der dem deutschen Versicherungskonzern Allianz gehört, nennt es das »Schattenbankensystem«. Ein »magisches und mystisches« System, »unberührt von jeglicher Regulierung«. Ein Reich, »das nur die schlauen Köpfe der Wall Street verstehen«.

Beherrscht wird dieses magische Reich von Zehntausenden von Zweckgesellschaften, sogenannten »Conduits« oder »Special Purpose Vehicles«, die meist schillernde Fantasienamen tragen. Diese Vehikel ähneln jenen Zweckgesellschaften, die der Energiekonzern Enron gegründet hat, ehe er zusammenbrach. Auch die Spezialgesellschaften der Finanzindustrie sitzen auf den Caymans, den Bermudas, den britischen Kanalinseln oder in der irischen Hauptstadt Dublin. Die Banken haben in diese diskreten Gesellschaften einen beträchtlichen Teil ihres Geschäfts ausgelagert. Sie bündeln dazu die Kredite, die sie vergeben, zu handlichen Paketen. Sie machen mithilfe der Investmentbanken aus diesen Paketen handelbare Wertpapiere, die sie, garniert mit einem attraktiven Zinssatz, an Investoren weiterverkaufen.

Die Papiere werden von Ratingagenturen mit Gütesiegeln versehen, meist mit einem dreifachen oder zweifachen A – die Bestnoten. Riskante Kredite mutieren so zu scheinbar sicheren Wertpapieren. Doch die Ratingagenturen sind mit der Flut an Papieren, die sie bewerten müssen, schier überfordert. Und ihre Mitarbeiter ahnen, dass nichts alles Gold ist, was sie zu Gold machen. Als die amerikanische Börsenaufsicht SEC die Agenturen unter die Lupe nimmt, findet sie verräterische E-Mails: »Wir züchten hier das nächste Monster heran. Hoffentlich sind wir alle reich und in Pension, bevor dieses Kartenhaus zusammenbricht«, schreibt ein Mitarbeiter einer Ratingagentur an einen Kollegen. Eine Analystin räumt ein: »Ich konnte nur die Hälfte der Risiken des Geschäfts abschätzen.« Und ein Kollege notiert: »Wir haben überhaupt nicht die Ressourcen, um das zu tun, was wir tun«.

Doch das stört niemanden. Bis zum Sommer 2007 gilt die Finanzalchemie, denen die Agenturen ihre Bestnoten aufdrückt, als der letzte Schrei der Wall Street. Hedgefonds, Investmentbanken und Versicherungen reißen sich um die komplizierten Papiere, die mehr als die üblichen Zinsen abwerfen. Sie sind überzeugt, dass der Handel mit den Kreditderivaten das globale Finanzsystem stabiler macht. Denn die Risiken, argumentieren sie, würden dadurch auf mehr Schultern verteilt. Auch die IKB pumpt immer mehr Geld in dieses Geschäft. Gut 3 Milliarden Euro investiert die Mittelstandsbank zum Start in ihren gut versteckten Fonds, drei Jahre später sind es 7 Milliarden Euro und im Sommer 2007, kurz vor der Pleite, 10 Milliarden Euro. Namhafte Investmentbanken, berichtet das *Wall Street Journal*, sollen sich darum bemüht haben, den Bankern aus Düsseldorf Hypothekenpapiere zu verkaufen: Lehman Brothers, J. P. Morgan und die Deutsche Bank. Die Ratingagentur Moody's lobt acht Monate vor dem Zusammenbruch die IKB-Oberen noch dafür, dass sie »die Geschäftsaktivitäten erfolgreich diversifiziert haben«.

In Wahrheit jedoch arbeitet die Bank überhaupt nicht erfolgreich. Und sie hat sich mit Risiken vollgesogen. Denn viele amerikanische Immobilienkredite, die die IKB aufgekauft hat, erweisen sich als faul. Die Anleger, die dem IKB-Fonds Rhineland Funding hierfür Geld geliehen haben, fordern es zurück. Sie kommen zum Teil ebenfalls aus den USA. Pensionsfonds sind darunter, Bezirksregierungen aus Kalifornien und Schulverwaltungen aus Minneapolis. Doch sie wissen: Viele Immobilienkredite sind nichts wert. Deshalb ziehen die Investoren ihr Geld ab – nicht nur bei Rhineland Funding.

Nur drei Wochen nach der IKB kollabiert die SachsenLB. Auch die ostdeutsche Landesbank hat ein Schattenreich geschaffen: Sie hat drei Fonds gegründet, von denen in der sächsischen Hauptstadt Dresden kaum jemand etwas weiß. Sie heißen Ormond Quay, Georges Quay und Sachsen Funding und sind angesiedelt in einem

Hafengebäude in Dublin, im Büro der SachsenLB Europe. Der Bankchef in Dresden preist die SachsenLB Europe als eine »Wundertüte«. Der Finanzminister des Landes fragt in einer Verwaltungsratssitzung, »wann Dublin funktionieren werde«. Er lässt erkennen, dass die Bank dort mehr Geld herausholen soll – doch in den Geschäftsberichten der SachsenLB, die über ein Eigenkapital von gerade mal 1,5 Milliarden Euro verfügt, tauchen die Geschäfte der obskuren Gesellschaften nicht auf. Die drei Fonds investieren ihr Geld zu einem beträchtlichen Teil in Kreditpakete, die vollgestopft sind mit amerikanischen Immobilienkrediten, alles in allem mit 65 Milliarden Euro. Doch am 17. August platzt die »Wundertüte«, der Freistaat Sachsen muss der SachsenLB mit einer Bürgschaft über 17,3 Milliarden Euro beispringen und verkauft das marode Institut eilig an die Landesbank Baden-Württemberg.

Das Spiel mit den verpackten Krediten, erklärt Bill Gross, funktioniere wie ein Pyramidenspiel oder ein Kettenbrief: Wer das Spiel anstößt, der macht das große Geld; wer zu spät einsteigt, gewinnt nichts, sondern zahlt bloß drauf. Das spürten biedere deutsche Banken wie die IKB, die SachsenLB, die BayernLB oder die WestLB am eigenen Leib. Sie alle verlieren Milliarden. Doch nicht nur sie: Was zunächst bloß als Unfähigkeit deutscher Provinzbanker erscheint, erweist sich wenig später als ein weltumspannendes Problem. Die größten Banken der Welt müssen gigantische Beträge abschreiben, alles in allem mehrere Hundert Milliarden US-Dollar, weil sie sich mit den Kreditderivaten verzockt haben. Sie müssen Zweckgesellschaften, die sie ausgelagert haben, wieder in ihre Bilanz nehmen. Die Kreditrisiken, die weit weg zu sein schienen, irgendwo in der Karibik, landen plötzlich wieder bei ihnen. Denn in den dicken Verträgen finden sich meist versteckte Klauseln, die besagen: Im Falle des Falles muss die echte Bank für die Schattenbank haften.

»Was wir hier erleben«, urteilt Pimco-Chef Gross, »ist im Kern der Zusammenbruch unseres modernen Bankensystems, eines Systems, dessen übermäßige Kreditvergabe sich nur überaus schwer erklären lässt.« Wie groß das Schattenreich tatsächlich ist, lässt sich kaum ermessen. So gehen die Analysten der Royal Bank of Scotland

Ende 2007 davon aus, dass die Hälfte aller Kredite, die in den vergangenen zwei Jahren in den USA vergeben wurden, aus dem Reich der Schattenbanken stammt. Ähnlich scheint es in Europa zu sein: Die Deutsche Bank stellte in einer Studie fest, dass die Europäer im Jahr 2006 genauso viel verpackte Wertpapiere wie herkömmliche Anleihen verkauft haben.

Das Geschäft der Banken habe sich völlig verändert, räumt Deutsche-Bank-Chef Ackermann ein. Früher hätten die Institute 90 Prozent der Kredite, die sie vergeben haben, in ihren Büchern geführt. Heute hätten sie 80 Prozent auf den Kapitalmarkt ausgelagert. Deshalb sei es möglich, dass eine Bank eine Rendite von 25 Prozent erwirtschafte. Das sei »normal«, meint Ackermann. Seit dem Ende der neunziger Jahre heißt es daher: raus, raus, raus. Sobald die Banken Kredite vergeben haben, versuchen sie diese loszuschlagen, und sobald die Forderungen aus der Bilanz verschwunden sind, können sie neue Kredite ausgeben. Trickreich umgehen die Kreditinstitute dadurch die Auflagen der Aufsichtsbehörden. Für jeden Euro, den sie verleihen, müssen sie eigentlich ein Eigenkapitalpolster von 8 Cent bilden; wer also einem Unternehmen 1 Milliarde Euro pumpt, muss dafür ein Polster von 80 Millionen Euro bereithalten. Aber diesen Eigenkapitalpuffer können die Aufsichtsbehörden nur einfordern, wenn der Kredit in der Bankbilanz auftaucht. Verschwindet er in einer Zweckgesellschaft auf den Caymans, wird er also »ausplatziert«, wie die Banker beschönigend sagen, sind die Aufseher machtlos.

Wenn eine Bank Kreditrisiken schnell wieder los wird, muss sie zudem nicht so genau prüfen, wem sie ihr Geld leiht. Ist der Kunde solvent? Oder steht er kurz vor der Pleite? Egal. Die Risiken werden ja weitergereicht. Sie werden verbrieft. Wieder und wieder. Wie ein Kettenbrief. Die Banken können es sich deshalb leisten, sorglos Darlehen zu vergeben. Denn die Investmentbanken fordern einen steten Nachschub an handelbaren Kreditpaketen. Auch ihnen ist es relativ egal, wie riskant die Bündel sind. Denn die Wall-Street-Banker leiten den Giftmüll weiter – ihnen geht es allein um die Provision.

Selbst die Aufseher durchschauen nicht, welch seltsame Welt

da binnen weniger Jahre entstanden ist. Jochen Sanio, der Chef der deutschen Finanzaufsicht, schreibt im Jahresbericht seiner Behörde: »Wir wussten nicht, welch böses Spiel in den vergangenen Jahren auf der anderen Seite des Atlantiks getrieben wurde.« Die Banken hätten mit »Teufelszeug« gehandelt. Die Bank für Internationalen Zahlungsausgleich (BIZ), die Dachorganisation der Notenbanken mit Sitz in Basel, fragt sich in ihrem Jahresbericht 2008 gar: »Wie konnte solch ein riesiges Schattenbankensystem entstehen, ohne dass jemand je klar und deutlich seine offizielle Besorgnis geäußert hat?« Die Bankenwächter liefern die Antwort gleich mit: »Vielleicht ist es einfach so, dass niemand einen dringenden Grund sah, harte Fragen über den Ursprung der Gewinne zu stellen, solange die Dinge gut liefen.« Und die Dinge liefen lange gut für die Spekulanten. Sehr gut sogar. Die Finanzmärkte erschienen wie ein perfektes Kasino, in dem jeder ständig gewinnt.

Das Kasino der Spekulanten – wie die Finanzkonzerne Milliarden verzocken

Es ist wie mit Drogen. Anfangs reicht eine kleine Dosis und eine leichte Droge, Haschisch oder auch Marihuana. Später sind dann härtere Drogen und größere Dosen nötig, um den richtigen Kick zu bekommen und abzutauchen in eine andere Welt. In Träume, Bilder, Halluzinationen. Auch Jérôme Kerviel, der 31-jährige Derivatehändler aus dem französischen Fischerstädtchen Pont-l'Abbé, hat den Kick gesucht. Sein Eingang zur Traumwelt: ein Computer am Handelstisch »Delta One« der Pariser Großbank Société Générale. Hier, in einem Saal im sechsten Stock des Hochhauses, wird er zum Spieler. Wird er abhängig von der Spekulation. Fünf Jahre hat er im »Back Office« verbracht, in einer langweiligen Abteilung, die die Geschäfte kontrolliert. Doch Kerviel will mehr. Sehr viel mehr. Er ist süchtig nach Geld, süchtig nach Anerkennung. Und die Drogen, mit denen er sich seinen Kick holt, sind Wetten an der Börse. Die kleinen Wetten. Und später dann die großen. Die ganz, ganz großen.

Kerviel will nicht nur mit Millionen handeln, sondern mit Milliarden. Er, der Absolvent einer gewöhnlichen Universität von Lyon, will beweisen, dass er so gut ist wie die selbstherrlichen Jungen von den Eliteschulen. Er will es jenen ausgebufften Händlern zeigen, die mit exotischen Derivaten handeln. Und er will es seinen Vorgesetzten zeigen, die ihn nicht beachten. Im Sommer 2005 beginnt er, die Regeln zu brechen. Kerviels Aufgabe ist es, mit sogenannten Terminkontrakten auf steigende oder fallende Aktien oder Indizes zu wetten. Geht der Dax rauf oder runter? Steigt der Dow Jones oder fällt er? Microsoft rauf? Oder runter? Setzt er auf steigende Kurse, muss er sich, so wollen es die Regeln der Bank, gegen fallende Kurse absichern. Der Gewinn bei solchen Deals besteht aus der Differenz zwischen den beiden Wetten – ein einträgliches Geschäft für die Bank, aber Kerviel ödet es an. Deshalb lässt er die Gegengeschäfte irgendwann weg. Er setzt sein gesamtes Geld darauf, dass es nur in eine Richtung geht. Das ist verboten. Deshalb kaschiert Kerviel seine Wetten mit Scheingeschäften, die es nur auf dem Papier gibt, nicht aber in der Realität. Er loggt sich unter falschem Namen in den Computer ein; aus seiner Zeit als Kontrolleur im »Back Office« kennt er die Tricks. Gegenüber seinen Vorgesetzten erweckt er den Eindruck, alles sei in Ordnung – doch nichts ist in Ordnung. Er tut so, als gehe die Bank mit seinen Geschäften kein großes Risiko ein – doch die Risiken für Société Générale sind gigantisch.

Am Anfang steht ein kleiner Deal im Sommer 2005. Kerviel wettet darauf, dass die Aktien der Allianz fallen. Und sie fallen. Denn Terroristen verüben Anschläge in London. 500 000 Euro bringt dies Kerviel ein. Er habe »den Jackpot geknackt«, jubelt der junge Händler. Sein erster Kick. Er wagt mehr. Im Februar wandelt er einen großen Verlust in einen Gewinn von 28 Millionen Euro um. Der nächste Kick. Er sei »stolz und zufrieden« gewesen, erzählt er später. Zwischen März und Juli 2007 erhöht er die Dosis. Sein Einsatz steigt auf 30 Milliarden Euro. Zunächst rutscht er mit 2,2 Milliarden Euro ins Minus, doch ein paar Wochen später, als die Märkte drehen, steht plötzlich ein Plus von 500 Millionen Euro in seinen Büchern. Kerviel wird gierig. Er erhöht seinen Einsatz auf 50 Milliarden Euro. »Man verliert das Gefühl für die Summen, wenn man in diesem Beruf arbeitet«, sagt er später,»man lässt sich ein bisschen davontragen.« Bis zum Jahresende steigt sein Gewinn auf 1,4 Milliarden Euro. Doch auch seine riesigen Gewinne muss der junge Händler kaschieren, andernfalls würde sein Betrug auffliegen.

Doch dann, in den ersten beiden Januarwochen des Jahres 2008, häufen sich wieder die Verluste. Am 18. Januar, einem Freitag, fährt Kerviel an den Atlantik nach Deauville. In seinen Büchern steht ein Minus von 1,5 Milliarden Euro, das sich nicht mehr verbergen lässt. Am nächsten Tag beordern ihn seine Vorgesetzten zurück nach Paris. Sie wollen wissen, was er getrieben hat. Kerviel schweigt lange, ehe er reagiert. Manches, was er erzählt, klingt wirr. Die Manager rufen einen Arzt herbei, der seinen Zustand überprüft. Nach einigen Stunden packt er schließlich aus. Seine Vorgesetzten sind geschockt und beauftragen einen anderen Händler, Kerviels Geschäfte so schnell wie möglich abzuwickeln. Drei Tage braucht der Mann, um die Positionen von 50 Milliarden Euro aufzulösen. Am Ende steht ein Verlust von 6,3 Milliarden Euro. So viel Geld hat noch nie ein einzelner Händler verloren, weder bei Société Générale noch irgendwo sonst.

Daniel Bouton, der Chef der Bank, schimpft, Kerviel sei ein»Gauner, Betrüger, vielleicht ein Terrorist«. Doch der Gauner hatte es leicht. Andere hätten ihn gedeckt, behauptet Kerviel, seine Vorgesetzten hätten ahnen können, was er treibe. Auch die Aktionäre der Bank machen die Manager von SocGen verantwortlich. Sie hätten ein Klima geschaffen, in dem Leute wie Kerviel groß werden, schimpfen sie auf der Hauptversammlung im Mai.»Sie haben unsere Bank in ein Kasino verwandelt«, wirft ein Aktionär Bankchef Bouton vor. Ein anderer sagt:»Das sind Sie, die das versucht haben, nicht Kerviel. Sie haben spekuliert, und dann haben Sie Angst bekommen.«

Der Fall Société Générale zeigt, wie sehr sich die Finanzmärkte von der realen Wirtschaft entfernt haben. Früher waren Börsen dazu da, Unternehmen mit Geld zu versorgen, sei es durch Aktien, sei es durch Anleihen; sie führten Angebot und Nachfrage zusammen. Heute haben die Börsenwelt und die reale Welt nur noch wenig miteinander zu tun. An den Devisenbörsen wird jeden Tag ein Vielfaches dessen an Währungen gehandelt, was für den weltweiten

Handel mit Waren notwendig wäre. An den Terminbörsen wird mit hochkomplexen Derivaten gezockt, deren Wirkungsweise selbst viele Banker nicht mehr verstehen. Und an den Warenbörsen wird mit allem spekuliert, was die Erde hergibt: mit Futures auf Öl, Gas und Kupfer, mit komplizierten Papieren auf Weizen, Mais und Reis. Die Finanzmärkte, klagt Bundespräsident Horst Köhler, hätten sich zu einem »Monster« entwickelt, das sich kaum noch bändigen lasse. Doch so groß die Furcht vor diesem »Monster« auch ist, so stark ist zugleich seine Anziehungskraft. Denn alle wollen mitmachen im Kasino der Spekulanten: die Banken und Hedgefonds, die kleinen Anleger und großen Pensionsfonds. Sie alle trachten nach dem schnellen Gewinn. Den Tausenden. Den Millionen. Den Milliarden. Die Banken haben dazu ihre Handelsabteilungen ausgebaut. Sie haben noch mehr smarte Jünglinge von den Business Schools geholt, sie haben Tausende von Mathematikern und Naturwissenschaftlern angeheuert, die mit komplexen Computerformeln die Kurse voraussagen. Grundsolide Kreditinstitute verwandeln sich in »Hedgefonds mit angeschlossener Bank«, wie das britische Wirtschaftsmagazin *Economist* lästert, und peilen Renditen von 25 Prozent und mehr an.

Niemand stellt die Frage, wie denn die Geldwirtschaft auf Dauer mehr verdienen kann, als in der realen Ökonomie erwirtschaftet wird. Nur wenige sind so ehrlich wie Alexander Dibelius, der das Geschäft der Investmentbank Goldman Sachs in Deutschland, Österreich und Russland leitet: »Im globalen langfristigen Durchschnitt über mehrere Jahrzehnte«, sagt er, »würde ich bei Banken die Kapitalrenditen für Investoren nicht höher sehen als in der Industrie oder im gesamten Markt.« Allenfalls für einige Jahre könne die Geldbranche der Industrie davoneilen. Auch eine Bakterienkultur, sagt der gelernte Mediziner, »kann für eine gewisse Zeit exponentiell wachsen, aber irgendwann reicht der Nährstoff nicht mehr, und sie bricht plötzlich zusammen«.

Dennoch träumen alle von zweistelligen Superrenditen. Die Hedgefonds, heute mächtiger, größer, zahlreicher als jemals zuvor, locken damit. Ihre Manager gelten als Gurus. Privatleute, Pensionsfonds und Versicherungen überschütten sie mit Geld. Doch auch jeder Kleinanleger, der eine Aktie, ein Zertifikat oder einen Fonds kauft, für ein paar Tage, ein paar Monate oder Jahre, ist ein Spekulant. Spekulation ist nicht per se schlecht. Manche Ökonomen sagen sogar: Ohne Spekulanten würde die Wirtschaft nicht funktionieren, ohne sie wären viele Märkte nicht liquide. Spekulanten gehen Risiken ein, die andere nicht wagen. Sie sorgen dafür, dass es heute Kapital gibt für Dinge, die erst morgen Wirklichkeit werden. Doch Spekulanten können irren. Gewaltig irren. Denn sie leihen sich mehr Geld als jemals zuvor, sie pumpen es in noch gewagtere Geschäfte, sie gehen noch größerer Risiken ein. Das Verhängnisvolle: Wer Milliarden verzockt, schadet nicht nur sich selbst, sondern Banken und Unternehmen – manchmal einer ganzen Volkswirtschaft.

Welche Verwerfungen Spekulanten auslösen können, zeigt der heftigste Schlagabtausch, den sich zwei Börsenzocker jemals geliefert haben: der Texaner John Arnold und der Kanadier Brian Hunter. Die beiden handelten mit Gas, allerdings nicht mit dem Rohstoff selbst, sondern mit Wetten auf seinen Preis. Sie zocken mit Rohstoffen, die für Unternehmen in aller Welt lebenswichtig sind. Doch das interessiert die Rohstoffspekulanten nicht, und es ist ihnen auch egal, ob sie die Preise von Gas oder Öl steil nach oben oder unten treiben und damit das Geschäft von normalen Industriekonzernen erschweren. Sie sehen bloß die Milliarden, die sie mit ihren irrwitzigen Geschäften verdienen können.

Im Sommer 2006 treten Hunter und Arnold gegeneinander an, das Fachblatt *Trader Monthly* spricht später vom »Kampf der Titanen«. Hunter ist Chefhändler des Hedgefonds Amaranth Advisors. Er hat zuvor für die Deutsche Bank in New York gearbeitet und dieser mit Gas-Termingeschäften zeitweise einen hübschen Gewinn eingespielt. Auch Amaranth verhilft er 2005 zu einem Plus von 1 Milliarde US-Dollar, und in den ersten Monaten des Jahres 2006 häuft er sogar einen Überschuss von 2 Milliarden US-Dollar an. Amaranth sitzt, genauso wie der zugrunde gegangene Hedgefonds LTCM, in Greenwich im US-Bundesstaat Connecticut. Die Stadt vor den Toren New Yorks hat sich seit der Jahrtausendwende zu einem Mekka der Hedgefonds entwickelt.

Doch dann verlässt den 31-Jährigen das Glück. Die Börsenaufsicht verdächtigt ihn, die Preise zu manipulieren. Hunter wiederum unterstellt anderen, dass sie den Preis beeinflussen, und meldet dies den Behörden. So verliert Amaranth an einem einzigen Tag mehrere Hundert Millionen US-Dollar, als der Gaspreis während der letzten halben Börsenstunde nach oben schießt. Im Spätsommer spekuliert Hunter schließlich darauf, dass schwere Wirbelstürme den Süden der USA verwüsten und der Gaspreis steigen wird. Doch dann melden die Wetterstationen, dass die Stürme ausbleiben. Der Gaspreis fällt und statt eines Gewinns von 2 Milliarden US-Dollar steht ein Minus von 6 Milliarden US-Dollar in den Büchern – das Ende von Amaranth.

In ihrer Not fragen Hunters Leute bei John Arnold an, ob er den Fonds retten kann. Der lehnt ab. Arnold dürfte früh davon Wind bekommen haben, welches Spiel sein Rivale treibt. Denn er kennt sich aus im Handel mit Gas-Futures. Und so konnte er genau auf die entgegengesetzte Entwicklung der Preise wetten. Gelernt hat Arnold sein Geschäft beim Energiekonzern Enron. Mit einer Tantieme von 8 Millionen US-Dollar macht der junge Texaner sich 2002 selbstständig. Er gründet den Hedgefonds Centaurus und verdreifacht das Vermögen Jahr für Jahr. 2006 verdient sein Fonds, auch dank des Debakels von Amaranth, etwa 6 Milliarden Euro. Ein knappes Drittel, so wollen es die Regeln, gehört ihm: Mit einem Einkommen von 2 Milliarden US-Dollar katapultiert sich der 33-Jährige damit aus dem Nichts an die Spitze der amerikanischen Gehaltsskala. Er triumphiert. Hunter muss gehen.

Die Trümmer von Amaranth räumen andere Spekulanten beiseite. Einer von ihnen ist Kenneth Griffin, der Gründer des Hedgefonds Citadel. Er arbeitet wie ein Aasgeier. Griffin taucht auf, wo andere daniederliegen. Meist erwirbt er zu einem Spottpreis Papiere, mit denen andere sich verzockt haben. Er sammelt in der Immobilienkrise die notleidenden Hypothekenpapiere von Banken und Fonds ein. Er verleibt sich gemeinsam mit der Investmentbank J. P. Morgan Chase auch die Reste von Amaranth ein. Die Aasgeier von Citadel sind auf diese Weise zu einem der größten Hedgefonds der

Welt aufgestiegen, über 20 Milliarden Euro verwaltet Griffin. Er besitzt mit 40 Jahren über 3 Milliarden Euro und zählt zu den reichsten Amerikanern. Doch ausgerechnet er beklagt, dass es den Kapitalmärkten an Kontrolle fehle. Der Hedgefonds-König mit dem Milchgesicht schimpft, dass 29-jährige Jünglinge »die Märkte kontrollieren« und ihre Chefs »nur noch einen kleinen Teil ihres Geschäfts verstehen«. Die Finanzindustrie müsse ihr Geschäftsmodell überdenken und eine schärfere Regulierung akzeptieren, fordert Griffin. Nur so lasse sich »die große Depression an der Wall Street« überwinden. Und nur so lässt sich verhindern, dass große Banken in den Abgrund stürzen. Doch Griffins Warnung kommt zu spät, denn inzwischen hat die Krise, die in Amerikas Vorstädten begann, das Zentrum der Finanzindustrie erreicht.

Banken am Abgrund

Die größte Bankenkrise seit der Großen Depression beginnt am 12. Juni 2007 mit einer Meldung im *Wall Street Journal*. Zwei Hedgefonds der amerikanischen Investmentbank Bear Stearns seien in Not, berichtet die Wirtschaftszeitung. »High-Grade Structured Credit Strategies Enhanced Leverage Fund« heißt der eine, »High-Grade Structured Credit Strategies Fund« der andere. Die Meldung umfasst wenige Zeilen, insgesamt nur 90 Wörter – das ist alles.

Bear Stearns gilt als angesehen, erfahren und arrogant. Die Bank mit ihrer 85-jährigen Tradition ist die Nummer fünf unter den großen Investmenthäusern, ein Jahr zuvor hat das Magazin *Fortune* sie in die Liste der meistbewunderten Unternehmen des Landes aufgenommen. Gegründet wurde Bear Stearns 1923 von Joseph Bear, Robert Stearns und Harold Mayer. Geleitet wird die Bank von einem distinguierten Gentleman, der seit beinahe vier Jahrzehnten für Bear Stearns arbeitet: James Cayne hat sich vom einfachen Händler nach oben gedient und mag auch mit 73 Jahren nicht in den Ruhestand gehen. Er hat graue Haare, trägt konservative Anzüge und pflegt eine Vorliebe für Zigarren. Die Bank verlasse Cayne oft schon nachmittags, berichtet das *Wall Street Journal*. Im Sommer fliege er gern am Donnerstag mit dem Hubschrauber nach New Jersey, um ein langes Wochenende im Hollywood Golf Club zu verbringen. Bei Bear Stearns habe man sich daran gewöhnt, dass der Chef dann für ein paar Stunden nicht erreichbar ist, denn Handys sind auf dem Golfplatz verpönt. Der eitle Mister Cayne pflegt eine zweite Leidenschaft: das Kartenspiel Bridge. Cayne gehört zu den besten Spielern im Land: Ein Dutzend Mal hat er die nordamerikanische Bridgemeisterschaft gewonnen. Abends spielt er stundenlang am Computer, und wenn ein wichtiges Turnier ansteht, verschwindet er durchaus mal für ein paar Tage.

Der ältere Herr passt so gar nicht zu der neuen Finanzwelt, in der junge Trader Kreditderivate in Lichtgeschwindigkeit handeln und Mathematiker mit komplizierten Modellen errechnen, mit welchen Papieren die Banken eine Extrarendite erzielen können. Hedgefonds sind in dieser Welt die Gelddruckmaschinen. Früher haben meist kleine unabhängige Firmen diese Fonds betrieben, doch in den letzten Jahren haben auch die großen Banken zahlreiche Investmentklubs gegründet. Sie wollen nicht bloß die Konten und Depots der Hedgefonds verwalten und ihnen Geld leihen, sondern selber mitzocken. Kaum jemand denkt noch an den Zusammenbruch des weltgrößten Hedgefonds LTCM vor neun Jahren. Auch nicht die Händler von Bear Stearns, jener Bank, die sich 1998 als einzige der Rettungsaktion für LTCM verweigert hat.

Im Frühsommer 2007 bekommt Bear Stearns – ähnlich wie einst LTCM – zu spüren, wie gefährlich es sein kann, wenn Hedgefonds mit wenig eigenem und viel geliehenen Geld spekulieren. Allein der »High-Grade Structured Credit Strategies Enhanced Leverage Fund« hat seit seiner Gründung vor gerade mal einem Jahr knapp 7 Milliarden US-Dollar investiert, doch nur 600 Millionen US-Dollar davon gehören Bear Stearns, der Rest ist geliehen. Die Milliarden stecken vor allem in Papieren, deren Wert am Immobilienmarkt hängt. Doch dieser Markt ist überhitzt. So fallen seit dem Winter 2006/2007 die Hauspreise in den USA, die Kreditpakete, mit denen die Hypotheken auf Reisen geschickt wurden, verlieren an Wert. Bear Stearns hat wie kaum eine zweite Bank auf die komplizierten Immobilienpapiere gesetzt, auf MBSs und CDOs. Auch die beiden Hedgefonds haben das Geld vermögender Kunden in diese Kreditderivate gesteckt. Aber jetzt sind 1,5 Milliarden US-Dollar weg. Bankchef Cayne scheint das Desaster kalt zu lassen. Nur einen Tag nach dem Zusammenbruch der Fonds fliegt er für mehr als eine Woche zu einem Bridgeturnier nach Nashville.

Auch die Börsen nehmen die Probleme bei Bear Stearns gelassen hin. Die Aktienkurse steigen weiter. Mitte Juli 2007 erreicht der Deutsche Aktienindex Dax den höchsten Stand aller Zeiten. Ein paar Wochen lang zuckt er um die Marke von 8100 Punkten. Manche glauben, die seligen Zeiten der New Economy seien zurückgekehrt. Dass sich eine gigantische Krise zusammengebraut hat, will niemand wahrhaben. Diese Krise gilt anfangs als lokales Ereignis, als ein Problem von ein paar Hunderttausend Hausbesitzern in den USA. Doch sie springt schnell vom Häusermarkt auf den Kreditmarkt über, von dort auf die Banken und schließlich auf die gesamte Wirtschaft, erst die amerikanische, später die europäische. Diese Krise ist die schwerste, die die Finanzmärkte seit der Großen Depression gesehen haben.

Am 30. Juli 2007 erreicht die Krise Europa: Die IKB bricht zusammen. Nur eineinhalb Wochen später, am 9. August, einem Donnerstag, folgt der nächste Schock. Seltsame Dinge geschehen an diesem Tag auf einem Markt, für den sich sonst niemand interessiert: dem Interbankenmarkt. Die Banken helfen sich auf diesem Markt mit Krediten aus. Meist kurzfristig, meist nur für einen Tag, und stets ohne Sicherheiten. Ohne das geliehene Geld von der Konkurrenz wären viele Banken zahlungsunfähig. Doch am 9. August wollen sich die Banken gegenseitig nichts mehr leihen, sie misstrauen einander und fürchten, dass sie ihr Geld nie wiedersehen werden, weil der Kunde am nächsten Tag bankrott sein könnte. Deshalb schießt der Kurs für das sogenannte Tagesgeld um die Mittagszeit nach oben. Der Markt bricht zusammen. Eilig entschließt sich die Europäische Zentralbank (EZB) zu einer Rettungsaktion: Am Nachmittag pumpt sie 95 Milliarden Euro in den Markt und leiht den Banken kurzfristig Geld, einigen nur für einen Tag, anderen für drei Monate. In den nächsten Wochen wiederholt sich das Drama mehrmals: Immer wieder hilft die EZB aus. Die amerikanische Federal Reserve Bank, die Bank of England und die Schweizer Notenbank fluten den Markt ebenfalls mit Milliarden. Doch es gelingt ihnen nicht, die Banken zu beruhigen. Das Misstrauen bleibt.

Auch die Führungsleute von Bear Stearns überlegen in diesen Wochen, wie sie frisches Geld beschaffen können. Sie loten aus, ob ein Finanzinvestor bei ihnen einsteigt, sie reden mit einer chinesischen Bank; doch die Gespräche scheitern. Caynes Vorgänger Arthur »Ace« Greenberg glaubt, dass härtere Schritte erforderlich sind: Der 80-Jährige, der regelmäßig in der Bank auftaucht, fordert die Führungsspitze auf, sich aus dem Geschäft mit Hypothekenpapieren zurückzuziehen: »We've got to cut« – wir müssen da raus. Doch niemand folgt dem Ratschlag. Niemand will wahrhaben, dass Bear Stearns ins Verderben rennt.

Ehe es so weit ist, brechen zunächst zahlreiche kleinere und mittlere Banken zusammen: In den USA gehen Dutzende von Immobilienfinanzierern pleite. In Deutschland erwischt es im August 2007 die SachsenLB. In Großbritannien kollabiert im September 2007 die Hypothekenbank Northern Rock. Als die Nachricht im Radio kommt, stürmen die Kunden die Bank. Vor den Filialen bilden sich Schlangen. Solche Szenen hat man zuletzt während der Weltwirtschaftskrise gesehen. Einige Wochen später wird Northern Rock verstaatlicht.

Im Herbst 2007 treffen die Einschläge die Wall Street. Monatelang haben die Geldhäuser gehofft, dass der Sturm vorüberzieht und sich die Kreditderivate wieder erholen. Doch im Herbst ist der Markt tot: Niemand will die Wertpapiere mehr. Sie gelten plötzlich als Giftmüll, die Preise fallen, das Gold der MBSs und CDOs hat sich wieder in Blei verwandelt. Der Chef der Deutschen Bank, Josef Ackermann, vergleicht das, was sich in diesen Monaten in den Banken abspielt, mit einem Weinkeller: Alle wollen ihren Wein verkaufen und werden ihn deshalb nicht mehr los. Deshalb fallen die Preise, und der Wein verliert an Wert, ohne dass eine einzige Flasche verkauft wird.

Wenn der Hausherr seinen Wein auch noch auf Kredit gekauft hat, steht er irgendwann vor dem Problem, dass der Wein weniger wert ist als die Schulden. Deshalb müssen auch die großen Banken ihre Depots bereinigen: Allein die Citigroup, die größte Bank Amerikas, muss bis zum Januar 2008 über 24 Milliarden US-Dollar abschreiben. Die wichtigste Bank der Schweiz, UBS, verliert 18 Milliarden US-Dollar. Die Geldhäuser müssen sich neues Kapital beschaffen, und das liefern vor allem Staatsfonds aus Asien und der arabischen Welt: Sie nutzen die Not aus und steigen günstig bei den renommiertesten Banken der Welt ein.

Auch Bear Stearns trudelt. Im Dezember 2007 werden die ersten Kunden unruhig und ziehen ihr Geld ab. Als die Bank kurz vor Weihnachten den ersten Verlust ihrer 85-jährigen Geschichte einräumen muss, werden die Angestellten ebenfalls nervös. Sie drängen Bankchef Cayne aus dem Amt und befördern Alan Schwartz auf den Chefposten. Doch auch er vermag es nicht, das Vertrauen der Kunden zurückzugewinnen. Einer nach dem anderen verabschiedet sich, darunter viele Hedgefonds. Allein der Fonds S3 Partners zieht innerhalb von zwei Monaten 25 Milliarden US-Dollar ab. »Das Problem ist, dass die Finanzierung der Hedgefondsindustrie in wenigen Händen konzentriert ist«, meint Robert Sloan, geschäftsführender Partner bei S3. »Wenn eine der Banken untergeht, wären Tausende von Fonds eingefroren.«

Die Abgänge bleiben nicht geheim. In der zweiten Märzwoche 2008 kursieren Gerüchte, Bear Stearns könne das Geld ausgehen. Im Frühstücksfernsehen des Börsensenders CNBC versichert Bankchef Schwartz: »Nichts von diesen Spekulationen ist wahr.« Am nächsten Tag bittet er 40 Topleute der Bank zu einem Mittagessen. Die Stimmung ist düster, und sie verschlechtert sich weiter, als einer der Manager berichtet, dass soeben der Hedgefonds Renaissance Technologies 5 Milliarden US-Dollar abgezogen habe. Am Nachmittag erlebt Bear Stearns das, was man einen »bank run« nennt: Die Kunden stürmen das Institut, weil sie fürchten, im Falle eines Bankrotts alles zu verlieren. Um 19 Uhr sind die Reserven, die eine Woche zuvor noch 18,3 Milliarden US-Dollar betragen haben, nahezu aufgebraucht.

Schwartz weiß, was das heißt: Bear Stearns steht vor der Pleite. Er ruft James Dimon an, den Chef von J. P. Morgan Chase, der gerade mit seiner Familie in einem griechischen Restaurant in Manhattan seinen 52. Geburtstag feiert. J. P. Morgan ist die Hausbank von Bear Stearns. Auf dem Bürgersteig der 48. Straße erfährt Dimon, dass an diesem Abend Wichtigeres ansteht als seine Geburtstagsparty.

Dimon eilt in das Hauptquartier von Bear Stearns, das sich nur drei Blocks entfernt in der Madison Avenue befindet, und ruft Dutzende von Mitarbeitern herbei. Auch Angestellte des New Yorker Ablegers der Notenbank rasen dorthin, ebenso Dutzende von Rechtsanwälten. Die Juristen bereiten den Konkursantrag vor, während die Banker die ganze Nacht überlegen, wie sich das fünftgrößte Investmenthaus der USA retten lässt. Denn ein Zusammenbruch könnte Dutzende von Banken und Hedgefonds in den Abgrund reißen. Es droht ein Kollaps des Weltfinanzsystems. Spät abends informieren die Amerikaner auch den deutschen Finanzminister und den Bundesbankchef Axel Weber.

Als sich am nächsten Morgen um 5 Uhr früh US-Finanzminister Henry Paulson, US-Notenbankchef Bernanke und sein New Yorker Statthalter Timothy Geithner am Telefon zusammenschalten, drängt die Zeit. Gut eine Stunde lang diskutieren sie, dann steht der Entschluss: Der Staat wird die Bank herauskaufen – für 30 Milliarden US-Dollar. Die Fed leiht Bear Stearns das Geld und erhält dafür von der Bank einen Teil ihrer riskanten Hypothekenpapiere als Pfand. Erstmals gewährt die Fed damit einer Investmentbank einen Kredit; normalerweise vergibt sie ihr Geld nur an Geschäftsbanken. Und erstmals bricht die Fed mit ihrem eisernen Grundsatz, dass sie nur erstklassige Sicherheiten akzeptiert, wenn sie Geld bereitstellt. Die Notenbanker ringen sich dazu durch, allen Investmentbanken solche Notkredite zu gewähren: Der Staat, lautet die Botschaft, steht als Retter bereit.

Morgens um 6.45 Uhr erfährt die Führungsriege von Bear Stearns, dass die Bank gerettet ist. Vorerst jedenfalls. 28 Tage, so glauben sie, haben sie nun Zeit, Bear Stearns neu zu sortieren. Doch am Abend ruft Finanzminister Paulson bei Schwartz an, der sich nach zwei Tagen ohne Schlaf gerade auf dem Heimweg nach Greenwich vor den Toren New Yorks befindet. Paulson fordert ihn auf, die Bank bis Sonntagabend zu verkaufen. Schwartz kann es nicht fassen. Vor einem Kongressausschuss räumt er später ein, dass ihn der Anruf überrumpelt habe. Doch er hat keine Wahl. Eilig kontaktieren Schwartz und seine Leute am Samstag mögliche Käufer. Auch Josef Ackermann, der Chef der Deutschen Bank, erhält einen Anruf. Er ist mit seiner Frau gerade zum Shopping in New York. Doch Ackermann winkt ab: Er will Bear Stearns nicht. Am Sonntagabend, kurz bevor die Börsen in Asien wieder öffnen, steht schließlich ein Deal. Zum Spottpreis von 236 Millionen US-Dollar kauft J. P. Morgan Chase den maroden Rivalen.

Gerade mal 2 Dollar sollen die Manager von Bear Stearns, denen ein Teil der Bank gehört, für jede ihrer Aktien bekommen. Sie sind empört, denn ihre Altersvorsorge hat sich in Luft aufgelöst. Vor allem Cayne sträubt sich. Ihm gehören dank der vielen Aktienoptionen, die er im Laufe der Jahre angesammelt hat, 5 Prozent von Bear Stearns. Im Januar 2007 war das Paket 1,2 Milliarden US-Dollar wert, nun soll er gerade mal 13,4 Millionen Dollar erhalten. Insbesondere Finanzminister Paulson hat auf einen niedrigen Preis gedrängt: Er will nicht den Eindruck erwecken, als versuche der Staat das Vermögen einer Hand voll reicher Banker zu retten. Doch der Deal droht zu scheitern. Deshalb erhöht J. P. Morgan Chase ein paar Tage später sein Gebot auf 10 US-Dollar. Cayne nutzt die Gelegenheit und macht Kasse: Er verkauft seine gesamten Anteile für gut 60 Millionen US-Dollar.

Die Rettungsaktion für Bear Stearns markiert einen Wendepunkt in der Wirtschaftsgeschichte: Die USA haben damit deutlich gemacht, dass es Banken gibt, die »too big to fail« sind, also zu groß, um sie bankrottgehen zu lassen. Das alte Credo, dass die Märkte es allein richten werden – es gilt nicht mehr. »An diesem Tag«, schreibt der Chefökonom der *Financial Times*, Martin Wolf, »ist der Traum vom globalen freien Kapitalismus gestorben.« Drei Jahrzehnte lang hätten die Industrie- und die Schwellenländer ihre Finanzmärkte entfesselt, nirgends sei die Deregulierung so weit gegangen wie in den USA. Amerika sei China oder Indien als leuchtendes Beispiel vorgehalten worden. Durch die Hilfe für Bear Stearns hätten die USA als »Hauptprotagonist der freien Marktwirtschaft« gezeigt, dass diese Ära an ihr Ende gelangt sei: »Die Deregulierung hat ihre Grenze erreicht.«

Doch Bear Stearns ist bloß der Anfang: Sechs Monate später, im September 2008, erlebt die Wall Street ein noch größeres Beben – den größten Banken- und Börsenkrach seit der Weltwirtschaftskrise. Verzweifelt versuchen die Regierungen, ihre Geldhäuser vor dem Konkurs zu bewahren und ein Massensterben zu verhindern. Ausgerechnet der erste Versuch misslingt – und das hat fatale Folgen.

Kapitel 8

Der große Crash

»Es ist Gefahr im Verzug. Es geht darum, Schaden von der Bundesrepublik Deutschland abzuwenden.«

Peer Steinbrück, Bundesfinanzminister, 2008

Beinah eineinhalb Jahre lang glauben alle, die Finanzkrise sei ein amerikanisches Problem. Und die USA müssten dieses lösen. Doch als am 15. September 2008 die amerikanische Investmentbank Lehman Brothers in Konkurs geht, bricht ein gewaltiger Orkan los, der binnen weniger Wochen den ganzen Globus erfasst. Die Amerikaner lassen diese Bank ganz bewusst untergehen, denn sie wollen den Bankern an der Wall Street deutlich machen: Nicht jedes Geldhaus, das staatliche Hilfe beantragt, bekommt diese Hilfe auch.

Doch die Welt bezahlt für diesen Fehler teuer, denn in den kommenden Wochen bricht das Finanzsystem zusammen. Die Banken trauen sich gegenseitig nicht mehr, sie leihen einander kein Geld mehr und treiben sich gegenseitig in den Bankrott. Jeder fragt: Wer wird der Nächste sein? In der Folge bricht der Handel mit Derivaten zusammen und schließlich brechen auch die Aktienbörsen ein. Rund um den Globus erleben die Börsen im Herbst 2008 einen Ausverkauf, wie es ihn seit dem 24. Oktober 1929 nicht mehr gegeben hat. Die Regierungen und die Notenbanken stemmen sich verzweifelt gegen die Krisen. Amerikaner und Europäer schmieden gewaltige Rettungspakete, jedes mehrere Hundert Milliarden US-Dollar beziehungsweise Euro schwer, um ein Massensterben der großen Banken zu verhindern. Doch die Krise erfasst nicht bloß Banken und Börsen, sondern die gesamte Wirtschaft. Ganze Staaten geraten in Schieflage, erst Island, dann die Ukraine, Ungarn, Pakistan und Weißrussland. Der Internationale Währungsfonds muss den bedrohten Nationen wie ein Jahrzehnt zuvor in der Asienkrise mit milliardenschweren Notkrediten zu Hilfe eilen, um sie vor einem Bankrott zu bewahren. Auch China, Russland und Indien geraten in den Strudel der Krise. Und selbst die reichen Ölstaaten am Persischen Golf bekommen die Folgen des Börsenbebens zu spüren. Was im Frühjahr 2007 als Krise am amerikanischen Immobilienmarkt begann, entwickelt sich im Herbst 2008 binnen weniger Wochen zu einer weltumspannenden Krise. Zu einer zweiten Weltwirtschaftskrise.

Lehman Brothers – die Mutter aller Niederlagen

Es ist schwül in dieser Nacht. Den Menschen, die sich zu später Stunde durch die Straßen von Manhattan bewegen, steht der Schweiß auf der Stirn. Auch den Männern, die im wuchtigen Bau des New Yorker Ablegers der amerikanischen Notenbank in der Liberty Street tagen, ist heiß. 27 Grad Celsius zeigen die Thermometer am Abend des 14. September 2008. Die Chefs der führenden Banken Amerikas schlagen in dieser Nacht die »Mutter aller Schlachten«. Sie versuchen an diesem Sonntag, die Wall Street zu retten. Das Herz des Kapitalismus. Es geht um das Schicksal von Lehman Brothers, eines der fünf großen Investmenthäuser. Und es geht um das Schicksal aller großen Banken, die Zukunft des Weltfinanzsystems.

Denn alle Banken, deren Vertreter in dieser Nacht in die New Yorker Fed gekommen sind, haben Geschäfte mit Lehman gemacht, sie haben Forderungen in ihren Büchern, die im Fall eines Bankrotts wertlos wären. Und sie haben mit jenen obskuren Papieren gezockt, die der Investor Warren Buffett einige Jahre zuvor als »finanzielle Massenvernichtungswaffen« bezeichnet hat: mit Credit Default Swaps, einer Versicherung für den Fall, dass ein Unternehmen untergeht. Abgekürzt heißen sie CDS. 62 Billionen US-Dollar sind Anfang 2008 diese »esoterischen Finanzinstrumente« wert, wie sie der Spekulant George Soros nennt. Das ist mehr als die jährliche Wirtschaftsleistung der gesamten Welt. Diese hochriskanten Pleitepapiere wurden Mitte der neunziger Jahre von einem Team der amerikanischen Investmentbank J. P. Morgan erfunden.

Alles begann Mitte der neunziger Jahre an einem arbeitsreichen, aber auch feucht-fröhlichen Wochenende, zu dem die Bank ihre Derivatehändler in ein Hotel in Boca Raton in Florida eingeladen hatte. Dort entstand die Idee, auch Derivate auf Kredite zu schaffen, nicht bloß auf Aktien, Zinsen oder Währungen. Der Grundgedanke war simpel: Wenn es gelänge, die Risiken auf jene Kredite in Milliardenhöhe, die J. P. Morgan selbst in den Büchern hält, an jemand anders zu verkaufen, dann müsste die Investmentbank dafür keine Reserven mehr halten – und könnte prompt weitere Kredite vergeben. Als J. P. Morgan in der Asienkrise mit seinen Krediten viel Geld verliert, weil die Unternehmen sie nicht mehr bedienen können, gewinnt die Idee an Fahrt: Blythe Masters, eine ehemalige Mathematikstudentin der Universität Cambridge, die gerade mal Mitte zwanzig ist, und ihr Kollege Bill Demchak, ein Amerikaner Anfang dreißig aus Pittsburgh, entwickeln ein Produkt namens BISTRO, den ersten Credit Default Swap für den Massengebrauch.

Zunächst säubern die Händler von J. P. Morgan damit die Bilanz ihrer eigenen Bank. Dann verkaufen sie die Kreditversicherung an andere Banken, an Versicherungen und Fonds. Die neuen Papiere werden ihnen förmlich aus den Händen gerissen. Erst handeln sie mit Dutzenden, dann mit Hunderten von Milliarden US-Dollar. Die jungen Trader in der Derivateabteilung, die meist erst ein paar Jahre zuvor die Universität verlassen haben, kassieren plötzlich Boni in Millionenhöhe. Sie sind reich. Und sie fühlen sich mächtig. Sehr mächtig sogar. Sie sind die neuen Helden der Bank. Sie entwickeln ständig neue Varianten von Credit Default Swaps. Ab der Jahrtausendwende explodiert der Handel mit den obskuren Papieren. Denn Banken und Hedgefonds nutzen die CDS-Papiere nicht bloß dazu, sich abzusichern, sondern sie funktionieren diese zu riskanten Wetten um: Sie spekulieren mit den Pleitepapieren darauf, dass ein Unternehmen bankrottgeht.

Und nun droht einem der wichtigsten Spieler in diesem bizarren Markt selbst der Bankrott: der Investmentbank Lehman Brothers. Gegründet vor 158 Jahren als Gemischtwarenladen in

Montgomery im Bundesstaat Alabama, anfangs geführt von drei deutschen Einwanderern, den Brüdern Heinrich, Emanuel und Mayer Lehmann aus Rimpar in Unterfranken. Im 20. Jahrhundert eine der angesehensten Adressen der Finanzwelt. Noch aggressiver als ihre Kollegen in den meisten anderen Investmenthäusern haben die Händler von Lehman Brothers mit Derivaten aller Art gespielt und sich dabei verzockt: Mit Zins-, Devisen- Rohstoff- und Währungs-Swaps. Mit Kreditderivaten, die auf Immobilien- oder Verbraucherschulden basieren. Und vor allem mit Credit Default Swaps.

In den Wochen zuvor hat Richard Fuld, der Chef der Bank, alles versucht, um einen Bankrott zu verhindern. Fuld führt Lehman Brothers seit 15 Jahren, an der Wall Street nennt man ihn den »Gorilla«. Er hat sein Unternehmen Staatsbanken aus Korea und China angedient, außerdem diversen Finanzinvestoren – alle winken ab. Am Freitag, dem 12. September 2008, ist klar: Lehman Brothers kann nicht einen Tag länger ohne fremde Hilfe überleben. Und so lädt Timothy Geithner, der Chef des New Yorker Ablegers der Federal Reserve, die wichtigsten Wall-Street-Banker um 18 Uhr eilig in sein Hauptquartier. Der 47-Jährige ist der wichtigste staatliche Helfer, den die Banken in dieser Krise haben. Geithners Büro ist ein paar Schritte von der Börse entfernt, und nur ein paar Hundert Meter von den meisten großen Finanzkonzernen. In den neunziger Jahren war er ein hoch talentierter, aber unbekannter Beamter im Finanzministerium; seit 2003 leitet er die New Yorker Fed und ist der Mann, der die Welt retten soll. 30 Banker blicken ihn an diesem Abend an, die Chefs der großen Geldhäuser. Sie tagen im ersten Stock, an einem langen Tisch, an dem einige von ihnen zehn Jahre zuvor saßen, um den Hedgefonds LTCM zu retten. Geithner wird flankiert von Henry Paulson, dem Finanzminister, und Ben Bernanke, dem obersten Währungshüter. Geithner macht den Bankern gleich zu Beginn klar, dass die Fälle von Lehman und Bear Stearns sich nicht vergleichen lassen: »Diesmal gibt es keinen politischen Willen, dass der Staat die Bank herauskauft.«

Die Anspannung an diesem Abend ist groß. Kurz zuvor hat

Geithner erfahren, dass der Versicherungsriese AIG ebenfalls in Not ist. Der größte Versicherungskonzern der Welt bietet alles an von Rentenversicherungen für Lehrer bis hin zu Versicherungen für Kühe – und ist eigentlich kerngesund. Doch eine kleine Unterabteilung von AIG in London hat mit Credit Default Swaps und anderen Derivaten hantiert. Verluste von 18 Milliarden US-Dollar hat AIG deshalb in den Monaten zuvor eingefahren. Denn seit die Finanzwelt fürchtet, dass immer mehr Banken bankrottgehen könnten, spielt der Markt für CDS verrückt. Die Grundidee der Pleitepapiere, nämlich Sicherheit zu gewähren, verkehrt sich ins Gegenteil – sie sorgen für immer mehr Unsicherheit. Denn immer mehr Unternehmen geraten in Zahlungsnot. Dies bricht AIG das Genick. Credit Default Swaps im Wert von 441 Milliarden US-Dollar hat der Versicherungskonzern in seinen Büchern stehen. Papiere, die AIG zum Teil selbst ausgegeben und an andere Finanzkonzerne verkauft hat. Auch an Lehman Brothers. Diese Geschäfte wären im Falle eines Konkurses von AIG wertlos. Eine Kettenreaktion wäre die Folge. Sie würde Banken und Finanzkonzerne in aller Welt zu Fall bringen. Doch während die Banken in der New Yorker Fed über das Schicksal von Lehman beraten, ahnt noch niemand, wie viel Geld AIG zum Überleben braucht. Von 20 Milliarden US-Dollar ist die Rede. In Wahrheit ist das Loch sehr viel größer.

Am nächsten Morgen, es ist Samstag, sitzen die Wall-Street-Bosse erneut beisammen. Unverdrossen hoffen sie darauf, dass die Regierung einspringt. Aber Paulson bleibt bei seinem »No!«. Der Finanzminister befürchtet, dass er andernfalls jedes Unternehmen retten muss, das in Not gerät. Die bisherigen Hilfsaktionen erweisen sich nun als Last: Sie haben das fatale Signal ausgesendet, dass es auf solides Geschäftsgebaren nicht ankommt – weil der Staat als Retter parat steht. Geithner und Paulson fordern die Banker deshalb auf, selbst ein Hilfspaket zu schnüren. Doch die Herren sträuben sich: »Falls wir uns darauf einlassen – wo soll das Ganze enden?«, fragt John Mack, der Chef von Morgan Stanley. Welche Bank, soll das heißen, müssen die Finanzhäuser als nächste retten? Einer der Beteiligten spricht vom »größten Pokerspiel der Welt«.

Die Kapitulation der Wall Street

In den Hinterzimmern der New Yorker Fed kämpft derweil eine weitere Investmentbank ums Überleben: Merrill Lynch. Deren Chef John Thain ruft Banken im In- und Ausland an und bietet sein Institut zum Kauf an. Denn er weiß: Sollte Lehman bankrottgehen, würden sich die Spekulanten als nächstes Merrill Lynch vorknöpfen. Es droht jener Dominoeffekt, den alle befürchten: der große Crash. Doch der Samstag endet ohne jede Lösung – weder für Lehman noch für Merrill noch für AIG. Das Loch bei AIG wächst und wächst, es beläuft sich inzwischen auf 40 Milliarden US-Dollar.

Auch am Sonntag kommen Geithner und die Wall-Street-Bosse zunächst nur mühsam voran. Am Nachmittag springt der letzte Interessent für Lehman Brothers ab, die britische Barclays Bank. Nun wissen alle Beteiligten: Sie haben keine Wahl, sie müssen, wenn der Staat nicht eingreift, Lehman Brothers in Konkurs schicken – eine Bank mit 25 000 Angestellten, mit Niederlassungen in der halben Welt, auch in Deutschland. Die Wall Street erlebt den ersten Bankrott einer Investmentbank seit 1990; damals ist Drexel Burnham Lambert zusammengebrochen. Nur wenige Stunden später erfährt die Welt, dass Merrill Lynch ebenfalls nicht allein überleben kann: Die Investmentbank flüchtet sich in die Arme der Bank of America. Und dann sickert aus den Verhandlungen durch, dass AIG wankt. Inzwischen fehlen dem Versicherungsriesen »60 Milliarden US-Dollar plus«, wie die Experten errechnet haben. Und sie wissen nicht, wie groß »plus« sein wird.

Drei Schocknachrichten binnen weniger Stunden: Es ist das Ende der Wall Street, wie es sie bisher gab. Binnen weniger Tage verschwinden die großen Investmenthäuser. Lehman: pleite. Merrill Lynch: verkauft. Goldman Sachs und Morgan Stanley: umgewandelt in schnöde Universalbanken. Die Zentrale des Kapitalismus kapituliert. Bis dahin war die Wall Street der Stolz Amerikas. Der Ort, der die Spielregeln der Weltwirtschaft bestimmte. Ein Ort der Überheblichkeit und Arroganz, der Fahrlässigkeit und Sorglosigkeit. Die Investmentbanken haben Amerika über Jahrzehnte hinweg mit Geld versorgt, sie haben eine schier unerschöpfliche Geldmaschine befeuert, die nun nicht mehr funktioniert. Die Schockwellen dieser Krise sind rund um den Globus zu spüren: Überall brechen die Aktienmärkte ein, die Investoren fliehen aus den Schwellenländern und misstrauen den großen Banken. Russland muss die Börse schließen und mehrere Dutzend Milliarden Euro in den Aktienmarkt pumpen, um die Anleger zu beruhigen und den völligen Zusammenbruch der Börse zu verhindern. In Großbritannien, Deutschland und den Benelux-Staaten wanken mehrere Banken.

Die Kapitulation der Wall Street trifft zunächst aber vor allem Amerika. Denn der Boom des Landes beruhte zu einem großen Stück auf der Selbsttäuschung, dass Geld sich beliebig vermehren lasse und stets im Überfluss vorhanden sei. Diese Illusion trägt nicht mehr. Sieben Jahre nach den Anschlägen des 11. September spüren die Amerikaner, dass nicht nur ihre militärische Sicherheit in Gefahr ist, sondern auch ihre ökonomische. Dem Krieg gegen den Terror folgt der Krieg an den Kapitalmärkten. Das Selbstvertrauen der Nation wird untergraben. »Amerika«, prophezeit der Soziologe Richard Sennett, »ist ein Land im Niedergang.«

Der Niedergang setzt sich in den nächsten Monaten in einem atemberaubenden Tempo fort. Bereits zwei Tage nach dem Aus von Lehman müssen Geithner, Bernanke und Paulson erkennen, dass sie ihre harte Linie nicht durchhalten können. »No more bailouts« – das mag bei der Investmentbank gegangen sein, beim größten Versicherungskonzern der Welt geht es nicht. Denn AIG braucht Geld. Jetzt! Sofort! Und zwar 85 Milliarden US-Dollar. Andernfalls droht eine Katastrophe. Der New Yorker Fed-Chef und seine Mitstreiter haben keine Zeit mehr, die Zahlen von AIG noch einmal ernsthaft zu prüfen. Sie sagen den Notkredit zu, anfangs 85 Milliarden US-Dollar, zwei Wochen später sogar 123 Milliarden US-Dollar. Und fordern einen Preis: Das Unternehmen wird verstaatlicht. Sein Chef, der erst seit drei Monaten im Amt ist und für den Schlamassel nichts kann, muss gehen.

Die Anleger kann die Rettung von AIG nicht beruhigen. Im Gegenteil. Sie reagieren geradezu panisch auf das Drama. Sie ziehen ihr Geld überall ab, wo es auch nur den Hauch eines Risikos geben könnte. Selbst Geldmarktfonds, die als absolut sicheres Investment galten, stehen unter Verdacht: Sind sie der nächste Dominostein, der kippt? Die Anleger vertrauen nur noch dem Staat und kaufen Regierungsanleihen. Oder Gold. Oder sie halten Bares. Nun ist klar: Die Subprime-Krise war nur das Vorspiel. Was im Herbst 2008 sichtbar wird, ist das eigentliche Beben. Und die Credit Default Swaps sind die eigentliche Gefahr.

Die Pleitepapiere richten weitaus mehr Schaden an als die Kreditbündel, die die Investmentbanken auf Reisen geschickt haben, all die ABS-, MBS- und CDO-Papiere. Credit Default Swaps werden in einem Schattenreich gehandelt, außerhalb der Börse. Keine Behörde wacht über den Markt. Stattdessen zocken die Händler untereinander. Auf Knopfdruck am Computer. Auf Zuruf am Telefon. Der Markt hat nur wenige Teilnehmer: Neun von zehn Geschäften finden zwischen den zehn größten Finanzhäusern statt. Es ist ein Markt, der aus dem Ruder läuft. Als der Autozulieferer Delphi bankrottging, standen bei ihm Schulden von 5 Milliarden US-Dollar aus. Die CDS-Artisten hatten darauf aber Wetten von über 28 Milliarden US-Dollar abgeschlossen.

Die CDS-Papiere funktionieren prächtig, solange alles rund läuft. Niemand sorgt sich, denn die Pleitepapiere haben den Segen Alan Greenspans: »CDS sind wahrscheinlich die wichtigsten Finanzinstrumente überhaupt«, erklärt er, »sie haben es ermöglicht, dass die US-Banken ihre Risiken auf stabile amerikanische und internationale Institutionen verteilen konnten.« Bricht allerdings ein Unternehmen zusammen, wird es für den Versicherungsgeber teuer: Er muss den Schaden ersetzen. Den tatsächlichen Schaden oder – wenn es sich um reine Zockerei handelt – den verwetteten Schaden.

Wie gefährlich diese seltsamen Finanzinstrumente sind, bekommt im März 2008 auch ein kleiner Staat im Norden Europas zu spüren: Island. Hedgefonds wetteten mit Credit Default Swaps darauf, dass Island seine Verbindlichkeiten nicht mehr bedienen kann. Daraufhin schießen die Preise für die CDS-Papiere, mit denen die Schulden der größten isländischen Banken versichert werden, fast senkrecht nach oben. Sieben Monate später, im Oktober 2008, ist

Island praktisch bankrott. Das Land kann seine Auslandsschulden nicht mehr bezahlen. Vor allem deutsche Banken haben dem kleinen Land sehr viel Geld geliehen, insgesamt 16 Milliarden Euro; das entspricht einem knappen Drittel der isländischen Schulden. Doch nun ziehen die Investoren ihr Geld ab. Die Währung des Landes, die Krona, stürzt ins Bodenlose.

Und niemand will den Isländern helfen, nicht einmal die Briten, die dem Land immer besonders eng verbunden waren. Die Regierung in London wendet sogar ein Anti-Terror-Gesetz an, um an das Vermögen britischer Sparer bei Islands Banken zu schützen. In ihrer Verzweiflung wendet sich die Regierung aus Reykjavik schließlich an Russland, um einen Notkredit zu erhalten. Denn Island hat sich ähnlich hoch verschuldet wie einst die Banken der Wall Street und braucht nun dringend Geld. Die Kreditinstitute haben massiv um Kunden im Ausland geworben, nun stehen sie unter staatlicher Zwangsverwaltung – und die Kunden, darunter mindestens 30 000 Deutsche, können nicht mehr an ihr Geld. Schließlich muss Island beim Internationalen Währungsfonds um einen Notkredit betteln – das Land, das in den achtziger und neunziger Jahren dem Rat von neoliberalen Ökonomen gefolgt war, ist bankrott.

Doch der Zusammenbruch der Wall Street hat noch weitaus einschneidendere Folgen. Es droht ein Flächenbrand, ein Inferno an den Finanzmärkten, das Hunderte von Banken und Finanzkonzernen vernichten könnte. Am Donnerstag, dem 18. September, ist den Verantwortlichen in Washington und in der New Yorker Fed klar: Sie können nicht jeden Tag ein neues Feuer ersticken, das auflodert. Sie müssen den kompletten Brand löschen. Am Nachmittag eilt Finanzminister Henry Paulson zum Kapitolshügel, um den Abgeordneten im Kongress seinen Plan zu erläutern: Mit 700 Milliarden US-Dollar will der Staat die Wall Street herauspauken. Ein Fonds soll den Banken ihre vergifteten Hypothekenpapiere abkaufen und das Übel an der Wurzel packen. Denn am Anfang der Krise stand der Absturz der Immobilienpapiere. Wenn die Regierung hier ansetze, bei den sogenannten Subprime-Papieren, dann, so lautet die Idee von Paulson, werden sich die Märkte insgesamt beruhigen.

Eine gut gemeinte, aber verfehlte Idee. Denn das Subprime-Virus ist längst mutiert. Es ist in andere Wertpapiere geschlüpft, die nichts mit dem Immobilienmarkt zu tun haben. Überall grassiert das Virus des Misstrauens. Wie soll die Panik verschwinden, wenn die US-Regierung nur an einem Ende des Finanzmarkts eingreift, während am anderen Ende die Furcht umgeht? Und warum sollen 700 Milliarden US-Dollar genügen, wenn allein in Amerika ein Vielfaches in »vergifteten« Kreditpaketen steckt?

Die Abgeordneten im Kongress zögern, das Paket durchzuwinken, vor allem die Republikaner. Sie stellen sich gegen ihren Präsidenten. Sie halten nichts vom starken Staat, der mit seinen Milliarden um sich wirft. Und sie spüren den Druck ihrer Wähler, die sie mit Briefen, E-Mails und Anrufen bombardieren. Was geschähe, wenn der Kongress den Fonds nicht billige, will einer der Abgeordneten von Paulson wissen: »Dann kann uns nur noch der Himmel helfen«, antwortet der Finanzminister. Doch die Parteifreunde von George W. Bush lassen es darauf ankommen. Sie bringen am 29. September die erste Version des Rettungspakets im Repräsentantenhaus zu Fall und schicken die Aktien auf Talfahrt. Der Dow Jones verliert an diesem Tag 777 Punkte, mehr als jemals zuvor. Der Börsenhimmel stürzt ein.

Nur vier Tages später schicken Bush und Paulson ihr Paket erneut in den Kongress, ergänzt durch Steuererleichterungen für Familien und Geringverdiener in Höhe von 150 Milliarden US-Dollar. Diesmal geht es durch. Nur wenige Minuten später unterzeichnet Bush das Gesetz und verkündet: »Wir haben mutig gehandelt, um zu verhindern, dass die Krise an der Wall Street zu einer Krise im ganzen Land wird.«

Ob der Rettungsplan dazu allerdings ausreicht, ist mehr als zweifelhaft. Denn längst ist die Krise auf die normale Wirtschaft übergesprungen: Die Unternehmen in Amerika, aber auch in Europa, streichen Hunderttausende Jobs. Ökonomen sagen eine schmerzhafte Rezession voraus. Während die Krise sich zuspitzt, läuft in Amerika und Europa das »blame game« an, die Suche nach dem Schuldigen für das Desaster, das so plötzlich über das Land gekommen ist. Wer ist verantwortlich für diesen Absturz?

Alle haben versagt – die Suche nach den Schuldigen

David Einhorn sieht aus, als könne er keiner Fliege etwas zuleide tun. Ein glattes, bubenhaftes Gesicht. Dunkle, samtweiche Augen. Kurze, krause Haare. 39 Jahre alt ist der Mann, der an der Wall Street gehasst wird wie kein anderer. Er hat, sagen seine Gegner, Lehman Brothers auf dem Gewissen. Der Hedgefondsmanager hat so lange gegen die Bank gewettet, bis es diese nicht mehr gab. Einhorn habe die Bank in die Pleite getrieben, erklärt Lehman-Chef Richard Fuld später vor einem Untersuchungsausschuss des amerikanischen Kongress. Doch ist ein einzelner Spekulant dazu in der Lage? Sucht Fuld bloß einen Schuldigen, um von eigenem Versagen abzulenken? Oder hat er Recht?

Einhorn leitet den Hedgefonds Greenlight Capital, einen jener Zockerklubs, die immer einen Weg finden, viel Geld zu verdienen – selbst dann, wenn die Kurse fallen. Einhorn hat dazu einen Trick angewendet, den viele Spekulanten nutzen: Er verkauft Aktien, die ihm gar nicht gehören, sondern die er sich nur geliehen hat. Je mehr Aktien er verkauft, umso stärker fällt der Kurs – auf diese Weise hat Einhorn auch die Aktie von Lehman Brothers nach unten getrieben. Anschließend hat er zu diesem niedrigen Kurs die Aktien wieder aufgekauft und an denjenigen zurückgegeben, der sie ihm geliehen hat – die Differenz hat er als Gewinn eingestrichen. Leerverkäufe nennt man solche Spekulationsgeschäfte, oder »Short Selling« im Englischen. Die perverse Steigerung davon sind nackte Leerverkäufe, oder »Naked Short Selling«: In diesem Fall leiht sich der Spekulant die Papiere gar nicht, sondern verkauft Aktien, die er nie in Händen hatte.

Einhorn hat seine Attacke auf Lehman gründlich vorbereitet. Im Sommer 2007 stellt er eine Liste mit 25 Finanzkonzernen auf, deren Aktien er für überbewertet hielt. Greenlight Capital beginnt darauf zu wetten, dass diese Aktien fallen. Einhorn sieht sich als guten Menschen, er hält das ganze Treiben der Investmentbanker für »unmoralisch«. Nach und nach verdichtet er seine Liste – und kürt Lehman Brothers zu seinem Hauptziel. Anders als bei Hedgefonds üblich, bekennt Einhorn in aller Öffentlichkeit, dass er gegen Lehman spekuliert:»Ich werde diese Wette durchhalten. So lange, bis bewiesen ist, dass ich Recht habe«, verkündet er. Lehman Brothers versucht alles, um den Angriff abzuwehren.»Ich will den Short Sellern wehtun, das ist mein Ziel«, sagt Bank-Chef Fuld im April. Interne E-Mails zeigen, wie groß der Hass auf Einhorn ist: Er wolle 2 Milliarden US-Dollar einsetzen,»um Einhorn wegzuhauen«, schreibt ein Topmanager der Bank an Fuld.»Ich bin mit allem einverstanden«, antwortet der Lehman-Chef. Doch am Ende wird nicht Einhorn weggehauen, sondern Lehman Brothers.

Auch andere Banker machen die Leerverkäufer für den Niedergang der Wall Street verantwortlich. Die Spekulanten hätten alles getan, um die Kurse in jene Richtung zu bewegen, die ihnen Geld bringt. Sie hätten Gerüchte gestreut, erlogene Nachrichten, falsche Zahlen. Sie hätten, ähnlich wie ein Unternehmen, das an die Börse geht, eine»Story«geschaffen – in diesem Fall keine positive, sondern eine negative. In der Tat ist das Geschäft der Leerverkäufer bizarr. Wie kann es angehen, dass jemand mit Wertpapieren zockt, die ihm gar nicht gehören? Wieso lassen die Aufseher ein Geschäftsmodell zu, mit dem grundsolide Unternehmen in den Bankrott getrieben werden können? Denn wenn der Aktienkurs erst einmal steil fällt, verlieren Banken das Vertrauen in die Firmen, leihen ihnen kein Geld mehr. Und es tritt ein, worauf die»Short Seller«spekulieren: der Konkurs.

Nur drei Tage nach dem Zusammenbruch von Lehman Brothers beklagt sich auch John Mack, der Chef von Morgan Stanley, in einem Memo an seine Mitarbeiter, dass»Leerverkäufer unsere Aktie nach unten drücken«. Er werde Finanzminister Henry Paulson bitten, »dieses unverantwortliche Handeln zu beenden«. Noch deutlicher attackiert Andrew Cuomo, der New Yorker Generalstaatsanwalt, die Hedgefonds:»Sie sind wie Plünderer nach einem Hurrikan.«Zugleich leitet er Ermittlungen gegen die Leerverkäufer ein. Auch die amerikanische Börsenaufsicht SEC argwöhnt, dass die Leeverkäufer Aktien»künstlich und unnötigerweise«auf ein Niveau drücken, das sie unter normalen Umständen niemals erreicht hätten.

All diese Erkenntnisse kommen spät. Zu spät. Solange die Börsenkurse stiegen, störte sich niemand an den »Short Sellern«. Ebenso wie die Hedgefonds seit Jahren Leerverkäufe tätigen, haben auch die Investmentbanken auf diese Technik gesetzt – und den Fonds zudem Milliarden für ihre waghalsigen Wetten geliehen. Schon im März 2008, als Bear Stearns zusammenbricht, hält sich hartnäckig der Verdacht, dass Spekulanten den Bankrott beschleunigt hätten. Hedgefonds hätten mit Leerverkäufen den Kurs von Bear Stearns in den Keller getrieben. So kursierten schon Tage vorher Gerüchte, die Bank sei pleite. Der Banker, der Bear Stearns rettet, James Dimon von J. P. Morgan, fordert deshalb, solch zwielichtigen Geldmanagern das Handwerk zu legen und sie einer gerechten Strafe zuführen: »Werft sie ins Gefängnis – und zwar nicht nur für kurze Zeit.«

Doch die Behörden zaudern. Im Frühjahr 2008 ringen sie sich nur zu einem relativ harmlosen Schritt durch und verbieten Leerverkäufe für 17 Finanzaktien. Erst nach dem Zusammenbruch von Lehman weiten die Börsenkontrolleure ihren Bann auf mehrere Hundert Aktien aus. Die deutsche Finanzaufsicht BaFin und die britische FSA verbieten für bestimmte Aktien ebenfalls das »Short Selling«. Aber warum haben sie diese Zockerei nicht schon früher verboten? Warum haben sie weggeschaut? Die Aufseher haben schlicht ignoriert, dass die Leerverkäufer schon den Crash von 1929 mit ausgelöst hatten. Das perfide Geschäft der »Short Seller« war danach größtenteils verboten worden. Doch einige Jahrzehnte später wurden die riskanten Wetten wieder zugelassen. So wetteten Hedgefonds in der Asienkrise mit Leerverkäufen gegen die Währungen der Tigerstaaten.

Die Finanzmarktwächter müssen sich auch vorwerfen lassen, dass sie nichts gegen Credit Default Swaps unternommen haben. Warum haben sie nicht hingehört, als die berühmtesten Spekulanten der Welt, George Soros und Warren Buffett, vor »esoterischen« Finanzinstrumenten und »finanziellen Massenvernichtungswaffen« warnten? Und warum haben sie alle Versuche hintertrieben, Derivate schärfer zu regulieren?

Erst in der Krise kümmert sich Christopher Cox, der Chef der amerikanischen Börsenaufsicht, um diesen Markt, dessen Wert sich allein während der Jahre 2006 und 2007 auf 596 Billionen US-Dollar verdoppelt hat. Erst jetzt will er auch Credit Default Swaps, die immerhin ein Zehntel des Derivatemarkts ausmachen, einer Kontrolle unterwerfen. »Weder die SEC noch irgendeine andere Aufsichtsbehörde kann am CDS-Markt durchgreifen«, beklagt sich Cox vor dem Senat in Washington. Wohl wahr. Er fordert, was seine Behörde schon vor Jahren hätte tun müssen: »Das Problem muss angegangen werden, und zwar sofort.« Selten hat sich ein Börsenaufseher derart entblößt. Selten hat er das Versagen der Verantwortlichen in der Politik derart deutlich offengelegt.

Tatsächlich hätte es nicht so weit kommen müssen. Einige Kongressabgeordnete haben schon in den neunziger Jahren viele Fragen gestellt. Die richtigen Fragen. Sie haben versucht, Derivate der staatlichen Aufsicht zu unterwerfen, doch sie trafen auf einen übermächtigen Gegenspieler: Alan Greenspan. Wann immer der Kongress sich mit Derivaten beschäftigte, ließ er die Abgeordneten wissen, was er von deren Ideen hielt: nichts.

So warnte der Rechnungshof den Kongress 1994 in einem Untersuchungsbericht vor Derivaten: Der Zusammenbruch eines wichtigen Spielers könne »die Geldversorgung erschweren und andere in Gefahr bringen, und zwar staatlich regulierte Banken ebenso wie das Finanzsystem als Ganzes«, erklärte Charles Bowsher, der Chef des Rechnungshofs, in einer Anhörung. Als habe er die Entwicklung im Jahr 2008 vorausgesehen, warnte Bowsher: Im schlimmsten Fall müsse »jemand herausgekauft werden und der Steuerzahler dafür bezahlen oder garantieren«. Greenspan dagegen versicherte in der gleichen Anhörung, dass die Wall Street sich selbst kontrollieren könne: »Nichts spricht dafür, dass staatliche Regulierung per se besser sein soll als private Regulierung.« Eine Krise am Derivatemarkt sei »extrem unwahrscheinlich«.

Greenspan lässt, wie die *New York Times* schreibt, 1998 auch Brooksley Born auflaufen, die Chefin der Commodity Futures Trading Commission. Born will bestimmte Derivate einer stärkeren Aufsicht unterwerfen, die den Handel mit Optionen und Terminkontrakten reguliert. Die Banken sollen für die riskanten Finanzinstrumente Reserven bereithalten, um Verluste aufzufangen, fordert sie. Greenspan, Finanzminister Robert Rubin und der damalige SEC-Chef Arthur Levitt sollen dies vereitelt haben. Levitt sagt heute, er bereue diese Entscheidung. Greenspan räumt im Oktober 2008 vor einem Kongressausschuss ebenfalls ein, dass er mit seinem unerschütterlichen Glauben an die Deregulierung »teilweise« falsch gelegen habe. Er habe die Fähigkeit der Banken überschätzt, ihre eigenen Geschäfte zu kontrollieren. Schuldig fühlt Greenspan sich dennoch nicht. Der ehemalige Notenbankchef verweist stattdessen darauf, dass die Gesetze ja nicht von ihm gemacht wurden, sondern von Politikern.

Das entscheidende Gesetz, das den zügellosen Handel mit Credit Default Swaps ermöglicht, passiert am 15. Dezember 2000 den amerikanischen Senat – unbemerkt von der Öffentlichkeit und unbemerkt von den meisten Abgeordneten. Es ist der »Commodity Futures Modernization Act«, ein kompliziertes Gesetz von 261 Seiten, das der republikanische Senator Phil Gramm aus Texas in letzter Minute an ein anderes noch dickeres Paragrafenwerk anhängt, ein 11 000 Seiten umfassendes Haushaltsgesetz. Die Gelegenheit ist günstig. Nur fünf Wochen zuvor haben die Amerikaner einen neuen Kongress, einen neuen Präsidenten gewählt: George W. Bush, ein Texaner wie Gramm. An diesem 15. Dezember tagt der alte Senat zum letzten Mal, die Abgeordneten wollen heim in die Weihnachtsferien.

Und so verabschieden sie zu später Stunde, ohne große Debatte, ein Gesetz, das den Zockern an der Wall Street einen Freibrief ausstellt: Es garantiert den Investmentbanken und Hedgefonds, dass Credit Default Swaps von jeglicher Regulierung ausgenommen werden; die Spekulanten müssen keinerlei Aufsichtsbehörde fürchten, Phil Gramm sei Dank. Der konservative Senator nimmt nach einer Schamfrist von gut einem Jahr einen gutdotierten Job bei der Investmentbank UBS an. In dem Gesetz ist ein weiterer, heikler Passus versteckt: das sogenannte »Enron Loophole«, ein Steuerschlupfloch, das maßgeschneidert ist für den Energiekonzern Enron, der ein Jahr später untergeht. Seltsam nur, dass Gramms Frau Wendy, ebenfalls eine republikanische Abgeordnete, in den neunziger Jahren dem Verwaltungsrat von Enron angehörte. Auch in Deutschland befördert die Politik das Geschäft mit obskuren Finanzinstrumenten. So unterstützt das Bundesfinanzministerium im Jahr 2003 die deutschen Banken dabei, ein Unternehmen namens True Sale Initiative GmbH zu gründen. Die Firma soll den Instituten helfen, ihre Kreditbündel loszuschlagen, und zwar nicht in aller Welt, über eine Gesellschaft auf den Cayman Islands oder auf Jersey, sondern in Deutschland. Die öffentlich-rechtliche KfW Bankengruppe hilft ebenfalls beim Handel mit Derivaten. Die Staatsbanker aus Frankfurt greifen dabei auch auf Credit Default Swaps zurück. Der 37-köpfige Verwaltungsrat aus Bundes- und Landespolitikern hat dagegen offenbar nichts einzuwenden. Der Bundestag befreit den Handel mit Kreditpaketen zudem von der Gewerbesteuer. Enthalten ist diese Steuererleichterung in einem Gesetz, in dem man es nicht vermutet: dem Kleinunternehmerfördergesetz. Dieses Gesetz passiert am 7. Juli 2003 den Bundestag – ohne eine einzige Gegenstimme.

Letztlich haben alle miteinander versagt: die Banken, die obskure Finanzinstrumente entwickelt haben; die Investmentbanken und Hedgefonds, die wüst spekuliert haben; die Aufseher, die nicht richtig hingeschaut haben; und die Politiker, die es unterlassen haben, härtere Regeln zu schaffen. Um vom Versagen eines ganzen Systems abzulenken, sorgen die Amerikaner auf die gleiche Weise für Recht und Ordnung, wie sie es immer tun: Sie suchen nach Sündenböcken. Wie nach dem Platzen der New-Economy-Blase bemächtigen sich Staatsanwälte und FBI der Sache. Sie durchleuchten Banken und Hedgefonds, so wie sie es einst bei Enron getan haben. Sie hegen den Verdacht, dass Finanzmanager Kurse manipuliert, Kunden betrogen und mit Falschmeldungen zum Zusammenbruch von Banken beigetragen haben. Auch in Deutschland stürzen sich die Ermittler auf die Banken. Auf die Pleitebank IKB. Auf das staatliche Institut KfW. Und auf den Immobilienfinanzierer HRE. Die Staatsanwälte werden Jahre brauchen, um die komplizierten Fälle aufzuarbeiten. Ihr Ziel ist es, die Verantwortlichen dingfest zu machen, die nicht nur die Banken in den Abgrund getrieben, sondern auch ein Virus in die Welt gesetzt haben, das nach und nach um sich greift: das Virus der Angst. Am 25. September, einem Donnerstag, erreicht es Deutschland.

Das Virus der Angst breitet sich aus

Als Peer Steinbrück an diesem Tag um 9 Uhr an das Pult des Bundestags tritt, gibt er sich gelassen. Die Finanzkrise sei »vor allem ein amerikanisches Problem«, erklärt er. »Die USA werden ihren Status als Supermacht des Weltfinanzsystems verlieren.« Den Abgeordneten versichert der Minister, dass das deutsche Finanzsystem mit seinen Universalbanken und Sparkassen »relativ robust« sei. Die Institute hätten genug Geld, »die Verluste auszugleichen«, die Rücklagen der Sparer seien sicher.

Wenn es doch so wäre. Am gleichen Abend hockt Steinbrück mit Deutschlands wichtigsten Bankern zusammen. Einem kleinen Kreis, der Beunruhigendes zu berichten weiß. Josef Ackermann, der Chef der Deutschen Bank, ist mit dabei; Martin Blessing, der Chef der Commerzbank; Bankenverbandspräsident Klaus-Peter Müller sowie Axel Weber, der Chef der Bundesbank. Sie warnen, dass eine große deutsche Bank in Gefahr sei: die Hypo Real Estate (HRE), ein mächtiger Immobilienfinanzierer und einer der wichtigsten Spieler in einem eigentlich langweiligen Markt, dem für Pfandbriefe. Seit Tagen müht sich die Hypo Real Estate, Geld von anderen Banken zu bekommen – ohne sonderlichen Erfolg. Vor allem der Tochterbank Depfa, die staatliche Bauprojekte in aller Welt finanziert, gehen die Mittel aus. Die Depfa war bis Mitte der neunziger Jahre im Besitz des deutschen Staates, wurde dann privatisiert und hat ihren Sitz mittlerweile nach Irland verlegt, der Steuern wegen.

Die Depfa ist das erste Opfer in einem Drama, das sich seit dem Niedergang von Lehman an den Finanzmärkten der Welt abspielt, unbemerkt von der Öffentlichkeit. Der sogenannte Internbankenmarkt, an dem sich die Kreditinstitute gegenseitig kurzfristig mit Geld aushelfen, ist zusammengebrochen. Keiner traut keinem mehr, alle halten ihre Milliarden beisammen. Das Misstrauen gegenüber der Depfa ist besonders groß, weil deren Geschäftsmodell so gewagt ist: Die Bankmanager in Dublin vergeben langfristige Kredite, aber sie versuchen diese durch sehr kurzfristige Geschäfte zu finanzieren. Sie begehen den gleichen Fehler, der schon in der Weltwirtschaftskrise deutschen Banken zum Verhängnis wurde. Im Jahr 1929 hatten die Berliner Großbanken 97 Prozent ihrer Schulden kurzfristig finanziert.

Steinbrück und seinen Getreuen ist schnell klar: Hier gibt es nicht nur ein kleines Problem, sondern ein sehr großes. Der Finanzminister informiert Bundeskanzlerin Angela Merkel. »Die Hypo Real Estate drohte buchstäblich auszutrocknen«, sagt er später. Merkel blickt an dem Wochenende nur noch mit einem Auge nach Bayern, wo die CSU bei den Landtagswahlen ihre absolute Mehrheit einbüßt; stärker interessiert die CDU-Politikerin, was aus der Hypo Real Estate wird. 48 Stunden bleiben, um frisches Geld zu beschaffen. Andernfalls müsste die Finanzaufsicht BaFin die Bank schließen, pünktlich um 2 Uhr früh am Montag, wenn in Tokio die Börse eröffnet und die HRE ihre Geschäfte nicht mehr bedienen könnte.

Am Freitag, dem 26. September, beginnen die Krisengespräche in Frankfurt. Die Banker fordern die Regierung auf, das notleidende Institut zu verstaatlichen. Doch das will weder die Kanzlerin noch ihr Finanzminister. Bewusst bleiben sie deshalb den Verhandlungen fern und schalten sich nur aus Berlin ein. Am Sonntag schicken sie Finanzstaatssekretär Jörg Asmussen nach Frankfurt, um direkt mit den Bankern zu reden. Die Gespräche stehen zeitweise vor dem Abbruch, immer wieder ruft Asmussen bei Steinbrück an, der informiert Merkel. Der Finanzminister redet auch mit seinen europäischen Kollegen und mit Jean-Claude Trichet, dem Präsidenten der Europäischen Zentralbank. Über die Nachrichtenticker laufen zur gleichen Zeit Meldungen, dass der belgisch-niederländische Finanzriese Fortis staatliche Hilfe braucht. Und dass die britische Regierung den notleidenden Hypothekenfinanzierer Bradford and Bingley verstaatlichen will.

Die Finanzkrise hat in dieser Nacht Europas Banken mit Wucht erreicht. Was sich zwei Wochen zuvor an der Wall Street abspielte, als es um die Zukunft von Lehman Brothers, Merrill Lynch und AIG ging, wiederholt sich auf dem alten Kontinent. Das Virus der Angst breitet sich rasend schnell aus. Es springt von Bank zu Bank, von Land zu Land. Fast täglich kippt in den nächsten Wochen irgendwo ein Institut. Zugleich geraten ganze Volkswirtschaften wie Irland, Island oder Ungarn ins Trudeln, weil die Finanzmärkte nicht mehr funktionieren. Oder weil Spekulanten auch sie ins Visier nehmen.

Die Verhandlungen in Frankfurt sind schwierig, sie kommen nur zäh voran. Der Durchbruch gelingt erst, als Merkel und Ackermann nach Mitternacht miteinander telefonieren. Am Montag um 1.30 Uhr, dreißig Minuten vor dem Handelsstart in Tokio, steht schließlich das Hilfspaket für die Hypo Real Estate. 35 Milliarden Euro pumpen die großen deutschen Banken und die Bundesbank in das Institut, und die Regierung bürgt dafür; sie müsste mit bis zu 26,6 Milliarden Euro einspringen, falls die Hypo Real Estate pleitegeht. Eine Schreckensvorstellung für Merkel und Steinbrück, denn dann wären sämtliche Pläne für den Bundeshaushalt obsolet. Im schlimmsten Fall müsste der Bund allein für die Hypo Real Estate mehr Geld herausrücken, als er allen Hartz-IV-Empfänger innerhalb eines Jahres zahlt. Wie atemberaubend groß dieses Rettungspaket ist, zeigt noch ein anderer Vergleich: Neun Jahre zuvor machte Kanzler Gerhard Schröder eine Bürgschaft von gerade mal 250 Millionen Euro locker, um den Baukonzern Holzmann vor dem Konkurs zu bewahren.

Die Kanzlerin und ihr Finanzminister sind Getriebene. Sie sind die Opfer einer beispiellosen Erpressung, in der die Finanzmärkte eine Regierung, eine Nation als Geisel genommen haben. Merkel und Steinbrück versuchen eine Krise zu bewältigen, die in keinem Lehrbuch über Politik enthalten ist, ja nicht einmal in theoretischen Szenarios, die die Beamten der Regierung eigentlich für alles angestellt haben. Was sie erleben, ist ähnlich unkalkulierbar wie der »Deutsche Herbst« des Jahres 1977. Damals wurde die Regierung Helmut Schmidt von den Terroristen der RAF erpresst. Diesmal sitzen die Täter an den Finanzmärkten. Und sie sind schwerer zu greifen. Denn niemand weiß, was im Falle eines Zusammenbruchs der Hypo Real Estate geschehen würde. Würden die Bürger ihre Konten plündern?

Oder sind sie schlauer als die Menschen in der Weltwirtschaftskrise, die in Panik die Banken stürmten? Bundesbank und BaFin rechnen mit dem Schlimmsten. In einem Brief an Steinbrück warnen sie vor einer »Kettenreaktion im Finanzsystem«. Weitere Banken könnten kippen, vor allem die Landesbanken; aber auch Versicherungen. Allein die BayernLB, die selbst ums Überleben kämpft, hat offene Geschäfte mit der HRE über eine Milliarde Euro in ihren Büchern stehen. Eine Pleite würde zudem den Interbankenmarkt durcheinanderbringen. »Nach Einschätzung der Beteiligten«, erklären Bundesbank und BaFin, »hätte das Unterlassen einer Rettungsaktion für die HRE-Gruppe ähnlich unabsehbare Folgen auslösen können, wie sie der von der US-Regierung akzeptierte Zusammenbruch der amerikanischen Finanzgruppe Lehman Brothers hatte.«

Geld ohne Gegenwert – das Finanzsystem wankt

Lehman Brothers. Der Name wird in die Geschichtsbücher eingehen als einer der größten Fehler, den eine amerikanische Regierung jemals begangen hat. Der Bankrott der Investmentbank hat ein Beben ausgelöst, es ist der Anfang vom Ende des ungezügelten Kapitalismus. Noch nie ist ein derart großes Bankhaus in Konkurs gegangen, noch nie mussten in so kurzer Zeit derart viele Wertpapiergeschäfte abgewickelt werden. Der Untergang von Lehman löst eine Kettenreaktion aus, die niemand kontrollieren kann. Keine Regierung. Keine Notenbank. Als Erstes gerät der Markt für die hochgefährlichen Credit Default Swaps aus den Fugen. Binnen weniger Stunden schießen die Preise für die Pleiteversicherungen in die Höhe. Die Anleger wetten darauf, dass auch die verbliebenen Wall-Steet-Häuser Goldman Sachs und Morgan Stanley zusammenbrechen. Der Geldmarkt spielt ebenfalls verrückt: In Europa verdoppelt sich der »London Interbank Offer Rate« (Libor), der entscheidende Zinssatz für Kredite zwischen Banken. Der Libor schießt binnen weniger Stunden von 3,11 Prozent auf 6,44 Prozent. Die Banken wollen einander nicht einmal mehr über Nacht Geld leihen.

Der Geldmarkt wird zum Gradmesser für das wachsende Misstrauen. Rund um die Welt geht Kreditinstituten das Geld aus: in Island und Irland, in Südkorea, Russland oder China. Besonders kritisch ist die Lage in Großbritannien. So bricht am 17. September die Hypothekenbank HBOS zusammen. Finanzminister Alistair Darling kann sie durch eine »Zwangsheirat« mit dem Rivalen Llyods retten. Jede neue Verwerfung im Weltfinanzsystem führt dazu, dass die Banken ihr Geld noch panischer beisammenhalten. »Die Geldmärkte sind komplett zusammengebrochen. Es findet kein Handel mehr statt«, sagt ein Experte der Dresdner Bank.

Deshalb müssen die Notenbanken einspringen. Sie pumpen Hunderte von Milliarden in den Geldmarkt, sie leihen es den Banken. Weil auf die Banken kein Verlass mehr ist, verleiht die amerikanische Notenbank ihr Geld erstmals seit der Weltwirtschaftskrise auch wieder direkt an Industrieunternehmen, nicht mehr bloß an Kreditinstitute. Doch der Kreislauf des Geldes, dieser Blutkreislauf der Wirtschaft, will nicht wieder in Gang kommen.

All dies zeigt, wie zerbrechlich das moderne Finanzsystem ist. Denn seine wichtigste Währung ist nicht der US-Dollar oder der Euro, sondern Vertrauen, doch das schwindet. Banken vertrauen darauf, dass andere Banken ihnen Geld leihen. Kunden vertrauen darauf, dass ihre Einlagen sicher sind und die Banken ihnen das Geld jederzeit auszahlen können. Und Unternehmen vertrauen darauf, dass die Bank, über die sie ihre Geschäfte abwickeln, alle Aufträge immer ausführen kann. Ohne Vertrauen funktioniert das Finanzsystem nicht. Denn anders als zu Zeiten des Silber- oder Goldstandards ist Geld nicht mehr durch reale Werte gedeckt. Es liegt kein Edelmetall mehr in den Tresoren der Notenbanken, das den Wert der Scheine garantiert. Den Goldstandard, also das Versprechen, Geld jederzeit in Gold einzutauschen, gibt es seit dem Ende von Bretton Woods 1971 nicht mehr. Er ist »tot«, meint der ehemalige Bundesbankpräsident Karl Otto Pöhl, »und er wird auch nicht wiederkommen.«

Die Welt des ungedeckten Geldes unterscheidet sich grundlegend von der Ära des Goldstandards. Notenbanken müssen nicht mehr darauf achten, ob genug Barren in ihren Tresoren liegen. Sie können

so viele Scheine drucken, wie sie wollen. Ökonomen sprechen von
»fiat money«, von Geld, das durch keine Vermögenswerte gedeckt ist.
»Fiat« kommt aus dem Lateinischen und bedeutet: »es werde«. Und
es wurde tatsächlich: Das ungedeckte Geld befeuert fast vier Jahrzehnte die Wirtschaft. Doch es hat das Finanzsystem zugleich unsi-
cherer gemacht. Wenn nämlich Vertrauen in Misstrauen umschlägt,
haben die Banken bei weitem nicht genug Bares, um allen Kunden
ihre Guthaben auszuzahlen. Alan Greenspan räumte 1999 vor einem
Ausschuss des Kongresses ein, dass dies zu einem Problem werden
kann: »Fiat money wird im Extremfall von niemandem akzeptiert,
Gold dagegen immer.«

Dieser Extremfall rückt im Herbst 2008 näher. Denn nicht nur
die Banken haben Angst, auch Millionen von Bankkunden fürchten
um ihr Erspartes. In Indien stürmen Zehntausende die zweitgrößte
Bank des Landes, als Gerüchte die Runde machen, sie stehe vor der
Pleite. In Großbritannien wollen aufgeregte Kunden ihre Konten
auflösen und Gold kaufen. Auch in Deutschland heben Bürger ihr
Guthaben ab – aus Furcht, es zu verlieren. Die Notenbanken merken
sofort, dass die Kunden mehr Bargeld verlangen. Manche heben auf
einen Schlag eine Million Euro in bar ab. In den Wirtschaftsredaktio-
nen rufen Leser an, die wissen wollen, ob sie ihr Konto plündern sollen. Währenddessen kommen die Tresorhersteller mit der Produktion kaum nach, denn immer mehr Menschen wollen ihr Vermögen
daheim aufbewahren. Der Markt für Gold ist leergefegt. Der amerikanische Investor Warren Buffett sagt, er habe noch nie innerhalb
der letzten sechs Jahrzehnte »Menschen wegen der wirtschaftlichen
Lage so angsterfüllt gesehen«.

Die meisten Regierungen ringen sich deshalb zu einer umfassenden Garantieerklärung durch: Sie versichern ihren Bürgern, dass sie
für sämtliche Spar- und Girokonten einstehen. Irland macht den Anfang – und verärgert damit zunächst die anderen EU-Staaten. Doch
nur drei Tage später, am 5. Oktober, verkündet auch die Bundesregierung, sie werde für alle Guthaben auf Sparbüchern und Girokonten
geradestehen – insgesamt über eine Billion Euro. Denn der Einlagensicherungsfonds, mit dem die privaten Banken das Geld der Kun-

den schützen wollen, reicht dafür nicht aus; er würde bei der ersten größeren Bankpleite zusammenbrechen. Gerade mal 4,6 Milliarden Euro haben die Banken für den Fall der Fälle zurückgelegt. Dabei hat allein die Deutsche Bank Einlagen von 440 Milliarden Euro, die Postbank kommt auf 110 Milliarden und die Commerzbank gemeinsam mit der Dresdner Bank auf 350 Milliarden. Steinbrück und Merkel treibt die Angst um, dass die Bürger tatsächlich die Banken stürmen könnten. Denn an diesem Tag droht das Rettungspaket für die Hypo Real Estate zu platzen – der Niedergang wird schließlich in allerletzter Minute abgewendet, durch einen zusätzlichen Kredit von 15 Milliarden Euro.

In den nächsten Tagen folgen zahlreiche EU-Länder dem deutschen Beispiel. Auch sie wollen die Welle der Angst stoppen. Denn Angst ist die größte Gefahr für das Weltfinanzsystem. Wenn sie weiter um sich greift, könnte aus der Kopflosigkeit einer Minderheit die Panik aller werden – und es am Ende zu einer Kernschmelze kommen.

Plan B – die Welt stemmt sich gegen die Krise

Die Panik an den Weltfinanzmärkten setzt ein, als Peer Steinbrück am Morgen des 6. Oktober ins Bett geht. Bis 2 Uhr in der Früh haben der Finanzminister, seine Getreuen und die wichtigsten Banker der Republik nach der neuerlichen Rettung der Hypo Real Estate noch im Ministerium an der Berliner Wilhelmstraße gesessen, im VIP-Raum im Erdgeschoss, wo der Finanzminister ausgewählte Gäste empfängt und sogar ein Flügel steht. Es fließt Rotwein. Der Minister und seine Mitarbeiter schimpfen über die Manager der Hypo Real Estate, von denen sie sich getäuscht fühlen. Per SMS verbreiten Steinbrücks Leute, dass die Hypo-Spitze gehen muss. Irgendwann ergreift Bundesbankpräsident Axel Weber das Wort. Er sagt, was alle denken: So könne es nicht weitergehen. Jede Woche eine Bank retten, das funktioniere nicht. Das erhöhe bloß die Panik. Die Finanzmanager in der Runde stimmen ihm zu: Josef Ackermann von der Deutschen Bank, Martin Blessing von der Commerzbank, Bankenverbandspräsident

Klaus-Peter Müller und Paul Achleitner, der Finanzvorstand der Allianz. Auch Finanzstaatssekretär Jörg Asmussen und Merkels Wirtschaftsberater Jens Weidmann aus dem Kanzleramt sind mit dabei. Schnell entsteht die Idee, einen umfassenden Plan zu entwickeln. Einen »Rettungsschirm«, der allen Banken nutzt. Steinbrück ist von der Idee angetan. Nach einigen Flaschen Rotwein sagen der Minister und die Banker sich schließlich »Gute Nacht!«, um 3 Uhr liegt Steinbrück im Bett. Doch es wird keine gute Nacht. Denn in Tokio beginnt zur gleichen Stunde der große Crash. Die Händler verkaufen, was sie verkaufen können. In Hongkong und Schanghai, in Singapur und Taipeh ist es nicht anders: Tiefrote Zahlen leuchten auf den Börsentafeln auf. Minus. Minus. Minus. Als Steinbrück um 6 Uhr morgens, nach drei Stunden Schlaf, erwacht, sind die Kurse längst unrettbar abgestürzt. Im *Deutschlandfunk* erklärt Steinbrück um sieben Uhr, dass die Regierung über einen »Plan B« nachdenke. Eigentlich hatten der Minister und die Banker in der Nacht vereinbart, dass man in aller Stille fünf Tage arbeiten werde, ohne etwas zu verraten. Steinbrücks Sprecher dementiert prompt. Es gebe keinen »Plan B«, behauptet auch Steinbrück in der SPD-Fraktion. Das stimmt und ist doch gelogen: Es gibt ihn noch nicht. Aber es wird ihn geben. Nächste Woche.

Um 9 Uhr eröffnen an diesem Montag wie üblich die Börsen in Frankfurt, London und Paris. Auch dort geht es runter. Der Dax verliert über 7 Prozent, der Londoner FTSE-Index 8 Prozent und der CAC in Paris 9 Prozent. Der Dow-Jones-Index rauscht ebenfalls in die Tiefe, unter die Marke von 10 000 Punkten. Ein Minus von 800 Punkten. Einen derart großen Verlust an einem einzigen Tag hat es in der 112-jährigen Geschichte des Börsenbarometers noch nie gegeben. Es ist zum Verzweifeln. Die Regierungen und die Notenbanken haben den Börsen gegeben, was sie wollten. Erst am Freitag zuvor haben die Amerikaner ein gigantisches Hilfspaket beschlossen. Doch die Börsen wollen mehr. Sie wollen Blut sehen.

So fürchterlich diese Woche beginnt, so fürchterlich geht es in den nächsten vier Tagen weiter. Am Dienstag eröffnen Europas Börsen mit einem dicken Minus. Wieder eilen die Zentralbanken zu Hilfe.

Alle großen Notenbanken der Welt senken gemeinsam ihre Leitzinsen um einen halben Prozentpunkt, auch die chinesische Notenbank macht mit – ein historischer Schritt. Doch dies kann die Märkte nicht besänftigen. Der Dow Jones sackt um über 5 Prozent ab. In den nächsten Tagen stürzt der Index erst unter die Marke von 9 000 Punkten, dann unter 8 000 Punkte. Zwischendurch schwingt er wild auf und ab. Die Panik erfasst die Anleger in aller Welt. Russland, Island und Indonesien schließen ihre Börsen, um die Panik zu stoppen. Währenddessen arbeiten die Bundesregierung und die Banken an »Plan B«. Steinbrücks Staatssekretär und Merkels Wirtschaftsberater fliegen am Mittwoch nach Frankfurt. Zwei Tage lang beraten Asmussen, Weidmann, Bundesbankpräsident Weber, Commerzbank-Chef Blessing und Allianz-Vorstand Achleitner in der Bundesbank darüber, wie sie Deutschlands Finanzkonzerne retten können. Es geht um komplizierte Fragen: Wie lässt sich das Aktienrecht austricksen, wenn die Regierung blitzschnell Aktien der Banken kaufen muss? Wer haftet für was? Und welche Kautelen müssen die Geldhäuser akzeptieren, wenn sie an die Milliarden aus dem Rettungspaket wollen? Die Regierung und die Banken ziehen renommierte Kanzleien hinzu, um die besonders kniffligen Punkte zu klären.

Steinbrück und Merkel telefonieren derweil ohne Unterlass. Sie sprechen mit den Briten, den Franzosen, den Niederländern, den Spaniern, den Italienern. Europäer und Amerikaner erkennen, dass sie gegen diese gewaltige Krise nur etwas ausrichten können, wenn sie gemeinsam handeln. Die Blaupause dafür liefert der britische Premier Gordon Brown, den die Labour-Partei eigentlich aus dem Amt jagen will. Der ehemalige Finanzminister prescht am Mittwoch, als die Fünfer-Runde erstmals in der Bundesbank tagt, mit einem Rettungspaket über 400 Milliarden Pfund vor. Es enthält einen Mix aus Finanzspritzen für die Banken und staatlichen Garantien. Schnell ist den EU-Staaten und den G8-Staaten klar: So sollen es alle machen.

Am Ende der Woche haben die Börsen in aller Welt gut ein Fünftel ihres Werts verloren. Der Dow Jones: minus 21 Prozent. Der Dax: minus 22 Prozent. Der Nikkei: minus 24 Prozent. Die Welt erlebt einen Absturz mit zerstörerischer Wucht. Einen Crash auf Raten.

Regierungen und Notenbanken stehen dem fassungslos gegenüber. Sie arbeiten im Geheimen an Notmaßnahmen, wie es sie seit der Weltwirtschaftskrise nicht mehr gegeben hat, sie wollen Banken verstaatlichen und riesige Summen in die Finanzwirtschaft pumpen. Doch was machen die Börsianer, diese grausame, zynisch handelnde Masse? Sie verkaufen, weil sie Angst haben. Angst vor fallenden Kursen. Angst vor dem Versagen der Politik. Angst vor einer zweiten Weltwirtschaftskrise. Als am Freitag die Finanzminister der G7-Staaten in Washington zusammenkommen, wissen sie: jetzt oder nie. Sie werfen das fertige Kommuniqué, das ihre Beamten in den Wochen zuvor erarbeitet haben, einfach weg. Und schreiben es neu. Es enthält die Grundrisse für »Plan B«. Den globalen »Plan B«.

Doch die Börsianer begreifen dies zunächst nicht. Als das Kommuniqué am späten Freitag veröffentlicht wird, kann dies den Absturz der Wall Street nicht stoppen. Denn vor allem die Hedgefonds wollen nur noch eines: raus! raus! raus!

Der Ausverkauf der Hedgefonds

Es ist zum Weinen. Heulende Kollegen hätten ihn angerufen, berichtet ein Hedgefondsmanager, als am 27. Oktober 2008 die VW-Aktie verrücktspielt. Das Papier des Autobauers schießt nahezu senkrecht nach oben. Es startet an diesem Tag bei gut 200 Euro, steigt schnell auf 400 Euro, weiter auf 450 Euro, 480 Euro und in der letzten halben Stunde des Frankfurter Börsenhandels dann sogar auf über 600 Euro. Ein Plus von 200 Prozent an einem einzigen Tag – das hat es bei einem so gewichtigen Unternehmen noch nie gegeben. Tags zuvor hat Porsche bekanntgegeben, dass es fast alle freien VW-Aktien besitzt oder über Optionen Zugriff darauf hat. Nun balgen sich Hedgefonds um die wenigen Papiere, die noch verfügbar sind. Denn sie haben darauf gewettet, dass der Kurs von VW fällt, nicht steigt. Sie haben sich dazu Aktien von VW geliehen, die sie jetzt ganz schnell wieder zurückgeben müssen. Doch die »Short Seller« müssen teuer dafür bezahlen. Sie verlieren an diesem Tag zwischen 10 und 15 Milliarden Euro. Und am nächsten Tag, als die VW-Aktie sogar auf über

1000 Euro steigt, noch einmal genauso viel. Einigen Fonds wird dies das Genick brechen. Es ist in der Tat zum Weinen.

Hedgefonds galten in der Finanzkrise lange nicht als große Gefahr, manche Experten sahen sie sogar als stabilisierende Kraft an. Doch im Herbst 2008 stürzen die Zockerklubs die Kapitalmärkte ins Chaos. Ihre riskanten Wetten, die auf winzige Kursunterschiede setzen, brechen zusammen. Ihre aufwändigen Computermodelle funktionieren nicht mehr, denn sie sind für eine andere, stabile Börsenwelt gemacht. Die Hedgefonds versuchen – wie dereinst LTCM – zu retten, was zu retten ist. Sie lösen ihre komplizierten Geschäfte rasend schnell auf und wirbeln damit die Kurse durcheinander.

Die Hedgefonds geben auch ein beliebtes Zockergeschäft auf, bei dem sie gleichzeitig Aktien und Credit Default Swaps eines Unternehmens kauften. Diese Kombination galt lange als sicheres Geschäft: Entweder legen die Aktien zu – oder es steigen die Credit Default Swaps, wenn die Aktienkurse fallen, weil es dem Unternehmen schlecht geht. Nun aber ist der Markt für CDS-Papiere zusammengebrochen. Die Wette geht nicht mehr auf.

Um den Schaden zu begrenzen, wickeln die Fonds zudem in Windeseile jene Geschäfte ab, mit denen sie sich sehr viel billiges Geld beschafft haben: die »Carry Trades«, grenzüberschreitende Kredite. Die Hedgefonds haben sich vor allem in Japan Milliarden geliehen, aber auch in der Schweiz, weil dort die Zinsen extrem niedrig waren. Nun müssen die Hedgefonds diese Kredite tilgen und lösen damit gewaltige Verwerfungen auf den Devisenmärkten aus: Sie treiben Japans Währung, den Yen, nach oben – und die Währungen anderer Länder nach unten.

Die unsichtbare Welt der Hedgefonds: Sie implodiert im Herbst 2008. Denn die Kunden – reiche Privatleute, Pensionskassen und Versicherungen – fordern ihr Geld zurück. Sie dürfen ihre Millionen üblicherweise nur zu genau festgelegten Terminen zurückfordern: Ende März, Ende Juni, Ende September und Ende Dezember. Allein zum 30. September 2008 ziehen die betuchten Investoren 31 Milliarden Dollar ab. Etliche Fondsmanager beschränken deshalb die Summe, die Investoren auf einen Schlag abrufen dürfen. Sie wollen so einen möglichen Bankrott verhindern. Doch die Kunden wollen ihr Geld zurück. Jetzt! Sofort! »Wir haben eine Situation völliger Panik erreicht«, sagt der amerikanische Ökonom Nouriel Roubini im Oktober auf einer Tagung von Hedgefondsmanagern in London. »Es wird einen massiven Ausverkauf von Anlagen geben, und Hunderte von Hedgefonds werden zusammenbrechen«, warnt der Mann, der schon Jahre zuvor die Finanzkrise vorausgesehen hat.

Die privaten Anleger, die nicht an den Zockerklubs beteiligt sind, reagieren auf den Ausverkauf der Hedgefonds prompt. Sie fürchten um ihr Vermögen, um ihre Altersvorsorge, um ihren sicheren Lebensabend. Sie ziehen Hunderte von Milliarden Dollar und Euro aus Investmentfonds ab. Sie rufen ihre Einlagen aus Immobilienfonds zurück. Sie lösen selbst ihre Beteiligungen an Geldmarktfonds auf, die lange als völlig risikolos galten. Doch das sind sie nicht mehr. Nicht in dieser irrwitzigen Krise.

Solch ein Crash, wie ihn die Welt im Herbst 2008 erlebt, steht am Ende jedes Booms. So war es 1929. So war es 1987. So war es 2000. All die schönen Theorien vom scheinbar perfekten Markt, mit denen Ökonomen zuvor die Welt erklärt haben, gelten mit einem Mal nicht mehr. Und der Homo oeconomicus, dieser rein ökonomisch agierende Durchschnittsmensch aus ihren Denkmodellen, entpuppt sich plötzlich als ein Wesen, das nicht rational handelt, sondern Gefühle zeigt, die in den alten Lehrbüchern nicht vorgesehen sind: Gier und Euphorie, Angst und Panik. Diese Gefühle führen dazu, dass die Finanzmärkte immer wieder verrücktspielen.

Die Gier: Sie steht am Anfang jedes Booms. Ohne sie hätte es die »Roaring Twenties« nicht gegeben, die wilden zwanziger Jahre, die in die Weltwirtschaftskrise mündeten. Ohne sie hätte es keine New Economy gegeben, die irre Zeit des Internetbooms in den späten Neunzigern, die mit dem Crash des Jahres 2000 endete. Und ohne sie hätten Investmentbanken und Hedgefonds in den letzten Jahren nicht den Markt für Derivate derart wüst in die Höhe getrieben – einen Markt, der nun die Weltwirtschaft in den Abgrund reißt. Die Gier ist bei großen und kleinen Anlegern zu Hause, aber auch in Unternehmen, deren Führungskräfte sich exorbitante Gehälter gönnen.

Die Euphorie: Sie taucht auf, wenn die Kurse zu steigen beginnen und die Medien immer mehr Geschichten über den wundersamen Aufschwung erzählen, über eine neue Ära, die angeblich anbricht. Die Geschichten schaffen sich ihre eigene Wahrheit. Sie werden von Journalisten, die sich von der Euphorie mitreißen lassen, in die Welt gesetzt, sie werden von Lesern, die in vielen Fällen auch Anleger sind, begeistert aufgesogen (auch von Politikern, die sich gern als Väter des Aufschwungs feiern lassen). Sie führen dazu, dass noch mehr Menschen an die Börse drängen. Alle glauben, dass die Kurse weiter steigen – dies lässt die Kurse weiter steigen, was Wirtschaft und Medien als Beleg dafür nehmen, dass ihre Geschichten wahr sind.

Die Angst: Sie bringt jede Blase zum Platzen. Sobald immer mehr Menschen spüren, dass die Kurse überzogen sind, sobald sie die Furcht packt, dass sie ihre Gewinne verlieren können, entweicht aus dem Boom die Luft. Die Panik schließlich entsteht, wenn aus der Angst einiger die Kopflosigkeit aller wird. An die Stelle der Gier tritt die Hoffnungslosigkeit. Der irrationale Überschwang schlägt um in eine tiefe Depression. In der jetzigen Finanzkrise begann die Panik am 15. September 2008, als Lehman Brothers zusammenbrach. Seither flüchten die Anleger aus allem, was nach Risiko klingt. Verzweifelt versuchen sie, ihr Vermögen zu sichern, das sie in den Jahren zuvor angehäuft haben. Am Ende eines normalen Booms steht meist ein großer Crash an den Börsen. Die Kurse fallen ins Bodenlose, ehe die Anleger wieder Vertrauen fassen. Der Boom der letzten Jahre war aber nicht normal. Er war aberwitzig.

Deshalb ist der Absturz so heftig, und deshalb ist plötzlich ein Retter gefragt, der als einziger noch ein wenig Vertrauen genießt – der Staat. Nur er scheint in der Lage zu sein, den Absturz zu stoppen. Nur er gilt noch als Garant der Stabilität. Doch der Preis, den der Staat für den Irrwitz der letzten Jahre zahlen muss, ist extrem hoch. Er muss Hunderte Milliarden bereitstellen, um Banken herauszukaufen, weil andernfalls eine Kettenreaktion wie in der Weltwirtschaftskrise droht – und weil die Kosten für den Staat weitaus höher wären, wenn er nichts täte, und er ein Millionenheer von Arbeitslosen finanzieren müsste. Niemand weiß, ob dies stimmt. Klar ist nur, dass der Staat sich damit in den nächsten Jahrzehnten fesselt. Er verschuldet sich in einer Weise, die es – außer in Kriegszeiten – noch nie gegeben hat.

Die halbe Billion für die Banken

Peer Steinbrück und Angela Merkel sind davon überzeugt, dass sie keine Wahl haben. Sie müssen dies machen. Denn es ist, wie Steinbrück später sagt, »Gefahr im Verzug« – Gefahr für das Land, für den Fortbestand der Bundesrepublik. Die Vereinigten Staaten haben zu diesem Zeitpunk bereits über eine Billion US-Dollar bereitgestellt, um die Krise zu bekämpfen. Die Amerikaner stecken das Geld in ein Konjunkturprogramm, in Hilfen für Hausbesitzer und in die Banken. Was müssen die Deutschen nun aufbieten, um die Krise zu stoppen. 200 Milliarden Euro? 300 Milliarden? Oder mehr? Ehe dies entschieden wird, eilt Merkel am Sonntag, dem 12. Oktober, nach Paris. Nicolas Sarkozy, der französische Präsident, der derzeit dem Europäischen Rat vorsitzt, hat zum Krisengipfel der Euro-Gruppe geblasen. Die Staats- und Regierungschefs der Euro-Staaten berichten, was jeder von ihnen plant. Einige in der Runde drängen darauf, die Pläne noch in der Nacht zu veröffentlichen, ehe die Börsen in Asien eröffnen. Wenn diese wieder um 8, 9, 10 Prozent nach unten rauschen, fürchten sie, kommt alles zu spät. Doch sie wissen auch, dass sie ihre Parlamente mitnehmen müssen. Ohne deren Zustimmung geht nichts. Also warten bis Montagmittag. Merkel und Sarkozy vereinbaren, dass sie in Berlin und Paris zeitgleich ihre Rettungspakete präsentieren werden.

Gegen 22 Uhr fliegt die Kanzlerin zurück nach Berlin. Auf dem militärischen Teil des Flughafens Tegel stehen dunkle Limousinen, die Merkel und ihren Tross ins Kanzleramt bringen. Dort wartet Kanzleramtschef Thomas de Maizière. Die Regierungschefin beordert Außenminister Frank-Walter Steinmeier und Finanzminister Steinbrück herbei. Steinbrück ist erst am Mittag von der Herbsttagung des Internationalen Währungsfonds in Washington D. C. wiedergekommen. Daheim in Bonn hat er ein paar Stunden geschlafen und ist dann weiter nach Berlin geflogen. Seit 18.30 Uhr sitzt er in seinem Büro und studiert die Gesetzestexte, die seine Beamten gerade im Eilverfahren erstellen.

Während im Finanzministerium weit nach Mitternacht noch in vielen Zimmern Licht brennt, beraten die Regierungschefin, der Kanzleramtschef und die beiden SPD-Minister bis 1.30 Uhr über die letzten Details des Pakets. Und vor allem darüber, wie groß das Paket letztendlich sein soll. 400 Milliarden Euro? 450 Milliarden? 470 Milliarden? Es geht um ein politisches Symbol. Ein Symbol für Banken und Börsianer. Keiner, der zu dieser späten Stunde im Kanzleramt hockt, weiß exakt, was die Kreditinstitute benötigen. Das wissen die Institute nicht einmal selbst. Am Ende entscheidet Merkel: 500 Milliarden Euro sollen es sein. Eine halbe Billion. Das klingt gut.

Binnen einer Woche peitscht die Regierung das Paket durch Bundestag und Bundesrat. Wie schon in der Weltwirtschaftskrise sollen wichtige Geldhäuser teilweise verstaatlicht werden. Die Banker der Institute müssen auf einen Teil ihres Gehalts verzichten, auf sämtliche Boni. Die Manager müssen sich mit einem Jahresgehalt von maximal 500 000 Euro begnügen. Die Banken dürfen zudem keine Dividenden an ihre Aktionäre ausschütten. Zwei Wochen lang zögern die deutschen Banken. Nur die BayernLB räumt freimütig ein, dass sie ohne die staatliche Hilfe nicht überleben kann. Doch Anfang November schlüpft ein Institut nach dem anderen unter den staatlichen Rettungsschirm. Die Regierung erwägt sogar, die Banken zur Annahme des Rettungspakets zu zwingen, um einen Zusammenbruch des Finanzsystems zu verhindern. Zuvor haben dies bereits die Amerikaner und die Briten getan und renommierte Institute wie Goldman Sachs, Citigroup oder die Royal Bank of Scotland zwangsweise verstaatlicht.

Noch nie in der bundesdeutschen Geschichte wurde derart hart in private Unternehmen hineinregiert wie mit diesem Rettungspaket. Noch nie zuvor – mit Ausnahme der Wiedervereinigung – hat die Regierung derart viel Geld eingesetzt, um die Wirtschaft anzuschieben. Die drittgrößte Wirtschaftsnation der Welt erlebt den Staatsnotstand. Die Kanzlerin warnt: »Unsere Gesellschaftsordnung ist bedroht.«

Kapitel 9

Die kranke Gesellschaft

> »Die Zuwächse in der Wirtschaft gingen vor allem auf das Konto
> der Besserverdienenden: den vielen Arbeitnehmern mit einem
> Durchschnittseinkommen geht es weit weniger gut. Dies kann
> zu großen sozialen Spannungen führen, letztlich sogar zu wirt-
> schaftlichen Umbrüchen.«
>
> *Alan Greenspan*, ehemaliger Präsident der
> amerikanischen Notenbank, 2007

Die Finanzkrise trifft auf eine Gesellschaft, deren Fundamente
morsch sind. Der Kitt, der sie zusammenhält, droht zu zerbröseln;
die Bindekraft geht verloren. Denn die Kluft zwischen Oben und
Unten wächst. Die Reichen sind enteilt, die Mittelschicht zerfällt,
und die Ärmsten verlieren den Anschluss. Gerade jene Menschen,
die ohnehin viel besitzen, haben den Irrwitz an den Finanzmärkten
genutzt, um noch reicher zu werden. Sie haben in Aktien und andere
Wertpapiere investiert. Sie haben davon profitiert, dass die Immobilienpreise vielerorts steil angestiegen sind. Sie haben ihre Gewinne
gemehrt, während der Anteil der Löhne am Volkseinkommen in fast
allen EU-Staaten und den USA seit Jahren sinkt.

Zugleich wächst die Angst vieler normaler Bürger vor dem Abstieg. Sie sehen den Wohlstand der anderen – und ihre eigenen Nöte.
Sie kämpfen um ihre Jobs – und um ihre Ersparnisse. Immer mehr
Menschen in den Industrieländern zweifeln daher an der Marktwirtschaft. Befördert werden diese Zweifel auch durch die Exzesse
etlicher Unternehmen. Durch Banker, die Verantwortungsgefühl
vermissen lassen. Durch Manager, die sich üppige Gehälter und Abfindungen gönnen. Und durch Reiche, die sich in eine eigene, abge-
schottete Welt zurückgezogen haben. Ohne echte Verbindung zum
Rest der Gesellschaft. So etwas hat die Welt schon einmal erlebt: vor
der ersten Weltwirtschaftskrise.

Vergesst nicht 1929!

John Kenneth Galbraith hat fünf amerikanische Präsidenten beraten, angefangen mit John F. Kennedy, den er aus dem Studium in Harvard kannte. Er hat vier Dutzend Bücher geschrieben, darunter eines über die *Gesellschaft im Überfluss*, ein anderes über *Die Ökonomie des unschuldigen Betrugs*. Er hat fünf Jahre lang das Wirtschaftsmagazin *Fortune* herausgegeben. Außerdem hat Galbraith ein Buch über jenes Ereignis veröffentlicht, das 1929 am Anfang der Weltwirtschaftskrise stand. In *Der große Crash* beschreibt er auf 205 Seiten, was sich damals ereignete. Und er nennt die Gründe, die ins Verderben führten: die irrwitzige Spekulation, das labile Bankensystem, der desolate Zustand der amerikanischen Außenhandelsbilanz.

Und noch einen Grund nennt Galbraith: »die schlechte Einkommensverteilung«. Sie habe das Desaster mit ausgelöst und beschleunigt. »Die Reichen«, schreibt er, »waren 1929 besonders reich. Es gibt keine genauen Zahlen, aber es scheint festzustehen, dass mehr als 30 Prozent der privaten Einkommen von 5 Prozent der Bevölkerung erzielt wurden. (...) Aufgrund dieser höchst ungleichen Einkommensverteilung war die Wirtschaft von möglichst hohen Investitionen oder von einem möglichst hohen Verbrauch an Luxusgütern oder von beiden Faktoren gleichzeitig abhängig. (...) Die Konsumfreudigkeit der oberen Zehntausend war logischerweise besonders anfällig für die niederschmetternden Nachrichten von der Börse Ende Oktober 1929.«

In einer gespaltenen Gesellschaft, so muss man Galbraiths Analyse verstehen, wächst die Gefahr, dass ein Börsencrash verheerende Folgen hat. Denn die Reichen (und auch viele Besserverdiener) leben oftmals in hohem Maße von ihrem Vermögen. Je wohlhabender sie sich fühlen, umso mehr geben sie aus. Wenn jedoch ihre Depots rapide an Wert verlieren, schränken sie ihre Ausgaben ein – mit üblen Folgen für die Konjunktur. Eine Volkswirtschaft, in der Arm und Reich, Arbeiter und Manager derart weit auseinanderliegen, sei nicht gesund, urteilt Galbraith, sondern »in ihren Wurzeln krank«. Und er fügt hinzu, die Welt solle daher »1929 nicht vergessen«.

Die Krankheitssymptome, die Galbraith damals diagnostizierte, sind seit heute in fast allen Industrieländern zu beobachten, aber auch in vielen Schwellenländern. Wirtschaft und Gesellschaft haben sich mit einem gefährlichen Erreger infiziert: dem Virus der Spaltung. In den Vereinigten Staaten sind die Einkommen heute genauso ungleich verteilt wie vor achtzig Jahren. Auch die Vermögen befinden sich in der Hand einer kleinen Oberschicht: Dem wohlhabendsten einen Prozent der Amerikaner gehören mehr als die Hälfte aller Aktien, die an den US-Börsen gehandelt werden. Auch in Deutschland wächst die Kluft zwischen den Schichten. Die Reichen und die Manager haben sich vom Rest der Gesellschaft entfernt. Die Elite wirkt entrückt.

Die entrückte Elite

Die Ermittler, die Klaus Zumwinkel am 14. Februar 2008 abholen, kommen morgens um 7 Uhr. Sie haben einen Haftbefehl. Und Beweise. Viele Beweise. Es ist noch dunkel, als die Bochumer Staatsanwältin Margrit Lichtinghagen und ihre Leute an der weißen Villa im Kölner Stadtteil Marienburg klingeln. Draußen vor der Tür lauert ein Fernsehteam des ZDF. Es berichtet im Frühstücksfernsehen live von der Durchsuchung bei einem der angesehensten Manager der Republik. Ausgerechnet Klaus Zumwinkel soll eine Million Euro Steuern hinterzogen haben. Ausgerechnet der Mann, der länger als jeder andere einen Dax-Konzern leitet, insgesamt 18 Jahre, soll einen Teil seines Vermögens in einer Stiftung in Liechtenstein deponiert haben.

Zumwinkel ist der Inbegriff der Deutschland AG: Der ehemalige McKinsey-Manager führt die Post, er leitet die Aufsichtsräte der Postbank und der Telekom, er sitzt in den Kontrollgremien von Lufthansa und Arcandor und gehört den »Similaunern« an, einer Runde von hochrangigen Unternehmensführern, die jedes Jahr gemeinsam mit Reinhold Messner in die Berge steigen. Er hat hervorragende Kontakte in die Politik. Und eigentlich wollte er sich in ein paar Monaten geordnet in den Ruhestand zurückziehen.

Daraus wird nichts. Fünf Stunden lang durchsuchen die Ermittler der Staatsanwaltschaft Bochum, des Landeskriminalamts und der Steuerfahndung Zumwinkels Haus. Zur gleichen Zeit durchforsten 40 weitere Staatsanwälte, Polizisten und Steuerfahnder die Konzernzentrale der Post in Bonn. Sie stellen Zumwinkels Büro im 40. Stock auf den Kopf, nehmen Akten und Festplatten mit. Die Republik ist live dabei, als Zumwinkel gegen 12.15 Uhr seine Villa in Köln verlässt und in einen silbernen Mercedes steigt. Die Ermittler bringen ihn zum Verhör nach Bochum. Am nächsten Tag tritt der 64-jährige Manager als Post-Chef und als Aufsichtsratsvorsitzender der Telekom zurück.

Der Fall Zumwinkel erschüttert die Republik. Noch nie zuvor ist ein so angesehener Konzernlenker derart tief gefallen. Zumwinkel galt als ehrenwerter Mann. Wie kommt so jemand auf die Idee, so der Verdacht, mehrere Millionen Euro dem Fiskus zu verschweigen? Wie kann der Chef eines ehemaligen Staatskonzerns glauben, er könne sich über staatliches Recht stellen? Nur drei Monate nach der Razzia gerät Zumwinkel erneut ins Visier der Ermittler. Als Aufsichtsratschef der Telekom soll er, so der Verdacht, den Auftrag für eine beispiellose Bespitzelungsaktion gegeben haben. Ermittler der Telekom und externe Sicherheitsfirmen sollen Aufsichtsräte und Journalisten ausgespäht haben, um eine undichte Stelle zu finden.

Schon im Dezember 2007 hatte das Bild des Vorzeigemanagers Kratzer erlitten, als Zumwinkel im falschen Augenblick Aktienoptionen für 4,7 Millionen Euro einlöst, die er als Post-Chef erhalten hat. Ein paar Tage zuvor hatte die Bundesregierung auf Drängen von Zumwinkel den Mindestlohn für Briefträger abgesegnet; die Aktie der Post machte daraufhin einen Sprung – und Zumwinkel Kasse. Ihm sei »die Tragweite der Entscheidung nicht bewusst« gewesen, sagt er später zur Entschuldigung.

Auch über die Tragweite seiner Steuerflucht scheint Zumwinkel sich nicht im Klaren gewesen zu sein. Die Politiker, die Teil seines Netzwerks waren, rücken von ihm ab. Industriepräsident Jürgen Thumann sagt, ohne Zumwinkels Namen zu nennen: »Wer Recht bricht und Steuern hinterzieht, der gehört nicht mehr dazu.« Doch es gibt nicht bloß einen Zumwinkel; es gibt Hunderte. Gegen 700 Steuerflüchtlinge ermitteln die Staatsanwälte, gegen prominente und weniger prominente. Alle sollen sie Geld in das kleine Fürstentum geschafft haben, sollen die Dienste von Banken und Treuhändern genutzt haben, um das Finanzamt zu hintergehen. Durch eine Computer-Disk, die ein Mitarbeiter der liechtensteinischen LGT-Bank entwendet hat, sind die Fahnder ihnen auf die Schliche gekommen. Hunderte von Häusern und Büros durchsuchen die Ermittler deswegen. Steuerrazzia folgt auf Steuerrazzia.

Der Skandal ist ohne Beispiel. Er zeigt, dass in Teilen der Oberschicht die Haltung verbreitet ist, Gesetze gelten nur für Normalbürger, nicht aber für Besserverdiener. Die Zumwinkels dieser Republik leben offenbar getreu dem Motto der New Yorker Hotelerbin Leona Helmsley: »Steuern zahlen nur die Leute mit geringen Einkommen.« Sie leben in Deutschland, aber sie wollen nicht mehr für Deutschland bezahlen. Sie verabschieden sich aus jener Gesellschaft, die ihnen Aufstieg und Reichtum ermöglicht hat. Politiker, Gewerkschaften und Medien fallen deshalb über »die da oben« her. Und unterschlagen, dass auch viele Normalbürger den Staat austricksen. Millionen betrügen das Sozialamt, lügen in ihrer Steuererklärung, arbeiten schwarz. Zur Rechtfertigung sagen sie: Die da oben machen es auch. Der Zusammenhalt in der Gesellschaft sei daher »auch davon abhängig, dass die Eliten ihre Vorbildfunktion wahrnehmen«, mahnt Bundesfinanzminister Peer Steinbrück. Nicht »irgendwelche Spinner von links und rechts« würden die Zustimmung zum Wirtschafts- und Gesellschaftssystem gefährden, »sondern es sind die Vertreter der sozialen Marktwirtschaft selbst«.

Diese Vertreter – es sind Leute wie der ehemalige VW-Manager Peter Hartz. Im Auftrag des Kanzlers lieferte er die Vorlage für die größte Arbeitsmarktreform der Bundesrepublik. Vier Gesetze tragen seinen Namen, Hartz IV ist zur Chiffre für eine angeblich neoliberale Politik unter Gerhard Schröder geworden. Wenig später wurde publik, dass Hartz Teil eines klebrigen Systems bei VW war, in dem Betriebsräte mit Lustreisen geködert wurden und sich Manager und Betriebsräte auf Kosten des Konzerns mit Prostituierten vergnügten.

Diese Vertreter – dazu zählen auch die Manager von Siemens. Sie errichteten über Jahrzehnte hinweg ein weltumspannendes System schwarzer Kassen, um Kunden und Politiker zu schmieren. Über eine Milliarde Euro sollen in zwielichtigen Geschäften versickert sein. Führende Vorstände wussten über die Schmiergeldpraxis Bescheid und haben trotzdem nichts dagegen unternommen, als die Bestechung im Ausland 1999 per Gesetz verboten wurde.

Es untergraben aber auch jene Manager das Ansehen der Marktwirtschaft, die für sich astronomische Gehaltssteigerungen in Anspruch nehmen. Die Manager begründen dies gern damit, dass sie im internationalen Wettbewerb stünden und die Gehälter im Ausland der Maßstab seien. »Ich bekomme nicht einmal ein Drittel von dem, was meine Kollegen in ausländischen Banken verdienen«, behauptet zum Beispiel Deutsche-Bank-Chef Josef Ackermann. »Als ich zur Deutschen Bank kam, hatte ich 2 Millionen D-Mark. Wenn ich heute ein vergleichbares Gehalt hätte, würde ich jeden Respekt verlieren. Man würde sagen: Der hat keinen Marktwert.« Ackermann räumt ein, dass diese Logik vielen Menschen nicht vermittelbar sei. Und er verzichtet, als in der Finanzkrise der Druck wächst, immerhin auf seine Boni. Andere Manager sind da hartleibiger. Weniger Geld? Ach was. Wir haben es ja verdient. Mit dem Verweis auf den internationalen Wettbewerb versuchen sie zugleich die Löhne und Gehälter ihrer Beschäftigten zu drücken. Was oben als Grund für einen kräftigen Aufschlag taugt, eignet sich unten als Argument für eine Nullrunde. Viele Arbeitgeber erpressen ihre Beschäftigten mit dem Hinweis, dass sie in Osteuropa oder Asien billiger produzieren können. Während einfache Arbeitnehmer Abstriche hinnehmen müssen, lassen sich Topmanager Rundum-sorglos-Pakete schnüren: Sie bekommen ein festes Gehalt, dazu Boni. Sie erhalten Aktienoptionen, Dienstwagen und Dienstvilla. Und natürlich legt das Unternehmen auch einen ordentlichen Betrag für die Altersvorsorge zurück.

So kommt es, dass die Gehälter von Managern und Arbeitnehmern immer weiter auseinanderdriften. Das Einkommen von Porsche-Chef Wendelin Wiedeking etwa, dem Spitzenverdiener unter Deutschlands Bossen, lag im Jahr 2007 bei etwa 60 Millionen Euro.

2008 könnten es dank eines üppigen Gewinns sogar bis zu 100 Millionen Euro sein – das Zweitausendfache eines Arbeiters am Band.

Manager rechtfertigen ihre üppigen Gehälter auch damit, dass ihr Verdienst vom Gewinn abhänge, und nur wenn der steige, wachse auch ihr Gehalt. Ein Argument allerdings, dass in vielen Tarifverhandlungen nichts zählt: Da verweisen die Arbeitgeber gern darauf, dass der Gewinn in diesem Jahr zwar hoch sei, aber im nächsten Jahr ein Abschwung drohe, weshalb die Löhne nicht steigen könnten. Bundesfinanzminister Peer Steinbrück bringt es auf die Formel: »Viele Bosse gönnen sich selber Champagner, aber ihren Leuten würden sie am liebsten nur chinesische Löhne bezahlen.«

Vor allem deshalb beherrschen die Auswüchse in den Chefetagen die Schlagzeilen. Zu ihrer Verteidigung verweisen die Konzernlenker gern darauf, dass sie in schlechten Zeiten ja ebenfalls Abstriche hinnehmen müssen – so wie ihre Angestellten auch. Doch bei näherem Hinsehen zeigt sich, dass es solche Abzüge kaum gibt. So haben die Vorstände der 30 Dax-Unternehmen ihre Einkünfte innerhalb der letzten sechs Jahre mehr als verdoppelt. Innerhalb der letzten zwanzig Jahren konnten sie ihre Bezüge gar um 650 Prozent steigern: 1987 verdienten sie durchschnittlich 445 800 Euro, im Jahr 2007 kamen sie auf 3,3 Millionen Euro.

Als Gehaltsturbo erwies sich, dass bei Vorständen inzwischen etwa zwei Drittel des Salärs vom Gewinn und vom Aktienkurs abhängen. So explodierten die Einkünfte der Bosse vor allem in jenen Jahren, in denen die Börse zulegte: Allein 2000 verbuchten sie einen Sprung von durchschnittlich 42 Prozent, 2005 von fast 38 Prozent, hat die Unternehmensberatung Kienbaum errechnet. Auch die Gehälter der Führungskräfte in mittelständischen Unternehmen stiegen in den vergangenen zwanzig Jahren kräftig. So verdient der Geschäftsführer eines Unternehmens, das nicht an der Börse ist, heute 268 000 Euro, doppelt so viel wie 1987. Leitende Angestellte legten im selben Zeitraum um 80 Prozent zu, Arbeiter und Angestellte erhalten seit 1991 nur 37 Prozent mehr. Besonders mager fielen die Zuwächse bei normalen Beschäftigten seit der Jahrtausendwende aus, und das meiste davon hat die Inflation aufgefressen.

Mit ihrem Gehalt sind deutsche Manager in Europa Spitzenreiter, im internationalen Vergleich verdienen nur die Amerikaner erheblich mehr. Gleichwohl ist von einer Massenflucht deutscher Führungskräfte in die Vereinigten Staaten nichts zu erkennen. Auch Länder wie Schweden, Spanien oder Japan sind in der Lage, ihr Spitzenpersonal zu halten. Die zwanzig Spitzenleute von Toyota, dem größten Autohersteller der Welt, bekommen nur etwa eine halbe Million US-Dollar pro Jahr. Die Führungsleute des Elektronikkonzerns Sony kassieren 650 000 US-Dollar – und bleiben dennoch. So viel verdienen amerikanische Bosse in einem Monat.

Doch der Unmut über die Maßlosigkeit wächst. »Wir brauchen eine Debatte über gerechte Bezahlung – und zwar nicht nur am unteren Ende der Lohnskala, sondern auch am oberen«, fordert Kanzlerin Angela Merkel. Auch Finanzminister Peer Steinbrück empört sich über Manager, die »Milliarden an Kapital und Tausende von Arbeitsplätzen vernichten. Und die gleichzeitig – in einer undemokratischen Grundhaltung – Politik mindestens als renditeschädlich, häufig aber als schlicht unfähig ablehnen.« Es gehe »um Selbstdisziplin, um einen Mentalitätswandel, um ein größeres Verantwortungsgefühl, um eine Kultur der Mäßigung auch in den oberen Etagen«.

Doch was tut die gescholtene Elite? Sie duckt sich weg. Sie schweigt. Sie kann die Kritik nicht verstehen. So glauben allen Ernstes 81 Prozent der Führungskräfte, dass die Managergehälter, abgesehen von ein paar Ausreißern, »in den letzten Jahren nicht unverhältnismäßig stark gestiegen sind«. Die überwiegende Zahl der Bürger sieht dies anders. 80 Prozent der Unternehmenschefs sind, wie eine Umfrage des Magazins *Capital* zeigt, zudem der Meinung, dass es in Deutschland gerecht zugehe, während drei von vier Bürgern die Verhältnisse als ungerecht bezeichnen. Ähnliche Erfahrungen hat der Vertreter eines »Think-Tanks« in Berlin gemacht, der sich häufig mit Wirtschaftsführern trifft und namentlich nicht genannt werden will. Vielen sei das Gespür für die Gesellschaft abhanden gekommen, klagt der Mann. Den Managern ginge es häufig nur ums Geschäft – und selten um Verantwortung darüber hinaus. Wenn man ihnen dies vorhalte, entgegneten viele: Sie seien Getriebene der Kapitalmärkte.

Vor drei Jahrzehnten legten die Lenker der Wirtschaft noch eine andere Haltung an den Tag: Sie verstanden sich als Diener der Bürger, nicht als heimliche Herrscher des Landes. »Gewinn ist gut, aber nicht alles«, urteilte Hermann Josef Abs, der legendäre Chef der Deutschen Bank, 1973 in einem Essay über das *Selbstverständnis des Unternehmens*. Der Gewinn sei »eine Lebensvoraussetzung für jedes Unternehmen und so notwendig wie die Luft zum Atmen für den Menschen. Wie der Mensch aber nicht nur lebt, um zu atmen, so betreibt er auch nicht seine wirtschaftliche Tätigkeit, nur um Gewinn zu machen.« Die Aufgabe der Unternehmen sei es, die Gesellschaft mit Waren und Dienstleistungen zu versorgen und Arbeitsplätze zu schaffen – und nicht etwa den Aktienkurs zu steigern. Es sei wichtig, dass der Unternehmer ein »waches Gespür für die Regungen und Stimmungen in seiner gesellschaftlichen Umwelt mitbringt und sich in jeder einzelnen seiner Entscheidungen konsequent von seiner Gesamtverantwortung gegenüber der Gesellschaft leiten lässt«.

Solche Manager findet man in Unternehmen, die an der Börse notiert sind, immer seltener. Eher trifft man auf sie in Familienunternehmen, in denen der Chef oft ein viel engeres Verhältnis zu seinen Beschäftigten hat und sich für deren Schicksal verantwortlich fühlt. Es sind Leute wie Norbert Geyer, der in Berlin ein mittelständisches Unternehmen mit 350 Beschäftigten betreibt, die Geyer-Gruppe Industrieholding GmbH. »Unternehmer«, weiß der 62-Jährige, »haben in der Gesellschaft kein so tolles Image. Wir müssen daher unser ganz persönliches Verhalten im täglichen Leben überprüfen.« So unterstützt Geyers Unternehmen Schulen im Berliner Problembezirk Neukölln und arbeitet mit Lehrern eng zusammen, um Schüler aus schwierigen Familien zu helfen. Wirtschaft, erklärt Geyer, dürfe sich nicht darin erschöpfen, »Geldpakete aufeinanderzustapeln, Unternehmensanteile zu vergrößern und damit Machtanteile zu gewinnen«.

Denn eine Gesellschaft, in der der Wohlstand zu sehr auseinanderdriftet, verliert irgendwann ihren Halt. Wenn die Kluft zwischen Oben und Unten, zwischen Oben und Mitte zu groß wird, reißt das verbindende Band. Und dann wächst die Unzufriedenheit derjenigen, die sich in der Mitte abstrampeln und die unten ohne Chance sind. Eine Erkenntnis, die Deutschlands Elite einst verinnerlicht hatte. Die aber im entfesselten Kapitalismus offenbar irgendwann in den Hintergrund getreten ist.

Ihr da oben, wir hier unten – die große Kluft

Wer es sich leisten kann, seine Kinder auf die »Munich International School« zu schicken, der hat es geschafft. Und seine Kinder werden es ebenfalls schaffen. Die Privatschule befindet sich in einem alten Schloss fünf Autominuten östlich des Starnberger Sees und gehört, so die Eigenwerbung, zu den »hervorragendsten und attraktivsten in ganz Europa«. Die »Munich International School« bildet die Eliten von morgen aus. Leisten kann sich diese Ausbildung nur die Elite von heute. Erstklässler müssen 12 490 Euro Schuldgeld pro Jahr zahlen, ab der neunten Klasse sind 15 500 Euro fällig. Doch die »Munich International School« hat keine Mühe, genügend gut situierte Eltern zu finden, die ihr Kind im Stil einer angelsächsischen Eliteschule unterrichten lassen wollen.

Denn nirgendwo in Deutschland gibt es so viele Reiche wie in und um München. Ganz besonders viele leben rund um den Starnberger See. Der Landkreis Starnberg ist der wohlhabendste der Republik. Jeder Einwohner, egal ob Erwachsener oder Kind, verfügt im Durchschnitt über ein jährliches Nettoeinkommen von 27 283 Euro, und in den umliegenden Kreisen ist es fast genauso viel. Starnberg liegt damit noch vor dem Hochtaunus-Kreis und dem Main-Taunus-Kreis, wo Frankfurts Banker wohnen. Zahlreiche Vorstände der Münchner Dax-Konzerne haben hier ein Anwesen, zudem Banker, Unternehmensberater, Vermögensverwalter und Manager von Beteiligungsgesellschaften. Sie leben in einer sauberen, heilen Welt, hinter hohen Mauern und schweren Toren, sie blicken von ihren Terrassen auf das kristallklare Wasser des Sees und das Alpenpanorama mit der Zugspitze. Am Steg liegt die Segelyacht.

Die Zeit nannte diese Welt einmal die »Starnberger Republik«. Diese Republik zeigt eindrücklich, wie weit Arm und Reich, Oben und Unten in Deutschland auseinanderdriften. Sie ist weit weg von den sozialen Brennpunkten der Großstädte, von Problemvierteln wie Berlin-Neukölln, Hamburg-Mümmelmannsberg oder Dortmund-Nordstadt. Wo es keine Villen gibt, aber viele Sozialwohnungen. Wo kaum jemand Arbeit hat, aber viele Familien in der zweiten oder dritten Generation von Sozialhilfe leben, die mittlerweile Arbeitslosengeld II heißt. Und wo der Anteil der Ausländer ähnlich hoch ist wie der Anteil der Reichen in Regionen wie Starnberg.

Es hat derartige Unterschiede in der Bundesrepublik immer gegeben, doch seit dem Jahr 2000 verschärfen sie sich dramatisch. Ein Graben tut sich auf. Die deutsche Gesellschaft entwickelt sich zu einer Drei-Klassen-Gesellschaft: Oben befinden sich diejenigen, die ihre Einkommen kräftig steigern konnten: die Manager, die Vermögenden, die reichen Erben. Und diejenigen mit den Jobs der Zukunft: Sie sind gut ausgebildet, sie wissen, wie man sich in der Welt bewegt, sie beherrschen die Techniken der Macht und des Anlegens. Sie privatisieren, was sie nur können: Sie schicken ihre Kinder auf eine Privatschule, sie haben eine private Krankenversicherung, eine private Altersvorsorge. Die Erfolgreichen sind nicht angewiesen auf den Staat. Sie schaffen sich ihre eigene Welt, in der Deutschland oft nur noch der unbedeutende Heimathafen ist.

In dieser Welt steigen das Einkommen und die Vermögen deutlich schneller als im Rest der Bevölkerung. Insgesamt besitzen die Deutschen, abzüglich ihrer Schulden, die riesige Summe von 5,4 Billionen Euro, wie das Deutsche Institut für Wirtschaftsforschung (DIW) errechnet hat. Das entspricht dem, was alle Menschen in Deutschland innerhalb von gut zwei Jahren erwirtschaften. Allein das oberste Zehntel der Bevölkerung vereint dabei annährend 60 Prozent des Reichtums auf sich, das eine Prozent ganz oben sogar 20 Prozent. Ein knappes Zehntel des Vermögens wiederum entfällt auf jene 300 Superreichen, die das *Manager Magazin* in seiner jährlichen Rangliste führt. Ihr Besitz summiert sich im Jahr 2008 auf über 450 Milliarden Euro, mithin auf ein Zwölftel des gesamten Vermögens in Deutschland. Unter den Superreichen sind 122 Milliardäre und 178 Multimillionäre, deren Vermögen auf mindestens 300 Millionen

Euro geschätzt wird. Angeführt wird die Garde der Großbesitzer von den beiden Aldi-Gründern Karl Albrecht (17,5 Milliarden Euro) und Theo Albrecht (17 Milliarden Euro). Es folgen die Familie Porsche (15,5 Milliarden Euro), der Lidl-Eigentümer Dieter Schwarz (11 Milliarden Euro), die Eigentümer des Versandhandelskonzerns Otto (8,1 Milliarden), die Familie Reimann, der unter anderem der Parfümkonzern Coty gehört (7,95 Milliarden) und die BMW-Großaktionärin Susanne Klatten (7,8 Milliarden Euro). Am anderen Ende der Wohlstandsskala befinden sich jene, die nichts haben: keinen Arbeitsplatz, kein Vermögen und kaum Aussicht darauf, dass es ihnen besser gehen könnte. Jeder achte Bundesbürger gilt als arm. Ohne Sozialleistungen wäre es jeder Vierte, wie aus dem Armuts- und Reichtumsbericht der Bundesregierung hervorgeht. Wer als Alleinstehender weniger als 781 Euro netto im Monat zum Leben hat, befindet sich unterhalb der Armutsgrenze; bei einer Familie mit zwei Kindern liegt die Demarkationslinie zwischen »ganz arm« und »fast arm« bei 1640 Euro. Die Gestrandeten der Gesellschaft sind meist nicht vorbereitet auf die globale Wirtschaft. Sie haben einen einfachen Job gelernt oder aber einen, der nicht mehr gebraucht wird, jedenfalls nicht in Deutschland. Sie haben die Schule abgebrochen oder können oft nicht einmal richtig schreiben und rechnen. Sie leben vielfach von der öffentlichen Fürsorge. Doch der Staat kann sich diese Hilfen kaum noch leisten, weil die Schulden ihn erdrücken.

Dazwischen befindet sich eine Mittelschicht, die schrumpft. Sie leidet unter steigenden Steuern und Abgaben. Sie steht unter dem Druck der Globalisierung, der ihre Jobs bedroht. Die Mitte: Das sind nach Angaben des DIW all jene, die zwischen 70 und 150 Prozent des Durchschnittseinkommens verdienen. Ein kleiner Teil der Mittelschicht hat es seit der Jahrtausendwende nach oben geschafft, nach ganz oben, in die Gruppe jener, die mehr als 200 Prozent des Durchschnittseinkommens verdienen. Der bei weitem größere Teil dagegen ist abgerutscht. Mehr als ein Viertel der Deutschen verdienen weniger als 70 Prozent des Durchschnittseinkommens.

Dieser Trend zur Ungleichheit lässt sich in eine Zahl fassen: den Gini-Koeffizienten. Er ist ein Verteilungsmaß, errechnet vom italienischen Statistiker Corrado Gini. Liegt der Ungleichheitskoeffizient bei null, sind die Einkommen in einem Land alle gleich; beträgt der Wert eins, herrscht maximale Ungleichheit. In Deutschland lag der Gini-Wert kurz nach der Wiedervereinigung unter 0,26, seither ist er auf 0,32 gestiegen und bewegt sich in Richtung der USA, deren Koeffizient bei 0,40 liegt. Und noch eine Zahl zeigt, wie stark sich die Schere öffnet: Die Lohnquote, also der Anteil der Löhne und Gehälter am Volkseinkommen, ist seit der Jahrtausendwende von 72 auf 67 Prozent zurückgegangen, den niedrigsten Wert seit den sechziger Jahren. Währenddessen sind die Gewinne der Unternehmen und die Erträge der Kapitalbesitzer kräftig gewachsen. Ihr Anteil stieg von 28 auf 33 Prozent.

Die Gründe sind vielschichtig. Sie liegen in der Globalisierung, die Jobs ins Ausland treibt. Sie hängen mit dem technologischen Fortschritt zusammen, der einfache Tätigkeiten überflüssig macht – während jene, die gut ausgebildet sind, mehr Geld bekommen. Und sie haben mit einer veränderten Arbeitswelt zu tun, die mehr Flexibilität abverlangt. Vorbei ist die Zeit, in der ein Facharbeiter bis zur Rente für denselben Betrieb tätig war. Die Erwerbsbiografien haben Brüche, sie treiben die Menschen durch unterschiedliche Unternehmen und unterschiedliche Jobs. Und zwischendurch gibt es für Millionen von Menschen Phasen, in denen sie gar keine Arbeit haben: manchmal nur ein paar Monate, manchmal Jahre. Die Stelle auf Lebenszeit verschwindet, und wer lange ohne Arbeit ist, muss sich mit schlecht bezahlten Mini-, Midi- oder Teilzeitjobs durchschlagen oder sich als Zeitarbeiter verdingen. Die Zahl der atypischen Beschäftigungsverhältnisse stieg von 5,1 Millionen im Jahr 1997 auf 7,7 Millionen im Jahr 2007. Vor allem junge Menschen, Frauen, Ausländer und Geringqualifizierte müssen sich mit solchen Jobs begnügen. Der Wandel ist zum Teil ein Ergebnis der Arbeitsmarktreformen, aber auch der veränderten Logik in den Unternehmen: Viele Betriebe zerlegen teure Vollzeitstellen in billige Teilzeitjobs.

Arbeitgeber, Ökonomen und Politiker verlangten von den Beschäftigten in den letzten Jahren zudem, dass sie sich bei den Lohnverhandlungen zurückhalten, damit Deutschland im Wettbewerb mithalten kann. Die Gewerkschaften fügten sich – teils aus Einsicht, teils aus der Not heraus. Die Folge: Seit Anfang der neunziger Jahre stiegen die Löhne und Gehälter kaum. Zahlen des Tarifpolitischen Archivs der gewerkschaftsnahen Hans-Böckler-Stiftung zeigen: Real, also nach Abzug der Inflationsrate, sind die Löhne seit Mitte der neunziger Jahre praktisch nicht gestiegen – jedenfalls nicht für die Bevölkerung als Ganzes. Zwischen 1995 und 2004 musste der Durchschnittsdeutsche sogar eine Einbuße von fast 1 Prozent hinnehmen, während die Briten ihr Einkommen um 25 Prozent steigern konnten, die Iren um 19 Prozent und die Franzosen um 8 Prozent.

Innerhalb der Schichten hat es dabei dramatische Veränderungen gegeben. Dies zeigen Zahlen des DIW. So hat das reichste Zehntel der Bevölkerung sein reales Einkommen seit 1992 um 31 Prozent steigern können. Das ärmste Zehntel hat hingegen real, also nach Abzug der Inflation, 13 Prozent weniger zur Verfügung. Zugleich schaffen es diejenigen, die unten sind, immer seltener nach oben. So gelang es Ende der neunziger Jahre noch knapp der Hälfte der Geringverdiener, wieder in eine höhere Einkommensschicht aufzusteigen. In den ersten Jahren des neuen Jahrtausends schafft es nur noch ein Drittel.

Auch in fast allen anderen Industrieländern driftet die Gesellschaft auseinander. Selbst die amerikanische Notenbank lässt dies nicht kalt. Ben Bernanke, der oberste Währungshüter, warnt, dass Millionen von Menschen den Anschluss verlieren. So seien die Einkommen in den vergangenen Jahrzehnten zwar gestiegen, doch: »Mit dem gewachsenen wirtschaftlichen Wohlergehen ist auch die Ungleichheit in der Einkommensverteilung gestiegen«, klagt er. Ähnlich sieht dies sein Vorgänger Alan Greenspan: »Seit den zwanziger Jahren hat es in den USA keine derartigen Einkommensunterschiede mehr gegeben. Dabei sind Zwei-Klassen-Ökonomien typisch für Entwicklungsländer.«

Doch auch in Amerika müssen die Besserverdiener sich mittlerweile rechtfertigen. Bürger und Politiker sträuben sich gegen die wachsende Kluft. Sie begehren auf, weil die Reichen entschwinden – und viele Manager kein Maß mehr kennen.

Die Reichen entschwinden im Raumschiff

Der Kongressabgeordnete Henry Waxman ist ein Mann mit Überzeugungen. Der demokratische Politiker aus Beverly Hills leitet den Ausschuss für Aufsichtsangelegenheiten im Repräsentantenhaus. Er glaubt an Gott, an den amerikanischen Traum und an Gerechtigkeit. Am Morgen des 7. März 2008 kommt Waxman daher schnell zur Sache. Sein Ausschuss halt an diesem Tag eine Anhörung zu den exorbitanten Managergehältern ab. »Es scheint«, sagt Waxman, »zwei unterschiedliche Realitäten in unserem Land zu geben. Die meisten Amerikaner leben in einer Welt, in der ihre wirtschaftliche Zukunft unsicher ist und in der wirtschaftliches Versagen echte Konsequenzen hat. Die führenden Unternehmenslenker unseres Landes scheinen dagegen nach vollkommen anderen Regeln zu leben.«

Waxman blickt drei Männern in die Augen, die einige der großen Geldkonzerne des Landes geführt haben. Drei Männer, die fürstlich entlohnt wurden. Die in einem Jahr mehr Geld verdient haben als die meisten Amerikaner in ihrem Leben. Und die millionenschwere Abfindungen erhielten, obwohl sie ihre Unternehmen in der Finanzkrise an den Rand des Abgrunds geführt haben. »Sie stehen«, ruft Waxman den drei Männern zu, »im Mittelpunkt eines enormen Debakels. Und offenbar haben alle darunter gelitten, nur nicht Sie.«

Der erste, Stanley O'Neal, bekam seinen Rauswurf bei Merrill Lynch mit unglaublichen 161 Millionen US-Dollar versüßt – und dies, obwohl die Investmentbank im Jahr 2007 10 Milliarden US-Dollar verloren hat und die Aktie um 45 Prozent einbrach. In den vier Jahren zuvor hatte der Bankchef bereits 70 Millionen US-Dollar bekommen.

Der zweite, Chuck Prince, erhielt zum Abschied 68 Millionen US-Dollar, eine jährliche Pension von 1,5 Millionen US-Dollar plus Büro, Assistent und Auto samt Fahrer – und dies, obwohl die Citigroup, die größte amerikanische Bank, unter seiner Führung 10 Milliarden US-Dollar verbrannt hat und die Aktie um 48 Prozent abgestürzt ist.

Der dritte, Angelo Mozilo, verdiente 2007 rund 120 Millionen US-Dollar – und dies, obwohl der größte Hypothekenanbieter der USA,

Countrywide, 1,6 Milliarden US-Dollar verloren und 80 Prozent seines Börsenwerts vernichtet hat. In seinen acht Jahren an der Spitze von Countrywide kassierte Mozilo insgesamt 410 Millionen US-Dollar.

Die drei Manager stehen alle für den amerikanischen Traum. Sie haben sich zum Teil aus bitterer Armut nach oben gearbeitet. Der Großvater von O'Neal war ein Sklave. Seine Eltern mussten mehrere Jobs zugleich annehmen, um die Familie zu ernähren. Prince war der erste in seiner Familie, der das College besuchen konnte. Mozilo schließlich, der Sohn eines Metzgers, gründete Countrywide am Küchentisch eines Appartements in New York. Obwohl sie aus einfachen Verhältnissen stammen, haben diese drei Männer den Kontakt zur Wirklichkeit verloren. Sie haben irgendwann nicht mehr begriffen, dass ihre Gehälter sich durch nichts rechtfertigen lassen, auch nicht durch außergewöhnliche Leistung. Vielleicht haben sie sich ja gesagt, dass andere Bosse in Amerika ebenfalls irrwitzige Gehälter kassieren. Plus Aktienoptionen. Plus Villa. Plus Firmenjet. Plus Pension auf Lebenszeit.

Nirgends in der Welt sind die Bezüge der Manager derart nach oben geschnellt, nirgends haben sich die Gehälter der Elite und der normalen Arbeiter derart auseinanderbewegt wie in den USA. Der Mindestlohn ist in den letzten Jahren kaum gestiegen, er beträgt gerade einmal 6,55 US-Dollar. Währenddessen konnten die Chefs der 500 größten Unternehmen ihre Bezüge kräftig steigern. Sie trugen 2006 durchschnittlich 15 Millionen US-Dollar nach Hause – ein Plus von 38 Prozent gegenüber dem Jahr zuvor. Wie rasant die Gehälter der Manager steigen, zeigt das jährliche Ranking des Magazins *Fortune*. So sackte der bestbezahlte Unternehmensführer, Ray Irani von Occidental Petroleum, im Jahr 2007 satte 320 Millionen US-Dollar ein. Die 20 erfolgreichsten Eigentümer und Manager von Hedgefonds und Private-Equity-Fonds verdienten im Jahr 2006 sogar durchschnittlich 657 Millionen US-Dollar. Zu ihnen zählen Stephen Schwarzman, Chef der Beteiligungsgesellschaft Blackstone, Kenneth Griffin, Gründer des Hedgefonds Citadel, und George Soros. Ein normaler Arbeiter müsste für diese sagenhafte Summe 22 255 Jahre arbeiten. Der Hedgefondsmanager John Paulson verdiente ein Jahr später die kaum vorstellbare Summe von 3,7 Milliarden US-Dollar.

Es gibt in den USA immer noch Politiker, die solch horrende Einkommensunterschiede verteidigen, vor allem im konservativen Lager. Sie sagen, die Gehälter seien Teil einer freien Wirtschaft, in der es Risiken gebe, aber auch Chancen; wer diese nutze, solle belohnt werden. Doch inzwischen hat auch in den USA eine Debatte darüber begonnen, welches Maß an Ungleichheit eine Gesellschaft aushält. »Natürlich ist die Globalisierung insgesamt etwas Gutes«, sagt die Wirtschaftswissenschaftlerin Laura Tyson, »nur, was hilft das, wenn es immer schwieriger wird, dies den Amerikanern aus der Mittelklasse klarzumachen, deren Realeinkommen seit Jahren fallen.« In Talkshows, Internetblogs und Büchern streiten die Amerikaner, ob die wachsende Ungleichheit tatsächlich gut ist für ihr Land, wie liberale Ökonomen glauben. Der neue Präsident Barack Obama hat angekündigt, dass er die Reichen wieder höher besteuern will.

Fakt ist jedenfalls, dass Arm und Reich in den USA seit den zwanziger Jahren des vergangenen Jahrhunderts noch nie so weit auseinanderlagen wie heute. So floss 2005 mehr als ein Fünftel aller Einkommen an das reichste eine Prozent der Bürger – eine ähnliche Einkommenskonzentration, wie sie John Kenneth Galbraith auch vor dem Crash 1929 ausgemacht hat. Innerhalb eines Vierteljahrhunderts, zwischen 1979 und 2005, konnten die wohlhabendsten Amerikaner ihr reales Nettoeinkommen, also nach Abzug der Steuern und der gestiegenen Preise, um 745 000 US-Dollar auf durchschnittlich 1,07 Millionen US-Dollar steigern. Das mittlere Fünftel der amerikanischen Bürger dagegen vermochte sein reales Einkommen innerhalb des gleichen Zeitraums um gerade mal 8 700 US-Dollar auf 50 200 US-Dollar zu erhöhen. Und das ärmste Fünftel der Bevölkerung ist so arm wie immer; es verbuchte ein Plus von lediglich 900 US-Dollar.

Die Reichen sind reicher denn je – und die Superreichen sind völlig entrückt. Das *Wall Street Journal* nennt sie die »glücklichen 400«. Gemeint sind damit die 400 Steuerzahler mit den allerhöchsten Einkünften: die mächtigen Industriebosse, vor allem aber Manager von Banken, Hedgefonds und Private-Equity-Firmen. »Man kommt nicht an der Erkenntnis vorbei«, sagt der Ökonom Joshua Rauh von der University of Chicago, dass der Aufstieg der Superreichen zu einem guten Teil »eine Geschichte ist, die auf der Finanzindustrie und der Wall Street basiert«. Die »glücklichen 400« haben 2005 ein Einkommen von durchschnittlich 213,9 Millionen US-Dollar gemeldet, ein Drittel mehr als noch ein Jahr zuvor. Dies ist selbst für die meisten Leser des *Wall Street Journals* eine unvorstellbar hohe Summe, und deshalb weist das Blatt sie ausdrücklich darauf hin: »Vergessen Sie nicht, es handelt sich hierbei nicht um das gesamte Vermögen oder um die Einkünfte während eines ganzen Lebens – sondern lediglich während eines einzigen Jahres.« Mehr als die Hälfte des Einkommens stammt aus Kapitalerträgen, wie Zahlen der Steuerbehörde IRS zeigen. Und wer viel hat, der weiß auch das Steuerrecht auf seiner Seite. Die »glücklichen 400« mussten von ihren Einkünften im Jahr 2005 im Durchschnitt gerade einmal 18,23 Prozent an das Finanzamt abgeben – nicht sehr viel mehr als eine Durchschnittsfamilie, der 12,6 Prozent genommen wurden.

Noch vor vier Jahrzehnten war der Graben, der durch Amerika verlief, nicht größer als anderswo, wie eine Studie der Ökonomen Emmanuel Saez und Thomas Piketty zeigt. Während der Großen Depression und des Zweiten Weltkriegs hatten die Reichen einen beträchtlichen Teil ihres Vermögens eingebüßt. Bis in die siebziger Jahre blieb der Abstand zwischen den Schichten überwiegend stabil, teils verringerte er sich. Denn die Gewerkschaften hatten noch Einfluss und konnten hohe Löhne durchdrücken; die Verwaltungsräte der Unternehmen scheuten sich, den Führungskräften viel zu zahlen; und Steuersätze von bis zu 70 Prozent sorgten dafür, dass umverteilt wurde.

Dies veränderte sich in den achtziger Jahren: Präsident Ronald Reagan entmachtete die Gewerkschaften. Er drückte den Spitzensteuersatz auf 28 Prozent herab und nahm zahlreichen Wirtschaftszweigen die Fesseln ab, auch den Banken der Wall Street. Es war der Startschuss für eine Revolution der Reichen. Die Unternehmen erhöhten die Gehälter für ihre Topangestellten. Und weil alle an die Börse drängten, wurden plötzlich auch die Vorstände daran gemes-

sen, ob sie den Aktienkurs ihres Unternehmens steigern. Dank der
Aktienoptionen schnellte ihr Salär nach oben.

In den Neunzigern rückten die Reichen wieder ein wenig an die
Normalbürger heran, denn die Präsidenten George Bush und Bill
Clinton verlangten von ihnen zeitweise wieder höhere Steuern. Doch
schon bald driftete die Gesellschaft erneut auseinander. Bushs Sohn
George W. überschüttete die Wohlhabenden mit Steuergeschenken.
Über 1,3 Billionen US-Dollar erließ er innerhalb von neun Jahren den
Bürgern, in erster Linie denen mit hohen Einkommen. Bush leug-
nete, dass die wachsende Kluft ein Problem sei. »Ungleichheit hat es
in Amerika schon immer gegeben«, beschwichtigte er. So ließ Bush
auch seine Parteifreunde im Kongress gewähren, die die Grundsteuer für Immobilienerben abschaffen wollen. Fällig wird sie bei
Anwesen, die mehr als 3,5 Millionen US-Dollar wert sind. Nur eine
Hand voll Häuser, insgesamt etwa 12 000, erfüllt jedes Jahr dieses
Kriterium, die Republikaner kämpfen dennoch mit Wucht gegen die
sogenannte »Todessteuer«.

Die Debatte über den Bruch in Amerikas Gesellschaft dürfte unter
dem neuen Präsidenten an Schärfe zunehmen. Ohne den Rückhalt
einer starken Mittelschicht kann er das Land nicht regieren. Warren
Buffett, der reichste Mensch der Welt, sieht bereits Amerikas Ge-
sellschaftsvertrag zerbröseln: »Dieses Land war einst stolz darauf,
dass jeder die gleichen Chancen hat. Aber in einem Land, in dem
die Lücke zwischen den Superreichen und der Mittelschicht immer
größer wird, gilt das nicht mehr.« Der amerikanische Durchschnittsbürger, klagt Buffett, befinde sich in einer Tretmühle, während »die
Superreichen in ihrem Raumschiff entschwinden«.

Noch schneller als in den USA entschwinden sie in Ländern wie
China, Indien oder Russland. Die Aufsteigernationen haben dieselben Probleme wie die Industriestaaten. Vor allem aber bringen sie
das Gefüge der Weltwirtschaft durcheinander: Mehr als zwei Milliarden billige Arbeitskräfte sind seit Anfang der neunziger Jahre
auf den globalen Markt vorgestoßen und machen den Menschen
im Westen Angst: Sie fürchten um ihre Jobs. Sie fürchten um ihren
Wohlstand.

Kapitel 10

Die Welt im Umbruch

»Eine globalisierte Welt ist keine heitere Welt. Sie können im Supermarkt billige und wunderbare Elektronikgeräte kaufen. Das ist gut und schön. Auf der anderen Seite müssen wir den Menschen sagen: ›Dein Leben ist voller Sorge, und eigentlich lebst du in einer Lotterie.‹«

Paul Samuelson, amerikanischer Nobelpreisträger, 2005

Die Krise des Kapitalismus erschüttert eine Welt im Umbruch. Die Industriestaaten verlieren an Macht, die Schwellenländer drängen nach vorn. Sie wollen die alten Riesen beiseiteschieben, sie wollen deren Jobs, deren Fabriken – und sie wollen deren Märkte erobern. Die Aufsteigernationen nutzen die Chancen, die ihnen die Globalisierung bietet. Sie tun dies auf ihre Weise: oftmals mit einer autoritären Form des Kapitalismus, mit staatlichen Konzernen und Fonds. Sie schotten sich nach außen ab und drängen zugleich auf die ungeschützten Märkte des Westens. Trickreich untergraben sie so den Wohlstand der Industrieländer. Doch in der globalen Krise ist ihr Reichtum ebenfalls in Gefahr, droht ihr rasantes Wachstum wegzubrechen. Ausgerechnet jenen Ländern geht die Luft aus, die das weltweite Wachstum in den Jahren zuvor angetrieben haben. Denn der Aufstieg vieler Schwellennationen basierte, ähnlich wie der Boom der Tigerstaaten in den neunziger Jahren, sehr stark auf geliehenem Geld. Im Herbst 2008 fordern die ausländischen Investoren diese Milliarden plötzlich zurück. Sie saugen ab, was sie in den Jahren zuvor in die »Emerging Markets« gepumpt haben, in boomende Volkswirtschaften in Asien, Lateinamerika und Mittel- und Osteuropa. Wenn aber nicht nur die meisten Industrieländer abstürzen, sondern auch viele Schwellenländer, dann fehlt der Weltwirtschaft eine treibende Kraft: Das globale Wachstum, das in den Jahren zuvor etwa 4 Prozent betragen hat, könnte zum Erliegen kommen. Ja, die

Weltwirtschaft könnte – wie der Internationale Währungsfonds prophezeit – erstmals seit 1945 sogar wieder schrumpfen. Der globale Absturz könnte zugleich einen Rückfall in den Protektionismus auslösen. Denn die Schwellenländer gieren nach allem, was die Industrieländer ebenfalls benötigen, um ihre Volkswirtschaften in Gang zu halten. Die Milliardenvölker brauchen Öl und Gas, Kupfer und Stahl, Getreide und Fleisch. Aber der Vorrat an fossilen Brennstoffen wird sich in einigen Jahrzehnten erschöpfen. Wenn Öl, Kohle und Gas knapp werden, fehlt dem Kapitalismus das Schmiermittel. Auch die Produktion an Lebensmitteln lässt sich nicht beliebig steigern. Bald werden neun Milliarden Menschen auf der Erde leben. Viele haben nicht genug zum Leben. Böden und Felder werden nicht reichen, um die Nachfrage zu befriedigen. Der globalen Wirtschaft drohen Verteilungskriege. Deshalb wächst die Gefahr, dass die Länder sich abschotten.

Grenzen dicht – die Furcht vor dem Welthandel

Sie haben alles versucht. Sie haben um jeden Halbsatz gekämpft, um jedes Wort. Über Wochen, Monate, Jahre. Neun Tage haben sie in Genf, im Hauptquartier der Welthandelsorganisation WTO, noch einmal um einen Kompromiss gerungen. Doch am Ende sind sich alle einig, dass sie sich nicht einig sind. Am 29. Juli 2008 verkünden die Unterhändler aus 153 Staaten, dass sie mit ihrem Versuch gescheitert sind, ein neues Welthandelsabkommen zu schließen. Um ein Detail soll es zum Schluss gegangen sein. Um eine einzige Zahl. China und Indien pochten darauf, dass sie Handelshürden errichten dürfen, wenn sie mit landwirtschaftlichen Erzeugnissen aus dem Ausland überschwemmt werden. Mit der Schutzklausel wollten sie 1,4 Milliarden asiatische Kleinbauern vor subventionierten Waren aus Amerika und Europa schützen. Indiens Handelsminister Kamal Nath, der sich zum Anwalt der Ärmsten aufgeschwungen hat, erklärt:»Amerika schützt Geschäftsinteressen, ich das Leben von Bauern.« Die westlichen Agrarnationen haben gegen ein Sonderrecht im Prinzip nichts einzuwenden. Strittig ist nur, ab wann sich Inder oder Chinesen abschotten dürfen: Schon wenn die Importe nur um 10 Prozent ansteigen, wie die Schwellenländer es fordern? Oder erst ab einem Plus von 40 Prozent, wie es die Industrieländer wollen?

Es sei »herzzerreißend«, dass die Verhandlungen an einer einzigen Zahlendifferenz gescheitert seien, klagt der Chefunterhändler der EU, Handelskommissar Peter Mandelson. Auch Kamal Nath sagt, er sei traurig. Sieben Jahre lang hatten die Mitglieder der WTO gefeilscht, sieben Jahre lang hatten sie sich um neue, fairere Regeln für den Welthandel bemüht. In der Hauptstadt des Emirats Katar, in Doha, hatten sie die Verhandlungsrunde im Jahr 2001 angestoßen, wenige Wochen nach den Anschlägen des 11. September. Dort her hat die Handelsrunde ihren Namen: Doha-Runde. Zwei Jahre später trafen sich die Unterhändler zum Gipfel im mexikanischen Cancun – und erreichten nichts. Weitere zwei Jahre später mühten sie sich in Hongkong um einen Kompromiss – wieder nichts. Beinahe ohne Unterlass verhandelten die Diplomaten der Staaten zudem am WTO-Sitz in Genf – und näherten sich auch hier nur quälend langsam an.

Dass die Gespräche schließlich scheitern, passt ins Bild. Zum einen hat sich das globale Machtgefüge verschoben: Früher handelten Europäer und Amerikaner in Zweiergesprächen aus, wie sie das Regelwerk des Warenverkehrs gestalten. Die anderen Nationen nickten bloß ab, was die Industriestaaten vorgaben. Nun aber pochen die Schwellenländer auf ihrer Position, aus gutem Grund: Sie tragen inzwischen mehr zum globalen Wachstum bei als die Industrieländer. Zum anderen verflüchtigt sich in den Industrieländern der bedingungslose Glaube an den Freihandel. Die Menschen befürchten, dass die Schwellenländer ihnen ihren Wohlstand streitig machen. Und die Politiker greifen dieses Gefühl bereitwillig auf. Sie schützen ihre Schlüsselindustrien und wollen, wie Frankreichs Präsident Nicolas Sarkozy, diese sogar teilweise verstaatlichen. Sie versuchen fremde Unternehmen zurückzudrängen, die ihren Konzernen Konkurrenz machen. Und sie kämpfen nur noch halbherzig für den Welthandel. Barack Obama warb im amerikanischen Präsidentschaftswahlkampf für eine Abkehr vom freien Warenverkehr: Ganz im Sinne seiner Landsleute forderte er, den Vertrag über die Freihandelszone

NAFTA, das seit 1994 existierende Bündnis von Mexiko, Kanada und den USA, neu zu verhandeln. Amerikaner, Europäer und Asiaten: Sie alle suchen ihr Heil immer häufiger in Handelsverträgen mit einzelnen Partnern, weil die Verhandlungen auf globaler Ebene, mit 153 Nationen, so zäh sind. 250 bilaterale Verträge wurden seit 1995 geschlossen, doppelt so viele wie in den vier Jahrzehnten zuvor. Ein Rückfall in den Protektionismus wäre fatal. Denn der Warenverkehr hat den meisten Ländern seit 1945 erheblichen Wohlstand gebracht. Jene Staaten, die sich geöffnet haben, sind schneller gewachsen als jene, die die Grenzen verschlossen hielten. Deutschland ist zur größten Exportnation der Welt aufgestiegen. Auch China exportiert weit mehr Waren, als es importiert – und vergrößert so seinen Wohlstand. Der Handel hat vielen Schwellenländern den Aufstieg ermöglicht und Hunderte Millionen von Menschen aus der Armut geholt: Einst abgehängte Länder in Südostasien, Lateinamerika und in Afrika legten in den vergangenen Jahren kräftig zu.

Vor allem die Politik hat dafür gesorgt, dass sich der Handel beschleunigt: Die Regierungen senkten seit 1947 unter dem Dach des GATT, des Allgemeinen Zoll- und Handelsabkommens, die Zölle. Sie rissen zahlreiche Schranken für den Warenverkehr ein, darunter Einfuhrquoten, und schufen mit der WTO einen wirkungsvollen Schlichter für Streitigkeiten. Seither wuchs der Handel noch schneller als die Weltwirtschaft: Ab Mitte der neunziger Jahre legte er jährlich um knapp 7 Prozent zu, während die weltweite Wirtschaftsleistung nur um gut 4 Prozent stieg. Allein zwischen 2000 und 2007 haben sich die weltweiten Exporte verdoppelt. Die Weltwirtschaft entwickelte sich also ganz so, wie es der französische Schriftsteller und Diplomat François-René de Chateaubriand bereits 1841 vorausgesagt hat:»Wenn Dampfkraft erst perfektioniert ist, wenn sie zusammen mit Telegrafie und Eisenbahn die Distanzen schwinden lässt, werden nicht nur die Güter reisen. Auch Ideen werden Flügel haben. Wenn Steuer- und Handelshemmnisse zwischen den Staaten gefallen sind und die Völker einander immer näher rücken, wie wollen wir dann die alte Trennung wiederbeleben?«

Natürlich gibt es Beispiele, dass der Welthandel nicht allen nützt.

Dass seit dem Fall der Berliner Mauer und der Öffnung Chinas ein Milliardenheer an billigen Arbeitern auf den Weltmarkt drängt, ist in Europa und Amerika deutlich zu spüren: Jobs wandern ab, Fabriken verschwinden, ganze Branchen lösen sich auf. Doch soll man die Dazugestoßenen deshalb wieder ausschließen? Soll man ihnen den Aufstieg verwehren? Soll man den Abstand zwischen ihnen und den reichen Industrieländern weiter vergrößern? Die Welt würde dadurch nicht gerechter, im Gegenteil. Und die Gefahr würde wachsen, dass es zu Verteilungskriegen kommt.

Auch in den Entwicklungs- und Schwellenländern gibt es viele Menschen, die unter der Globalisierung leiden. Doch in den seltensten Fällen liegt dies an einer zu starken Liberalisierung, sondern meist an einem Zuwenig an Markt. Ein Beispiel ist der Handel mit Tomatenmark. Seit einigen Jahren überschwemmen europäische Hersteller Länder wie Ghana mit ihren Tomatenmarkdosen und bringen Tausende von Bauern in Not. Die Konzerne bieten ihre Dosen für 29 Cent an, die ghanaischen Kleinbauern müssen 35 Cent verlangen, wenn sie davon leben wollen. Die Europäer sind deshalb billiger, weil Europas Tomatenproduzenten jedes Jahr 380 Millionen Euro aus dem EU-Agrarhaushalt erhalten; außerdem bekommen die Unternehmen für Tomaten, die sie in Europa nicht absetzen können, einen Zuschuss von 15 Cent pro Kilo. Mithilfe der Subventionen treiben sie Ghanas Kleinbauern in den Ruin. Aus Verzweiflung hätten sich einige umgebracht, berichten Entwicklungsorganisationen. Die Regierung von Ghana hat sich gegen die Importschwemme lange nicht gewehrt, sie beugte sich dem Druck der Industrieländer. Erst als die Proteste der Kleinbauern lauter wurden, verhängte Ghana für 200 Tage einen Einfuhrstopp.

Eigentlich spräche also viel dafür, die Warenmärkte weiter zu öffnen: Die Industriestaaten müssten voranschreiten und ihre Exportsubventionen kappen. Sie müssten den Entwicklungsländern möglichst alle Zölle erlassen, damit diese ihre Waren verkaufen und den Abstand zur entwickelten Welt verringern können. Die Entwicklungsländer wiederum sollten das Recht haben, ihre Zölle – so sie noch bestehen – erst nach und nach zu senken, um sich dem globa-

len Wettbewerb anzupassen. Wenn die ärmsten Länder dennoch von
Waren überschwemmt werden, vor allem von landwirtschaftlichen
Erzeugnissen, die heimische Produkte verdrängen, sollte es ihnen
erlaubt sein, ihre Zölle für eine begrenzte Zeit wieder zu erhöhen.
Ansonsten jedoch sollten Zölle und Handelsbarrieren verschwinden. Stattdessen gibt es einen neuen, gefährlichen Hang hin zu mehr
Protektionismus. »Wir laufen Gefahr, die Reformen der achtziger
und neunziger Jahre zurückzudrehen und damit wieder in den de-
saströsen siebziger Jahren zu landen«, sagt Razeen Sally, Leiterin des
European Centre for International Political Economy in Brüssel. Der
neue Protektionismus hat vor allem einen Grund: China. Die Volksrepublik wird bald mehr Waren exportieren als der bisherige Ex-
portweltmeister Deutschland. Die Chinesen liefern längst nicht nur
Billigprodukte wie Kleidung, Turnschuhe oder Spielzeug; sie überschwemmen den Globus mit Computern, Kameras oder Computer-
chips. Möglich ist dies, weil die Chinesen ihre Währung auf einem
viel zu niedrigen Niveau halten: Der billige Yuan sorgt dafür, dass
die Waren der Volksrepublik oft konkurrenzlos günstig sind. Seit
Jahren drängen die G7-Staaten die Notenbank in Peking, die Währung endlich aufzuwerten. Bislang vergebens.

Tatsächlich wäre es brandgefährlich, wenn die Welt nun wie während der Weltwirtschaftskrise in Lager zerfiele und die globalen
Handels- und Produktionsketten, die sich in den vergangenen Jahrzehnten herausgebildet haben, zerschlagen würden. Vor achtzig Jahren geschah dies auf brutale Weise: Die republikanischen Abgeordneten Reed Smoot und Willis Hawley brachten am 17. Juni 1930 das
nach ihnen benannte Smoot-Hawley-Gesetz durch den amerikanischen Kongress. Dieses Paragrafenwerk erhöhte die Zölle auf 20 000
Produkte drastisch. Der Außenhandel brach zusammen, er halbierte
sich in kurzer Zeit.

Auch heute würden die Industriestaaten sich schaden, wenn sie
sich abschotteten. Ohne die Güter aus dem Ausland, vor allem aus
Asien, Afrika oder Lateinamerika, wäre das Leben im Westen teurer
und weniger angenehm. Sollte der Protektionismus tatsächlich um
sich greifen, hätte dies, warnt der renommierte Handelsökonom

Jagdish Bhagwati, weitreichende Folgen: »In den Industrieländern würden vor allem die ärmeren Bevölkerungsschichten darunter leiden, weil sie einen überdurchschnittlich hohen Anteil an arbeitsintensiv hergestellten Billigprodukten konsumieren.«

Noch stärker aber würden die Schwellenländer leiden. Sie sind erst in den letzten Jahrzehnten zu einem Teil der Weltwirtschaft geworden. Sie sind rasant gewachsen, und ihnen droht nun in der globalen Krise ein ebenso rasanter Absturz.

Schwellenländer auf der Kippe

Wenn Wen Jiabao, der Ministerpräsident der Volksrepublik China, über die Zukunft des Landes spricht, klingt er wie einst Ludwig Erhard – übersetzt in die blumige Sprache der Chinesen.»Alle sollen den Glanz des gemeinsamen Wohlstands genießen«, sagt der kommunistische Regierungschef. Alle sollen den Aufschwung des Landes spüren, nicht nur die gewieften Geschäftemacher, die jungen Milliardäre, die neuen Unternehmer. Auch Staats- und Parteichef Hu Jintao beschwört eine goldene Ära, an der das gesamte Milliardenvolk teilhaben soll. Der Führer der Kommunistischen Partei verspricht den Chinesen eine »harmonische Gesellschaft«.

Tatsächlich herrscht in China keineswegs Harmonie. Denn vom bisherigen Boom, von Wachstumsraten von 10 Prozent und mehr, profitierten längst nicht alle. An Millionen von Chinesen ging der Aufschwung vorbei: Bauern, die enteignet wurden; Städter, die keinen Job haben; Kinder, deren Eltern sich das Schulgeld nicht leisten können; Kranke, die den Arzt nicht bezahlen können. Und nun lässt das Wachstum im Gefolge der globalen Krise auch noch nach. Vom neuen Wohlstand profitierte vor allem eine wohlhabende Minderheit. Die Neureichen leben in Peking, Schanghai, Tianjing oder anderen Metropolen. Sie gönnen sich westliche Limousinen, private Ärzte, teure Medikamente und edle Immobilien. Die Aufsteiger sind besser gebildet als die Masse. Sie sprechen Englisch, Französisch und/oder Russisch. Etliche haben im Ausland studiert, während sich Millionen von Wanderarbeitern aus der Provinz in die Mega-Citys aufmachen: Sie suchen Arbeit – finden aber oft keine. Denn Chinas Industrie kann mit derart vielen ungelernten Kräften nichts mehr anfangen.

Die chinesische Gesellschaft driftet schneller auseinander als die amerikanische. Ein Städter verdient im Durchschnitt 3,2-mal so viel wie ein Landbewohner; die oberen 10 Prozent haben 9,2-mal so hohe Einkünfte wie das untere Zehntel der Stadtbewohner. Auch der Gini-Koeffizient steigt rasant. Als Staats- und Parteichef Deng Xiaoping Anfang der achtziger Jahre die ersten Reformen anstieß, lag der Gini-Wert noch bei 0,2; inzwischen ist das Ungleichheitsmaß auf 0,46 gestiegen.

Ähnliche Entwicklungen sind in Russland, Brasilien, Indonesien, Indien oder den arabischen Länder zu beobachten. Die »Emerging Markets« sind mit ihrem Sozialprodukt Stück für Stück an die Industrieländer herangerückt. In China hat sich das durchschnittliche Pro-Kopf-Einkommen innerhalb von zehn Jahren mehr als verdoppelt, in Indien ist es um fast zwei Drittel gestiegen. Mehrere Hundert Millionen Menschen in den Schwellenländern wurden aus der Armut herausgeholt. Dies ist die leuchtende Seite der Globalisierung.

Doch es gibt auch die dunkle Seite: Während die Schwellenländer rasant aufgeholt haben, sind ihre Gesellschaften auseinandergebrochen. Seit dem Fall der Mauer 1989 ist in den Aufsteigernationen eine unvorstellbar reiche Oberschicht herangewachsen. Ihre Mitglieder sind schneller zu Wohlstand gekommen als ihre Pendants in Europa oder Amerika. Nicht innerhalb von Generationen, sondern in zehn oder fünfzehn Jahren. Clevere und teils skrupellose Geschäftemacher haben aus dem Nichts Millionen und Milliarden angehäuft. Sie haben den wilden Start in die Marktwirtschaft genutzt, um undurchschaubare Firmenkonglomerate aufzubauen. Nicht wenige tragen ihren frischen Wohlstand dekadent zur Schau, sie leben in protzigen Palästen, fahren teure Sportwagen und bauen – wie ein chinesischer Milliardär – in ihrer Heimat französische Schlösser nach. Auch die Mittelschicht weiß die Vorteile des globalen Marktes zu nutzen. Zu ihr zählen die Städter in den Küstenregionen und in den Industriezentren, die Menschen mit besserer Bildung, die sich dem weltweiten Wettbewerb zuwenden. Diese Mittelschicht ist allerdings noch nicht so ausgeprägt wie in den Industriestaaten. Und ihr Wohlstand hat sich noch nicht so gefestigt.

Zugleich bildet sich eine Unterschicht heraus, die vom Aufschwung ausgeschlossen ist. Die Zurückgebliebenen verdingen sich als Hilfsarbeiter, sie arbeiten als Diener der Wohlhabenden oder werden ausgebeutet wie Leibeigene. Sie hausen in einfachen Wohnblocks oder Slums. Manche lesen ihr Essen in den Müllbergen der Restaurants auf. Die Verlierer haben zumeist keine Chance, es nach oben zu schaffen. Denn es mangelt ihnen an der wichtigsten Erfolgsvoraussetzung im 21. Jahrhundert: der nötigen Bildung.

Diese Gesellschaften sind ebenso krank wie die der Industrieländer, und sie sind – weil der Reichtum sich auf eine Minderheit konzentriert und die Wirtschaft zu sehr auf Pump finanziert wurde – ebenso vom Absturz bedroht. Es gilt auch in diesen Staaten, was John Kenneth Galbraith in seinem Buch *Der große Crash* geschrieben hat: dass eine allzu große Kluft den Abschwung beschleunigt. Und dass ein Boom nicht zu sehr auf irrwitziger Spekulation basieren darf.

Vor allem in Russland zeigt sich nun, wohin beides führen kann. Das Land hat in den vergangenen Jahren einen verrückten Börsenboom erlebt. Und den Aufstieg der Oligarchen, einer Clique von Industriellen. Sie haben den wilden Übergang in die Marktwirtschaft geschickt für sich genutzt. Als das Imperium der Sowjetunion zerbrach, haben sie die größten Staatsbetriebe an sich gerissen. Weil es keinen funktionierenden Rechtsstaat gab, hatten die Glücksritter leichtes Spiel. Einer von ihnen ist der Unternehmer Oleg Deripaska, ein Mann mit einem bubenhaften Gesicht. Mit 40 Jahren hat er bereits ein Vermögen von 28 Milliarden US-Dollar angehäuft. Deripaska herrscht über ein verzweigtes Firmengeflecht, zu dem auch der deutsche Baukonzern Hochtief gehört. Er ist damit in kürzester Zeit zum neuntreichsten Menschen der Welt aufgestiegen – und zum zweitreichsten Europäer hinter Ikea-Gründer Ingvar Kamprad. Nicht sehr weit hinter ihm in der Reichenliste rangiert Roman Abramowitsch, der Eigentümer des Londoner Fußballklubs FC Chelsea, mit 23,5 Milliarden US-Dollar. Die Oligarchen können sich gewaltige

Villen leisten, Yachten, Privatjets und Sicherheitsdienste. Währenddessen kommen Millionen von ehemaligen Sowjetbürgern kaum über die Runden. In der Zeit des Umbruchs, als die Planwirtschaft unterging, sanken die Einkommen der normalen Russen um fast zwei Drittel. Beinahe drei Viertel verdienen noch heute weniger als 50 Euro pro Woche.

Ein beträchtlicher Teil dessen, was viele Reiche erwirtschaften, kommt gar nicht in Russland an, sondern landet auf Konten in Liechtenstein oder auf Zypern. Dort gibt es Briefkastenfirmen zuhauf. Steuersparend mehren die Oligarchen ihr Vermögen – und waren im Jahr 2008 wohlhabender als Deutschlands Superreiche. 85 Milliardäre zählte *Forbes*, davon tauchten 35 zum ersten Mal in der Statistik auf. Doch in der Finanzkrise könnte sich ein beträchtlicher Teil ihres Vermögens wieder in Luft auflösen. Denn es steckt oft in Aktien und anderen Wertpapieren, und Russland erlebt einen Börsensturz, der noch steiler ist als in den meisten Industrieländern. So hat die Börse in Moskau allein zwischen dem Sommer und dem Herbst 2008 zwei Drittel ihres Werts verloren. Zudem haben die Oligarchen ihre Imperien oft mithilfe von gewaltigen Krediten aufgebaut, die die Banken in der Krise zurückfordern. Ebenso schnell, wie ihr Wohlstand entstanden ist, verflüchtigt sich nun ein Teil davon. Deripaska ist gezwungen, einen Teil seines Firmenimperiums zu verkaufen. Und er muss, ebenso wie andere Oligarchen, sogar staatliche Hilfe in Anspruch nehmen, um seine Kredite tilgen zu können. Doch für einen normalen Russen sind die Oligarchen immer noch unvorstellbar reich.

Noch rasanter haben die vermögenden Inder ihren Wohlstand erhöht: Der Stahlunternehmer Lakshmi Mittal steigerte sein Vermögen auf 45 Milliarden US-Dollar und schob sich 2008 auf Platz vier der *Forbes*-Liste. Dahinter folgen die Brüder Mukesh Ambani (43 Milliarden US-Dollar) und Anil Ambani (42 Milliarden US-Dollar), die von ihrem Vater das Industrieimperium Reliance geerbt und untereinander aufgeteilt haben. Der Aufstieg der Ambanis belegt, dass diejenigen, die ohnehin viel haben, es noch schneller zu größeren Vermögen bringen. Die Ambanis haben dies geschafft in einem Land, in dem Millionen von Menschen sich als Diener oder Straßenfeger verdingen und in dem nur ein paar Kilometer entfernt von ihren Firmenzentralen bitterste Armut herrscht. Das glitzernde Indien der Software-Firmen und der Bollywood-Filme und das düstere Indien der Bettler und der Hungerlöhner liegen dicht beisammen – auch in der Hafenmetropole Bombay. Zwölf Millionen Menschen drängen sich auf einer Fläche halb so groß wie Berlin. Im Süden leben die Reichen, die Milliardäre und Millionäre mit ihren Hubschraubern, prachtvollen Häusern und zahllosen Bediensteten. Wenig weiter hausen sechs Millionen Menschen in Hütten. Sie sind froh über jeden Job, über jede Rupie, die sie verdienen.

Doch wie lange hält ein Land solche Unterschiede aus? Wann fordern die Armen mehr als Almosen? In China registrieren die Behörden inzwischen Tausende von kleinen und größeren Protesten. Vor allem die Metropolen in den Schwellenländern drohen zum Nährboden für Gewalt, Extremismus und soziale Spannungen zu werden. Die Aufsteigernationen versuchen, den Unmut zu unterdrücken. Sie mühen sich, das Wachstum schneller voranzutreiben, damit auch die Zurückgelassenen profitieren. Was sie nicht gebrauchen können, ist ein plötzlicher Einbruch des Wachstums, ausgelöst durch den ungezügelten Kapitalismus der Wall Street. Was sie nicht gebrauchen können, ist ein Aufstand der Unzufriedenen. Daher halten sie auch in der Finanzkrise fest an jenem Wirtschafts- und Gesellschaftsmodell, das einerseits den Westen kopiert – und sich andererseits fundamental von diesem unterscheidet: dem autoritären Kapitalismus.

Der gelenkte Markt und die Krise

Als der deutsche Außenminister Frank-Walter Steinmeier im Juni 2008 nach Chongqing fliegt, kennt in Europa niemand diese Millionenmetropole: Chongqing liegt weit weg von Peking und Schanghai, von Hongkong und Macao, und nur wenige Dutzend Kilometer vom Drei-Schluchten-Stausee entfernt. 5,8 Millionen Einwohner wohnen in der Mega-City am Yangtse, dem größten Fluss in China, 32 Millionen sind es, wenn man die Verwaltungsregion hinzuzählt, ein Gebiet von 82400 Quadratkilometern. Chongqing schmückt sich damit, die größte Stadt der Welt zu sein. Was derzeit ein loser Verbund an teils kleinen und mittleren Städten ist, soll in den nächsten Jahren weiter zusammenwachsen: Jeden Tag werden neue Wolkenkratzer, neue Hotels, neue Einkaufszentren, neue Straßen vollendet. Durch die Hügel ringsum werden Tunnel gebohrt, damit die Stadt sich ausdehnen kann, am Yangtse entsteht ein neuer Containerhafen, und der Flughafen erhält eine dritte Startbahn; was in Frankfurt Jahrzehnte dauert, weil Zehntausende Anwohner gehört und Gerichtsverfahren abgewartet werden müssen, geht hier rasend schnell. Alle drei Monate gibt es einen neuen Stadtplan.

Staatschef Hu Jintao will sich mit Chongqing ein Denkmal errichten, so wie es sein Vorgänger Deng Xiaoping in den Achtzigern in der Sonderwirtschaftszone Shenzhen getan hat und Jiang Zemin in den Neunzigern in Schanghai. Die Stadt steht direkt unter Pekings Obhut. Die Kommunistische Partei pumpt jedes Jahr Milliarden nach Chongqing und in den unterentwickelten Westen des Landes, damit auch diese Region, die 1400 Kilometer vom Meer entfernt liegt, vom gewaltigen Wirtschaftsboom profitiert. Chongqing, schreibt die *Süddeutsche Zeitung*, sei »die am schnellsten wuchernde Metropole des Planeten«.

Chongqing ist kein Einzelfall. Schon 2010 wird es in China 109 Mega-Städte mit mehr als einer Million Einwohner geben. Sollte die Prognose der Carnegie Stiftung sich als richtig erweisen, wird China 2041 die USA als größte Wirtschaftsnation überholen; die Bank Goldman Sachs glaubt sogar, dass dies 2035 der Fall sein könnte. Pro Kopf werden die Chinesen allerdings noch viel länger hinter Amerikanern und Europäern liegen. Die Menschen im Westen sind hin- und hergerissen, wenn sie diesen Aufstieg verfolgen: Sie staunen – und sie haben Angst. Sie sind fasziniert – und verschreckt. Sie bewundern den Erfolg des Landes – und fürchten zugleich, dass die Chinesen ihnen den Wohlstand streitig machen könnten.

China ist ein Land mit mehr als einer Milliarde Einwohnern, das mit Wucht auf die Bühne der Weltwirtschaft drängt. Die Notenbank hat in ihren Tresoren Devisenreserven im Wert von 1,8 Billionen US-

Dollar gebunkert; das übersteigt die Summe der Noten und Münzen, die in Amerika umlaufen. Ob Amerika irgendwann das Geld ausgeht, wird vor allem in Peking entschieden. Solange die chinesische Notenbank weiterhin amerikanische Staatsanleihen kauft, können die Amerikaner sich massiv verschulden. Sollten die Chinesen sich aber abwenden, könnte das die USA an den Rand des Bankrotts treiben. Noch nie zuvor ist ein Land derart schnell aufgestiegen, noch nie war die Furcht davor so groß.»Wenn China sich erhebt, erzittert die Welt«, hat schon Napoleon gesagt. Als Deng Xiaoping 1978 die wirtschaftspolitischen Reformen einleitet, ist die Planwirtschaft verrottet. Der»Große Sprung nach vorn«, den Mao Tse-Tung in den Jahrzehnten zuvor propagierte, hat sich als grandioser Fehlschlag erwiesen. 30 Jahre später vereint die Volksrepublik alle Spielarten, die die moderne Wirtschaft bietet: dirigierte Staatskonzerne, eine irrwitzige Aktienökonomie und ein in Teilen nahezu ungezügeltes Unternehmertum. Doch China ist weit entfernt davon, eine Marktwirtschaft nach westlichem Vorbild zu sein. Es fehlt das politische Pendant zum Markt: die Demokratie. Das Land wird von den Kommunisten straff regiert. Und der Staat ist nicht bereit, sich wirklich aus der Wirtschaft zurückzuziehen. Er lenkt und plant. Er steuert die wichtigsten Unternehmen des Landes. Die Chinesen haben damit einen Gegenentwurf zum enthemmten Kapitalismus des Westens entwickelt: den autoritären Kapitalismus.

Dieser Gegenentwurf erfreut sich rund um den Globus wachsender Beliebtheit. Auch Russland hat in den vergangenen Jahren gezeigt, dass Demokratie und Marktwirtschaft nicht zwingend zusammengehören. 500 Unternehmen erbringen in Russland rund 80 Prozent des Bruttoinlandsprodukts, die wichtigsten werden meist vom Kreml kontrolliert oder von Oligarchen gesteuert, die zum Dunstkreis von Präsident Dmitrij Medwedjew und Regierungschef Wladimir Putin zählen. Wer sich dagegen auflehnt, wie Michail Chodorkowski, der Gründer des Energiekonzerns Yukos, wird nicht selten entmachtet – oder landet schon mal im Gefängnis. Russlands Aufschwung seit der Jahrtausendwende basiert vor allem auf Öl und Gas, der Kreml hat

eine Energiediktatur errichtet. Die Pressefreiheit, ein Element der
»Glasnost«-Revolution unter Michail Gorbatschow, ist weitgehend
aufgehoben. Kreml-nahe Medien beherrschen das Land, Opposition
und Nichtregierungsorganisationen werden gegängelt.

Russen und Chinesen fordern mit ihrem autoritären Kapitalismus den Westen heraus: Sie nutzen die Vorteile, die ihnen der globale Wettbewerb bietet. Sie erobern mit ihren Rohstoffen und ihren
billigen Produkten fremde Märkte; zugleich schotten sie sich ab und
errichten hohe Hürden für ausländische Unternehmen. Die autoritären Kapitalisten vereinen die Vorteile der Marktwirtschaft mit
einer dominanten Rolle des Staats. Sie wollen ihren Bürgern mehr
Wohlstand verschaffen, ihnen aber Freiheiten vorenthalten, die in
Demokratien üblich sind. Die straff geführten Länder demonstrieren damit, dass Francis Fukuyama irrt: Die Geschichte ist keineswegs
zu Ende. Und ob am Ende der ungezügelte Kapitalismus des Westens
siegt oder die autoritäre Marktwirtschaft der Schwellenländer, muss
sich erst zeigen. Der israelische Historiker Azar Gat spricht im Magazin *Foreign Affairs* von einer »nicht-demokratischen Zweiten Welt,
die sich für viele Länder zu einer attraktiven Alternative zur liberalen Demokratie entwickeln könnte«.

So sind die autoritär geführten Staaten seit den späten neunziger Jahren viermal so schnell gewachsen wie die Industriestaaten.
Länder wie Vietnam, Kasachstan, Kuwait oder die Vereinigten Arabischen Emirate folgen ebenfalls dem Modell des autoritären Kapitalismus. Sie halten nichts vom bedingungslosen Individualismus,
wie er in Amerika und Europa vorherrscht; sie ordnen Gesellschaft
und Wirtschaft einem strengen Regime unter – und sind damit bis
zum Ausbruch der globalen Finanzkrise gut gefahren. Im Herbst
2008 bekommen aber auch sie die Schockwellen des Finanzbebens
zu spüren. Das Wachstum lässt nach, die Börsen stürzen ein, die ausländischen Investoren ziehen ihr Geld ab, weil sie es lieber in sichere
amerikanische oder europäische Staatsanleihen stecken. Dies lässt
viele Währungen trudeln: Der brasilianische Real, der ungarische
Forint, der russische Rubel, der polnische Zloty oder die pakistani-
sche Rupie – sie alle geraten unter Druck und stürzen ab.

Ausgerechnet Ungarn, einst eines der Vorzeigeländer in Osteuropa, muss Ende Oktober 2008 beim Internationalen Währungsfonds um Hilfe betteln. Die Regierung in Budapest hatte sich Anfang Oktober bereits 5 Milliarden Euro bei der Europäischen Zentralbank geborgt, drei Wochen später braucht sie erneut Geld – alles in allem 25 Milliarden Dollar. Die Ungarn haben, ebenso wie viele andere Staaten in Mittel- und Osteuropa, ihren Aufschwung vor allem mit geliehenem Geld aus dem Ausland bezahlt. Dies rächt sich nun. Denn die Investoren holen ihr Geld heim – und treiben damit die »Emerging Markets« in eine beispiellose Krise. Sie stehen beim IWF Schlange, weil sie ihre Auslandsschulden nicht mehr bedienen können. Auch die Ukraine erhält vom Währungsfonds einen Notkredit über 16,5 Milliarden Dollar. Der Fonds zwingt die Regierungen in Budapest und Kiew dazu, die Zinsen zu erhöhen, die Steuern anzuheben und die Staatsausgaben zu senken – es sind die gleichen Auflagen, die einst auch die Tigerstaaten erdulden mussten. »Wir erleben die Wiederauflage der Asienkrise«, sagt ein IWF-Ökonom. Nur ist die Krise des Jahres 2008 weitaus heftiger, sie breitet sich wesentlich schneller in den Schwellenländern aus.

Selbst die Ölstaaten am Persischen Golf bekommen die weltweite Panik zu spüren. Die Regierungen von Kuwait und Saudi-Arabien springen notleidenden Banken zur Seite, die Saudis und die Vereinigten Arabischen Emirate garantieren, ähnlich wie die deutsche Regierung, ihren Bürgern alle Spar- und Giroeinlagen. Und Immobilieninvestoren in Dubai und Abu Dhabi klagen darüber, dass sie ihre Häuser und Büros nur noch mit Mühe loswerden. Die beiden Wüstenstädte aus den Vereinigten Arabischen Emiraten haben sich in den vergangenen zwei Jahrzehnten in glitzernde Metropolen verwandelt, in denen der Reichtum nicht mehr in Rohölfässern, sondern in Wolkenkratzer-Stockwerken gemessen wird. Die Emirate bauen das höchste Haus der Welt, den etwa 900 Meter hohen Burj Dubai. Sie errichten den größten Flughafen der Welt, das größte künstliche Inselreich der Welt, die größte Shopping-Mall und das größte Hotel: Emirates Palace, einen weitläufigen Palast aus Gold und Marmor. Doch nun berichten Immobilienmakler, dass ein Teil der Investoren fluchtartig das Land verlassen habe – vor allem jene Spekulanten, die den Kauf von Villen, Büroetagen und Appartements auf Pump finanzieren.

Gleichwohl könnte sich der autoritäre Kapitalismus zu einer Bedrohung für den Westen entwickeln. Er wird in Europa und in Amerika vor allem als Gefahr wahrgenommen, seit die Schwellenländer sich mit viel Geld im Westen einkaufen. Jene Länder, die große Vorkommen an Öl, Gas und anderen Rohstoffen besitzen, haben gigantische Devisenreserven angehäuft, die sie anlegen wollen. Daher pirschen sie sich an die renommierten Unternehmen des Westens heran. Rund 3,2 Billionen US-Dollar verwalten die rund 40 Staatsfonds. Bis zum Jahr 2015 könnte die Kriegskasse der staatlich gelenkten Investoren auf 12 Billionen US-Dollar wachsen. Das entspricht der jährlichen Wirtschaftsleistung von Japan, Deutschland, Frankreich und Großbritannien zusammen.

Die Staatsfonds kalkulieren nüchtern. Und nutzen die Krise, um günstig bei Banken einzusteigen. Als einer der ersten steigt im Herbst 2007 die China Investment Corporation bei Morgan Stanley ein und sichert sich zudem ein Zehntel des amerikanischen Finanzinvestors Blackstone. Andere Staatsfonds folgen dem Beispiel: Die Investoren aus Singapur, Dubai, Abu Dhabi und Südkorea kaufen sich bei namhaften Häusern wie Citigroup, UBS, Barclays, Merrill Lynch und der Deutschen Bank ein. Rund 70 Milliarden US-Dollar pumpen die Staatsfonds allein zwischen März 2007 und Januar 2008 in westliche Geldkonzerne. Arabische Fonds schlagen auch beim Cirque du Soleil zu, dem größten Zirkus der Welt, beim britischen Fußballklub Manchester City oder beim deutschen Industriedienstleister Ferrostaal.

Die Industriestaaten sind angesichts der Invasion hin- und hergerissen: Einerseits brauchen ihre Unternehmen frisches Kapital. Andererseits fürchten die Regierungen einen Ausverkauf ihrer Vorzeigeunternehmen. Deswegen habe etliche Länder, darunter Deutschland, Gesetze zur Abwehr von unerwünschten Angreifern erlassen. Der Vormarsch, so ahnen sie, hat gerade erst begonnen. Doch die Industriestaaten dürften ihr Abwehrhaltung bald aufgeben – denn ohne das Geld von Chinesen oder Arabern wird es ihnen kaum gelingen, die Finanzkrise zu überstehen.

Inzwischen beschleichen auch Francis Fukuyama Zweifel, ob das Ende der Geschichte tatsächlich erreicht ist – oder ob nicht ein neuer, spannender Wettstreit der Systeme beginnt. Vieles spreche dafür, räumt der Politikwissenschaftler ein, dass in den nächsten Jahrzehnten »die autoritären Systeme fortbestehen und sogar noch stärker werden«. Sie werden dem Westen den Wohlstand streitig machen – und sie werden mit den Industrieländern um jene Güter kämpfen, die schon in den vergangenen Jahren knapp wurden: um Milch und Wasser, Reis und Getreide, Benzin und Gas. Denn je schneller die Schwellenländer wachsen, umso stärker erhöht sich ihr Bedarf nach allem, was die Erde bietet. Energie, Rohstoffe und Lebensmittel werden kaum ausreichen, um in einigen Jahrzehnten neun oder zehn Milliarden Menschen zu versorgen.

Erst Deflation, dann Inflation

Als nichts mehr hilft, kein Bitten, Beten, Hoffen, macht Indiens Premierminister Mammohan Singh die Grenzen dicht: Niemand dürfe Reis außer Landes schaffen, ordnet er an. Denn Reis ist knapp geworden im Frühjahr 2008. Und teuer. Um 300 Prozent ist der Preis in den drei Jahren zuvor nach oben geschossen. Die Ärmsten im Land können sich die wichtigste Zutat für ihr Essen kaum noch leisten.

Auch andere Lebensmittel kosten mehr denn je. Getreide, Milch, Butter und Speiseöl – überall sind die Preise explodiert. In Indien und auch im Rest der Welt. Weizen hat sich innerhalb von drei Jahren um 294 Prozent verteuert, Soja um 202 Prozent, Milchprodukte sind innerhalb von zwölf Monaten um 80 Prozent teurer geworden. Und Öl kostet im Sommer 2008 sechsmal so viel wie 2001; ein Fass wird für annähernd 150 US-Dollar gehandelt. Die Schwellenländer lechzen nach dem schwarzen Gold, Spekulanten treiben den Preis zusätzlich in die Höhe, denn allen ist bewusst: Die Ölvorräte sind endlich, aber die Nachfrage wird in den nächsten Jahren weiter rasant wachsen.

Der Preisschock löst ein politisches Aufbegehren aus: In Mexiko gehen Zehntausende auf die Straße und protestieren gegen die gestiegenen Preise für ihr Nationalgericht, die Tortilla-Fladen aus Maismehl. In Ägypten streiken die Fabrikarbeiter, weil sie sich kein Brot mehr leisten können. In Haiti geraten Demonstranten und Polizei aneinander; fünf Menschen sterben. In Kamerun kommen bei Protesten 40 aufgebrachte Einwohner um. Auch aus Burkina Faso, Indonesien, Mauretanien, Mosambik oder dem Senegal werden Unruhen gemeldet. In über 30 Ländern gibt es Aufstände. Zahlreiche Staaten greifen deshalb zur Notwehr: Sie verbieten den Export von wichtigen Nahrungsmitteln und senken die Steuern und Zölle auf jene Lebensmittel, die von draußen ins Land kommen. Doch das verschafft nur kurzzeitige Linderung; es löst nicht das eigentliche Problem.

Denn die Lebensmittelkrise, die einherging mit einem steilen Anstieg der Preise für Öl, Gas, Kupfer, Nickel und andere Rohstoffe, führte der Welt vor Augen, dass die Wirtschaft nicht auf Dauer so rasant expandieren kann wie in den letzten zwanzig Jahren. Um über 4 Prozent ist die globale Ökonomie seit der Jahrtausendwende im Durchschnitt gewachsen, die Statistiker melden eindrucksvolle Rekorde. Doch im Jahr 2008 zeichnet sich ab, dass die Grenzen des Wachstums näherrücken. Und zwar aus einem simplen Grund: Während es in der globalisierten Wirtschaft Kapital und Arbeitskraft im Überfluss gibt, wird eine andere wichtige Ressource knapp – die Ressource Erde. Um die schnell wachsende Menschheit auf Dauer zu versorgen, gibt der Planet nicht genug her: nicht genug Nahrung, nicht genug Öl und Gas, nicht genug Eisen, Kupfer oder Nickel. Und auch nicht genug Wasser. So leben im Jahr 2009 bereits fast sieben Milliarden Bewohner auf der Erde, alle zwölf Monate kommen 75 Millionen dazu. Stimmen die Prognosen der Statistiker, wird die Erdbevölkerung bis 2050 auf über neun Milliarden wachsen. Diese Menschen wollen mehr und besser essen, sie wollen mehr und besser einkaufen, sie wollen mehr und besser mit Waren versorgt werden. Doch das wird – trotz aller Effizienzgewinne, trotz aller Produktivitätssteigerungen – immer schwieriger.

Am deutlichsten zeigt sich dies bei Lebensmitteln: Die weltweite Ackerfläche reicht schon jetzt kaum, um alle Menschen zu ernähren. Die Verstädterung führt in vielen Schwellenstaaten dazu, dass das Land der Bauern schrumpft. Zugleich wollen die Menschen nicht bloß Getreide und Hülsenfrüchte essen: Je wohlhabender die Menschen in China, Indien, Brasilien oder auf den Philippinen werden, umso häufiger verlangen sie nach Nahrungsmitteln mit vielen Proteinen, vor allem Fleisch. Doch die Tiere benötigen als Futter ebenfalls Getreide wie zum Beispiel Mais. In Brasilien hat sich der Fleischkonsum seit Mitte der achtziger Jahre verdoppelt, in China sogar verdreifacht. »Jeder will wie ein Amerikaner essen«, sagt Daniel Basse von der amerikanischen Unternehmensberatung AgRessource, »aber wenn sich die Menschen so ernähren, brauchen wir zwei oder drei Globen, um sie durchzufüttern.« Noch vertilgt ein US-Bürger pro Jahr etwa sechsmal so viel Fleisch wie ein Chinese – doch die Lücke schrumpft.

Hinzu kommt, dass die Bauern immer häufiger nicht für den Teller produzieren, sondern für den Tank. Sie produzieren lieber Mais, der von den Ölkonzernen zu Ethanol weiterverarbeitet wird, als Getreide für den Wochenmarkt. Denn die westlichen Staaten leben in dem Wahn, sie könnten das Erdöl der Scheichs durch Brennstoffe aus eigener Herstellung ersetzen, durch Biosprit, der aus Pflanzen gewonnen wird. So will die amerikanische Regierung den Anteil von pflanzlichem Sprit bis 2017 auf 20 Prozent versechsfachen, die EU will ihn auf 10 Prozent steigern. Die amerikanischen Maisbauern weiteten ihre Produktion innerhalb eines Jahres um 80 Prozent aus, der größte Teil der Ernte wird nicht zu Lebensmitteln verarbeitet – sondern zu Ethanol. Die Regierungen fördern dies mit milliardenschweren Subventionen, sie schreiben den Ölfirmen zudem vor, wie hoch der Bio-Anteil im klassischen Sprit sein soll.

»Wir schätzen«, sagt Weltbank-Chef Robert Zoelick, »dass die Auswirkungen dieser Ernährungskrise gleichbedeutend sind mit ungefähr sieben verlorenen Jahren bei unseren Bemühungen, die Armut zu verringern.« Es gehe, erklärt Zoelick, nicht bloß um eine ausgefallene Mahlzeit, »es geht auch um den Verzicht auf Bildung für Kinder und Erwachsene, um Verkrüppelung, intellektuell wie auch körperlich«. Auch der Chef der Industrieländerorganisation OECD, Angel Guirra, spricht vom »größten Drama für die Armen«.

Den Anstieg der Preise bekamen auch die Industrienationen zu spüren: Wer beim Bäcker einen Laib Brot verlangte, wer ins Kühlregal des Supermarkts griff oder sein Auto auftankte, musste erheblich mehr bezahlen als noch vor einigen Jahren. In Deutschland kletterte die Inflationsrate 2007 auf 2,7 Prozent, den höchsten Stand seit 1994. Ein Jahr später meldete das Statistische Bundesamt gar Preissprünge von über 3 Prozent. Obwohl Löhne und Gehälter so stark zulegten wie seit Jahren nicht mehr, im Durchschnitt um 2,8 Prozent, hatten die Deutschen real weniger Geld. In den USA legten die Preise sogar um etwa 6 Prozent zu. Die Schwellenländer meldeten noch höhere Steigerungsraten. China: plus 8,5 Prozent. Indien: plus 11 Prozent. Russland: plus 14 Prozent. Und Brasilien: plus 25 Prozent.

Der plötzliche Preisschub traf Regierungen, Notenbanken und Ökonomen völlig unvorbereitet. Sie hatten seit den neunziger Jahren das hohe Lied auf die Globalisierung gesungen: Diese bringe der Welt stabilere Preise. Sie nötige die Unternehmen, so knapp wie möglich zu kalkulieren; sie zwinge die Gewerkschaften dazu, sich mit ihren Tarifforderungen zurückzuhalten; und sie ermögliche es, billige Waren aus den Schwellenländern zu importieren. All dies drücke die Preise. Nun jedoch zeigt sich, dass die Inflation keineswegs besiegt ist. »Ein alter Feind erhebt wieder sein Haupt«, schreibt der *Economist*.

Der alte Feind taucht – anders als sonst üblich – nicht während eines Booms auf, in dem Fabriken unter Volllast produzieren. Sondern die Inflation kehrt im Abschwung zurück, wenn die Preise normalerweise fallen, weil die Unternehmen ihre Waren nicht mehr loswerden. Ökonomen nennen dies »Stagflation«: Die Wirtschaft stagniert, die Preise steigen trotzdem. Diesen üblen Mix erlebten die USA und Europa zuletzt in den Siebzigern. Damals durchlitten sie zwei Ölschocks, zwei Rezessionen, eine Ära der Massenarbeitslosigkeit. Droht nun ein ähnliches Szenario? Oder droht womöglich ein ganz anderes Szenario, nämlich fallende Preise, weil die Bürger und die Unternehmen angesichts der Krise ihr Geld beisammenhalten und die Nachfrage deswegen einbricht? Tatsächlich ist beides möglich: Erst die Deflation, dann die Inflation. Erst fallende Preise, weil niemand etwas kaufen will. Und dann, wenn der Nachfrageschock überwunden ist, wieder steigende Preise, weil die Notenbanken Geld in Hülle und Fülle in die Wirtschaft gepumpt haben. Vor allem die amerikanische Federal Reserve hat seit dem Sommer 2007 die Zinsen massiv gesenkt, um den Zusammenbruch des Finanzsystems zu verhindern und eine Rezession abzuwenden. Geld ist so billig wie seit dem 11. September nicht mehr. Zudem lassen sich Fed-Chef Ben Bernanke und seine Kollegen seit dem Ausbruch der Finanzkrise ständig neue Wege einfallen, um mit ihren Milliarden die Wirtschaft anzuschieben. So akzeptiert die Fed von den Banken, die sich Geld leihen wollen, nicht nur beste Staatsanleihen als Sicherheit, sondern auch jene riskanten Hypothekenpapiere, mit denen sich alle verzockt haben. Erstmals leiht die Fed sogar den Industrieunternehmen Geld – ohne Banken zwischenzuschalten. Das hat es zuletzt in der Großen Depression gegeben.

Die Federal Reserve, klagt ihr ehemaliger Chef Paul Volcker, habe mit allen guten Grundsätzen gebrochen. Sie habe sich, kritisieren andere Ökonomen, zum Spielball der Märkte gemacht. Sie säe damit die Saat für die nächste Blase. Die Fed, warnt der Chef des HWWI-Instituts, Thomas Straubhaar, mache den gleichen Fehler wie nach dem Zusammenbruch der New Economy, »mit dem Unterschied, dass die neu entstehende Blase viel schneller platzen wird«. Denn je mehr günstiges Geld im Umlauf ist, umso schneller steigen die Preise: die Warenpreise – und auch die Vermögenspreise.

Ehe es allerdings so weit kommt, könnten die Preise für einen begrenzten Zeitraum zunächst einmal fallen. Denn die Bürger und die Unternehmen werden sich mit Käufen zurückhalten, wenn die Weltwirtschaft tatsächlich einbricht. Sie werden ihr Geld horten und die Händler dazu zwingen, ihre Preise zu senken. Doch auch dieser Preissturz wird viele Menschen nicht dazu bewegen können, ihr Geld auszugeben. Sie sparen – aus Angst, es könne alles noch schlimmer werden. Dies wird die Preise noch weiter nach unten treiben. Die Inflation, die derzeit noch zu beobachten ist, könnte also sehr schnell verschwinden – und eine Ära der Deflation beginnen. Die ersten Anzeichen dafür sind im Herbst 2008 bereits zu erkennen: Der Preis für Rohöl hat sich binnen weniger Wochen halbiert. Die Frachtraten für den internationalen Schiffsverkehr sind binnen eines halben Jahres um etwa 90 Prozent gesunken. Die Autohersteller senken zudem die Preise, um jene Fahrzeuge loszuschlagen, die bei den Händlern auf Halde stehen. Die Welt werde, glaubt der New Yorker Ökonom Nouriel Roubini, in den nächsten etwa eineinhalb Jahren zunächst fallende Preise erleben – und dazu eine schwere Rezession. Also einen Mix aus Deflation und Stagnation. Roubini spricht von »Stag-Deflation«.

Irgendwann allerdings werden Unternehmen und Bürger das viele Geld, das der Staat in die Wirtschaft gepumpt hat, auch einsetzen. Sie werden wieder mehr kaufen. Auch Öl, Gas und Lebensmittel. Und dies wird die Preise auf mittlere Sicht wieder nach oben treiben.

Kapitel 11

Ein Programm gegen den Absturz

»Der neue Liberalismus, der heute vertretbar ist, fordert einen
starken Staat, einen Staat oberhalb der Wirtschaft, oberhalb der
Interessenten, da, wo er hingehört.«

Alexander Rüstow, deutscher Ökonom, 1932

»Genauso wie der globale See- oder Luftverkehr strikten Sicher-
heits- und Verkehrsregeln unterliegt, bedarf der globale Kapitalverkehr der Regulierung, damit Katastrophen vermieden werden.
Das ist ein Gebot der vorsorgenden Vernunft – von Anstand und
Moral ganz zu schweigen.«

Helmut Schmidt, ehemaliger Bundeskanzler, 2007

Die Krise des Kapitalismus breitet sich wie eine Epidemie aus: von
Amerika nach Europa, von dort nach Asien. Von den Kreditkunden
springt sie über auf die Banken und von dort auf die Industrie und
den Mittelstand. Der Virus der Angst pflanzt sich fort. Er mutiert. Es
gibt gegen ihn offenbar kein Mittel. Seit dem Sommer 2007 haben
die notorischen Optimisten immer wieder behauptet, die Krise sei
bald vorbei. Jede Phase der Erholung haben sie genutzt, um ihr Ende
auszurufen. Doch nichts ist vorbei, nichts ist zu Ende.

Die Spur der Krankheit – sie führt rund um den Globus. Nicht
nur in Amerika fallen die Häuserpreise, sondern auch in Australien,
Großbritannien, Spanien oder Irland; dort haben sich Eigentümer
und Finanzkonzerne ebenfalls in einen Rausch hineingesteigert und
erleben nun den Absturz. Nicht nur in den westlichen Finanzzentren
schlingern die Börsen, sondern auch in China, Singapur, Indonesien,
Brasilien oder Russland. Nicht nur in Amerika brechen die Banken
zusammen, sondern auch in Europa oder den Ölstaaten am Persischen Golf. Die Kapitalmärkte zittern, und mit ihr die Wirtschaft als
Ganzes. Noch nie war die Welt einer zweiten Weltwirtschaftskrise so

nahe wie im Herbst 2008. Und noch nie seit 1929 haben die Finanzmärkte derart verrücktgespielt: Erst treiben die Spekulanten die
Preise nach unten und dann wieder nach oben. Erst schnellt der Öl-
preis auf beinahe 150 US-Dollar pro Fass hoch, dann stürzt er wieder
auf 64 US-Dollar ab. Erst verliert der US-Dollar, das Symbol von Amerikas Stärke, rapide an Wert, weil die ganze Welt der ökonomischen
Supermacht USA misstraut; dann zieht er im Herbst 2008 plötzlich
wieder kräftig an, weil auch Europa vor einer Rezession steht.

Die Krise, die in den Vorstädten von Kalifornien, Nevada und Ohio
begann, hat alle Industrieländer erfasst, sie treibt Staaten wie Island
an den Rand des Ruins, lässt Schwellenländer wie Argentinien, Pakistan, die Ukraine, Ungarn oder Weißrussland taumeln. Niemand
ist mehr vor ihren Auswirkungen sichern. Und je mehr Menschen
unter ihr leiden, je mehr Bürger ihren Job verlieren, ihr Vermögen,
ihr Haus, umso mehr schwindet das Vertrauen in die Marktwirtschaft. 20 Millionen Jobs seien in der ganzen Welt durch die Finanzkrise in Gefahr, warnt die Internationale Arbeitsorganisation ILO.
20 Millionen Schicksale. 20 Millionen Menschen, die am entfesselten Kapitalismus zweifeln. Denn sie werden Opfer einer Krise, für
die sie nichts können.

Egal wie viele Akte dieses Drama noch haben wird – die Krise
des Kapitalismus wird einschneidende Folgen nach sich ziehen,
der Kapitalismus muss sich neu erfinden, oder er wird untergehen.
Nach dreieinhalb Jahrzehnten, in denen die Wirtschaft die Welt
beherrschte, brauchen wir eine wohlverstandene Renaissance des
Staats. Der Staat muss einen Teil des Terrains zurückerobern, das
er seit Anfang der Siebziger aufgegeben hat. Er muss dem Markt en-
gere Grenzen setzen, ohne seine Kräfte lahmzulegen. Er muss seinen Bürgern ein größeres Maß an Sicherheit garantieren, ohne sie zu
gängeln. Der Staat muss wieder zu einem Garanten für fairen Wettbewerb und sozialen Ausgleich werden. Er benötigt dazu ein selbst-
bewussteres Auftreten als bisher, denn es gibt keinen Grund für ihn,
zu kapitulieren. Regierungen und Aufsichtsbehörden sind auch im
Zeitalter der Globalisierung mächtiger als Konzerne und Banken; sie
müssen diese Macht nur nutzen. Klar muss künftig sein, dass der

Staat den Rahmen festlegt, innerhalb dessen sich die Wirtschaft entfalten kann – nicht umgekehrt. Aber der Staat allein wird das Vertrauen in die Marktwirtschaft nicht wiederherstellen können. Auf die Ära der Gier muss ein Zeitalter der Mäßigung folgen, auf den irrationalen Überschwang der nüchterne Realismus. Und an die Stelle des Shareholder-Value und des bedenkenlosen Profitstrebens muss wieder die Moral treten. Und das Gefühl für Verantwortung. Unternehmer und Manager müssen ihre irrwitzigen Renditeziele zurückziehen und ihre sozialen und ethischen Pflichten wahrnehmen. Sie müssen sich wieder als Teil der Gesellschaft verstehen, als Diener der Gesellschaft, so wie es Hermann Josef Abs gefordert hat. Sie dürfen Staat und Politik nicht länger als lästige Hindernisse ansehen, die ihnen im Wege stehen, sondern müssen diese als Garanten des Wettbewerbs und des Ausgleichs akzeptieren. Denn nur eine geordnete Marktwirtschaft hat eine Chance; der entfesselte Kapitalismus dagegen zerstört sich selbst.

Die Angst vor einer neuen Weltwirtschaftskrise

Der Mann an der Bar des Hotels »Steigenberger Belvedere« in Davos spricht sanft und leise. Er gehört zu den führenden Bankern der Welt. Er hat in London gearbeitet, in New York und ist für eines der großen Geldhäuser tätig. Er kommt fast jedes Jahr zum Weltwirtschaftsforum in die Schweizer Berge, zum Treffen der Mächtigen aus Politik und Wirtschaft. Seine Stimme klingt ruhig, ja fast besänftigend. Doch seine Botschaft an diesem Tag, dem 24. Januar 2008, ist alles anderes als beruhigend. Deshalb will er, dass sein Name nirgendwo auftaucht.

Was ist, so fragt er, wenn Millionen von Bankkunden in aller Welt plötzlich ihr Geld wiederhaben wollen? Was geschieht, wenn sich vor Filialen in Frankfurt und London, Paris und New York, Tokio und Rom Schlangen bilden? Was ist an den Finanzmärkten los, wenn es mit einem Mal ganz viele Northern Rocks gibt? Diese britische Bank war im September 2007 nicht mehr in der Lage gewesen, den

Kunden ihre Einlagen auszuzahlen; die Menschen standen vor verschlossenen Türen an, um an ihr Geld zu kommen. Die Bilder erinnerten an die Weltwirtschaftskrise 1929. »Hoffentlich«, sagt der Banker, »werden wir solch einen Run nicht auf globaler Ebene erleben.« Hoffentlich. Denn in der modernen Finanzwelt existiert der größte Teil des Geldes nur auf dem Papier, in den Depot- und Kontoauszügen der Kunden. Das Guthaben steht in den Büchern der Banken, aber es liegt nicht in Scheinen und Münzen in der Kasse. Bargeld macht nur einen verschwindend geringen Teil des Geldvermögens aus. Anders als zur Zeit des Goldstandards sind Noten und Münzen nicht durch die Goldbarren gedeckt. Ein Ansturm der Kunden würde Hunderte von Banken in den Ruin treiben. »Beten wir, dass wir niemals auch nur in die Nähe solch einer Situation kommen«, sagt der Banker. Neun Monate später, im Herbst 2008, kommt die Welt genau dieser Situation nahe. Allen Stoßgebeten zum Trotz.

Der Banker im Hotel »Steigenberger Belvedere« ist nicht der einzige, der an diesem Donnerstag Düsternis verbreitet. Nur drei Tage zuvor, am Montag, sind die Börsen in die Tiefe gerauscht. 7, 8, gar 9 Prozent haben sie verloren. Und just am Donnerstag ist publik geworden, dass ein Händler der französischen Bank Société Générale 4,9 Milliarden Euro verzockt hat. Im Hotel Belvedere tauchen die Propheten des »Gloom and Doom« plötzlich überall auf, wenn auch meist in den Hinterzimmern. Das Fünf-Sterne-Hotel bildet jedes Jahr für fünf Tage das Hauptquartier der globalen Wirtschaft. Die großen Konzerne haben hier ihre Büros eingerichtet: Deutsche Bank, Citigroup, Allianz, Infosys, Deloitte. Morgens sieht man den Verleger Hubert Burda oder Renault-Chef Carlos Ghosn beim Frühstück. Abends plaudert Microsoft-Gründer Bill Gates in der Lobby. Wem es langweilig wird, der kann zur Party von Goldman Sachs hinüberwechseln, die da noch eine Investmentbank ist. Oder zur Fete des Internetsuchdiensts Google. Feste gibt es im »Belvedere« jeden Abend. Nicht nur eines – ein halbes Dutzend. Wer als Gastgeber etwas auf sich hält, taucht die Fassade des Hotels mit Scheinwerfern in seine Firmenfarben. Es ist eine glitzernde Scheinwelt, in der sich die Konzerne im Januar 2008 selbst feiern. Nach außen hin deutet nichts darauf hin, dass die Weltwirtschaft in Gefahr ist. Dass ein Absturz droht, wie es ihn noch nie gab. Im Januar 2008 fühlen sich alle sicher. Trotz der Immobilienkrise in den USA. Trotz der Banken, die Milliarden verlieren. Wiederholt sich 1929? Stehen wir vor einer neuen Weltwirtschaftskrise? Ach was. Alle winken ab, alle sagen: Nein, das gibt es nie wieder. Welch eine Arroganz. Welch eine Überheblichkeit.

Natürlich haben Ökonomen und Historiker analysiert, was Regierungen und Notenbanken falsch gemacht haben. Sie haben untersucht, warum die Welt nach dem Börsencrash 1929 in den Abgrund stürzte – und warum die Politik den Absturz damals noch beschleunigte, statt ihn zu stoppen. Heute seien alle schlauer, versichern Wirtschaftsführer und Politiker. Die Fehler von einst seien erkannt – heute würde niemand sie wiederholen. Doch stimmt das wirklich? Ist nicht die Euphorie ähnlich? Herrschte damals wie heute nicht ein vergleichbarer Überschwang? Waren die Gier und die irrwitzige Spekulation nicht ganz ähnlich? Und ist nicht das Finanzsystem heute sehr viel komplexer und damit fragiler? Kann also ein Absturz heute sogar noch weitaus fatalere Folgen haben? Auch 1929 wollte niemand wahrhaben, dass der Aufschwung irgendwann vorbei sein wird. Auch damals schwärmten Unternehmen und Medien vom Aufbruch in eine neue Ära des Wohlstands. Die Menschen genossen die goldenen Zwanziger, die wunderbar anders waren als das düstere Weltkriegsjahrzehnt. Sie begeisterten sich für die neuen Technologien: das Automobil, das Radio, das Flugzeug, die Fließbandproduktion. Zwei Jahre zuvor war Charles Lindbergh über den Atlantik geflogen. »Wir sind dem endgültigen Sieg über die Armut heute näher als je zuvor in unserer Geschichte«, schwärmte der neugewählte amerikanische Präsident Herbert Hoover. Ähnlich euphorisch klang im Juli 1929 das amerikanische Wirtschaftsmagazin *Forbes*: »In den letzten fünf Jahren sind wir in eine neue industrielle Ära eingetreten. Unsere Industrie macht Fortschritte nicht in kleinen Sprüngen, sondern in heroischen Schritten.«

Doch im Oktober 1929 stürzen die Börsen plötzlich ab. Es gibt keinen besonderen Anlass dafür, außer jenem, dass jede Blase irgendwann platzt. Und die Blase, die hier implodiert, ist gewaltig. Die Welt hat sich in den Jahren zuvor in einen kollektiven Börsenrausch hineingesteigert. Jeder, der ein paar Reichsmark, Pfund oder US-Dollar übrig hatte, versuchte sein Glück an den Aktienmärkten, selbst Dienstmädchen, Friseure und Taxifahrer spekulierten. Der Kurs der Radio Corporation of America verhundertfachte sich von 1924 bis 1929. Ein neuartiges Finanzinstrument, die sogenannten Investment-Trusts, faszinierte die Börsianer. Die Trusts spekulierten vor allem mit geliehenem Geld, so wie die Hedgefonds heute. Doch sie standen nicht nur einer kleinen Clique von Reichen offen, sondern der Masse der Anleger. 1927 gab es 160 der Zockerfonds, ein Jahr danach 300, zwei Jahre später 750. Sie steckten ihr Geld bisweilen in Firmen, deren betrügerische Gründer außer einem waghalsigen Geschäftsmodell wenig vorzuweisen hatten. Die Trusts waren miteinander verwoben und bildeten ein undurchschaubares Gestrüpp. Immer mehr Anleger spekulierten auf Pump, im Glauben, die Schulden schnell tilgen zu können, weil die Kurse stiegen. Nur zwei Wochen vor dem Crash behauptete Irving Fisher von der Yale University, einer der bekanntesten Ökonomen des Landes, »dass die Aktienkurse, wie es scheint, ein dauerhaft hohes Niveau erreicht haben«.

Doch am 24. Oktober, einem Donnerstag, kommt das böse Erwachen: Es gibt keine Käufer mehr, niemand will mehr Aktien haben. »Etwa um elf«, schreibt der amerikanische Ökonom John Kenneth Galbraith in seinem Buch *Der große Crash*, »war aus dem Markt eine einzige Balgerei geworden, jeder wollte verkaufen. Diese Unsicherheit führte dazu, dass noch mehr Leute verkaufen wollten. Um elf Uhr dreißig war der Markt von blinder, hoffnungsloser Angst erfüllt. Die Panik war da.« Auf der Straße vor der Börse sammelt sich eine Menschenmenge, Polizei marschiert auf, Gerüchte machen die Runde, dass sich bereits elf Spekulanten umgebracht hätten. Um 12.30 Uhr lässt die Leitung der Börse die Besuchertribüne räumen. Einer der Zuschauer, die auf die Straße gedrängt werden, ist Winston Churchill, von 1924 bis 1929 britischer Schatzkanzler und später Premierminister. Die Händler auf dem Parkett, schreibt Churchill in

seinen Memoiren, sahen aus »wie die Zeitlupenaufnahme eines auf-
geschreckten Ameisenhaufens, einander enorme Mengen an Wertpapieren zu einem Drittel des ehemaligen Preises anbietend, nur
um nach etlichen Minuten des Zusammenstehens schließlich fest-
zustellen, dass niemand den Mut fand, die einmalige Gelegenheit zu
ergreifen, ein Vermögen zu machen«.

Der Schwarze Donnerstag, dem ein Tag später in Europa der
Schwarze Freitag folgt, markiert den Anfang der Weltwirtschaftskrise: In den nächsten Wochen rauschen die Börsen noch kräfti-
ger in den Keller. Binnen drei Jahren verliert der Dow-Jones-Index
90 Prozent seines Werts. Erst am 8. Juli 1932 erreicht der Leitindex
der amerikanischen Börse mit 40,65 Punkten seinen tiefsten Stand.
Es dauert ein Vierteljahrhundert, ehe der Dow Jones sein altes Niveau
wieder erklimmt. Nur einen Tag nach dem Börsenkrach behauptet
der amerikanische Präsident Hoover noch: »Das grundlegende Geschäft unseres Landes – also Produktion und Vertrieb – ist gesund
und gedeiht.« Doch dies erweist sich schnell als falsch. Denn der
Börsencrash führt dazu, dass die Bürger weniger ausgeben. Die Konjunktur sackt weg, und die Notenbank verschärft das Problem noch:
Sie verknappt das Geld und macht Kredite teurer, nicht billiger. Die
Federal Reserve Bank tut genau das Falsche.

Zehntausende von Unternehmen und Tausende von Banken brechen in den nächsten zwei Jahren zusammen. Bis 1932 schrumpft
die Wirtschaftsleistung um ein Drittel. Innerhalb von wenigen Jahren büßen die Immobilien in den USA 30 Prozent ihres Werts ein,
Millionen von Amerikanern verlieren ihr Haus. Die Menschen sind
verzweifelt, viele geraten in bittere Not. An der Wall Street stürzen
sich Händler und Firmenbesitzer aus dem Fenster. Börsianer sterben
an Herzinfarkt. Millionen von Bürgern verlieren ihr Vermögen und
ihren Job. Die Zahl der Arbeitslosen steigt in den USA von 1,5 Millionen im Jahr 1929 auf 13 Millionen im Jahr 1933, in Deutschland
steigt sie von 1,4 Millionen auf 5,6 Millionen. Vor den Suppenküchen
in Amerika und in Europa bilden sich Schlangen, in der Großen Depression erleben die Menschen etwas, was sie nur aus Kriegszeiten
kennen: Hunger.

In Deutschland verschärft die Regierung die Rezession. Reichskanzler Heinrich Brüning kürzt die Staatsausgaben, streicht die Sozialleistungen zusammen und kappt die Löhne. Er wird als »Hungerkanzler« beschimpft. Brüning ist getrieben von der Sorge, Deutschland könne seine Reparationszahlungen an die Siegermächte des Ersten Weltkriegs nicht mehr zahlen. Doch mit seiner brutalen Sparpolitik, mit seinen vier Notverordnungen, treibt er das Reich weiter in den Abgrund, als die Weltwirtschaftskrise im Frühjahr 1931 Deutschland erreicht. Im Juli 1931 müssen alle großen Banken für zwei Tage schließen, die Regierung schränkt den Zahlungsverkehr ein. Industriekonzerne brechen daraufhin zusammen. Viele Industrieunternehmen gehen bankrott, in manchen Branchen wie dem Bau haben bis zu 90 Prozent der Menschen keine Stelle. Auch Brünings Nachfolger Franz von Papen vermag die Krise nicht zu stoppen. Anfang 1933 verhilft dies Adolf Hitler und den Nationalsozialisten zur Macht. Hitler nutzt die wirtschaftliche Not aus, die Angst der Menschen, die Wut der Arbeitslosen, die Schwäche der anderen Parteien.

Nicht nur die deutsche Regierung macht Fehler. Auch die Amerikaner verschärfen den Abschwung: Sie führen Zölle von 60 Prozent ein, um ihre Industrie zu schützen. Eine Welle des Protektionismus erfasst die Welt. Der globale Handel mit Waren bricht um zwei Drittel ein, und so zerreißt das Band, welches die Volkswirtschaften zusammengehalten hat. Die Protektionisten missachten die einfache Erkenntnis, dass der Handel allen nützt: den Exporteuren ebenso wie den Importeuren.

In den USA spült die Krise den zaudernden Präsidenten Herbert Hoover aus dem Amt. Sein Nachfolger Franklin Delano Roosevelt verspricht den Amerikanern einen »New Deal«, ein neues Geschäft auf Gegenseitigkeit, bei dem der Staat, aber auch die Bürger geben. Roosevelt pumpt Milliarden in die Wirtschaft, um den Abschwung zu stoppen. Er gründet zudem etliche neue Institutionen, die den Finanzmärkten mehr Sicherheit geben sollen. So schaffen Regierung und Kongress 1934 die härteste Börsenaufsicht der Welt, die Securities and Exchange Commission (SEC). Sie gründen außerdem den

Einlagensicherungsfonds FDIC, der Sparern den größten Teil des Geldes garantieren soll, falls ihre Bank pleitegeht. Washington schafft zudem etliche Behörden und Institute, die den Häusermarkt stabilisieren sollen, darunter das Finanzunternehmen Fannie Mae.

Die heutige Wirtschaftskrise ist noch nicht so schlimm wie die Große Depression – doch sie kann es noch werden. Denn auch heute sind die Regierungen und die Notenbanken nicht vor Fehlern gefeit. Sie werden vielleicht nicht die gleichen Fehler machen wie damals, aber andere. In einer vernetzten Welt, in der Händler binnen Sekunden Billionen von Euro oder US-Dollar verschieben können, breiten sich Panik und Angst weitaus schneller aus als damals. Zudem sind die Finanzmärkte noch stärker miteinander verwoben, und die Instrumente, die dort gehandelt werden, sind ungleich komplexer. Nouriel Roubini spricht von einer »toxischen und explosiven Mischung«, die zum »finanziellen Zusammenbruch« führen kann.

Jede Krise ist anders, jede hat ihren ganz eigenen Verlauf, ihre eigene Dynamik. Und vor allem ihre eigenen Ursachen. Die Ursachen der jetzigen Krise sind besonders tückisch. Die Krise begann nicht, wie 1929, an den Aktienmärkten. Sie nahm ihren Anfang an einer Stelle des Weltfinanzsystems, an der sie kaum jemand vermutet hätte: an den Kreditmärkten, die als ebenso stabil wie langweilig galten. Die Krise riss in den USA scheinbar biedere Hypothekenbanken mit – und die renommiertesten Investmentbanken des Landes. Keine von ihnen ist übrig geblieben. In Deutschland traf es zunächst die Landesbanken und eine dröge Mittelstandsbank, in Frankreich und in der Schweiz die Großbanken. Sie alle mussten Milliarden abschreiben, weil sie sich mit angeblich sicheren Anlagen rund um den Immobilienmarkt verzockt hatten. Im Herbst 2008 wankten schließlich fast alle großen Banken in Europa und den USA. Die Industriestaaten trudeln, Schwellenländer kollabieren.

Die jetzige Krise hat, anders als die Weltwirtschaftskrise in den dreißiger Jahren, nicht auf einen Schlag begonnen, sondern kommt in Wellen daher: die erste im Sommer 2007, die zweite im Herbst 2007, die dritte im Frühjahr 2008, die vierte im Herbst 2008. Und die fünfte? Die sechste? Die siebte? Auch die kann es geben. Die Notenbanken stemmen sich jedes Mal mit Macht dagegen. Auch die Regierungen steigern jedes Mal ihre Dosis, um die Weltwirtschaft zu stabilisieren. Erst stützen sie bloß Banken und Versicherungen, dann verstaatlichen sie diese. Die Summen, mit denen sie dabei hantieren, wachsen rasend schnell. Im Herbst 2008, nach dem Zusammenbruch der Investmentbank Lehman Brothers, stecken Europäer und Amerikaner über 2 Billionen Euro in ihre Banken und Volkswirtschaften. Doch was geschieht, wenn die nächste, noch größere Welle kommt? Was passiert, wenn auch die reale Wirtschaft zusammenbricht? Springen dann die Notenbanken und Regierungen erneut ein? Wie viel Geld wollen sie einsetzen? Müssen die Staaten am Ende nicht nur einige Billionen, sondern Dutzende von Billionen im Kampf gegen die Krise verpulvern? Und woher soll diese gigantische Summe kommen? In der Hektik des Krisengeschäfts merkt niemand, dass die Retter und die Geretteten das Problem nur verlagern: Die Schulden, mit denen die irrwitzige Spekulation der letzten Jahre finanziert wurde, verschwinden nicht – sie wandern bloß von den Banken zum Staat. Dieser muss jedoch ebenfalls jemanden finden, der ihm diese Löcher stopft. Wer soll das machen? Die Banken, die kein Geld mehr haben? Die Investmentfonds, die aus Angst nicht investieren wollen? Die Bürger, die ohnehin mit höheren Steuern rechnen müssen? Am Ende werden sich Amerikaner und Europäer in die Hände jener Staaten begeben müssen, die über viel Geld verfügen, über riesige Devisenreserven: China und die arabischen Ölstaaten, aber auch Japan werden die Schulden übernehmen. Doch auch diese Länder leiden massiv unter der Krise. Sind sie bereit, den Rest der Welt herauszupauken? Oder interessiert sie nur ihr eigenes Schicksal?

Im schlimmsten Fall droht eine Kettenreaktion: Erst kippen einige Banken. Die Kreditinstitute schränken deshalb ihr Geschäft ein, sie leihen den Unternehmen und den Bürgern weniger Geld. Diese können weniger ausgeben. Erst kippen große Konzerne, dann gehen ganze Volkswirtschaften bankrott. So bricht die Weltkonjunktur ein. Und am Ende steht eine Kernschmelze des Finanzsystems. Einige wenige Male können die Notenbanken ihre Zinsen um einen viertel oder einen halben Prozentpunkt senken, um das Vertrauen in die Finanzmärkte und in die Wirtschaft wiederherzustellen. Doch irgendwann sind die Zinsen so niedrig, dass nichts mehr geht. Die amerikanische Notenbank drückte ihren Leitzins im Oktober 2008 erst auf 1,5 Prozent, dann auf 1 Prozent. Viel Spielraum bleibt da nicht mehr. Die japanische Notenbank erfuhr in den neunziger Jahren, was dies bedeutet: Sie senkte ihre Zinsen während der über zehnjährigen Stagnation des Landes auf null – aber selbst bei diesem niedrigen Satz weigerten sich die Unternehmen, mehr zu investieren. Die kostenlosen Kredite wollte niemand haben, das Land steckte in einer gefährlichen Situation, wie sie John Maynard Keynes während der Weltwirtschaftskrise beobachtet hatte: in der Liquiditätsfalle.

Auch heute könnten die Industrieländer in die Liquiditätsfalle tappen: Wenn die Panik zu groß wird, wenn Anleger und Unternehmen fürchten, dass die Zukunft ihnen vor allem Schlechtes bringt und sie deshalb ihr Geld beisammenhalten – dann könnte die Welt in diese missliche Lage geraten. Und aus einer Krise, die am amerikanischen Immobilienmarkt begann, würde sich ein globales Desaster entwickeln. Entscheidend ist, dass die Regierungen nun die richtigen Schritte unternehmen. Sie müssen die Wirtschaft stabilisieren. Sie müssen dem Kapitalismus die zerstörerische Wucht nehmen. Sie müssen dem Markt klarere Regeln geben, innerhalb deren er sich entfalten kann. Sie müssen die entfesselte Marktwirtschaft zähmen.

Mehr Staat, weniger Markt – ein Paradigmenwechsel

Der legendäre Spekulant George Soros ist in Davos überall. Man kann seine Botschaft im Januar 2008 morgens im Konferenzzentrum hören, danach in etlichen Fernsehinterviews und anschließend beim Mittagessen im Hotel Waldhuus. Soros hat 1992 gegen das britische Pfund gewettet und die Bank of England in die Knie gezwungen; er galt als skrupellos und gierig. Heute ist er das gute Gewissen der Davos-Menschen. Er stellt jenes System infrage, welches die 2000 Manager beim Weltwirtschaftsforum reich gemacht hat: die entfesselte Marktwirtschaft.

Soros ist Mitte 70, doch seine Augen blitzen, wenn er im Hotel Waldhuus leise, aber bestimmt vom Ende einer Ära redet: von der Ära des US-Dollars, von der Ära der unregulierten Märkte. Soros sagt Sätze, die die meisten Manager niemals aussprechen würden. Sätze wie:»Der Marktfundamentalismus der letzten Jahrzehnte war ein großer Fehler.« Oder:»Diese Krise unterscheidet sich von allen, die wir in den letzten 60 Jahren gesehen haben – sie ist schlimmer!« Der Mann, der mit seinen Spekulationsgeschäften zum Milliardär geworden ist, fordert nichts anderes als ein neues Regelwerk für den Kapitalismus:»Wir brauchen«, erklärt Soros,»ein neues Paradigma.«

Dieses neue Paradigma – es schält sich allmählich heraus. Es lautet: *Wir brauchen eine wohlverstandene Renaissance des Staats. Wir brauchen einen stärkeren Staat.* Einen Staat oberhalb der Wirtschaft. Einen Staat dort, wo er hingehört.

Lange galt der Staat als Feind der Marktwirtschaft. Er galt, wie es Ronald Reagan formulierte, als das eigentliche Problem. In den vergangenen dreieinhalb Jahrzehnten hat die Politik daher dem Markt das Feld überlassen und sich auf die Zuschauerränge zurückgezogen. Doch die globale Krise zeigt, dass diese Rollenverteilung nicht trägt. Der Staat darf es nicht anderen überlassen, die Regeln der Marktwirtschaft zu bestimmen, er darf nicht bloß zuschauen, sondern muss aufs Spielfeld: Er muss mitspielen und zugleich Schiedsrichter sein. Nur der Staat kann garantieren, dass es in der Wirtschaft fair und sozial zugeht. Nur er kann Unternehmen und Banken in schwierigen Zeiten Halt und Orientierung geben, den Bürgern Sicherheit.

Die Debatte über die Rückkehr des Staats wird vorangetrieben von Politikern, Ökonomen und Medien, die lange als Vorkämpfer eines enthemmten Kapitalismus galten. Wie in der Weltwirtschaftskrise der dreißiger Jahre reift das Bewusstsein, dass der Markt allein es nicht richten kann.»Was wir erleben«, sagt Nobelpreisträger Joseph Stiglitz,»ist eine Rückkehr zur Vernunft. Es gab einen irrationalen Überschwang. Alle haben geglaubt, dass die Marktwirtschaft perfekt funktioniert und immer in der Lage ist, sich selbst anzupassen. Diese naive Sichtweise ist zusammengebrochen.« Auch der deutsche

Finanzminister Peer Steinbrück sieht dies so:»Die Ideologie, dass die Märkte immer von alleine funktionieren, hat sich durch die Erfahrungen der letzten Jahre erledigt.«

Es geht in dieser Debatte nicht darum, ob der Staat sich wieder stärker einmischen soll – es geht allein darum, in welchem Maße er dies tun soll. Denn der Staat hat längst Fakten geschaffen, in Amerika, aber auch in Europa. Die Regierung sei »zurück im Herzen der Wirtschaft«, urteilt die *Financial Times*. Das *Wall Street Journal* stellt nüchtern fest, dass das neoliberale Erbe von Ronald Reagan und Margaret Thatcher beiseitegeschoben wird. Auf eine Politik der bedingungslosen Liberalisierung, Deregulierung und Privatisierung folge eine Ära des stärkeren Staates.

Drei Entwicklungen zeigen diesen Schwenk – weg von der unsichtbaren Hand des Marktes, hin zur öffentlichen Hand. Sie bestimmen derzeit die Debatte:

Der Staat rettet Finanzkonzerne. Die Regierungen in Europa, den Vereinigten Staaten und Asien haben innerhalb weniger Monate einige Dutzend Banken vor dem Zusammenbruch bewahrt, sie haben gewaltige Rettungspakete geschnürt und zum Teil Hunderte Milliarden US-Dollar und Euro an Steuergeld eingesetzt. Folgt daraus, dass der Staat jede Bank, jeden wichtigen Finanzkonzern retten soll? Egal um welchen Preis? Und wen soll der Staat herauskaufen? Die Investoren, die Kunden, die Banker – oder geht es allein darum, das Finanzsystem vor dem Kollaps zu bewahren?

Der Staat steuert das Wachstum. Im Januar 2008, nicht einmal ein Jahr nach dem Beginn der Krise, haben die Amerikaner eilig ein riesiges Konjunkturpaket geschnürt. 150 Milliarden US-Dollar schüttete die Regierung an die Bürger aus, um einen Absturz der Wirtschaft zu verhindern. So haben die Amerikaner es auch in den Jahren zuvor gehandhabt, wenn eine Rezession bevorstand. Sie sind damit zum Vorbild für die Europäer geworden. Folgt daraus, dass der Staat sich à la Keynes gegen jeden Abschwung stemmen soll? Und falls ja: Wie soll dies geschehen – und wie schnell zahlt der Staat die Schulden zurück, die er dafür aufnimmt?

Der Staat zügelt die Finanzmärkte. Notenbanken und Aufsichtsbehörden arbeiten an strengeren Regeln für Spekulanten. Sie wollen Banken und Fonds einer schärferen Kontrolle unterwerfen. Die Regierungen streben ein zweites Bretton Woods an, eine Konferenz weiser Männer und Frauen, die wie 1944 das Finanzsystem von Grund auf neu ordnen. Doch wie sollen diese neuen Regeln aussehen? Soll der Staat besonders riskante Geschäfte verbieten? Soll er die neuen Instrumente, die die Banken erfinden, erst prüfen, ehe er sie zulässt? Oder erwürgt eine zu starke Kontrolle jene Branche, die die Wirtschaft mit Geld versorgt und in normalen Zeiten am Leben erhält?

Wissenschaftler wie Myron Scholes von der Stanford University warnen davor, mit Wucht die Spielregeln des Kapitalismus zu verändern. »Wir wissen noch zu wenig darüber, was tatsächlich zur Finanzkrise geführt hat«, erklärt im Juli 2008 der Mann, der 1997 den Nobelpreis für Wirtschaftswissenschaften erhalten hat. Scholes spielt damit auf Zeit. Er ist ein Teil jenes System, welches gerade zusammenbricht. Er hat die Formel miterfunden, mit der sich der Preis von Optionen berechnen lässt. Er hat damit die mathematische Voraussetzung geliefert, um komplizierte Derivate zu entwickeln. Und er hat in den neunziger Jahren für LTCM gearbeitet, jenen größten Hedgefonds der Welt, der zusammenbrach, ehe ihm die US-Notenbank zur Seite sprang. Heute betreibt Scholes mit einem seiner ehemaligen Kollegen von LTCM den 5 Milliarden US-Dollar schweren Hedgefonds Platinum Grove Asset Management.

Es verwundert daher kaum, dass der Professor aus Kalifornien glaubt, Märkte seien innovativ, nicht destruktiv. Gebetsmühlenhaft verbreitet Scholes die Idee vom Markt als Ort der »schöpferischen Zerstörung«, wie sie der große österreichische Ökonom Joseph Schumpeter entwickelt hat. Er blendet dabei aus, wie groß die Zerstörungen derzeit sind. Er weist auch brüsk den Vorwurf zurück, Hedgefonds seien bloß Spieler in einem großen Kasino und betreiben ein unnützes Geschäft. »Hedgefonds«, versichert Scholes, »stabilisieren die Märkte. Sie sorgen dafür, dass sie immer liquide sind.« Einer wie er hält nichts davon, das Geschäft mit Kreditderivaten zu erschweren. »Wir müssen aufpassen«, warnt er, »dass wir jetzt nicht übderstürzt zu viel Regulierung schaffen, die uns teuer zu stehen kommt und Innovationen erschwert.«

Doch Leute wie Scholes geraten in die Defensive. Egal, ob beim Weltwirtschaftsforum in Davos, bei der Tagung des IWF oder beim Treffen der Ökonomienobelpreisträger in Lindau am Bodensee – überall ist zu spüren, dass die Skepsis gegenüber der entfesselten Marktwirtschaft wächst. Auch der Präsidentschaftswahlkampf in den USA wurde von der Frage beherrscht, wie sehr der Staat sich in die Wirtschaft einmischen soll. Einer Umfrage zufolge wünschen sich 53 Prozent der Amerikaner, dass der Staat »mehr tut, um Probleme zu lösen«; noch vor gut zehn Jahren waren zwei Drittel gegen staatliche Einmischung. Das Wiedererstarken des Staats bedeutet keineswegs, dass die Politik die Wirtschaft voll unter ihre Fuchtel bringen oder – jenseits einer vorübergehenden Nothilfe für die Banken – ganze Branchen auf Dauer verstaatlichen soll. Das wäre ein fataler Fehler. Der staatliche Dirigismus wurde vor zwei Jahrzehnten zu Recht zu Grabe getragen. Aber der ungezügelte Kapitalismus hat sich ebenfalls als falsch erwiesen. Die Welt hat dies in der Weltwirtschaftskrise der dreißiger Jahre gelernt. Nun lernen die Menschen es ein zweites Mal.

Die Lehre aus den Fehlern von 1929 lautet: Der Staat muss wieder mehr Einfluss erlangen, aber er darf die Wirtschaft nicht erdrosseln. Erforderlich ist ein Mittelweg – weder Laissez-faire noch Dirigismus. Klar muss sein: Zur Marktwirtschaft gibt es keine Alternative, aber sie braucht andere Regeln. Denn die Krisen häufen sich, und die Verwüstungen, die sie anrichten, werden größer. Der Staat muss darum vor allem die Finanzmärkte bändigen. Er muss zudem die Steueroasen austrocknen, in denen das Schattenreich der Finanzindustrie zu Hause ist. Der Staat muss die Reformen anschieben, die dauerhaft für ein höheres Wachstum sorgen, er muss zugleich aber auch eingreifen, wenn die Konjunktur einbricht. Der Staat muss zudem etwas gegen die Kluft in der Gesellschaft tun. Dazu muss er mehr Geld in die Bildung stecken. Der Staat muss zudem dafür sorgen, dass die Verlierer der Globalisierung eine zweite Chance erhalten.

Er muss ihnen einen Mindestlohn garantieren und sie qualifizieren. Der Staat muss sich hierzu Geld verschaffen. Er sollte deshalb die Einkommensteuer maßvoll und die Erbschaftsteuer kräftig erhöhen – auch um die Ungleichheit in der Gesellschaft zu verringern. Am Ende sollte ein Staat stehen, der stärker steuert als bisher und die Macht einzelner Unternehmen begrenzt. Der für einen geordneten Wettbewerb sorgt und jenen Platz einnimmt, der ihm in einer Marktwirtschaft obliegt: oberhalb der Wirtschaft, da, wo er hingehört. 22 goldene Regeln sollte der Staat dabei beherzigen. 22 goldene Regeln, die die Politiker, Wirtschaftsführer und Ökonomen in der Vergangenheit oft missachtet haben. Wenn diese 22 goldenen Regeln künftig eingehalten werden, wird eine stabilere Marktwirtschaft entstehen – und die Gefahr eines Absturzes schwinden.

Bändigt die Finanzmärkte!

Am Abend des 11. April 2008 weht ein mildes Frühlingslüftchen durch Washington. Die japanischen Kirschbäume in der amerikanischen Hauptstadt stehen in voller Blüte. Doch die Herren und die eine Dame, die im wuchtigen Bau der Treasury tagen, direkt neben dem Weißen Haus, bekommen davon nichts mit. Sie haben Ernstes zu besprechen. Henry Paulson hat zum »Outreach-Dinner« während der Frühjahrstagung des Internationalen Währungsfonds (IWF) geladen. Der amerikanische Finanzminister will mit seinen Kollegen aus den sieben führenden Industriestaaten über die Finanzkrise reden – gemeinsam mit den Bankern der Wall Street. Paulson war früher Chef von Goldman Sachs, dem renommierten Investmenthaus. Was die Minister während des Dinners hören, ist von Düsternis geprägt. Die Banker zeichnen ein schonungsloses Bild der Lage. Sie reden, wie sie es in der Öffentlichkeit nie tun würden. Und sie rufen nach dem Staat. Er soll die Finanzmärkte stärker regulieren, vor allem die Hedgefonds, die sich wie Banken gebärden, aber keiner Kontrolle unterliegen. Der Staat soll die bösen Geister vertreiben, die die Zauberlehrlinge der Geldindustrie selbst herbeigerufen haben.

Drei Tage zuvor hat der IWF eine erschreckende Prognose in die

Welt gesetzt: 945 Milliarden US-Dollar werde die Krise die Finanzindustrie kosten. Fast eine Billion. Eine Zahl mit zwölf Nullen. Die Warnung verfängt, und so verkünden die Finanzminister der G7-Staaten einen Tag nach dem Essen, dass sie die Finanzmärkte härter regulieren wollen. Sie verabschieden einen Aktionsplan, den ihnen das Forum für Finanzstabilität vorgelegt hat, eine Arbeitsgruppe der Finanzministerien, Notenbanken und Aufsichtsbehörden. »Ziel ist es, ein Finanzsystem zu schaffen, in dem es keine perversen Anreize gibt«, sagt der Chef des Stabilitätsforums, Mario Draghi, der italienische Notenbankpräsident.

Ob dies allein mit dem Aktionsplan gelingen wird, ist zweifelhaft. Denn zwischen der Rhetorik und dem Handeln der Finanzminister klafft eine Lücke. Die Pläne des Forums mögen gut gemeint sein – doch die Regierungen und die Notenbanken schrecken bis zum Herbst 2008 davor zurück, die Kapitalmärkte wirklich zu bändigen. Sie wollen hier und da ein paar Korrekturen vornehmen. Aber sie möchten das System im Grunde so belassen. Sie wollen den Aufsichtsbehörden etwas mehr Macht einräumen und den Banken etwas höhere Reserven abverlangen, doch sie werden damit den entfesselten Märkten keineswegs die Wucht nehmen. Vor allem aber treffen die G7-Staaten auf eine Mauer des Widerstands. Die meisten Banken und Verbände tun alles, um den Vorstoß der Finanzminister, Aufsichtsbehörden und Notenbanken zu torpedieren. Sie sagen im Stillen, dass es so nicht weitergehen könne. Sie sagen zugleich in der Öffentlichkeit, dass es so weitergehen muss, weil sie damit Geld verdienen. Wer gegen den stillschweigenden Konsens verstößt, und sei es unbeabsichtigt, korrigiert sich schnell, wie das Beispiel Josef Ackermann zeigt.

Nur einen Tag nach der Rettung von Bear Stearns erklärt der Chef der Deutschen Bank: »Ich glaube nicht mehr an die Selbstheilungskräfte der Märkte.« Ausgerechnet Ackermann, der in Deutschland wie kaum ein zweiter für den Finanzmarkt-Kapitalismus gestanden hat – der am selben Tag eine Rendite von 25 Prozent vorgibt und 6400 Leute rauswirft –, ruft nach dem Staat. Regierungen, Notenbanken und Banken sollten gemeinsam das Finanzsystem stützen, fordert er. Nur drei Wochen später rudert Ackermann zurück, als er als Vorsitzender des Internationalen Bankenverbandes IIF Lehren aus der Krise zieht. Wenn es allein nach ihm ginge, würden die Banken sich bereit erklären, künftig ein größeres Polster für ihre riskanten Geschäfte zu bilden. Doch so etwas ist unter den Geldhäusern nicht mehrheitsfähig. Also verkündet Ackermann die Lehre vom selbstreinigenden Markt: Die Banken seien in der Lage, diese schwierige Phase alleine zu meistern, versichert er. »Wir wollen beweisen, dass keine weitere Regulierung nötig ist, sondern dass wir die Herausforderungen selbst in den Griff bekommen.« Ja, was denn nun?

Wie erbittert sich viele Lobbyisten gegen jede Regulierung stemmen, erleben die Beamten in den Finanzministerien. So schlägt das Stabilitätsforum vor, dass die Banken für waghalsige Geschäfte höhere Reserven bereithalten sollen. Dies soll sicherstellen, dass die Institute nicht so schnell in Not geraten. Es geht um eine läppische Aufstockung der Eigenkapitalreserven. Doch dies ist den meisten Kreditinstituten zuwider. Sie wollen ihr unreguliertes Schattenbankensystem behalten, in dem es keine Eigenkapitalvorschriften gibt. Sie überschwemmen das Bundesfinanzministerium und die Abgeordneten mit Briefen. Sie schreiben, dass höhere Reserven ihr Geschäft gefährdeten, denn sie könnten dann weniger Kredite vergeben. Dies bremse die Konjunktur und koste Jobs. Die Pläne seien »vollkommen unangemessen und unpraktikabel«, behauptet der Zentrale Kreditausschuss, das oberste Gremium deutscher Banken.

Auch die Ratingagenturen stemmen sich gegen die Forderung, ihr Geschäftsmodell grundlegend zu ändern, um krasse Fehlbewertungen wie bei den Hypothekenpapieren zu verhindern. Zum Beispiel hat das Forum vorgeschlagen, dass die Agenturen für besonders waghalsige Finanzinstrumente eine eigene Notenskala einführen, die deutlich macht: Hier ist das Risiko höher. Das sei nicht nötig, versichern die Agenturen. Sie wollen stattdessen ihre Computermodelle überarbeiten und die Ratings ein wenig transparenter machen.

Die Finanzkonzerne wünschen sich die beste aller Welten: Sie wollen ihre Milliardenüberschüsse privatisieren und ihre Verluste der

Allgemeinheit aufbürden. Sie wollen in Ruhe gelassen werden, solange ihre Gewinne ins Unermessliche steigen, aber herausgekauft werden, falls sie in Not geraten. Ihr Argument in schlechten Zeiten lautet:»We are too big to fail« – wir sind zu groß, um uns fallen zu lassen. Und ihr Argument in guten Zeiten lautet:»We are too important to be regulated« – wir sind zu wichtig, um scharf reguliert zu werden. Ein Staat, der sich auf solch einen Erpressungsversuch einlässt, ist politisch bankrott. Er begibt sich in die Hände der Finanzindustrie. Er ermuntert die Banken, beim nächsten Mal noch höhere Risiken einzugehen, weil alle wissen: Der Staat rettet uns.»Moral hazard« nennen Ökonomen dieses Problem. Übersetzt: sittliche Gefährdung. Das Gefährliche ist, dass einem Staat, der Finanzkonzerne herauskauft, beim nächsten Mal ein noch größerer Exzess dräut – und eine noch teurere Rettungsaktion. Daraus folgt:

Regel 1: Der Staat darf Banken nur dann herauskaufen, wenn er diese anschließend einer schärferen Regulierung unterwirft. Wenn Regierungen und Notenbanken sich auf eine Rettungsaktion einlassen, dürfen sie dies unter einer Bedingung tun: Sie müssen dafür von den Geretteten eine Gegenleistung verlangen. Der Staat macht sich angreifbar, wenn er die Verluste der Finanzindustrie sozialisiert. Deshalb darf er es nicht zulassen, dass die Geldmanager ihre Gewinne auf Kosten der übrigen Wirtschaft wieder privatisieren, wenn die Krise überwunden ist. Banken und Fonds müssen einer scharfen Kontrolle unterworfen werden, damit sich die Exzesse der letzten 15 Jahre nicht wiederholen.

Nur wenn dieser Zusammenhang klar ist, werden Investoren und Finanzmanager»einen Grund haben, Risiken wirklich ernst zu nehmen«, meint der Harvard-Professor Kenneth Rogoff. Die Politik dürfe nicht zulassen, dass die Banken»ganze Länder als Geisel nehmen«. Ähnlich argumentiert Martin Wolf, der Chefökonom der *Financial Times*:»Wichtige Finanzinstitutionen müssen für den öffentlichen Schutz, den sie erhalten, einen Preis bezahlen. Ihre Fähigkeit, die schönen Seiten ihrer riskanten Geschäfte zu genießen und die negativen Seiten der Gesellschaft aufzuerlegen, muss begrenzt werden.«

Wie aber soll diese Regulierung aussehen? Welche Grenzen soll der Staat den Finanzmärkten auferlegen? Klar muss sein: Mit kleineren Eingriffen ist es nicht getan. Falsch wäre es aber auch, den Märkten ein starres Korsett aufzuzwingen, das ihnen die Luft nimmt. Die Lösung liegt dazwischen. »Es geht nicht um die Frage, ob wir zu viel Regulierung haben oder zu wenig. Entscheidend ist, dass wir die richtige Regulierung haben«, erklärt Nobelpreisträger Robert Solow. Der Staat muss die Märkte zügeln – und zugleich darauf achten, dass Banken und Börsen die Wirtschaft weiter mit genug Kapital versorgen. Er darf sich dabei nicht auf lose Versprechen der Finanzindustrie verlassen, sondern muss selber durchgreifen. »Selbstregulierung allein«, stellt der deutsche Finanzstaatssekretär Jörg Asmussen fest, »ist für das Ziel der Finanzmarktstabilität nicht ausreichend. Wir brauchen die ordnende Hand der Staatengemeinschaft, die Regeln setzt und auch durchsetzt.«

Sechs Dinge sind erforderlich, um die zerstörerische Kraft der Spekulanten einzuschränken.

Regel 2: Das Schatten-Bankensystem muss zerstört werden. Die Banken haben das Schattenreich geschaffen, um der Regulierung auszuweichen. Sie haben Kredite in obskure Gesellschaften ausgelagert, um die Reservevorschriften ihrer Heimatländer zu unterlaufen. Das alte internationale Regelwerk für Banken, genannt Basel I, hat diesen Prozess noch beschleunigt: Es verlangt, dass die Banken für jeden Kredit, den sie in ihren Büchern haben, als Puffer eigenes Kapital von 8 Prozent bereithalten müssen – aber eben nur für Kredite, die in den Büchern stehen. Dies veranlasste gewiefte Banker, die Kredite in Gesellschaften auszulagern, für die das Regelwerk nicht gilt. Das neue Regelwerk für Banken namens Basel II, das in Europa und Asien seit Anfang 2008 gilt, bisher aber nicht in den USA, versucht, das Problem zu lösen: Die Banken müssen für einen Teil der ausgelagerten Kredite einen Puffer bilden – jedoch nur für einen sehr geringen Teil. Sie werden also weiter versuchen, Kredite und Risiken auszulagern und ihre Bilanzen zu schönen. Wenn die Politik dies verhindern will, hilft nur eines: Die Regierungen müssen den Banken das Geschäft außerhalb der Bilanz verbieten. Das Mittel hierzu ist einfach:

Für alle Kredite, egal wo sie verbucht werden, müssen die Banken die gleichen Reserven vorhalten. Die Regel muss von allen Industrienationen und Schwellenländern akzeptiert werden. Auch von den USA.

Regel 3: Hedgefonds brauchen eine scharfe Kontrolle. Anhänger des ungezügelten Kapitalismus behaupteten bis zum Oktober 2008 gern, dass die Krise jene Fonds verschont habe, die als besonders gefährlich galten: die Hedgefonds. Dies stimmt nicht. Tatsächlich stand am Anfang im Juni 2007 der Zusammenbruch der beiden Hedgefonds von Bear Stearns. Weitere Hedgefonds folgten. Ein Jahr später sind viele Zockerklubs in Not und treiben mit dem Verkauf von riesigen Wertpapierbeständen die Börsen nach unten. Sie haben sich gewaltige Schulden aufgeladen, mit denen sie die Gewinne nach oben getrieben haben; im Abschwung werden die Kredite zur Last. Seit dem Kollaps von LTCM 1998 sind alle Versuche gescheitert, die Fonds einer stärkeren Kontrolle zu unterwerfen oder einem freiwilligen Verhaltenskodex. Dies gilt auch für den Versuch der Bundesregierung während ihrer G7-Präsidentschaft 2007. Amerikaner und Briten, die erbittert Widerstand geleistet haben, räumen insgeheim ein, dass dies ein Fehler war. Das Problem dabei: Hedgefonds haben ihren juristischen Sitz in Steueroasen, in denen sich keine Behörde für sie interessiert. Ihre Geschäfte betreiben die Manager dagegen von London oder New York aus. Wer die Fonds kontrollieren will, muss deshalb deren Manager beaufsichtigen, so wie es eine Gesetzesinitiative des Europäischen Parlaments vorsieht. Ohne besondere Zulassung und regelmäßige Reports sollte kein Hedgefondsmanager sein Spiel treiben dürfen.

Regel 4: Besonders riskante Finanzprodukte müssen verboten werden. Wer ein Finanzinstrument erfindet, kann dieses am nächsten Tag seinen Kunden anbieten. Wer ein Derivat kreiert, muss dies nirgends anmelden, bei keinem Aufsichtsgremium. Er kann es einfach verkaufen. Die Anhänger freier Märkte behaupten, die Märkte würden sich selbst regulieren und schlechte Produkte aussortieren. Tatsächlich geschieht dies nicht. Banken und Fonds haben »Giftmüll« in Billionenhöhe auf den Markt geworfen und den Eindruck erweckt, dass man aus großen Mengen zweifelhafter Anlagen durch bestimmte Konstruktionen wertvolle Papiere machen kann. Niemand fühlte sich zuständig. Wenn der Markt nicht in der Lage ist, die Verantwortung zu übernehmen, muss der Staat dies tun. Er sollte verlangen, dass die Finanzkonzerne sämtliche Instrumente, die sie erfinden, zulassen müssen – so wie es Pharmaunternehmen mit Medikamenten auch machen. Eine staatliche Behörde sollte die Instrumente prüfen und testen, ehe die Banken sie verkaufen dürfen. Sind die Instrumente zu gefährlich, muss die Behörde sie verbieten. Die amerikanischen Nobelpreisträger David McFadden und Joseph Stiglitz fordern solch eine Zulassungsbehörde, ebenso der deutsche Ökonom Hans-Werner Sinn und Altkanzler Helmut Schmidt. Zudem sollte der Staat dafür sorgen, dass Derivate nur an der Börse gehandelt werden, also an einem öffentlichen Marktplatz. Derzeit werden 84 Prozent aller Derivate außerhalb der Börse verkauft, weshalb niemand den Markt durchschaut. Die Preise werden freihändig festgelegt.

Regel 5: Die Ratingagenturen müssen zerlegt werden. Die drei großen Agenturen haben mit ihren Noten den Anlegern das Gefühl gegeben, dass sich Risiken wegzaubern lassen. Sie haben Kreditpakete mit besten Bewertungen versehen, obwohl diese Bündel vollgestopft waren mit Darlehen minderer Qualität. Die Agenturen haben die Banken, die sie für ihre Notengebung bezahlt haben, zugleich beraten, wie sie die Kreditbündel namens MBS oder CDO schnüren. Sie haben sich wie ein Mathematiklehrer verhalten, der seinen Schülern bei der Klassenarbeit hilft – und hinterher wundern sich alle, dass die Schüler nicht rechnen können. Die Aufsichtsbehörden sollten die Agenturen daher aufspalten: in einen Teil, der sich um das Rating kümmert, und in einen anderen, der die Banken berät. Die Ratingagenturen und ihre Auftraggeber müssen zudem alle Informationen offenlegen, die für ein Rating erforderlich sind. Dann kann jederzeit eine andere Agentur die Noten überprüfen und eigene, abweichende Bewertungen veröffentlichen.

Regel 6: Die Gehälter der Banker müssen begrenzt werden. Wer als Investmentbanker arbeitet, profitiert immer: Steigt der Gewinn, wachsen die Gehälter ins Unermessliche und die Boni auf 20, 30 oder gar 40 Millionen Euro. In schlechten Jahren müssen sie nichts zurückzahlen und erhalten weiter ihr Grundgehalt. Investmentbanker versuchen deshalb, in kürzester Zeit so viel wie möglich herauszuholen – und gehen dazu oft übermäßige Risiken ein. Aufsichtsbehörden und Finanzminister fordern darum, dass die Banken ihre Vergütungssysteme ändern. Der internationale Bankenverband IIF verspricht, dass die Institute selbst dafür sorgen wollen. Sie sollten dies auch tatsächlich tun und die Spitzengehälter kräftig kürzen, andernfalls müsste der Staat eine Gehaltsgrenze für Banker vorgeben. Denn Banken erfüllen eine öffentliche Aufgabe: Sie versorgen die Wirtschaft mit Geld, ebenso wie Notenbanken. Und auch für Notenbanker legt der Staat das Gehalt fest.

Regel 7: Die Finanzmärkte brauchen eine globale Aufsicht. Derzeit kümmern sich in jedem Industrieland mehrere Behörden um die Finanzmärkte. Jedes Land organisiert die Aufsicht zudem auf seine Weise. Auch auf internationaler Ebene gibt es eine Vielzahl von Organisationen, die sich als Aufseher verstehen: vom Forum für Finanzstabilität über die Bank für Internationalen Zahlungsausgleich und die G7 bis hin zum Internationalen Währungsfonds. Was fehlt, ist eine machtvolle Organisation, die alle Aufgaben bündelt – ein »globaler Sheriff für die Finanzmärkte«, wie es George Soros nennt. Man muss dazu keine Behörde schaffen, man kann den Sheriffstern dem IWF anheften und diesen mit weitreichenden Kompetenzen ausstatten.

Den Finanzkonzernen wird all dies nicht passen. Sie werden jeden Versuch torpedieren, die Regeln zu verschärfen. Sie werden die Gesetze, die die Politik durchsetzen will, durch allerlei Sonderklauseln aushebeln wollen. Denn der Gewinn der Geldindustrie wird in einem regulierten Finanzsystem geringer ausfallen als in einem unregulierten. Doch die Politik muss standhaft sein, sie muss sich den Lobbyisten widersetzen. Denn ein stabileres Finanzsystem nützt allen. Es hat einen Wert an sich, weil es Verwüstungen im Rest der Wirtschaft verhindert. Der Staat darf sich daher mit einer Selbstverpflichtung der Finanzbranche nicht zufriedengeben. Schließlich überlässt es der Staat ja auch nicht einer Runde von Bankräubern, im Strafgesetzbuch die Höchststrafe für einen Bankraub festzulegen. Zudem sollte der Staat nicht nur vor der eigenen Haustür für Ordnung sorgen. Wer die Finanzmärkte bändigen will, muss sich auch jene Länder vorknöpfen, die die Regeln der anderen unterlaufen und dadurch Anleger und Finanzkonzerne anlocken: die Steuerparadiese.

Stoppt die Steuerschurkenstaaten!

Der demokratische Senator Carl Levin aus dem Bundesstaat Michigan verteidigt die Vereinigten Staaten von Amerika, wo immer er kann. Er leitet den Verteidigungsausschuss des Senats und ist damit zuständig für den Krieg gegen den Terror. Levin treibt seit 2002 auch die Arbeit eines Untersuchungsausschusses gegen Steuerbetrüger voran – und damit den Krieg gegen jene Banken, die den Millionären und Milliardären des Landes zur Flucht verhelfen. In mehreren dicken Berichten haben Levin und seine Mitstreiter aufgezeigt, wie die Steuerfluchtindustrie funktioniert und wie Banken und Berater reiche amerikanische Bürger geradezu ermuntern, ihr Geld auf eine Insel in der Karibik oder in eine Steueroase in Europa zu schieben. Renommierte Wirtschaftsprüfungsgesellschaften wie KPMG verdienen den Berichten zufolge ebenso an diesem Geschäft wie die großen Wall-Street-Banken Morgan Stanley und Merrill Lynch oder ausländische Institute wie die Deutsche Bank und UBS. Manager verfrachten häufig auch die Aktienoptionen, mit denen sie bezahlt werden, ins Ausland – um keine Steuern zu zahlen, wenn sie diese später einlösen. »Die Steueroasen«, klagt Levin, »haben allen ehrlichen und aufrechten Steuerzahlern den Krieg erklärt. Und deshalb müssen wir mit unserer ganzen rechtlichen und politischen Macht zurückschlagen.«

Gemeinsam mit Barack Obama und dem republikanischen Senator Norman Coleman aus Minnesota hat Levin im Jahr 2006 ein Gesetz vorgestellt, mit dem Amerika zurückschlagen soll: der »Stop Tax Haven Abuse Act«, das Gesetz gegen den Missbrauch von Steueroasen. Obama hat im Präsidentschaftswahlkampf angekündigt, dass er dieses Gesetz umsetzen will. Der Entwurf wäre, wenn er durchkäme, der härteste Angriff auf Steuerflüchtlinge, den es jemals gegeben hat. Das Gesetz listet 34 Steueroasen auf, die über ein strenges Bankgeheimnis verfügen, etliche auch über keine echte Aufsicht. Zu den Schurkenstaaten des Steuerrechts zählen karibische Inseln wie Aruba und Grenada ebenso wie Liechtenstein, die Schweiz und Zypern. In der Liste tauchen zudem auffällig viele Gebiete auf, die zum Einzugsgebiet des Vereinigten Königreichs zählen: die Kanalinseln Guernsey, Jersey und Isle of Man, die British Virgin Islands oder die Cayman Islands. Ihnen haben Obama und die beiden anderen den Krieg erklärt.

Obama will die Regeln des Steuerrechts umkehren: Wenn ein Amerikaner Geld in eine Steueroase schafft, gehen die Behörden künftig davon aus, dass illegale Machenschaften im Spiel sind. Nicht mehr die Steuerbehörde muss Belege für mögliche Vergehen erbringen, sondern der Abtrünnige muss Dokumente vorlegen, um seine Unschuld zu beweisen. Jede Stiftung, jede Briefkastenfirma würde erst einmal als Teil eines illegalen Konstrukts angesehen. Das Gesetz würde das Finanzministerium ermächtigen, gegen Banken und Berater Sanktionen zu verhängen. Am Ende könnten sie ihre Zulassung in den USA ganz oder teilweise verlieren. Banken sollen gezwungen werden, jedes Konto, das sie für einen amerikanischen Kunden in einem der 34 Länder eröffnen, der Finanzbehörde IRS zu melden. Zudem wollen Levin, Coleman und Obama die Oasen mit Sanktionen belegen, wenn diese nicht kooperieren und die Einkünfte der Steuerflüchtlinge melden.

Das Gesetz ähnelt Vorschlägen, die Nichtregierungsorganisationen wie das Tax Justice Network oder Attac präsentiert haben. Auch sie fordern, die Steuerflüchtlinge und ihre Helfershelfer hart zu bestrafen und die Oasen mit Sanktionen zu belegen. »Wir brauchen den automatischen Austausch von Steuerinformationen zwischen allen Ländern«, fordert der Direktor des Tax Justice Network, John Christensen, der früher als Wirtschaftsberater für die Steueroase Jersey gearbeitet hat. Ein hartes Vorgehen würde nicht nur den Industrieländern nützen, sondern auch den Entwicklungs- und Schwellenländern. Die Weltbank schätzt, dass weltweit jedes Jahr Vermögen zwischen 650 und 1050 Milliarden US-Dollar verschoben werden, die auf kriminelle Geschäfte, Betrug oder Steuerflucht zurückgehen;

etwa die Hälfte stammt aus ärmeren Ländern. Die Entwicklungshilfe beläuft sich dagegen auf nicht einmal 100 Milliarden Dollar.
»Steuern sind für die armen Länder wichtiger als Entwicklungshilfe«, sagt Christensen, »die Steueroasen haben die Möglichkeit
der Entwicklungsländer untergraben, ihren Weg zu gehen.« Deshalb
sind vor allem drei Dinge erforderlich:

Regel 8: Weg mit den Steueroasen. Das Geschäft der Steueroasen besteht letztlich darin, in den Industrieländern Geld abzusaugen. Die Paradiese locken mit einem extrem niedrigen Steuersatz. Sie bieten den
Anlegern absolute Diskretion und werfen oft keinen prüfenden Blick
auf die Finanzkonzerne. Deshalb müssen die Industrieländer die Oasen
zwingen, ihr Bankgeheimnis aufzuheben und ausländischen Finanzbehörden sämtliche Kapitalerträge mitzuteilen. Die Oasen müssen ihre
Steuern auf ein international akzeptables Niveau erhöhen. Sie werden
das nicht freiwillig tun. Deshalb muss man sie notfalls mit wirtschaftlichen Sanktionen dazu zwingen.

**Regel 9: Auch die Industrieländer müssen ihre Steueroasen trocken-
legen.** Irland, Tschechien oder Estland sind als Niedrigststeuerländer in
der EU geduldet, in den USA genießt der Bundesstaat Delaware einen
besonderen Status. Und das Vereinigte Königreich hält sich die Kanalinseln sowie Überseeterritorien wie die Cayman oder die Virgin Islands
als Steuerparadiese. Solange die Industrieländer diese Oasen nicht tro-
ckenlegen, macht der Kampf gegen die anderen Paradiese keinen Sinn –
und wirkt bloß wie Camouflage.

Regel 10: Das Bankgeheimnis muss in allen Ländern fallen. Das Bankgeheimnis nützt vor allem den Reichen, deshalb verteidigen sie es mit
allen Tricks. Die Diskretion der Banken erleichtert es, Vermögen zu verschweigen oder in Steuerparadiese zu schaffen. Deshalb muss das Bankgeheimnis auch in den Industrieländern fallen. Der Staat soll von den
Banken ja nicht über sämtliche Kontobewegungen in Kenntnis gesetzt
werden, aber er muss erfahren, welche Steuerschuld sich aus den jewei-
ligen Geschäften ergibt.

Für den Nobelpreisträger Joseph Stiglitz ist der Kampf gegen die Steuerparadiese entscheidend, um die Finanzmärkte zu bändigen: »Wir müssen alle Steueroasen schließen, wirklich alle. Nur wenn es keine Lücke mehr gibt, bekommen wir dieses Problem in den Griff.« Andernfalls würden die Finanzkonzerne erst recht in Steueroasen fliehen, wenn die Staaten nun die Finanzmärkte schärfer regulieren.

Für Stiglitz folgt aus alldem noch etwas: Wenn der Staat von den Reichen mehr Geld kassieren will, muss er sie auch daheim höher besteuern. Sein amerikanischer Kollege Robert Shiller, sagt Stiglitz, habe dazu einen intelligenten Vorschlag gemacht: eine Steuer, die steigt, wenn die Gesellschaft auseinanderdriftet. Die Rising Tide Tax.

Verteilt um, aber richtig!

Robert Shiller steht nicht im Verdacht, ein Sozialist zu sein. Der Professor der Elite-Universität Yale zählt zu den renommiertesten Ökonomen weltweit. Er berät Banken und Finanzkonzerne und hat einen Index für amerikanische Immobilienpreise entwickelt, der seinen Namen trägt. Shiller hat ein Gespür für Epochenwechsel der Wirtschaftsgeschichte. Im Dezember 1996 warnte er Alan Greenspan, den damaligen Chef der Notenbank, vor dem »irrationalen Überschwang« an den Aktienmärkten; drei Tage später riet auch Greenspan den Anlegern von allzu viel Übermut ab. Im März 2000 prophezeite Shiller in einem Buch, dass die Blase der New Economy platzen werde; es erschien in jenem Monat, als die amerikanische High-Tech-Börse Nasdaq ihren höchsten Stand erreichte.

Acht Jahre später gibt Shiller erneut den Mahner. Diesmal sieht er die Globalisierung insgesamt in Gefahr. Ein Rückschlag drohe, warnt er, wenn die Industriestaaten nichts gegen die wachsende Kluft zwischen Arm und Reich täten. In den westlichen Ländern bilde sich eine Klasse von Leuten heraus, denen es sehr gut gehe. Zugleich wachse die Zahl derjenigen, die zurückgelassen würden. Die da oben: Das ist die »kosmopolitische Klasse«. Ihre Mitglieder sind weltgewandt und vermögend, bestens gebildet und bestens bezahlt. Die da unten: Das ist die »lokale Klasse«. Ihre Mitglieder gehören der Mittel- und der Unterschicht an. Sie verdienen real kaum mehr als vor 20 Jahren und sind froh, wenn sie ihren Job nicht verlieren. Die wachsende Ungleichheit, warnt Shiller, ist »das größte ökonomische Problem des 21. Jahrhunderts«. Dies werde völlig unterschätzt, moniert er: »Wir brauchen in jedem größeren Land eine Diskussion darüber, wie man verhindert, dass dieses Problem sich verschlimmert.«

Mit seiner schonungslosen Analyse schockt Shiller im Januar 2007 die Teilnehmer des Weltwirtschaftsforums in Davos. Die Manager und Politiker haben solch radikale Thesen aus dem Mund eines liberalen Ökonomen nicht erwartet. Doch Shiller ist mit seiner Sicht in Davos nicht allein. Die Globalisierung produziere im Westen »eine Menge Verlierer«, warnt Wirtschaftswissenschaftler Nouriel Roubini. »Der alte Sozialvertrag, den es einmal gab«, sei zerbrochen. Deshalb müsse die Politik handeln. Laura Tyson von der London School of Economics pflichtet ihnen bei: »Wenn die Leute nicht mehr überzeugt sind, dass die Globalisierung für sie gut ist, dann müssen wir reagieren.«

Was aber soll die Politik tun? Was können Regierungen tun, um einen Aufstand der Enttäuschten und Zurückgelassenen zu verhindern? Für Shiller ist die Antwort klar: »Wir werden nicht umhinkommen, die Reichen stärker zu besteuern.« Er stellt damit die herrschende Lehre der Steuerpolitik auf den Kopf. Denn seit Ronald Reagan versuchen fast alle Industriestaaten, die Steuern zu senken. Sie entlasten die Unternehmen, die Reichen, die Erben, die Besserverdiener. Manche Politiker würden sogar am liebsten einen einheitlichen Steuersatz einführen, eine »flat tax«, die für jedermann gilt – für den Fabrikarbeiter ebenso wie für den Banker. In Deutschland hat der ehemalige Verfassungsrichter Paul Kirchhof für einen Einheitstarif von 25 Prozent geworben, den alle zahlen sollen: von der Krankenschwester bis zum Millionär.

Und nun kommt ausgerechnet Shiller daher und sagt: Nicht runter mit den Steuern, sondern rauf – jedenfalls dann, wenn die Spannungen zwischen Arm und Reich die Gesellschaft zu zerreißen drohen. Shiller hat dazu ein revolutionäres Steuersystem entwickelt. Dessen Tarife wandeln sich im gleichen Tempo wie die Gesellschaft – nach einer Formel, in die die aktuellen Ungleichheitsdaten einfließen. Wächst die Kluft, werden die Steuersätze für Spitzenverdiener erhöht und die Sätze für Geringverdiener gesenkt; verringert sich der Abstand, verlangt der Staat von den Reichen weniger und von den Armen mehr.

Shiller nennt dies das »Rising Tide Tax System«, das Steuersystem, das nach dem Prinzip der steigenden Flut funktioniert. Der Name erinnert an den Ausspruch von John F. Kennedy, dass die Flut der Marktwirtschaft alle Boote nach oben treibe. Tatsächlich aber schlagen immer mehr Boote leck. Deshalb will Shiller, dass der Staat korrigierend eingreift und umverteilt – nicht nach Belieben, sondern nach einem festgelegten Mechanismus. Wer sehr wenig verdient, bekommt einen Lohnzuschuss aus der Staatskasse, die sogenannte »negative Einkommensteuer«. Wer sehr viel verdient, müsste nach Shillers Berechnungen bis zu 90 Prozent an den Fiskus abgeben. Der Yale-Professor weiß, dass sich für hohe Sätze keine politische Mehrheit findet – und dass man sich seinem theoretischen Modell nur teilweise wird annähern können. Gleichwohl hält er es für falsch, mit den Vorarbeiten zu warten. »Wenn die Einkommen einmal sehr ungleich verteilt sind, ist es schwer, das wieder zu korrigieren«, warnt er. In Deutschland wäre hierzu dreierlei erforderlich:

Regel 11: Steuern rauf für die Reichen, Steuern runter für die Mittelschicht. Der Spitzensteuersatz liegt in Deutschland derzeit bei 42 Prozent. Zusätzlich verlangt der Staat die Reichensteuer: Ab einem steuerpflichtigen Einkommen von 250 000 Euro bei Alleinstehenden und 500 000 Euro bei Verheirateten werden 3 Prozent extra fällig. Macht zusammen 45 Prozent. Derzeit verdienen die fast zehntausend Einkommensmillionäre im Durchschnitt 2,7 Millionen Euro und zahlen knapp 1 Million Euro Steuern, alles in allem 10 Milliarden Euro. Dank der Hilfe von Steuerberatern beträgt der tatsächliche Satz nur 36 Prozent. Damit ist es künftig nicht getan. Der Höchsttarif sollte generell auf 47 oder 48 Prozent steigen. Dies

wäre immer noch deutlich weniger als vor zehn Jahren, als er bei
53 Prozent lag. Der Spitzensatz sollte aber, anders als heute, nicht
schon Durchschnittsbürger treffen. Derzeit greift er bei Verheirateten ab einem Einkommen von 104304 Euro, bei Alleinstehenden
ab 52152 Euro. Den Menschen der gesellschaftlichen Mitte sollte
die Regierung stattdessen mehr Geld belassen und den »Mittel-
standsbauch« abschaffen, jenen gemeinen Knick im Steuertarif,
der dafür sorgt, dass die Steuerlast auf mittlere Einkommen mit
jedem zusätzlichen Euro schneller steigt als bei höheren Einkommen. Geringverdiener sollten einen Zuschuss aus der Steuerkasse
erhalten.

Regel 12: Die Erbschaftsteuer sollte kräftig steigen. Über 200 Milliarden Euro werden jedes Jahr in Deutschland vererbt. Doch der Staat sieht
davon fast nichts. Gerade mal 4 Milliarden Euro zahlen die Erben an den
Fiskus – ein Witz. Den Erben fällt das Vermögen in den Schoß. Seit 1990
hat sich der durchschnittliche Wert einer Erbschaft auf 240000 Euro
verdoppelt. Doch der Staat tut so, als sei Erben eine Privatangelegen-
heit. Er schont die Empfänger mit üppigen Freibeträgen und günstigen
Tarifen für enge Verwandte. Vom gesamten Vermögen, das die Deutschen vererben, bekommt der Staat nur 2 Prozent – lächerlich wenig. Die
Erbschaftsteuer ist auf dem Weg, eine Bagatellsteuer zu werden, ähnlich wie die Sekt- oder Essigweinsteuer. »In Großbritannien und den USA
sind Steuern auf Erbschaften und Vermögen dreimal so hoch«, berichtet
Gert Wagner, der Verteilungsexperte des Deutschen Instituts für Wirtschaftsforschung. Alle Versuche, in Deutschland Erben höher zu besteuern, sind gescheitert. Mit den Nachfahren will es keine Partei aufnehmen, nicht einmal die SPD. Dabei hat schon der britische Ökonom John
Stuart Mill im 19. Jahrhundert gefordert, der Staat solle eher Erbschaften als Arbeitseinkommen besteuern: Wer viel erbe, habe nichts dafür
getan und viel bessere Chancen als jemand, dessen Vorfahren nichts
beiseitelegen konnten. Daher sollte der Staat dreierlei tun: Er sollte die
Erbschaftsteuer erhöhen. Er sollte keinerlei Freibeträge gewähren. Und
er sollte alle Erben gleich besteuern – egal, ob es sich um Kinder oder
entfernte Verwandte handelt.

Regel 13: Börsenumsätze müssen besteuert werden. Die Geschäfte an der Börse werden im großen Stil vor allem von jenen Menschen betrieben, die ohnehin viel Geld haben: von privaten Anlegern mit einem Aktiendepot sowie von Banken, Versicherungen, Investmentfonds und Hedgefonds, die im Auftrag ihrer Kunden jeden Tag Billionen Euro bewegen. Eine solche Steuer wird – anders als es die Anhänger der Tobin-Steuer, einer Steuer auf alle Devisengeschäfte, seit Jahren propagieren – die Spekulation kaum eindämmen; aber sie könnte dem Staat viel Geld bringen, das er unter anderem zur Entlastung der Mittelschicht und der Geringverdiener einsetzen könnte. So erhebt Großbritannien seit 1694 eine Steuer von einem halben Prozent auf alle Aktienverkäufe. Die »stamp duty« hat nicht verhindern können, dass London sich zum Tummelplatz für Spekulanten entwickelt hat. Das britische Schatzamt nimmt aber damit jedes Jahr mehrere Milliarden Pfund ein. Auch in Deutschland gab es lange eine geringe Steuer auf Börsenumsätze. Sie wurde 1881 mit dem Reichsstempelgesetz eingeführt und 1991 abgeschafft. Würde man sie wieder einführen, und zwar auf alle Wertpapiergeschäfte, könnte dies viel Geld in die Kassen des Fiskus spülen Eine Steuer von einem halben Prozent würde mindestens 20 bis 30 Milliarden Euro bringen.

»Die Ungleichheitssteuer«, erklärt Shiller, »zielt nicht auf die Reichen, sie ist ein System zum Risikomanagement, das allen nützt.« Wenn die Politiker an so eine Reform des Steuersystems herangehen würden, hätten sie die Mehrheit der Bevölkerung hinter sich. Eine repräsentative Umfrage der Wirtschaftszeitung *Financial Times* ergab, dass 87 Prozent der Deutschen, 85 Prozent der Franzosen und 78 Prozent der Amerikaner die Ungleichheit in ihrem Land für zu groß halten. In Großbritannien, Italien, Spanien und China sind die Werte ähnlich. In Japan empfinden immerhin noch 60 Prozent der Bürger die Verhältnisse als ungerecht. In den acht Ländern gibt es daher eine große Sympathie dafür, die Steuer für Reiche zu erhöhen: In Deutschland fordern dies 64 Prozent, in den USA 62 Prozent, in Italien 59 Prozent und in Großbritannien 56 Prozent.

Shiller hält es für falsch, mit dem Umbau des Steuersystems länger zu warten. Die »Rising Tide Tax« müsse jetzt eingeführt werden, nicht erst in ein paar Jahren. Jetzt – also in einer Ära, in der die Gesellschaft bereits auseinanderdriftet und viele Menschen Angst vor dem Absturz haben. Denn es verhalte sich mit der Gesellschaft wie mit einem Haus, sagt Shiller: Wenn das Gebäude erst einmal in Flammen stehe, sei es nicht mehr möglich, im Nachhinein eine Feuerversicherung abzuschließen. Oder wie er bei anderer Gelegenheit formulierte: »Wollen wir warten, bis die Ungleichheit einen Bürgerkrieg auslöst?«

Doch solch ein Steuersystem, das den Besserverdienern mehr nimmt und den Geringverdienern mehr gibt, wird nicht reichen, um die Angst der Globalisierungsverlierer zu besänftigen. Zu groß ist ihre Furcht vor dem sozialen Abstieg, zu groß die Panik vor dem Jobverlust – das lähmt ihre Schaffenskraft und damit die Wirtschaft. Deshalb sollte der Staat ein zusätzliches Sicherungsnetz schaffen. Eines, wie es Dänemark schon hat.

Schafft eine Versicherung gegen die Angst!

Der dänische Ministerpräsident Anders Fogh Rasmussen ist ein liberaler Politiker, doch er glaubt an die Errungenschaften des Sozialstaats. Rasmussen hat 1993 ein Buch veröffentlicht, das ihn als einen kühlen Marktradikalen erscheinen ließ: *Fra socialstat til minimalstat* (Vom Wohlfahrtsstaat zum Minimalstaat) ist die Brandschrift überschrieben, die einen Bruch mit dem bestehenden Gesellschaftssystem fordert. Eineinhalb Jahrzehnte später räumt Rasmussen ein, er habe dazugelernt und wisse nun, dass man nicht alles dem Markt überlassen könne. Rasmussen hat den dänischen Wohlfahrtsstaat, errichtet von seinen Vorgängern, unangetastet gelassen, nachdem er im Jahr 2001 Ministerpräsident wurde. Hier und da hat er ein paar Korrekturen vorgenommen. Aber ansonsten? Alles beim Alten. Auch den Spitzensteuersatz von 63 Prozent mag Rasmussen nicht senken; in Skandinavien sind solch hohe Tarife, anders als in Deutschland, kein allzu großes Problem.

Der liberale Politiker Rasmussen fühlt sich jenem Modell verpflichtet, das Dänemark seit Mitte der neunziger Jahre zum Musterland hat werden lassen: der »Flexicurity«. Dieser Begriff, zusammengesetzt aus »flexibility« (Flexibilität) und »security« (Sicherheit) steht für ein Konzept, das zwei gegensätzliche Weltanschauungen miteinander vereint: die amerikanische und die europäische. In den USA ist es seit jeher üblich, dass Unternehmen ihre Mitarbeiter jederzeit feuern können, von heute auf morgen. Dafür bedarf es keinerlei Begründung. Aber die Amerikaner finden, weil die Unternehmen zugleich bereitwilliger Leute einstellen, auch schneller wieder einen neuen Job. Dieses Prinzip des »hire and fire« haben auch die Dänen übernommen – und es ergänzt. Denn in Europa legen die Menschen sehr viel Wert auf soziale Sicherheit. Sie erwarten, dass der Staat jene auffängt, die plötzlich (oft unverschuldet) in Not geraten sind. Daher lassen die Dänen die Arbeitslosen in ihrem Land nicht allein: Sie erhalten ein vergleichsweise üppiges Arbeitslosengeld: Es beträgt etwa 70 Prozent des Einkommens und wird für vier Jahre gezahlt, länger als in allen anderen europäischen Ländern – und weitaus länger als in den USA.

Die Arbeitslosen bekommen aber nicht nur mehr Geld. Jeder Däne, der länger arbeitslos ist, hat Anspruch auf eine »Aktivierung«: Die Vermittler vom Arbeitsamt bieten ihm entweder einen öffentlich subventionierten Job an oder organisieren Weiterbildungskurse. Aus Lehrern werden so Computerexperten, aus hoffnungslosen Fällen Hoffnungsträger. Der Staat zwingt Arbeitslose zudem, jeden Job anzunehmen, auch solche mit geringerer Entlohnung. Weigert sich ein Arbeitsloser, wird er bestraft und erhält für einige Wochen kein Geld.

In Dänemark hat das Prinzip der »Flexicurity« für ein kleines Wunder gesorgt: Anfang der neunziger Jahre hatte etwa jeder zehnte Däne keinen Job, heute ist es nur noch jeder Vierzigste. Die Dänen haben sich daran gewöhnt, dass es ganz normal ist, für ein paar Wochen keine Arbeit zu haben und von der »Stütze« zu leben – denn die nächste Stelle winkt schon bald. Das Jobhopping, das Hüpfen von einem Arbeitsplatz zum anderen, ist in Dänemark Alltag: Jeder vierte Beschäftigte wechselt mindestens einmal im Jahr den Job; gut jeder dritte Däne bezieht einmal oder mehrmals im Jahr Arbeitslosenhilfe. »Wir schützen und sichern in Dänemark nicht den Arbeitsplatz des Einzelnen, sondern sein Einkommen«, erklärt Ministerpräsident Rasmussen, »diese Mischung aus kollektivem Handel und liberaler Politik macht unsere Gesellschaft sehr flexibel.«

Regel 14: Flexibilität für Firmen, Sicherheit für Beschäftigte. Das dänische Modell ist wie geschaffen für einen globalen Kapitalismus: Es gibt den Menschen jenes Mindestmaß an Sicherheit, das sie in einer sich beschleunigenden Welt benötigen. Wer weiß, dass er im Falle eines Absturzes nicht ins Bodenlose fällt, kann befreiter arbeiten und leben. Die Unternehmen haben zugleich jene Flexibilität, die sie brauchen. Welches Unternehmen weiß schon heute, ob es sich alle seine Beschäftigten in zwei oder drei Jahren noch leisten kann.

Dänemarks Erfolge sind erstaunlich: Trotz des teuren Sozialstaats und einer hohen Einkommen- und Mehrwertsteuer zählt es zu den wettbewerbsfähigsten Ländern der Welt. In der Rangliste des Weltwirtschaftsforums rangiert das Königreich auf Platz drei hinter den USA und der Schweiz. Zudem arbeiten in Dänemark weit mehr Menschen als in fast allen EU-Ländern: Die sogenannte Erwerbstätigenquote liegt bei 80 Prozent, in Deutschland sind nur 70 Prozent derjenigen berufstätig, die arbeiten könnten, im EU-Durchschnitt sogar nur 64 Prozent. Seit Jahren pilgern Politiker aus aller Welt in das skandinavische Land. Auch aus Deutschland reisen Delegationen an, um das dänische Modell zu begutachten.

Das dänische Modell kann aber nur ein Teil einer Versicherung gegen die Angst sein – für jene, die ihren Job verlieren. Wer jedoch Arbeit hat, der braucht ebenfalls ein Mindestmaß an Sicherheit und deshalb einen angemessenen Lohn. Von 3 oder 4 Euro pro Stunde, wie sie Friseure, Gartenbauer oder Wachleute der untersten Lohngruppe in Deutschland bekommen, kann niemand leben. In den USA nennt man diese Billigkräfte die »working poor«, die »arbeitenden Armen«. In Deutschland nennt man sie beschönigend Geringverdiener. 7,7 Millionen dieser »arbeitenden Armen« gibt es in der Bundesrepublik, ein Viertel aller Beschäftigten – doppelt so viele wie vor 15 Jahren. In Deutschland herrschen damit amerikanische Verhältnisse: Auch in den USA zählen 25 Prozent aller Beschäftigten zu den »working poor«. Zugleich verhindert in Amerika ein allgemeiner Mindestlohn, dass die Löhne nach unten durchrutschen. Er beträgt 6,55 US-Dollar pro Stunde. Im Jahr 2006 forderten sogar 350 amerikanische Ökonomen, darunter die Nobelpreisträger Kenneth Arrow, Joseph Stiglitz und Robert Solow, diese Lohngrenze auf 7,25 US-Dollar zu erhöhen. Der Mindestlohn, schrieben sie, »kann das Leben der Geringverdiener signifikant verbessern, ohne die negativen Effekte zu haben, von denen die Gegner ausgehen«. Daraus folgt:

Regel 15: Ein maßvoller Mindestlohn für alle. Für Menschen lohnt sich Arbeit nur, wenn sie angemessen bezahlt werden. Wer das Gefühl hat, er werde bloß ausgebeutet, lässt die Arbeit sein und lebt lieber auf Kosten des Staats. Die Globalisierung führt zudem dazu, dass der Druck auf die Löhne wächst, gerade bei einfachen Tätigkeiten. Deshalb sollte der Staat eine allgemeine Untergrenze festlegen, unter die die Löhne nicht fallen dürfen. So ist es in den USA und den meisten EU-Staaten üblich.

Gegen den Mindestlohn gibt es viele Einwände. Er schade den Unternehmen und koste Jobs, lautet das gängigste Argument. Der Nobelpreisträger Robert Solow bezweifelt dies. Er präsentierte im Sommer 2008 auf einer Konferenz der Wirtschaftsnobelpreisträger in Lindau am Bodensee eine umfangreiche Studie: Über mehrere Jahre hinweg hat Solow mit einem Team untersucht, wie sich Billigjobs in Deutschland, den USA, den Niederlanden, Dänemark, Frankreich und Großbritannien unterscheiden – und welchen Einfluss Mindestlöhne haben. Das Ergebnis: Mindestlöhne treiben die Arbeitslosenzahl nicht nach oben. Im Gegenteil: Die Unternehmen bilden ihre Beschäftigten besser aus, schaffen neue Maschinen an und erhöhen die Produktivität. Solow stellt damit die traditionelle Arbeitsmarktforschung infrage – und die vielen Argumente, die Unternehmen und Verbände gegen Lohngrenzen anführen.

In der EU haben 25 der 27 Staaten einen Mindestlohn eingeführt. Den höchsten leistet sich Luxemburg mit 9,30 Euro pro Stunde, am anderen Ende der Skala rangieren Lettland (1,34 Euro), Rumänien (0,79 Euro) und Bulgarien (0,65 Euro). Viele EU-Staaten passen den Mindestlohn regelmäßig an, Belgien und die Niederlande erhöhten ihn 2008 zweimal. Belgische Arbeitnehmer bekommen 8,41 Euro pro Stunde, niederländische 8,33 Euro. Entscheidend, erklärt Solow, ist die Höhe. Übersteigt die Lohngrenze ein gewisses Maß, kostet das Jobs. Der 84-jährige Ökonom plädiert daher für einen maßvollen Mindestlohn, der die Risiken für die Billigjobber minimiert – und für Unternehmen zugleich bezahlbar ist. Auch die Bundesrepublik sollte sich dem nicht verweigern.»Ich verstehe nicht«, sagt Solow,»weshalb in Deutschland so eine Angst vor dem Mindestlohn herrscht.«

Mindestlöhne allein werden allerdings auf Dauer nicht reichen, um den Menschen einen auskömmlichen Job zu sichern. Sie bieten Schutz vor einem gnadenlosen Lohndumping, vor Billigkräften, die über die Grenzen strömen. Die innere Stärke einer Volkswirtschaft vermögen sie nicht zu ändern. Diese hängt im 21. Jahrhundert vor allem davon ab, wie viel kluge Köpfe in einem Land leben. Nationen, in denen es viele gebildete Menschen gibt, werden im globalen Wettbewerb leichter mithalten, und ihnen wird es auch eher gelingen, die wachsende Kluft in der Gesellschaft zu überwinden.

Investiert in Bildung!

Wenn man Thomas Friedman folgt, dem amerikanischen Bestsellerautor, dann ist die Erde ökonomisch gesehen eine Scheibe. *The World is flat* – die Welt ist flach: So lautet seine These, die ihn berühmt gemacht hat. Der globale Wettbewerb habe die Unterschiede zwischen Nationen eingeebnet. Die Kommunikationstechnologie erlaube es jedem, auf dem globalen Marktplatz mitzuspielen, Arbeit könne an nahezu jedem Platz der Erde erledigt werden. Indische Experten könnten die Röntgenbilder amerikanischer Hospitäler bearbeiten oder die Buchhaltung einer europäischen Fluggesellschaft übernehmen. Sportschuhe ließen sich in China, Vietnam oder Laos produzieren. Vor allem einfache Arbeit verschwinde. Doch Friedman glaubt, dass es für den Westen einen Ausweg gibt. Er lautet: Bildung, Bildung, Bildung. »Denn die Zahl guter Fabrikjobs mag begrenzt sein, aber es gibt keine Grenze für die Zahl von Arbeitsplätzen, die auf guten Ideen beruhen.« Gute Ideen: Dies ist die wichtigste Ressource des 21. Jahrhunderts, wichtiger als Öl oder Gas, als Wasser oder Getreide. Nationen, die genug gute Ideen produzieren, werden ihren Wohlstand halten oder ausbauen können. An die Stelle der Industriejobs werden moderne Wissensjobs treten. Deshalb müssen die Industrieländer in Kindergärten, Schulen und Universitäten investieren. Deshalb müssen sie ihre Bürger dazu bringen, ein Leben lang zu lernen. Je besser dies Europäern und Amerikanern gelingt, umso eher werden sie auch in Zukunft die Weltwirtschaft dominieren. Scheitern sie, werden die Schwellenländer vorbeiziehen und dem Westen auch die hoch qualifizierten Jobs streitig machen. Bildung ist zugleich das wichtigste Mittel, um die Kluft zwischen Gewinnern und Verlierern der Globalisierung zu verringern. Friedman formuliert es so: »Die wichtigste Überlebenstechnik in der flachen Welt ist für jeden Einzelnen die Fähigkeit zu lernen, wie man lernt. Es geht nicht nur um das, was du weißt, es geht darum, wie du es lernst, denn was du heute lernst, wird schneller als je zuvor veralten sein.«

Die OECD sieht dies ähnlich. »Ein Industriestaat kann nur konkurrenzfähig bleiben, wenn seine Bürger hoch qualifiziert sind«, sagt Andreas Schleicher, der Bildungsdirektor der OECD. Regelmäßig durchleuchtet die Organisation der 25 größten Industrienationen in Studien die Bildungssysteme. Die berühmteste ist die Pisa-Studie – sie versetzte Deutschland 2001 einen Schock. Deutlicher als je zuvor wurde den Bundesbürgern vor Augen geführt, dass sie ihre Zukunft verspielen, vor allem die Zukunft ihrer Kinder. Deutsche Schüler lagen in den Testgebieten Mathematik, Naturwissenschaften und Lesen weit zurück, nur Luxemburg, Mexiko und Brasilien waren schlechter. Die Skandinavier dagegen haben vorgemacht, wie sich kleine Länder mit einer klugen Bildungspolitik an den großen vorbeischieben können.

Seither hat Deutschland etwas aufgeholt, doch das Grundproblem

ist geblieben: In kaum einem Land hängt die Ausbildung so sehr von
der Herkunft ab. Ein Kind aus gutem Elternhaus hat eine dreimal so
hohe Chance, das Gymnasium zu besuchen, wie eines aus einfachen
Verhältnissen. Der gesellschaftliche Status bestimmt mehr als alles
andere, ob jemand Erfolg hat. Nur 12 von 100 Kindern aus der unteren Schicht besuchen die Universität, gerade einmal halb so viele wie
1982. Aus der Oberschicht beginnen 37 Prozent ein Studium, mehr
als doppelt so viele wie 1982. Dieses Klassensystem zieht sich durch:
In den hundert größten Unternehmen stammen acht von zehn Top-
kräften aus der Oberschicht. Die Eltern waren Manager, Unternehmer, hohe Beamte oder Adelige. »Das ist eine wirklich geschlossene
Gesellschaft«, sagt der Darmstädter Soziologe Michael Hartmann.

In Finnland dagegen, dem Sieger im Pisa-Test, werden die Schüler
so spät wie möglich getrennt: In den Gemeinschaftsschulen lernen
alle von der ersten bis zur neunten Klasse gemeinsam. Und trotzdem
sind die Finnen spitze. Zugleich driften Arm und Reich in dem Land
längst nicht so auseinander wie in Deutschland. Ähnlich verhält es
sich in anderen Ländern, die gleichzeitig alle Bevölkerungsschichten bilden. So hat der britische Ökonom Stephen Nickdell in einer
Studie gezeigt, dass in Staaten mit gleichen Bildungschancen der
Wohlstand relativ gleich verteilt ist, während in Staaten, in denen
die Bildungssysteme stark selektieren, die Einkommen stärker auseinanderdriften. Daraus folgt:

Regel 16: Bessere Bildung für die Unterschicht. Bildung ist die entscheidende Voraussetzung, um sich aus der Armut nach oben zu arbeiten.
Der Staat muss deshalb schon im Kindergarten und in der Grundschule
dafür sorgen, dass Kinder aus einem schwierigen sozialen Umfeld gefördert werden. Er muss Studenten besser unterstützen, deren Eltern
den Besuch der Universität nicht bezahlen können. Eine intelligente Bildungspolitik kümmert sich nicht bloß um die Elite – sondern vor allem
um die Schwächsten der Gesellschaft.

Wenn der Staat stärker in die Bildung seiner Bürger investiert, rech-
net sich dies. Denn je mehr gut ausgebildete Arbeitskräfte ein Land

hat, umso mehr können die Firmen produzieren, umso bessere Produkte können sie entwickeln. Derzeit steckt Deutschland gerade 5,2 Prozent seines Bruttoinlandsprodukts in Bildung, während es im OECD-Schnitt 6,2 Prozent sind. Würde Deutschland dagegen bei den Bildungsausgaben zu Finnland aufschließen, könnte dies, wie Ludger Wößmann vom Ifo-Institut errechnet hat, »mit einem zusätzlichen jährlichen Wirtschaftswachstum von 0,5 bis 0,8 Prozentpunkten einhergehen. Im Vergleich zum jährlichen wirtschaftlichen Wachstum von nur 1,26 Prozent, das wir im Durchschnitt der letzten zehn Jahre hatten, wäre dies eine Steigerung um rund die Hälfte.«

Wenn aber Deutschland fortfährt wie bisher, droht ein Bildungsnotstand. So machen in den nächsten Jahren weit weniger Ingenieure ihr Diplom, als in den Ruhestand gehen. Im Jahr 2020, sagen die Wirtschaftsverbände voraus, werden etwas 240 000 Ingenieure fehlen. Mindestens 18 Milliarden Euro werde es die Wirtschaft kosten, wenn die Lücke nicht geschlossen wird, prophezeit das Institut der deutschen Wirtschaft. Währenddessen eilen andere Länder davon. In Russland drängen Jahr für Jahr mehr als 200 000 Ingenieure aus den Universitäten, in China oder Indien sind es mehr als 300 000 und in den USA mehr als 400 000. Die Zahl der Akademiker ist auch in vielen anderen Fachrichtungen gering: Nur jeder Fünfte erwirbt in Deutschland einen Hochschulabschluss, im Durchschnitt der OECD-Länder sind es 37 Prozent – doppelt so viele wie noch 1995.

Um bei den Bildungsausgaben mit dem OECD-Durchschnitt gleichzuziehen, müsste Deutschland etwa 25 Milliarden Euro zusätzlich investieren. Um aber wirklich für die Wissensgesellschaft des 21. Jahrhunderts gewappnet zu sein, ist noch weitaus mehr erforderlich:

Regel 17: Bildung muss genauso wichtig sein wie soziale Sicherung. Was der Staat heute in Kindergärten, Schulen und Universitäten steckt, entscheidet über den Wohlstand in zehn oder zwanzig Jahren. Wenn der Staat jetzt mehr ausgibt, wird er später profitieren: Mehr Menschen werden ein guten Job haben, weniger auf Sozialleistungen angewiesen sein. Die Industrieländer sollten sich vornehmen, 10 Prozent ihrer Wirtschaftsleistung für Bildung auszugeben. Deutschland müsste seine Bildungsausgaben verdoppeln.

Notwendig ist eine nationale Kraftanstrengung, die sich nicht in Debatten erschöpft, ob der Bund in die Bildungspolitik eingreifen darf, die eigentlich Ländersache ist. Der Bund *muss* dies tun. Bildung ist *die* Aufgabe der nächsten Jahrzehnte, sie darf nicht kleinkarierten Föderalisten überlassen werden. Deutschland hat die Wahl zwischen mehr Bildung und einer rosigeren Zukunft – oder mehr Sozialausgaben und Stagnation. »Wenn Deutschland sein eigenes Potenzial nicht umsetzt«, warnt Pisa-Forscher Schleicher, »muss es dafür teuer bezahlen mit mehr Arbeitslosengeld und höheren sozialen Aufwendungen.«

Mehr Geld für die Bildung: Dies wird sich in einigen Jahren auszahlen. Der Staat muss jedoch auch die Wirtschaft kurzfristig ankurbeln. Vor allem, wenn sie so brutal abstürzt wie in dieser Krise.

Erinnert Euch an Keynes – und an Friedman!

Die Rezession ist da, und jeder kann es spüren. Als im Herbst 2008 die Börsen zusammenbrechen, geht in den Unternehmen die Angst um. So wie beim Softwarekonzern SAP in Walldorf. Am 9. Oktober 2008 schicken die Vorstandschefs Henning Kagermann und Léo Apotheker eine E-Mail an alle 51400 Mitarbeiter, die den Eindruck erweckt, als stünde SAP vor dem Bankrott. Ab sofort gelte »ein kompletter Einstellungsstopp«, sei »jegliche Zusammenarbeit mit externen Personalvermittlern einzustellen« und dürften »ALLE internen Reisen, die keinen Kundenbesuch zum Anlass haben, nicht mehr stattfinden«. Mitarbeiter dürfen keine Hardware mehr bestellen, keine Software, keine Firmenwagen. Sie sollen zudem auf einen Teil ihres Urlaubs verzichten. »Was als Finanzkrise begann«, schreiben Kagermann und Apotheker, »hat sich in den letzten Wochen zu einer weltweiten Wirtschaftskrise ausgeweitet.«

Wie SAP ergeht es auch anderen Unternehmen. Einzelhändler werden ihre Luxusartikel nicht mehr los, Restaurants können ihre

Tische nicht füllen, Fluggesellschaften haben weniger Passagiere. Und die Autohersteller werden ihre Wagen nicht mehr los. Opel, BMW und Mercedes schließen deshalb ihre Werke für mehrere Wochen. General Motors ergeht es noch schlechter. Die Aktie des größten Autobauers der Welt fällt auf den niedrigsten Stand seit der Weltwirtschaftskrise. Die Zeitungen berichten von ernsten Finanzproblemen. Schon 2009 könne General Motors das Geld ausgehen. Denn die Menschen sind nicht mehr bereit, Zehntausende Euro in Autos zu stecken, wenn sie fürchten müssen, dass die Wirtschaft wegbricht.

Und sie bricht in einem atemberaubenden Tempo weg: Noch im Sommer gingen die meisten Ökonomen davon aus, dass nur Amerika abgleitet. Nun erweist sich dies als Illusion, es droht eine Weltwirtschaftskrise, und so gibt der Internationale Währungsfonds am 7. Oktober einen extrem düsteren Ausblick. Europas Wirtschaft werde 2009 nicht mehr wachsen, die amerikanische ebenfalls nicht. In mehreren europäischen Ländern, darunter Italien, Spanien und Großbritannien, schrumpft die Wirtschaft sogar. Die Zahl der Arbeitslosen werde steigen, die der Firmenpleiten ebenfalls.»Die Lage ist sehr ernst«, warnt IWF-Chef Dominique Strauss-Kahn.

Doch was tut die Bundesregierung? Sie korrigiert ihre Wachstumsprognose nach unten – und hält erst einmal still. Ein Konjunkturprogramm? Brauchen wir nicht, sagen viele Koalitionäre. Die anderen Koalitionäre streiten darüber, was man gegebenenfalls tun könne. Anfang November 2008 verständigen sich Union und SPD schließlich auf ein halbherziges Programm von wenigen Milliarden Euro, das zu klein ist, die drohende Rezession abzuwenden. Deutschlands Politiker sträuben sich wieder einmal gegen eine kraftvolle Wirtschaftspolitik, die anderswo üblich ist: Wenn in den USA die Wirtschaft einbricht, schnürt die Regierung ganz selbstverständlich ein Konjunkturpaket; wenn in Japan der Aufschwung stockt, springt der Staat ebenfalls ein; und in China will die Regierung wegen der Finanzkrise bis 2010 sogar 460 Milliarden Euro in die Wirtschaft pumpen.»Fast die ganze Welt setzt auf eine keynesianische Politik, nur Deutschland verweigert sich dem«, sagt Heiner Flassbeck, der Chefökonom der UNCTAD, der

Handelsorganisation der Vereinten Nationen. Doch wie lange kann Deutschland sich dem noch widersetzen?

Es ist an der Zeit, dass die Politiker die alten Überzeugungen über Bord werfen und die EU-Staaten gemeinsam ein Konjunkturpaket auflegen. Etliche Hundert Milliarden Euro schwer. Denn die Notenbanken allein können den Absturz nicht stoppen. Es reicht in solch einer kritischen Zeit, die über unseren Wohlstand in den nächsten Jahrzehnten entscheiden wird, nicht aus, bloß die Finanzmärkte zu stabilisieren. Die Geldpolitiker brauchen Unterstützung – von der Fiskalpolitik. Seit Monaten schon fordert der IWF eine Politik à la Keynes. Auf dem Weltwirtschaftsforum im Januar 2008 sagt IWF-Chef Strauss-Kahn, Länder ohne hohe Schulden müssten sich »darauf vorbereiten, die Finanzpolitik einzusetzen«. Der Franzose Strauss-Kahn leitet damit eine Kehrtwende ein. »Wir sind Zeuge eines historischen Ereignisses«, meint auch der ehemalige amerikanische Finanzminister Lawrence Summers. »Erstmals seit Jahrzehnten fordert die IWF-Spitze einen fiskalischen Impuls.«

In Europa wird der Schwenk zunächst ignoriert. John Maynard Keynes galt lange als Unperson, seinen Namen mochte in den letzten zwei Jahrzehnten kaum jemand in den Mund nehmen. Der britische Ökonom ist nicht nur tot – er wird totgeschwiegen. Keynes' Idee vom steuernden Staat wird verdrängt, seine Abneigung gegen Spekulanten nicht ernst genommen. Dabei hat es in Deutschland schon immer Konjunkturprogramme gegeben, nur wurden sie nie so genannt. Nach dem Fall der Mauer pumpten Bund und Länder mehrere Hundert Milliarden D-Mark in die Ex-DDR, der Staat gewährte Steuervorteile, Subventionen und entfachte den Wiedervereinigungsboom. 2003 entschloss sich die rot-grüne Regierung, die dritte Stufe der Steuerreform vorzuziehen, um dem Abschwung entgegenzuwirken. 2005 verständigte sich die Große Koalition auf ein »Impulsprogramm«, welches Konjunkturhilfen von 25 Milliarden Euro vorsah: Die Regierung erleichterte Abschreibungen, förderte private Bauherren mit billigen Zinsen und steckte Geld in Verkehrswege. Zugleich widersetzten sich Kanzlerin und Finanzminister der Forderung nach einem rigiden Sparkurs. Das Ergebnis: Die Wirtschaft wuchs im folgenden Jahr um

3 Prozent, die Einnahmen des Fiskus sprudelten – auch dank der höheren Mehrwertsteuer. Und statt des erwarteten Minus stand am Jahresende ein nahezu ausgeglichener Staatshaushalt.

Hat Keynes also doch Recht? Liefert er die Rezepte, um die drohende Rezession abzuwenden? Mittlerweile macht sich unter Deutschlands Ökonomen eine neue Nachdenklichkeit breit. Die Zeit, in der die Mehrheit der Zunft jede Konjunkturpolitik verdammt hat, ist vorbei. Wohin man schaut, gewinnt eine Sicht die Oberhand, wie sie unter amerikanischen Wirtschaftswissenschaftlern längst üblich ist. Und wer könnte dies besser erklären als Bert Rürup, der Chef des Sachverständigenrats, der »Fünf Weisen«.

Rürup hockt in einem altertümlichen Büro im ersten Stock des Residenzschlosses Darmstadt. Der Schreibtisch ist gut und gerne 30 Jahre alt, das prall gefüllte Bücherregal ebenso. Der Blick geht hinaus auf die Straße, die zum Hauptbahnhof führt. Rürup hat bei Alfred Müller-Armack studiert, dem Vater der sozialen Marktwirtschaft. Am selben Abend wird er nach Borken im Westmünsterland reisen, in die Nähe des Herz-Jesu-Klosters in Vreden-Ellewick, wo Müller-Armack von 1943 bis 1947 gelebt und den Begriff der sozialen Marktwirtschaft geprägt hat. Rürup wird dort eine Laudatio auf seinen Lehrmeister und Doktorvater halten.

Müller-Armacks Ideen unterschieden sich fundamental von dem, was neoliberale Denker wie Milton Friedman oder Friedrich August von Hayek vertraten: Diese gingen davon aus, dass der Markt »ein Vollautomatismus ist, der am besten ohne jeden staatlichen Eingriff funktioniert und von sich aus Vollbeschäftigung, Wachstum und allgemeinen Wohlstand gewährleistet«, sagt Rürup. Ordoliberale Ökonomen wie Müller-Armack wüssten jedoch, dass der Markt »nur ein Halbautomatismus ist, der staatliche Korrekturen zum Beispiel im Hinblick auf die Einkommensverteilung oder die Umwelt und nicht zuletzt eine aktive Wettbewerbspolitik erfordert«.

Noch in den ersten Jahren des neuen Jahrtausends sind die meisten deutschen Ökonomen dem neoliberalen Mainstream gefolgt. Eine differenzierte Debatte wie in den USA hat es nicht gegeben. Seit etwa zwei, drei Jahren ändere sich dies, stellt Rürup fest. »Wir erleben eine

Renaissance des Staates. Es gibt eine stärkere Neigung zum Interventionismus.« Die deutschen Wirtschaftswissenschaften erlebten eine Rückbesinnung auf Keynes.»In den letzten Jahren hat sich auch bei uns eine pragmatischere Sichtweise nachfragestimulierender Maßnahmen durchgesetzt«, sagt Rürup, Konjunkturprogramme seien nicht mehr des Teufels. Die gängigen Argumente – dass staatlich Hilfen verpuffen, zu spät kommen oder ins Ausland abfließen – finden nicht mehr so viel Gehör.»Aufgeklärte Ökonomen wissen, dass eine intelligente keynesianische Politik eben nicht einfach ins Leere geht oder nur Strohfeuer bewirkt. Eine rechtzeitig eingeleitete und richtig dosierte antizyklische Politik glättet konjunkturelle Schwankungen und erhöht so das Produktionspotenzial, also den langfristigen Wachstumspfad einer Volkswirtschaft«, erklärt Rürup.

Auch Hans-Werner Sinn hält nichts davon, Keynes zu verdammen. Sinn hat in den vergangenen Jahren die wirtschaftspolitische Debatte in der Bundesrepublik geprägt. Er galt als ein kalter Reformer, der angeblich nichts anderes will als den Sozialabbau. Er schrieb Bücher mit düsteren Titeln wie *Ist Deutschland noch zu retten?* Zugleich hat Sinn kein Problem damit, Keynes' Ideen zu verteidigen. Die Konjunkturforscher des Ifo-Instituts in München, das Sinn leitet, arbeiten mit keynesianischen Modellen. Es käme darauf an, sagt Sinn, die Lehren von Keynes »intelligent anzuwenden und nicht so einseitig, wie das manche Ökonomen tun«. Keynes habe nicht dazu ermuntert, einfach die Staatsausgaben zu erhöhen, sondern er habe zugleich gefordert, dass der Staat in guten Zeiten seine Ausgaben zurückfährt – »ein wichtiger Punkt, den manche Vulgär-Keynesianer gerne vergessen«. In den Boomjahren 2006 und 2007 sei es daher richtig gewesen, dass der Bund die Schuldenaufnahme zurückgeschraubt und der deutsche Staat Überschüsse erwirtschaftet habe.»Das schafft Spielraum, in einer Phase der Rezession zu handeln«, weiß Sinn.

Und was genau soll der Staat in einer Rezession tun?»Deutschlands renommiertester Ökonom« (*Bild*-Zeitung) fordert ein abgestuftes Vorgehen. Hält der Abschwung sich im üblichen Rahmen, sollte der Staat die »automatischen Stabilisatoren« wirken lassen. Sprich: Er sollte es hinnehmen, dass die Steuereinnahmen sinken, die Ausgaben fürs Soziale wachsen und damit die Neuverschuldung steigt. »Es wäre falsch, in einem Abschwung hinterher zu sparen, so wie es in der Vergangenheit geschehen ist«, erklärt Sinn. Wenn der Staat in einer Phase, in der Unternehmen und Verbraucher sich zurückhalten, auch seine Ausgaben kürzt, würde dies den Niedergang beschleunigen. Sollte allerdings eine scharfe Rezession drohen, dann hält Sinn auch ein Konjunkturprogramm für sinnvoll: »Wenn es bei uns eine ähnliche Krise gäbe wie in den Vereinigten Staaten, dann würde ich so etwas auch für Deutschland fordern.« Allerdings betont Sinn, dass man angesichts der hohen Schuldenlasten, die zukünftigen Generationen aufgebürdet werden, beim Schuldenmachen vorsichtig vorgehen müsse.

Solch ein Konjunkturprogramm müsste anders konstruiert sein als in den USA. Denn Amerikas Wirtschaft wird vom Konsum angetrieben, die deutsche Wirtschaft dagegen von Export und Investitionen. Deshalb setzen die Amerikaner jedes Mal, wenn die US-Wirtschaft schwächelt, zu Recht dort an – und verteilen, wie im Frühjahr 2008, Steuerschecks an alle Einwohner, damit diese wieder mehr Geld ausgeben. In Deutschland würde es dagegen nicht sonderlich viel bringen, die Steuern zu senken, denn der Konsum dümpelt seit Jahren vor sich hin. Stattdessen müsste man bei den Investitionen ansetzen. Wenn Unternehmen mehr investieren, entstehen neue Jobs und Waren lassen sich billiger produzieren; dies erleichtert den Export. Dreierlei sollte der Staat daher tun, um eine drohende Rezession zu bekämpfen:

Regel 18: Für Investitionen muss es Steuervorteile geben. Der Staat sollte den Unternehmen erlauben, neue Maschinen und Fabriken schneller abzuschreiben – so wie es die Große Koalition 2006 und 2007 getan hat. Je schneller Unternehmen ihre Kosten beim Finanzamt geltend machen können, je größer ihr Steuervorteil also ist, umso eher lohnt sich eine Investition für sie.

Regel 19: Die Unternehmen benötigen verbilligte Kredite. Früher konnten Staaten, die – anders als Deutschland – eine abhängige Notenbank hatten, diese zwingen, die Zinsen zu senken und damit Kredite für Unternehmen zu verbilligen. Das funktioniert in Europa nicht mehr, weil die nationalen Zentralbanken verschwunden sind und an ihre Stelle die EZB getreten ist, die von Weisungen der Politik unabhängig ist. Doch es gibt einen Ausweg: Der Staat kann den Unternehmen über seine Förderbanken Kredite mit besonders günstigen Zinsen anbieten. Denn gerade in einer Rezession müssen die Unternehmen knapp rechnen: Jeder Euro zählt – auch bei Zins und Tilgung.

Regel 20: Ausgaben rauf, wenn eine schwere Rezession droht. In einer schweren Rezession muss der Staat seine Ausgaben erhöhen. Das Geld muss dorthin fließen, wo es schnell wirkt: in Straßen, Bahnlinien, Kraftwerke oder andere öffentliche Projekte. Auf diese Weise hat Präsident Franklin Delano Roosevelt in den dreißiger Jahren mit seinem »New Deal« die amerikanische Wirtschaft wieder in Gang gebracht. Auch der Wiedervereinigungsboom in Deutschland wurde zum Teil dadurch befördert, dass der Staat Autobahnen, Bahnhöfe und Flughäfen bauen ließ. Wenn der Staat mehr Geld ausgibt, wirkt dies sofort: Die Milliarden kommen direkt in der Bauwirtschaft oder der Investitionsgüterbranche an.

Je schärfer die Rezession ist, umso entschlossener und schneller muss der Staat gegensteuern. Kommt das Konjunkturprogramm zu spät, ist zweierlei möglich: Die Wirtschaft ist zusammengebrochen – und das Programm kann nichts daran ändern. Oder die Wirtschaft hat sich bereits wieder erholt – dann könnte der zusätzliche Schub durch den Staat dazu führen, dass die Konjunktur überhitzt. Das Programm müsse daher »zeitgenau, zielgenau und zeitlich befristet sein«, sagt Rürup. Zeitlich befristet heißt: Der Staat darf nicht ständig auf Pump leben.

Regel 21: In guten Zeiten muss der Staat Geld zurücklegen. Nur ein Staat, der nicht bereits überschuldet ist, kann in einer Rezession machtvoll gegensteuern. Was der Staat im Abschwung ausgibt, muss er daher im Aufschwung wieder hereinholen. Die Schulden, die er in der Rezession macht, müssen im Boom durch Überschüsse abgebaut werden.

Dies gilt erst recht, wenn der Staat sich derart massiv verschuldet wie in der jetzigen Krise. Andernfalls droht in der nächsten Rezession der Staatsbankrott.

Entscheidend ist zudem: Ein Konjunkturprogramm wirkt umso effektiver, je flexibler eine Volkswirtschaft ist. In Japan mit seinen erstarrten Strukturen sind viele Ausgabenprogramme verpufft, in den USA reicht dagegen schon ein relativ kleiner Impuls, um den Abschwung zu bremsen. John Kenneth Galbraith, ein überzeugter Keynesianer, erklärt dies mit einem Vergleich: Man müsse sich die Wirtschaft als Flaschenhals vorstellen. Je enger der Hals ist, umso weniger Wasser kann hindurchfließen – selbst wenn der Staat die Wassermenge erhöht. Für Deutschland bedeutet dies:

Regel 22: Die Wirtschaft muss flexibler werden. Wenn erstarrte Gesetze die Wirtschaft lähmen, wird ein Konjunkturprogramm kaum wirken. Deshalb muss Deutschland die Regeln am Arbeitsmarkt lockern, vor allem den Kündigungsschutz, und seine Sozialversicherungen modernisieren. Auch deshalb wäre es sinnvoll, dem Modell der »Flexicurity« zu folgen: Die dänischen Unternehmen können ihre Beschäftigten leichter entlassen, aber sie stellen auch schneller neue ein, wenn es aufwärtsgeht.

Letztlich braucht also eine erfolgreiche Wirtschaft beides: einen Staat, der im Krisenfall beherzt eingreift und der zugleich dafür sorgt, dass die Wirtschaft sich innerhalb klar definierter Grenzen möglichst frei entfalten kann. Dieser neue Pragmatismus muss sich in der Politik erst noch durchsetzen; unter Wirtschaftswissenschaftlern ist er längst üblich. Es gehe darum, einen neuen Mainstream zu finden – jenseits der extremen Positionen von Friedman und Keynes, erklärt Dennis Snower, Präsident des Instituts für Weltwirtschaft. Die alten Therapien allein nützen nichts mehr: »Das sind Dinosaurier«, sagt Snower. Stattdessen müssten Ökonomen und Politiker genauer hinschauen, was in der Wirtschaft los sei, und darauf reagieren. »In einer Krise«, sagt Snower, »müssen wir Dinge machen, die in anderen Zeiten völlig unakzeptabel sind.«

Kapitel 12

Die nächste Krise wird kommen

»Mit dem Zusammenbrechen der großen Banken sehen wir jetzt,
dass Geld verschwindet – es ist nichts. Wer auch immer sein Leben
auf dieser Realität aufbaut, auf materiellen Dingen, auf Erfolg, der
baut sein Haus auf Sand.«

Papst Benedikt XVI., 2008

Die Krise des Kapitalismus wird lange nachwirken. Sicher fünf oder
zehn Jahre, vielleicht auch fünfzehn oder zwanzig. Sie wird tiefe
Spuren in der Gesellschaft hinterlassen und unser aller Leben verändern. Dem Kapitalismus wird es so ergehen wie einem Menschen,
der den im Rausch einen schlimmen Unfall hat und in ein wochen-
langes Koma fällt, aus dem er irgendwann wieder erwacht. Er kann
sich weiter berauschen – oder sein Leben von Grund auf ändern.

Es ist dabei durchaus möglich, dass dem großen Crash vom Herbst
2008 irgendwann wieder eine Phase der Euphorie und der Gier folgt,
in der alle glauben, die Marktwirtschaft müsse sich doch nicht bewegen. Dann werden sich wieder alle blenden lassen, alle werden
glauben, es sei möglich, die Gesetze vom Auf und Ab der Wirtschaft
außer Kraft zu setzen. So könnte die nächste Blase entstehen. Doch
wenn diese platzt, werden die Verwüstungen noch größer sein.
Wahrscheinlicher ist allerdings, dass die Welt bereits jetzt in eine
schwere Rezession stürzt. Denn die Risiken für die Weltwirtschaft
sind größer denn je. Mehrere Szenarien sind denkbar:

Szenario 1: Die plötzliche Krise der Industrie. Die Konjunktur bricht ähnlich schnell weg wie das Finanzsystem. Die taumelnden Banken vergeben weniger Kredite, der Wirtschaft geht das Geld aus. Es gehen Tausende, im schlimmsten Fall Zehntausende von Unternehmen bankrott.
Auch mächtige Konzerne geraten ins Wanken. Millionen von Menschen
in Europa und Amerika verlieren ihren Job. Der Staat stünde dann vor

der Frage: Springt er auch bei Industrieunternehmen ein? Rettet er auch Autohersteller, Lebensmittelproduzenten oder Chemiekonzerne? Denn die Regierungen sind erpressbar, seit sie die Banken gerettet haben. Andere Branchen könnten ebenfalls Milliarden vom Staat einfordern. Die Versuchung könnte groß sein, auch hier einzugreifen.

Szenario 2: Die Flucht aus dem US-Dollar. Die Anleger verlieren endgültig das Vertrauen in die USA – und damit den Glauben an den Dollar als Fluchtwährung und Hort der Sicherheit. Sie beschließen, dass ihre Billionen in den Vereinigten Staaten nicht mehr gut aufgehoben sind, weil die amerikanische Wirtschaft längst nicht so stark ist wie vermutet. Der Boom Amerikas war nur möglich, weil die ganze Welt immer mehr Geld in das Land gepumpt und Amerikas Schuldenwirtschaft finanziert hat. Das Ausmaß der Schulden ist – nimmt man die Größe der Wirtschaft als Maßstab – bereits jetzt dramatischer als während der neunziger Jahre in Asien. Die Flucht aus dem US-Dollar verstärkt das Chaos an den Devisenmärkten, das durch das Börsenbeben vom Herbst 2008 ausgelöst wurde. Die amerikanische Währung verliert rasant an Wert, der Euro steigt – und dies verschärft den Abschwung in Europa.

Szenario 3: Der Bankrott des Staats. Der deutsche Staat und ebenso der britische müsste im schlimmsten Fall bis zu 500 Milliarden Euro schultern, der französische 360 Milliarden, wenn die Banken trotz der Rettungspakete zusammenbrächen. Mit einer weiteren Billion steht die Bundesregierung für die Spar- und Girokonten ein. Ein Staatsbankrott scheint fern, zumal in Europa. Doch es hat solche Fälle immer wieder gegeben. So war Preußen 1806 nach dem Krieg gegen Frankreich pleite, 1932 konnte Deutschland seine Reparationen nicht mehr zahlen, Mitte der neunziger Jahre waren zahlreiche Schwellenländer insolvent, darunter Mexiko und die Tigerstaaten. Auch in der jetzigen Krise standen bereits Staaten vor dem Bankrott. Der IWF musste mehrere Schwellenländer retten – und mit Island erstmals seit 1976 auch eine Industrienation. Die Krise könnte dazu führen, dass auch größere Industriestaaten in Zahlungsnot geraten – vor allem jene Länder, die bereits hoch verschuldet waren.

Welches Szenario eintreten wird, hängt von vielen Fragen ab. Wie geht es an den Finanzmärkten weiter? Wie sehr schränken Bürger und Unternehmen sich ein? Und wie stark schwächt dies die Konjunktur? Gelingt es den Staaten, die Krise einzudämmen? Oder machen sie ähnlich gravierende Fehler wie in den dreißiger Jahren des vorigen Jahrhunderts? Die erste Weltwirtschaftskrise zog sich vier Jahre hin, von 1929 bis 1933. Und es hat beinahe zwei Jahrzehnte gedauert, ehe die Weltwirtschaft sich von ihren Folgen wieder erholt hatte. Damals kam es zu schweren politischen Umbrüchen. Und diesmal? Die Politiker der Industriestaaten werden die Krise bei den Wahlen zu spüren bekommen. Denn wenn jegliches Vertrauen schwindet, wird auch der Glaube an jene verloren gehen, die bislang an der Spitze des Staats stehen. Die etablierten Parteien sind zu sehr verwoben mit den Eliten der Wirtschaft und werden deshalb massiv Wähler verlieren. Auf den Trümmern der Krise werden neue Parteien entstehen und es könnten sich populistische Rädelsführer aufschwingen, links ebenso wie rechts. Sie werden den Menschen weismachen, dass es einen einfachen Weg aus dieser Krise gibt. Sie werden verschweigen, dass dieser Weg in Wahrheit hart und steinig sein wird.

Wer die Marktwirtschaft sozialer gestalten will, muss darum jetzt handeln. Wer eine lange Rezession vermeiden will, muss jetzt gegensteuern. Wer verhindern will, dass es einen Aufstand der Unzufriedenen gibt, darf nicht abwarten. Dies gilt für alle: Die Politik. Die Wirtschaft. Aber auch für die Bürger, denn sie sind als Verbraucher, Sparer und Beschäftigte Teil der Wirtschaft. Auch sie tragen, entweder durch eigenes Tun oder dadurch, dass sie andere gewähren lassen, zu einem Klima der Gier und Verantwortungslosigkeit bei.

Nur wenn sich die Moral in unserer Gesellschaft verändert und alle begreifen, dass es neben dem Prinzip des Marktes auch das Prinzip der gesellschaftlichen Verantwortung gibt, und nur wenn der Staat seine Schutzfunktion wieder übernimmt – nur dann hat der Kapitalismus eine Zukunft. Andernfalls erwartet ihn das gleiche Schicksal wie den Sozialismus des 20. Jahrhunderts: Er wird zugrunde gehen.

Danksagung

Dieses Buch wäre nicht möglich gewesen ohne die Hilfe sehr vieler Menschen. Ganz besonders möchte ich all jenen danken, die in den vergangenen Monaten Ideen und Anregungen geliefert haben, als der Plan für dieses Buch reifte, vor allem Torsten Albig, Jörg Asmussen, Hubert Burda, Heiner Flassbeck, Stefan Giffeler, Markus Grabka, Martin Hellwig, Philipp Hersel, David McFadden, Franz Müntefering, Detlev Rahmsdorf, Bert Rürup, Hans-Werner Sinn, Thomas Steg, Peer Steinbrück, Joseph Stiglitz und Theo Waigel, dem namenlosen Investmentbanker aus dem Hotel »Steigenberger Belvedere« in Davos und allen anderen, die nicht genannt werden wollen, deren Informationen aber ebenso wertvoll waren. Zudem sind Ideen und Anregungen aus Hunderten von Gesprächen eingeflossen, die ich in den vergangenen 14 Jahren als Wirtschaftsjournalist geführt habe, insbesondere mit Josef Ackermann, Wolfgang Clement, Michael Cohrs, Alexander Dibelius, Rüdiger Dornbusch, Hans Eichel, Milton Friedman, Anshu Jain, Lorenz Jarass, Sven Giegold, Paul Krugman, Angela Merkel, Friedrich Merz, Werner Müller, Göran Persson, Bernd Pfaffenbach, Alfred Tacke, Gerhard Schröder, George Soros, Axel Weber, Jens Weidmann, Jack Welch und vielen anderen, die hier aus Platzgründen nicht genannt werden können. Möglich waren diese Gespräche durch die wundervolle Unterstützung, die ich seit 1995 bei meiner Arbeit erfahren habe. Beim *Spiegel* gilt mein Dank besonders Stefan Aust, Armin Mahler, Georg Mascolo, Mathias Müller von Blumencron und Gabor Steingart, bei der *Süddeutschen Zeitung* besonders Marc Beise, Hans Werner Kilz, Wolfgang Krach, Nikolaus Piper und vor allem Kurt Kister. Dieser hat, ebenso wie Christian Reiermann und Wolfram Schäfer, das Manuskript gelesen. Alle drei haben es mit vielen sehr guten Vorschlägen verbessert. Danken möchte ich hierfür auch meinem Lektor Olaf Meier vom Campus Verlag, der dieses Werk mit sehr viel Einsatz betreut und vorangebracht hat.

Von tiefem Herzen danken möchte ich aber vor allem meiner Frau Annette Schäfer. Sie hat mich dazu ermuntert, dieses Buch zu schreiben – nicht ahnend, wie viele Abende, Nächte und Wochenenden dieses »Baby« in den nächsten neun Monaten kosten würde. Ohne ihre großzügige Unterstützung und unendliche Geduld in einer für sie auch sehr anstrengenden Zeit wäre *Der Crash des Kapitalismus* nie erschienen.

Bibliografie

Bücher

Beise, Marc: *Deutschland – falsch regiert: Das Elend der kleinen Schritte.* Hanser, 2006.

Erhard, Ludwig: *Wohlstand für alle.* Econ, 1997.

Fleckenstein, William A.; Sheehan, Fred: *Mr. Bubble: Wie Alan Greenspan die Welt an den Abgrund führte.* Finanzbuch-Verlag, 2008.

Friedman, Milton; Friedman, Rose: *Capitalism and Freedom.* Chicago University Press, 1997.

Friedman, Milton; Schwartz, Anna: *A Monetary History of the United States 1867 – 1960.* Princeton University Press, 1971.

Friedman, Thomas: *Die Welt ist flach. Eine kurze Geschichte des 21. Jahrhunderts.* Suhrkamp, 2007 .

Fukuyama, Francis: *Das Ende der Geschichte.* Kindler, 1992.

Galbraith, John Kenneth: *Der große Crash – Ursachen, Verlauf, Folgen.* Finanzbuch-Verlag, 2005.

Grefe, Christiane; Schumann, Harald: *Der globale Countdown: Gerechtigkeit oder Selbstzerstörung – Die Zukunft der Globalisierung.* Kiepenheuer & Witsch, 2008.

Greenspan, Alan: *Mein Leben für die Wirtschaft.* Campus, 2007.

Hanke, Thomas: *Der neue deutsche Kapitalismus.* Campus 2006.

Hayek, Friedrich August von: *Der Weg zur Knechtschaft.* Olzog, 2003.

Keynes, John Maynard: *Allgemeine Theorie der Beschäftigung, des Zinses und des Geldes.* Duncker & Humblot, Berlin, 2006.

Keynes, John Maynard: *Ein Traktat über Währungsreform.* Duncker & Humblot, Berlin, 1997.

Keynes, John Maynard: *Freund und Feind. Zwei Erinnerungen.* Berenberg, Berlin 2004.

Krugman, Paul: *Der große Ausverkauf: Wie die Bush-Regierung Amerika ruiniert.* Campus, 2004.

Krugman, Paul: *Nach Bush: Das Ende der Neokonservativen und die Stunde der Demokraten.* Campus, 2008.

Lowenstein, Roger: *When Genius Failed – The Rise and Fall of Long-Term Capital Management.* Random House, 2000.

Martin, Hans-Peter; Schumann, Harald: *Die Globalisierungsfalle.* Rowohlt, 1995.

Münchau, Wolfgang: *Vorbeben – Was die globale Finanzkrise für uns bedeutet und wie wir uns retten können.* Hanser, 2008.

Otte, Max: *Der Crash kommt – Die neue Weltwirtschaftskrise und wie Sie sich darauf vorbereiten.* Ullstein, 2008.

Plickert, Philip: *Wandlungen des Neoliberalismus, Eine Studie zu Entwicklung und Ausstrahlung der Mont Pèlerin Society.* Lucius + Lucius, 2008.

Prollius, Michael von (Hg.): *Herrschaft oder Freiheit. Ein Alexander Rüstow Brevier.* Ott Verlag, 2007.

Rothkopf, David: *Superclass. The Global Power Elite and the World They Are Making.* Farrar, Straus and Giroux, 2008.

Rüstow, Alexander: *Das Versagen des Wirtschaftsliberalismus.* Metropolis, 2001.

Sachs, Jeffrey: *Das Ende der Armut: Ein ökonomisches Programm für eine gerechtere Welt.* Siedler, 2005.

Schinasi, Garry J.: *Safeguarding Financial Stability: Theory and Practice.* International Monetary Fund, 2005.

Shiller, Robert: *Irrationaler Überschwang. Warum eine lange Baisse an der Börse unvermeidlich ist.* Campus, 2000.

Shiller, Robert: *The Subprime Solution – How Today's Global Financial Crisis Happened, and What to Do About it.* Princeton University Press, 2008.

Skidelsky, Robert: *John Maynard Keynes 1883–1946, Economist, Philosopher, Statesman.* Macmillan, 2003.

Smith, Adam: *An Inquiry into the Nature and Causes of the Wealth of Nations.* Oxford University Press, 2008.

Soros, George: *Das Ende der Finanzmärkte – und deren Zukunft.* Finanzbuch-Verlag, 2008.

Steingart, Gabor: *Deutschland: Der Abstieg eines Superstars.* Piper, 2005.

Steingart, Gabor: *Weltkrieg um Wohlstand: Wie Macht und Reichtum neu verteilt werden.* Piper, 2006.

Stiglitz, Joseph: *Die Schatten der Globalisierung.* Siedler, 2002.

Stockman, David: *Was sollen wir mit diesem Dinosaurier?* C. Bertelsmann, 1986.

Wolfe, Tom: *Fegefeuer der Eitelkeiten.* Rowohlt, 2005.

Wichtige Quellen

Dieses Buch basiert – außer auf den oben genannten Büchern und Gesprächen – auf etwa 1100 Artikeln aus Zeitungen, Zeitschriften und Fachmagazinen, von denen hier nur die wichtigsten aufgeführt werden können. Die bedeutendsten Quellen sind *Business Week, Der Spiegel, Financial Times, Frankfurter Allgemeine Zeitung, New York Times, Süddeutsche Zeitung* und *Wall Street Journal.* Texte, die mehrfach als Quelle zugrunde liegen, werden nur beim jeweils ersten Kapitel genannt. Das verwendete Datenmaterial stammt insbesondere aus Veröffentlichungen der Bank für Internationalen Zahlungsausgleich, der Europäischen Zentralbank, der Federal Reserve, des Bundesfinanzministeriums, der U.S. Treasury, des Deutschen Instituts für Wirtschaftsforschung und der Hans-Böckler-Stiftung.

Kapitalismus am Abgrund

Deggerich, Markus u. a.: »Der große Graben«, *Der Spiegel*, 17. Dezember 2007.

Giles, Chris: »Globalisation Backlash in Rich Nations«, *Financial Times*, 22. Juli 2007.

Grabka, Markus; Frick, Joachim: »Schrumpfende Mittelschicht – Anzeichen einer dauerhaften Polarisierung der verfügbaren Einkommen?«, DIW-Wochenbericht 10/2008.

Grabka, Markus; Frick, Joachim: »Vermögen in Deutschland wesentlich ungleicher verteilt als Einkommen«, DIW-Wochenbericht 45/2007.

Kroll, Luisa: »The World's Billionaires«, *Forbes*, www.forbes.com/lists, 3. Mai 2008.

Manager Magazin, »Die 300 reichsten Deutschen«, Oktober 2008.

Plickert, Philip: »Die Unzufriedenheit nimmt zu«, *Frankfurter Allgemeine Zeitung*, 11. Dezember 2007.

Schrenker, Markus; Range, Thomas: »Was ist gerecht?«, *Geo*, 1. Oktober 2007.

The Harris Poll: »Adults Worldwide Say: ›Tax the Rich!‹«, www.harris interactive.com, 22. Mai 2008.

Die Vordenker des modernen Kapitalismus

Krugman, Paul: »Auf eine Reformation folgt eine Gegenreformation: Über Milton Friedman«, *Merkur*, 1. Juni 2007.

Hayek, Friedrich August von: »Die Ursachen der ständigen Gefährdung der Freiheit«, in: *Ordo*, Band 12, 1961.

Müller von Blumencron, Mathias; Schäfer, Ulrich: »Alle Steuern sind zu hoch«, Interview mit Milton Friedman, *Der Spiegel*, 9. Oktober 2000.

Piper, Nikolaus: »Der Weltökonom, der Millionen machte«, *Süddeutsche Zeitung*, 26. Februar 2008.

Plickert, Philip: »Der Neoliberalismus wird siebzig«, *Frankfurter Allgemeine Zeitung*, 31. August 2008.

Prollius, Michael: »Der Neoliberalismus der 30er Jahre: Wurzel der Sozialen Marktwirtschaft«, Rede vor der Konrad-Adenauer-Stiftung, 28. Februar 2007.

Der Weg zur entfesselten Marktwirtschaft

Das, Dilip, »Globalization in the World of Finance: An Analytical History«, *Global Economy Journal*, Vol. 6, Issue 1, 2006.

Der Spiegel (ohne Namen): »Dollar-Krise. Der Offenbarungseid«, 23. August 1971.

Der Spiegel (ohne Namen):»Wer die Reichen bestraft, knebelt die Armen«, 30. November 1981.

Der Spiegel (ohne Namen):»Der Regierung den Stecker rausgezogen«, 10. Oktober 1988.

Der Spiegel (ohne Namen):»England: Kampf bis aufs Messer«, 16. Juli 1984.

Der Spiegel (ohne Namen):»Scargill wurde an die Wand genagelt«, 4. März 1985.

Der Spiegel (ohne Namen):»Ende einer Industrienation?«, 12. August 1991.

Fried, Nico:»Ein Kurswechsel und seine Wirkung«, *Süddeutsche Zeitung*, 13. März 2008.

Jungclaussen, John:»Das neue Empire«, *Die Zeit*, 27. September 2007.

Laffer, Arthur:»The Four Pillars of Reaganomics«, The Heritage Foundation, 16. Januar 2007.

Moore, Stephen; Niskanen, William:»Supply-Side Tax Cuts and the Truth about the Reagan Economic Record«, in: Cato-Institute, Policy Analysis Nr. 261, 22. Oktober 1996.

Neus, Werner:»Grundlagen der Bankenregulierung in Deutschland«, 13. März 2007.

Niskanen, William:»Reaganomics, in: The Concise Encyclopedia of Economics«, www.econlib.org, 1988.

Nixon, Richard Milhous, Rede vom 15. August 1971, United States Government Printing Office, 1972.

Piper, Nikolaus:»Verhandlungen der Vernunft«, *Süddeutsche Zeitung*, 20. Juli 2004.

Reuter, Wolfgang; Sauga, Michael; Schäfer, Ulrich:»Eichels Revolution«, *Der Spiegel*, 3. Januar 2000.

Schröder, Gerhard:»Das Land muss zu einem Zentrum der Zuversicht werden«, Auszüge aus der Regierungserklärung zur Agenda 2010, *Süddeutsche Zeitung*, 15. März 2003.

Volcker, Paul: Rede vor dem Economic Club of New York, 8. April 2008.

Die Blütezeit des Kapitalismus

Balzer, Arno; Döhle, Patricia; Nölting, Andreas: »Alles oder nichts«, *Manager Magazin*, 1. Juli 2000.

Bredow, Rafaela: »Das Tal der Millionäre«, *Der Spiegel*, 19. Oktober 1998.

Claassen, Dieter: »Eine Million Pfund im Jahr und noch unterbezahlt«, *Süddeutsche Zeitung*, 7. Juni 1996.

Collins, James: »High States Winners«, *Time*, 19. Februar 1996.

Der Spiegel (ohne Namen): »Mister Shareholder-Value, 7. April 1997.

Der Spiegel (ohne Namen): Die unbedarften Helfer, 14. September 1998.

Döhle, Patricia; Horn, Wolfgang; Papendick, Ulric: »Das Wall-Street-Kartell«, *Manager Magazin*, 1. März 2001.

Farrell, Christopher u. a.: »The Boom in IPOs«, Business Week, 18. Dezember 1995.

Fleischhauer, Jan; Pauly, Christoph: »Die Abzocker der Wall Street«, *Der Spiegel*, 25. Juni 2001.

Follath, Erich: »Der Hai und die Nadelstreifen«, *Der Spiegel*, 17. Juli 2000.

Gottwalt, Christian: »Und nu, Eco Nomy?«, *Süddeutsche Zeitung Magazin*, 26. Oktober 2001.

Haacke, Brigitte von: »Heimliche Herrscher«, *Wirtschaftswoche*, 2. Juli 2007.

Heintze, Alexander: »Ein internetter Typ«, *Finanzen* 5/2001.

Hetzer, Jonas u. a.: »Falsche Propheten«, *Manager Magazin*, 1. November 2002.

Heuser, Uwe Jean: »Die Wandlung des Jeffrey Sachs«, *Die Zeit*, 11. September 2003.

Hof, Robert: »Netspeed at Netscape«, *Business Week*, 10. Februar 1997.

Luber, Thomas: »Die High-Tech-Dealer«, *Capital*, 22. Februar 2001.

Mahler, Armin; Martens, Heiko: »Die Sucht nach Größe«, *Der Spiegel*, 14. August 2000.

Malik, Fredmund: »Muss der Kapitalismus vor den Kapitalisten gerettet werden?«, manager-magazin.de, 27. April 2005.

Müller von Blumencron, Mathias; Schäfer, Ulrich: »Sie müssen Extremist sein«, Interview mit Jack Welch, *Der Spiegel*, 14. Juli 1997.

Okrent, Daniel:»Happily Ever After?«, *Time*, 24. Januar 2000.

Oldag, Andreas.»Neutronen-Jack‹ und die neue Missgunst«, *Süddeutsche Zeitung*, 24. Januar 2003.

Roth, Martin:»Abschied von den Königsmachern der Deutschland AG«, *Frankfurter Allgemeine Zeitung*, 11. Mai 2002.

Schießl, Michaela:»Guten Morgen, New York«, *Der Spiegel*, 5. August 1998.

Shepard, Steven:»The New Economy«, *Business Week*, 31. Januar 2000.

Siklos, Richard; Yang, Catherine:»Welcome to the 21st Century«, *Business Week*, 24. Januar 2000.

Weber, Stefan:»Zerlegt und verkauft – vor einem Jahr kapitulierte Mannesmann vor Vodafone«, *Süddeutsche Zeitung*, 3. Februar 2001.

Die Krise, erster Akt: Die Schwellenländer wanken

Clinton, William: Address by the President of the United States to the 53. Annual Meeting of the Board of Governors, 6. Oktober 1998.

Coy, Peter u. a.:»Failed Wizards of Wall Street«, *Business Week*, 21. September 1998.

Der Spiegel (ohne Namen):»Schockwellen aus Fernost«, 19. Januar 1998.

Dowd, Kevin:»Too Big to Fail? Long Term-Capital Management and the Federal Reserve«, Cato Institute Briefing Papers, 23. September 1999.

Eichel, Hans u. a.:»Stärkung der internationalen Finanzarchitektur«, Bericht der G7-Finanzminister an den Wirtschaftsgipfel in Köln, 18. – 20. Juni 1999.

Greenwald, John:»Don't Panic – Here comes Bailout Bill«, *Time Magazine*, 13.Februar 1995.

Henriques, Diana:»Billions Upon Billions – Fault Lines of Risk Appear, As Market Hero Stumbles«, *New York Times*, 27. September 1998.

IWF-Stab: Erholung von der Asienkrise und die Rolle des IWF, Juni 2000.

Katz, Stanley:»The Asian Crisis, the IMF and the Critics«, *Eastern Economic Journal*, Herbst 1999.

Kristof, Nicolas; Wyatt, Edward: »Who Went Under in the World's Sea of Cash«, *New York Times*, 15. Februar 1999.

Muehring, Kevin: »John Meriwether by the Numbers«, Institutional Investor, November 1996.

Müller von Blumencron, Mathias; Wagner, Wieland: »Blut im Haifischbecken«, *Der Spiegel*, 25. Mai 1998.

President's Working Group on Financial Markets: Hedge Funds, Leverage and the Lessons of Long-Term Capital Management, April 1999.

Rushe, Dominic: »LTCM's John Meriwether in Trouble Again«, *The Sunday Times*, 25. Mai 2008.

Sanger, David: »The Education of Robert Rubin«, *New York Times*, 5. Februar 1995.

Serrill, Michael: »A Case of Nerves«, *Time*, 6. Februar 1995.

Whitt, Joseph: »The Mexican Peso Crisis«, *Economic Review*, Federal Reserve Bank of Atlanta, Januar/Februar 1996.

Wolf, Martin: »Asia's Revenge«, *Financial Times*, 9. Oktober 2008.

Die Krise, zweiter Akt: Das Ende der New Economy

Bumiller, Elisabeth: »Bush Signs Bill Aimed at Fraud in Corporations«, *New York Times*, 31. Juli 2002.

Chaffin, Joshua; Fidler, Stephen: »Enron Revealed to be Rotten to the Core«, *Financial Times*, 9. April 2002.

Economist (ohne Namen): »Corporate America's Woes, Continued«, 30. November 2002.

Elliott, Larry; Vidal, John: »Week of Division On and Off Streets«, *The Guardian*, 4. Dezember 1999.

Fischermann, Thomas; Kleine-Brockhoff, Thomas: »Der Totalausfall«, *Die Zeit*, 7. Februar 2002.

Fleischhauer, Jan u. a.: »Es regiert die Gier«, *Der Spiegel*, 13. März 2000.

Jakobs, Hans-Jürgen: »Stoff, Stoff, Stoff«, *Süddeutsche Zeitung*, 31. Oktober 2002.

Klee, Kenneth u. a.: »The Siege of Seattle«, Newsweek, 13. Dezember 1999.

Reiermann, Christian; Schießl, Michaela: »Die missbrauchen meinen Namen«, Interview mit James Tobin, *Der Spiegel*, 3. September 2001.

Saporito, Bill: »How Fastow Helped Enron Fall«, *Time*, 10. Februar 2002.

Special Investigative Committee of the Board of Directors of Enron Corp.: Report of Investigation, 1. Februar 2002.

Steingart, Gabor: »Das Lotterie-Prinzip«, *Der Spiegel*, 31. Januar 2000.

Die Krise, dritter Akt: Die Blase des billigen Geldes platzt

Anderson, Jenny; Bajaj, Vikas: »A Wall Street Domino Theory«, *New York Times*, 15. März 2008.

Case, Brendan: »Selling Secret Accounts Draws Scrutiny«, *The Dallas Morning News*, 13. August 2006.

Davis, Ann u. a.: »Amid Amaranth's Crisis, Other Players Profited«, *Wall Street Journal*, 30. Januar 2007.

Fairbank, Katie; Reddy, Sudeep: »Billionaire Brothers Under a Microscope«, *The Dallas Morning News*, 27. August 2006.

Fessenden, Ford: »The American Dream Foreclosed«, *New York Times*, 14. Oktober 2007.

Gauthier-Villars, David; Mollenkamp, Carrick: »How to Lose $ 7,2 Billion: A Trader's Tale«, *Wall Street Journal*, 4. Februar 2008.

Gloger, Katja; Höfler, Norbert: »In der Badewanne hatte ich viele gute Ideen«, Interview mit Alan Greenspan, *Stern*, 20. September 2007.

Goergen, Marc u. a.: »Die Finanzmärkte sind zu einem Monster geworden«, Interview mit Horst Köhler, *Stern*, 15. Mai 2008.

Gross, Bill: »Beware Our Shadow Banking System«, *Fortune*, 28. November 2007.

Gross, Bill: »Pyramids Crumbling«, www.pimco.com, Januar 2008.

Hagerty, James u. a.: »At a Mortgage Lender, Rapid Rise, Faster Fall«, *Wall Street Journal*, 12. März 2007.

Hesse, Martin; Schäfer, Ulrich: »Ich glaube noch an die Selbstheilungskräfte der Märkte«, Interview mit Alexander Dibelius, *Süddeutsche Zeitung*, 7. April 2008.

Ip, Greg: »Greenspan to His Critics: I Don't Regret a Single Call«, *Wall Street Journal*, 8. April 2008.

Kelley, Kate: »Bear CEO's Handling of Crisis Raises Question«, *Wall Street Journal*, 1. November 2007.

Kelley, Kate: »The Fall of Bear Stearns, Part 1–3«, *Wall Street Journal*, 27.–29. Mai 2008.

Mandel, Michael: »Rethinking the Economy«, *Business Week*, 1. Oktober 2001.

Mollenkamp, Carrick u. a.: »Subprime Mess Jars German Bank«, *Wall Street Journal*, 10. August 2007.

Pauly, Christoph; Reuter, Wolfgang: »Den Sieg vereiteln«, Interview mit dem Chef der US-Investmentbank Goldman Sachs, Henry Paulson, *Der Spiegel*, 1. Oktober 2001.

Piper, Nikolaus: »Doppelter Milliardär mit 33«, *Süddeutsche Zeitung*, 20. April 2007.

Piper, Nikolaus: »Der Streit um die Sphinx«, *Süddeutsche Zeitung*, 9. April 2008.

Piper, Nikolaus: »Einfach davonlaufen«, *Süddeutsche Zeitung*, 10. April 2008.

Powell, Bill u. a.: »Target America«, *Time*, 16. August 2004.

Realty Trac: »Foreclosure Activity Up 14 Percent in Second Quarter«, www.realtytrac.com, 25. Juli 2008.

Schwartz, Nelson: »Can The Mortgage Crisis Swallow a Town?«, *New York Times*, 2. September 2007.

Simon, Ruth; Hagerty, James R.: »More Borrowers With Risky Loans Are Falling Behind«, *Wall Street Journal*, 5. Dezember 2006.

Simpson, Glenn R.: »How Tax Shelters Brought Trouble to Billionaire Clan«, *Wall Street Journal*, 31. Juli 2006.

Sorkin, Andreas: »Kenneth Griffin, Founder of Citadel Investment, Bashes His Peers«, *International Herald Tribune*, 13. Mai 2008.

U.S. Government Accountability Office: Cayman Islands: Business Advantages and Tax Minimization Attract U.S. Persons and Enforcement Challenges Exist, 24. Juli 2008.

U.S. Securities and Exchange Commission: Summary Report of Issues Identified in the Commission Staff's Examination of Selected Credit Rating Agencies, www.sec.gov , Juli 2008.

U.S. Senate Permanent Subcommittee on Investigations: Tax Haven Abuses: The Enablers, The Tools & Secrecy, 1. August 2006.

U.S. Senate Permanent Subcommittee on Investigations: Tax Haven, Banks and U.S. Tax Compliance, 17. Juli 2008.

Tett, Gillian; Davies, Paul:»Out of the Shadows«, *Financial Times*, 17. Dezember 2007.

Tigges, Claus:»Geisterstadt im Postbezirk 44105«, *Frankfurter Allgemeine Zeitung*, 5. April 2008.

Uhlmann, Steffen:»Eine Wundertüte ist geplatzt«, *Süddeutsche Zeitung*, 25. August 2007.

Wolf, Martin:»The Rescue of Bear Stearns Marks Liberalisation's Limit«, *Financial Times*, 26. März 2008.

Der große Crash

Balzli, Beat u. a.:»Angst vor der Apokalypse«, *Der Spiegel*, 6. Oktober 2008.

Barrett, Wayne:»Andrew Cuomo And Fannie And Freddie«, *Village Voice*, 5. August 2008.

Bohsem, Guido u. a.:»Die Nacht der Abrechnung«, *Süddeutsche Zeitung*, 30. September 2008.

Buchter, Heike:»Das Gift der Spekulanten«, *Die Zeit*, 19. Juni 2008.

Eisinger, Jesse:»The $ 58 Trillion Elephant in the Room«, *Portfolio,* Oktober 2008.

Goodman, Peter:»Taking Hard New Look At Greenspan Legacy«, *New York Times*, 9. Oktober 2008.

Hesse, Martin:»Herr Wiedeking dressiert den Dax«, *Süddeutsche Zeitung*, 30. Oktober 2008.

Ibison, David; Osman, Yasmin:»Tief über Island«, *Financial Times Deutschland*, 10. April 2008.

Langley, Monica u. a.:»A Wave Engulfing Wall Street Swamps the World's Largest Insurer«, *Wall Street Journal*, 19. September 2008.

Mackintosh, James:»Short Shrift«, *Financial Times*, 6. Oktober 2008.

Mollenkamp, Carrik:»How Letting Lehman Fail Sparked a Chain Reaction«, *Wall Street Journal*, 29. August 2008.

Piper, Nikolaus: »Das Geld, die Gier und die Angst«, *Süddeutsche Zeitung*, 16. September 2008.

Sanio, Jochen; Weber, Axel: Brief an Bundesfinanzminister Peer Steinbrück zur Hypo Real Estate, 29. September 2008.

Sender, Henny u..a.: »Broken Brothers. How Brinkmanship Was not Enough to Save Lehman«, *Financial Times*, 16. September 2008.

Solomon, Deborah u. a.: »Ultimatum By Paulson Sparked Frantic End«, *Wall Street Journal*, 15. September 2008.

Solomon, Deborah u. a.: »Black Wednesday in Credit Markets Forced Paulson's Hand«, *Wall Street Journal*, 22. September 2008.

Steinbrück, Peer: Regierungserklärung »Zur Lage der Finanzmärkte«, www.bmf.bund.de, 25. September 2008.

Tett, Gillian: »The Dream Machine«, *Financial Times*, 24. März 2006.

U.S. House of Representatives, Committee on Oversight and Government Reform: The Financial Crisis and the Role of Federal Regulators, Preliminary Transcript, 23. Oktober 2008.

Walker, David: »Hedge Funds Slam ›Gates‹ on Their Edgy Investors«, *Wall Street Journal*, 27. Oktober 2008.

Die kranke Gesellschaft

Abs, Hermann Josef: »Gewinn ist gut, aber nicht alles«, *Handelsblatt*, 16. Februar 1973.

Anderson, Sarah u. a.: Executive Excess 2007, IPS/United for a Fair Economy, 29. August 2007.

Bach, Stefan; Steiner, Viktor: Zunehmende Ungleichheit der Markteinkommen: Reale Zuwächse nur für Reiche, DIW-Wochenbericht 13/2007.

Baethge, Henning: »Die Rückkehr der Klassengesellschaft«, *Capital*, 15. März 2007.

Braunberger, Gerald: »Die Elite greift zu«, *Frankfurter Allgemeine Zeitung*, 22. April 2007.

Büschemann, Karl-Heinz u. a.: »Manager-Gehälter – Umverteilung in der Chefetage«, *Süddeutsche Zeitung*, 4. April 2008.

Buß, Eugen: »Man überlebt nicht, wenn man die Moral hochhält«, *Frankfurter Allgemeine Zeitung*, 26. Februar 2008.

Frank, Robert: »Focus is on Income Gap, Even as it Narrows«, *Wall Street Journal*, 27. Oktober 2008.

Frankfurter Allgemeine Zeitung (ohne Namen): »650 Prozent mehr Gehalt in 20 Jahren«, 30. Juni 2008.

Herman, Tom: »There's Rich, and There's the ›Fortunate 400‹«, *Wall Street Journal*, 5. März 2008.

Hildebrandt, Tina; Nass, Matthias: »Ich halte nicht viel vom Heiligenschein«, Interview mit Josef Ackermann, *Zeit Magazin Leben*, 24. Mai 2007.

Ip, Greg: »Income-Inequality Gap Widens«, Wall Street Journal, 12. Oktober 2007.

Knop, Carsten: »Ein Freund, ein guter Freund«, *Frankfurter Allgemeine Zeitung*, 16. Februar 2008.

Köcher, Renate: »Skepsis gegenüber den Führungseliten«, *Frankfurter Allgemeine Zeitung*, 23. April 2008.

Palan, Dieter: »Das Gesetz der großen Zahl«, *Manager Magazin*, 1. Juni 2008.

Piketty, Thomas; Saez, Emmanuel: »Income Inequality in the United States 1913–1988«, *Quarterly Journal of Economics*, Nr. 118, 2003.

Plickert, Philip: »Die Umverteilung der Einkommen funktioniert«, *Frankfurter Allgemeine Zeitung*, 18. Dezember 2007.

Shermann, Arloc: »Income Inequality Hits Record Levels, New CBO Data Show«, Center on Budget and Policy Priorities, 14. Dezember 2007.

Tigges, Claus: »Ein Notenbanker wirbt für Chancengleichheit«, *Frankfurter Allgemeine Zeitung*, 14. Februar 2007.

U.S. House of Representatives, Committee on Oversight and Government Reform: CEO Pay and the Mortgage Crisis, Preliminary Hearing Transcript, www.oversight.house.gov, 7. März 2008.

Die Welt im Umbruch

Buchsteiner, Jochen: »Der Preis für Reis ist heiß«, *Frankfurter Allgemeine Zeitung*, 11. April 2008.

Coker, Margaret; Cummins, Chip: »Financial Pain Spreads Across the Persian Gulf«, *Wall Street Journal*, 27. Oktober 2008.

Fehr, Benedikt: »Mehr Hunger durch besseres Essen«, *Frankfurter Allgemeine Zeitung*, 11. April 2008.

Fischermann, Thomas u. a.: »Das Ende der Globalisierung«, *Die Zeit*, 31. Juli 2008.

Follath, Erich: »Die Wut des Drachen«, *Spiegel Special*, 27. Mai 2008.

Gat, Azar: »The Return of Authoritarian Great Powers«, *Foreign Affairs*, Juli/August 2007.

Hammerstein, Konstantin von: »Der Boom der Diktatoren«, *Der Spiegel*, 23/2008.

Herrmann, Ulrike; Zeiner, Christine: »Preis des Hungers«, *TAZ*, 24. April 2008.

Hilsenrath, Jon; Guliapalli, Diya: »Fed Will Lend to Companies«, *Wall Street Journal*, 8. Oktober 2008.

Giles, Chris: »Shifting Down Gears«, *Financial Times*, 6. August 2008.

Inacker, Michael u. a.: »Kampf um Wohlstand«, *Wirtschaftwoche*, 18. Februar 2008.

Joffe, Josef: »Schneller, besser, reicher«, *Die Zeit*, 31. Mai 2007.

Katzenberger, Paul: »Ein Boom, der hungrig macht«, sueddeutsche.de, 7. April 2008.

Piper, Nikolaus u. a.: »Die Finanzkrise erreicht die Wachstumsstaaten«, *Süddeutsche Zeitung*, 28. Oktober 2008.

Rachman, Gideon: »Illiberal Capitalism«, *Financial Times*, 8. Januar 2005.

Raupp, Judith: »Tödliche Tomaten«, *Süddeutsche Zeitung*, 18. April 2008.

Roubini, Nouriel: »The Coming Global Stag-Deflation«, www.rgemonitor.com, 25. Oktober 2008.

Steingart, Gabor: »Im Schatten der Globalisierung«, *Der Spiegel*, 7. Januar 2008.

Stolzman, Uwe: »Das Gespenst einer totgeglaubten Ideologie«, *Neue Zürcher Zeitung*, 16. Februar 2008.

Storn, Arne: »Die neuen Finanziers«, *Die Zeit*, 13. März 2008.

Walker, Marcus: »Eastern Europe Fears Chill As Foreign Credit Dries Up«, *Wall Street Journal*, 23. Oktober 2008.

Ein Programm gegen den Absturz

Beattie, Alan: »Washington's Waning Way. How Bail-Outs Poison a Free Market Recipe for the World«, *Financial Times*, 29. September 2008.

Berthold, Norbert: »Die neue Ungleichheit«, *Frankfurter Allgemeine Zeitung*, 1. September 2007.

Christensen, John; Spencer, David: »Stop This Timidity in Ending Tax Haven Abuse«, *Financial Times*, 5. März 2008.

Coleman, Norm; Levin, Carl; Obama, Barack: Stop Tax Haven Abuse Act, 17. Februar 2007.

Davis, Bob; Paletta, Damian; Smith, Rebecca: »Unraveling Reagan – Amid Turmoil, U.S. Turns Away From Decades of Deregulation«, *Wall Street Journal*, 25. Juli 2008.

Dullien, Sebastian: »Mindestlohn als Wahlschlager«, *Financial Times Deutschland*, 2. November 2006.

Duncan, Gary: »Globalisation Risks Western Blacklash«, *Times*, 24. Januar 2007.

Fack, Fritz Ullrich: »Die Furcht vor dem Börsenkrach«, *Frankfurter Allgemeine Zeitung*, 24. März 2001.

Financial Stability Forum: FSF Report on Enhancing Market and Institutional Resilience, April 2008.

Fricke, Thomas: »Davos will die Reichensteuer«, *Financial Times Deutschland*, 26. Januar 2007.

Geithner, Timothy: »We Can Reduce Risk in the Financial System«, *Financial Times*, 9. Juni 2008.

Kinkel, Klaus: »Bildungsfernes Land«, *Handelsblatt*, 25. März 2008.

Ladeur, Karl-Heinz: »Von Finnland lernen?«, *Merkur*, 1. Dezember 2007.

Internationaler Währungsfonds: Global Financial Stability Report, 8. April 2008.

International Institute of Finance: Interim Report of the IIF Committee on Market Best Practice, April 2008.

James, Harold: »Das amerikanische Trauma«, *Die Zeit*, 3. April 2008.

Jung, Alexander: »Sturz in den Ruin«, *Spiegel Special*, 29. Januar 2008.

Mußler, Hanno:»Der Börsenkrach von 1929 beendet abrupt die goldenen Zwanziger«, *Frankfurter Allgemeine Zeitung*, 26. März 2008.

Rogoff, Kenneth:»The World Can Not Grow Out of this Slowdown«, *Financial Times*, 30. Juli 2008.

Roth, Eva:»Niedriglohn-Alarm in Deutschland«, *Frankfurter Rundschau*, 18. April 2008.

Rudzio, Kolja:»Keiner ist faul im Staate Dänemark«, *Die Zeit*, 30. September 2004.

Schlecht, Michael:»Drohszenarien ohne Substanz«, *Financial Times Deutschland*, 29. August 2008.

Schmidt, Helmut:»Beaufsichtigt die neuen Großspekulanten«, *Die Zeit*, 1. Februar 2007.

Shiller, Robert J.: Inequality-Indexing of the Tax-System, The Tobin Project Discussion Paper, 6. Mai 2007.

Solow Robert: Low-wage Work in Europe and America, Lindau Nobel Lecture, 22. August 2008.

Summers, Larry:»Six Priniciples for a New Regulatory Order«, *Financial Times*, 2. Juni 2008.

Thielbeer, Siegfried:»Mit Flexisicherheit in die Vollbeschäftigung«, *Frankfurter Allgemeine Zeitung*, 9. Oktober 2007.

Watts, William:»Income Inequality Fosters Unease«, *Marketwatch*, 24. Januar 2007.

Wolf, Martin:»Preventing A Global Slump Should be the Priority«, *Financial Times*, 29. Oktober 2008.

Wüllenweber, Walter:»Die Schicksalsfrage der Nation«, *Stern*, 20. Dezember 2007.